AF842050

Veröffentlichungen zum Verfahrensrecht

Band 214

herausgegeben von

Rolf Stürner

Paul Pommerening

Erfüllungswirkung bei Leistungen auf ein vorläufig vollstreckbares Urteil

Mohr Siebeck

Paul Pommerening, geboren 1995; Studium der Rechtswissenschaft an der Universität Freiburg i.Br.; Wissenschaftlicher Mitarbeiter am Institut für Wirtschaftsrecht, Abt. 1 der Universität Freiburg; Rechtsreferendariat am LG Freiburg mit Stationen am OLG Karlsruhe und bei einem Rechtsanwalt am BGH; Wissenschaftlicher Mitarbeiter am Institut für deutsches und ausländisches Zivilprozessrecht, Abt. 1 der Universität Freiburg; Richter am LG Stuttgart.

ISBN 978-3-16-164313-2 / eISBN 978-3-16-164314-9
DOI 10.1628/978-3-16-164314-9

ISSN 0722-7574 / eISSN 2568-7255 (Veröffentlichungen zum Verfahrensrecht)

Die Deutsche Nationalbibliothek verzeichnet diese Publikation in der Deutschen Nationalbibliographie; detaillierte bibliographische Daten sind über *https://dnb.dnb.de* abrufbar.

© 2025 Mohr Siebeck Tübingen.

Das Werk einschließlich aller seiner Teile ist urheberrechtlich geschützt. Jede Verwertung außerhalb der engen Grenzen des Urheberrechtsgesetzes ist ohne Zustimmung des Verlags unzulässig und strafbar. Das gilt insbesondere für die Verbreitung, Vervielfältigung, Übersetzung und die Einspeicherung und Verarbeitung in elektronischen Systemen.

Gedruckt auf alterungsbeständiges Papier.

Mohr Siebeck GmbH & Co. KG, Wilhelmstraße 18, 72074 Tübingen, Deutschland
www.mohrsiebeck.com, info@mohrsiebeck.com

Für Hanna

Vorwort

Die vorliegende Arbeit wurde im November 2023 fertiggestellt und von der Rechtswissenschaftlichen Fakultät der Universität Freiburg als Dissertation angenommen. Gesetzesänderungen, Rechtsprechung und Literatur habe ich soweit möglich bis September 2024 berücksichtigt.

Danken möchte ich vor allem Herrn *Prof. Dr. Jan Felix Hoffmann* für das mir entgegengebrachte Vertrauen, die großen Freiheiten gerade auch in der Lehre und die stetige Diskussionsbereitschaft, der ich viele fruchtbare Anregungen zu verdanken habe. Seine Förderung hat die Entstehung dieser Arbeit erst ermöglicht.

Dank gebührt weiter Herrn *Prof. Dr. Alexander Bruns LL.M. (Duke Univ.)* für die zügige Erstellung des Zweitgutachtens und Herrn *Prof. Dr. Dres. h.c. Rolf Stürner* für die Aufnahme in die Schriftenreihe „Veröffentlichungen zum Verfahrensrecht". Außerdem möchte ich der Stiftung *ius vivum* für den gewährten großzügigen Druckkostenzuschuss danken.

Großen Dank schulde ich ferner meinen Eltern für die stetige Unterstützung und meinem Vater darüber hinaus für die unzähligen juristischen Gespräche, von denen ich bis heute profitiere. Zu guter Letzt möchte ich mich auch bei meinen (Instituts-)kollegen, *Hannah Borchers, Dr. Tobias Hölzer, Dr. Johannes Locher* und *Benjamin Gremmelspacher* bedanken, die nicht nur fachlich stets als Diskussionspartner parat standen, sondern auch persönlich maßgeblich dazu beigetragen haben, dass ich mich immer gerne an die knapp vier Jahre am Lehrstuhl zurückerinnern werde.

Stuttgart, den 23.12.2024 *Paul Pommerening*

Inhaltsübersicht

Inhaltsverzeichnis

Einleitung

A. Das Problem und seine Auswirkungen

Erstreitet ein Gläubiger gegen den Schuldner ein mit Rechtsmitteln angreifbares Urteil, wird dieses ohne Sicherheitsleistung nach § 708 ZPO oder gegen Sicherheitsleistung nach § 709 ZPO für vorläufig vollstreckbar erklärt. Vollstreckt der Gläubiger nun aufgrund dieses Urteils oder leistet der Schuldner, um einer drohenden Vollstreckung zuvorzukommen,[1] stellt sich die Frage, ob dadurch der materiellrechtliche Anspruch des Gläubigers erfüllt wird gemäß § 362 Abs. 1 BGB. Auf den ersten Blick scheint es nahezuliegen, dies zu bejahen. Der Gläubiger hat schließlich dasjenige erhalten, auf das sein Titel gerichtet war. Legt der Schuldner Rechtsmittel gegen das vorläufig vollstreckbare Urteil ein, werden an dieser Sichtweise jedoch Zweifel laut. Durch die Einlegung des Rechtsmittels gibt der Schuldner gerade zu erkennen, das Urteil für falsch zu halten, den materiellrechtlichen Anspruch des Gläubigers in dieser Form nicht anzuerkennen und mit seiner Leistung lediglich die Zwangsvollstreckung verhindern zu wollen. Genügt die Leistung dennoch bereits für den Erfüllungseintritt oder ist dieser erst dann möglich, wenn der Gläubiger die Leistung des Schuldners endgültig behalten darf, das stattgebende Urteil also nicht mehr nur vorläufig vollstreckbar, sondern formell rechtskräftig geworden ist?

Kaum überraschend ist die Frage, ob in dieser Situation durch die Leistung des Schuldners sofort Erfüllung eintritt oder diese erst mit Eintritt der Rechtskraft eintritt, in Literatur und Rechtsprechung seit langem umstritten. Die höchstrichterliche Rechtsprechung verneinte schon früh[2] und seitdem beständig die Erfüllungswirkung.[3] Die herrschende Meinung in der Literatur folgt dem BGH,[4] wenn auch über die Begründungen und Detailfragen trefflich gestritten

---

[1] Im Folgenden als Abwendungsleistung bezeichnet.

[2] RGZ 63, 330.

[3] Siehe nur BGHZ 80, 269; BGHZ 86, 267; BGH NJW 1981, 2244; BGH NJW 2012, 717; BGH NJW 2014, 2199; abweichend aber OLG Köln NJW-RR 1992, 237, 238 f., das nach Rechtskrafteintritt einen rückwirkenden Erfüllungseintritt im Zeitpunkt der Leistung bejaht, sich dabei aber zu Unrecht im Einklang mit der Rechtsprechung des BGH wähnt.

[4] Siehe nur *Kerwer,* Erfüllung, S. 132 ff., 158; *Kreutz,* Abwendung S. 30 ff.; *Krüger,* NJW 1990, 1208 ff.; MüKo/*Götz,* ZPO, § 708 Rn. 5 f.

wird. Aber auch die Gegenmeinung weist Vertreter auf, die mit großem Nachdruck für einen sofortigen Erfüllungseintritt streiten.[5]

Auswirken kann sich die Beantwortung dieser Frage sowohl prozessual als auch materiellrechtlich. Möchte der Schuldner nach der Leistung in der Rechtsmittelinstanz noch Einwendungen oder Einreden geltend machen, könnte ein sofortiger Erfüllungseintritt seine Handlungsmöglichkeiten beschränken. Kann der Schuldner im Rechtsmittelverfahren noch aufrechnen oder fehlt es an einer Aufrechnungslage, weil die Passivforderung[6] bereits durch Erfüllung erloschen ist? Kann der Schuldner noch geltend machen, die Forderung des Gläubigers sei verjährt oder ist ihm dieser Einwand nun versperrt, weil auch ein verjährter Anspruch erfüllbar ist? Zudem stellt sich die Frage, ob sich der Schuldner auch nach der Leistung weiterhin im Schuldnerverzug befindet oder ob dieser durch die Leistung des Schuldners endet? Hat der Gläubiger aufgrund eines vorläufig vollstreckbaren Urteils ein Recht auf eine lediglich vorläufige Leistung des Schuldners und ist deshalb gezwungen, die Leistung unter Vorbehalt des Schuldners anzunehmen oder hat der Gläubiger einen Anspruch auf ein „Mehr“ – auf eine vorbehaltlose Leistung, mit welcher der Schuldner das Bestehen des Anspruchs anerkennt? Ist ein sofortiger Erfüllungseintritt ausgeschlossen, weil durch die Leistung des Schuldners keine Beweislastumkehr stattfindet, der Gläubiger also weiterhin „um sein Recht kämpfen“ muss?

Daneben stellen sich auch weitere, primär prozessuale Fragen. Kann oder muss der Gläubiger den Rechtsstreit für erledigt erklären infolge der Leistung durch den Schuldner? Entfällt durch die Leistung die Beschwer des Schuldners für die Rechtsmittelinstanz? Verneint man einen sofortigen Erfüllungseintritt, ist außerdem zu klären, wie der Schuldner eine trotz der erbrachten Abwendungsleistung vom Gläubiger eingeleitete Vollstreckung unterbinden kann. Welche Einwendung kann der Schuldner dann im Rahmen des § 767 ZPO geltend machen?

Die meisten dieser Fragen wurden in Literatur und Rechtsprechung zwar bereits diskutiert, allerdings ohne dass insoweit ein schlüssiges System erkennbar wäre. Vielmehr kreiste die Diskussion vornehmlich um die jeweiligen kurz zuvor von der Rechtsprechung entschiedenen Einzelfragen. Lediglich *Christof Kerwer* hat in seiner Dissertation aus dem Jahr 1996 den Versuch unternommen, eingehend zu begründen, wieso aus seiner Sicht eine Abwendungsleistung des Schuldners ebenso wie die Vollstreckung aus einem vorläufig vollstreckbaren Urteil Erfüllung erst im Falle der formellen Rechtskraft des der Klage stattgebenden Urteils herbeiführen könne.[7] Seitdem ist jedoch weitgehend Ruhe in der Diskussion eingekehrt. Zwar äußerte sich der BGH in einigen weiteren Entscheidungen

---

[5] Allen voran Stein/Jonas/*Münzberg*, 22. Aufl., § 708 Rn. 5 ff.; aber auch Staudinger/*Kern*, § 362 Rn. 32 ff.; und *Pecher*, Schadensersatzansprüche, S. 175 ff.

[6] Verbreitet auch als Hauptforderung bezeichnet.

[7] *Kerwer*, Erfüllung, S. 113 ff. und 237 ff.

zu dem hiesigen Problemkreis, wobei er an seiner bisherigen Linie festhielt.[8] In der Literatur wurden diese Entscheidungen aber lediglich zur Kenntnis genommen, ohne Anlass zu sein für eine erneute, grundsätzliche Auseinandersetzung mit der Frage des Erfüllungseintritts. Gerade dieser weitgehende Stillstand der Debatte lässt es knapp 30 Jahre nach dem Erscheinen von *Kerwers* Untersuchung gerechtfertigt erscheinen, das Problem erneut unter die Lupe zu nehmen und die bisherigen Lösungsansätze auf ihre systematische Stimmigkeit und ihre Interessengerechtigkeit hin zu untersuchen.

B. Gang und Zielsetzung der Untersuchung

Die nachfolgende Untersuchung beginnt mit einer Darstellung der Rechtsprechungsentwicklung. Im Anschluss daran wird der derzeitige Stand der Diskussion in der Literatur nachgezeichnet. Allen voran ist hier nochmals die Arbeit von *Kerwer*[9] zu nennen, der eingehend begründet, warum seiner Meinung nach die Vollstreckung aus einem vorläufig vollstreckbaren Urteil und Leistungen zur Abwendung der Zwangsvollstreckung aus einem vorläufig vollstreckbaren Urteil keinen sofortigen Erfüllungseintritt herbeiführen.

Im daran anschließenden Abschnitt folgt zunächst eine Auseinandersetzung mit der Frage, was der Begriff der Erfüllung für die vorliegende Untersuchung bedeutet und ob es der Schuldner einseitig in der Hand hat, einen Erfüllungseintritt trotz erbrachter Leistung durch die Abgabe einer negativen Tilgungsbestimmung zu verhindern. Dabei wird sich zum einen zeigen, dass der Begriff der Erfüllung nicht mit § 362 Abs. 1 BGB gleichzusetzen ist, sondern es vielmehr allgemein darum geht, ob der Schuldner die Verletzung einer dem Gläubiger zustehenden Rechtsposition bereits durch eine Abwendungsleistung beendet. Daran anschließend sind zunächst die Voraussetzungen für einen Erfüllungseintritt bei vorprozessualen Vorbehaltsleistungen zu klären. Insbesondere die Frage nach einer notwendigen Beweislastumkehr zugunsten des Gläubigers wird hierbei eine entscheidende Rolle spielen. Entgegen der herrschenden Meinung ist diese nicht als Voraussetzung für einen Erfüllungseintritt, sondern lediglich als typische Konsequenz der durch die erbrachte Leistung geänderten tatsächlichen Umstände einzuordnen. Gesondert beleuchtet wird in diesem Zusammenhang die vorprozessuale Erfüllung von Unterlassungsansprüchen. Bei diesen hat sich vor allem im gewerblichen Rechtsschutz eine Sonderdogmatik herausgebildet, die nicht mit den anerkannten Grundsätzen bei auf eine positive Leistung des Schuldners gerichteten Ansprüchen harmoniert und deshalb eine gesonderte Überprüfung erfordert.

[8] BGH, NJW 2012, 1717; BGH, NJW 2014, 2199; BGH, NJOZ 2022, 156.
[9] Erfüllung S. 113 ff. und 248 ff.

Die gewonnenen Erkenntnisse werden sodann auf den Fall einer Abwendungsleistung nach Erlass eines vorläufig vollstreckbaren Urteils übertragen. Dabei wird sich herausstellen, dass auch hier weder das Kriterium der Beweislastumkehr noch die Einlegung von Rechtmitteln einer Beendigung der Rechtsverletzung grundsätzlich entgegenstehen. Im darauffolgenden Abschnitt erfolgt eine Untersuchung, ob die Annahme eines sofortigen Erfüllungseintritts mit dem Zweck der vorläufigen Vollstreckbarkeit vereinbar ist. Insbesondere ist hierfür eine Untersuchung der vollstreckungsrechtlichen Sonderregel des § 717 ZPO notwendig. Auch hier wird sich letztlich ergeben, dass sich hieraus keine tragenden Einwände gegen einen sofortigen Erfüllungseintritt ergeben.

Im Anschluss daran sind die Interessen des Schuldners in den Blick zu nehmen. Hierbei ist zunächst zu hinterfragen, inwieweit der Schuldner durch eine Abwendungsleistung überhaupt in der Lage ist, die Vollstreckung durch den Gläubiger zu verhindern und ob der Zeitpunkt des Erfüllungseintritts hierfür entscheidend ist. Sodann ist zwischen zwei Situationen zu differenzieren: Steht dem Gläubiger gegen den Schuldner ein Anspruch zu, dessen Durchsetzbarkeit der Schuldner durch die Ausübung ihm zustehender Gegenrechte verhindern kann, ist zu untersuchen, ob die Annahme eines sofortigen Erfüllungseintritts nicht möglicherweise rechtlich anerkannte Interessen des Schuldners in nicht hinnehmbarer Weise beschneiden würde. In Betracht kommt insoweit vor allem ein dem Schuldner drohender Verlust von Einwendungen und Einreden im Berufungsverfahren oder nach Einlegung eines Einspruchs. Dieser Verlust droht aufgrund der mittlerweile strengen Präklusionsregeln im Berufungsverfahren tatsächlich jedoch nur in deutlich geringerem Maße als herrschend implizit unterstellt wird. Dennoch sind Fälle eines Einwendungsverlusts für den Schuldner denkbar; vor allem wenn das vorläufig vollstreckbare Urteil in einem Versäumnisurteil besteht, gegen das der Schuldner Einspruch eingelegt hat. Um zu ermitteln, ob dieser dem Schuldner drohenden Gefahr tatsächlich nur durch Konstruktionen im materiellen Recht abgeholfen werden kann, ist deshalb im Anschluss zu untersuchen, ob und inwieweit der Schuldner diesem drohenden Rechtsverlust selbst vorbeugen kann. In Betracht kommen hier Schutzmöglichkeiten vor der Vollstreckung, indem der Schuldner die ihm zustehenden Gegenrechte außerprozessual ausübt, bevor vollsteckt wird. Daneben ist der Umfang der prozessualen Schutzmechanismen zu untersuchen, mit denen der Schuldner eine einstweilige Einstellung der Zwangsvollstreckung erreichen kann, bis eine Entscheidung im Rechtsmittelverfahren ergangen ist. Sodann ist ein Blick darauf zu werfen, inwieweit der Schuldner seine Gegenrechte sogar nach der Vollstreckung noch geltend machen kann.

Steht dem Gläubiger hingegen ein Anspruch zu, gegen den sich der Schuldner materiellrechtlich nicht in erfolgsversprechender Weise wehren kann, ist ebenfalls zu untersuchen, ob es aus Sicht des Schuldners günstiger ist, von einem bis zur Rechtskraft aufgeschobenen Erfüllungseintritt oder einem sofortigen Erfüllungseintritt auszugehen. Virulent wird diese Frage hier vor allem bei der Problematik des noch fortbestehenden Schuldnerverzugs und etwaiger trotz der Leistung fortbestehender Rücktritts- oder Kündigungsrechte des Gläubigers.

Spiegelbildlich zu den Interessen des Schuldners sind sodann noch die Interessen des Gläubigers in den Blick zu nehmen. Auch insoweit ist zu differenzieren zwischen dem Fall, dass dem Gläubiger ein materiellrechtlich durchsetzbarer Anspruch zusteht, und dem gegenteiligen Fall. Abschließend werden die wesentlichen Ergebnisse der vorliegenden Arbeit noch einmal gesammelt zusammengefasst.

C. Einschränkungen der Untersuchung

Die nachfolgende Untersuchung ist auf das deutsche Zivilrecht beschränkt. Zwar können vorläufig vollstreckbare Urteile gemäß § 167 VwGO auch bei Verfahren im Verwaltungsrechtsweg auftreten. Die hiesige Problematik wird dort aber allenfalls unter Rückgriff auf die Stellungnahmen in der zivilrechtlichen Literatur diskutiert, ohne eigene neue Gesichtspunkte beizutragen.[10] Es erübrigt sich deshalb, auf die Rechtslage im Verwaltungsrecht einzugehen, zumal sich überdies die Frage stellt, ob der Begriff der Erfüllung im Zivilrecht und im Verwaltungsrecht deckungsgleich ist. Daneben erfolgt auch keine rechtsvergleichende Betrachtung. Die hier zu untersuchende, primär dogmatische Fragestellung wird in so weitem Umfang von dem Zusammenspiel zwischen Zivilrecht und Zivilprozessrecht im deutschen Recht geprägt, dass sich auch ein Vergleich mit anderen Rechtsordnungen, die das Institut der vorläufigen Vollstreckbarkeit ebenfalls kennen, nicht anbietet. Deutlich wird dies durch einen Seitenblick in die eng verwandten Rechtsordnungen in Österreich und der Schweiz:

In Österreich stellt sich die hiesige Frage bei Urteilen grundsätzlich nicht, weil Urteile gemäß § 1 Nr. 1 EO[11] nur ab Eintritt der formellen Rechtskraft einen Vollstreckungstitel darstellen, der zu einer Befriedigungsexekution berechtigt.[12] Bis zum Eintritt der formellen Rechtskraft ist lediglich eine Exekution zur Sicherstellung nach den §§ 370 ff. EO möglich, wenn das Urteil den Schuldner zu einer Geldleistung verpflichtet hat. Diese führt jedoch nur zu einer Sicherung des

---

[10] Siehe nur Schoch/Schneider/*Pietzner/Möller*, VwGO, § 167 Rn. 115 f.; außerdem nimmt die vorläufige Vollstreckbarkeit in der verwaltungsgerichtlichen Praxis eine deutlich geringere Rolle ein als im Zivilprozess, Schoch/Schneider/*Pietzner/Möller*, VwGO, § 167 Rn. 108.

[11] Exekutionsordnung.

[12] Anders ist dies nur, wenn das Urteil mit der außerordentlichen Revision angegriffen wird. Diese hemmt gemäß § 505 Abs. 4 S. 2 öZPO nur den Eintritt der formellen Rechtskraft, nicht aber die Vollstreckbarkeit des Urteils, sodass hier eine Befriedigungsexekution ausnahmsweise bereits vor dem Eintritt der formellen Rechtskraft möglich ist. Allerdings kann der Schuldner nach Erhebung der außerordentlichen Revision einen Antrag auf Aufschiebung der Exekution nach § 42 Abs. 1 Nr. 2a EO stellen, dem stattzugeben sein soll, ohne dass das Gericht die Erfolgsaussichten der außerordentlichen Revision dafür zu berücksichtigen habe, siehe dazu Rechberger/Klicka/*Kodek*, öZPO, § 505 Rn. 4.

Gläubigers, keinesfalls hingegen zu dessen Befriedigung, § 374 Abs. 3 EO.[13] Gerichtliche Beschlüsse[14] sind hingegen grundsätzlich vorläufig vollstreckbar, weil der gegen Beschlüsse gemäß § 514 Abs. 1 öZPO zulässige Rekurs nach § 524 Abs. 1 S. 1 öZPO keine aufschiebende Wirkung entfaltet. Gemäß § 1 Nr. 1 EO sind auch vorläufig vollstreckbare Beschlüsse ein Exekutionstitel. Allerdings erklärt § 1 Nr. 2, 3 EO einige besonders wichtige Sachbeschlüsse wie den im Mahnverfahren erlassenen Zahlungsbefehl wiederum nur nach Eintritt der formellen Rechtskraft zum Exekutionstitel, der zu einer Befriedigung des Gläubigers berechtigt.[15] Es dürfte deshalb in Österreich nur in sehr wenigen Fällen tatsächlich dazu kommen, dass der Gläubiger infolge einer vor formeller Rechtskraft des Vollstreckungstitels durchgeführten Vollstreckung beziehungsweise einer Abwendungsleistung des Schuldners die geschuldete Leistung erhält und sich die Frage nach der materiellrechtlichen Bewertung stellt.[16] Dies erklärt auch, wieso – soweit ersichtlich – das hier zu untersuchende Problem in Österreich nicht diskutiert wird.

Seit der Einführung einer bundeseinheitlichen Zivilprozessordnung im Jahr 2011 kennt die Schweiz hingegen die vorläufige Vollstreckbarkeit[17] gerichtlicher Urteile in weiterem Umfang, als das zuvor unter Geltung von jeweils kantonal abweichenden Zivilverfahrensordnungen der Fall war.[18] Dies gilt sowohl für Urteile, die auf eine Geldleistung oder eine Sicherheitsleistung des Schuldners gerichtet sind und deshalb gemäß Art. 38 Abs. 1 SchKG[19], Art. 335 Abs. 2 sZPO nach dem SchKG vollstreckt werden, als auch für sonstige Urteile, die nach den Art. 335 ff. sZPO vollstreckt werden. In beiden Fällen kann ein Urteil bereits vor Eintritt der formellen Rechtskraft vollstreckbar sein, Art. 336 Abs. 1 lit. b) sZPO.[20] Gemäß Art. 315 Abs. 1 sZPO kommt einer gegen ein erstinstanzliches

[13] Siehe dazu *Holzhammer*, Österreichisches Zwangsvollstreckungsrecht, S. 65 f., 409 ff.

[14] Das sind nach österreichischem Zivilverfahrensrecht alle gerichtlichen Entscheidungen, die keine Urteile sind, vgl. § 425 Abs. 1 öZPO. Viele Beschlüsse dienen lediglich der Durchführung des Verfahrens, es gibt aber durchaus auch Beschlüsse, die eine Sachentscheidung enthalten, siehe dazu eingehend *Fasching*, Österreichisches Zivilprozessrecht, Rn. 1376, 1586 ff.; siehe weiter die Aufzählung bei Rechberger/Klicka/*Rechberger/Klicka*, öZPO, § 425 Rn. 2.

[15] Vgl. dazu *Feil/Marent*, EO, § 1 Rn. 17; eine Exekution zur Sicherstellung bleibt dagegen auch hier, teilweise sogar unter erleichterten Voraussetzungen, möglich, vgl. § 371 EO.

[16] *Schimik*, Exekution, S. 250 f. hält diese Fälle zwar ebenfalls für denkbar, handelt diese dann aber auf nicht einmal anderthalb Seiten ab, ohne ein einziges konkretes Beispiel anzuführen oder einen Rechtsprechungsnachweis zu liefern. Auch dies spricht für einen sehr geringen Stellenwert im österreichischen Recht.

[17] In der Terminologie der sZPO vorzeitige Vollstreckung.

[18] Zur Möglichkeit einer vorläufigen Vollstreckbarkeit auf Basis der kantonalen Zivilverfahrensrechte siehe *Zoller*, Vorläufige Vollstreckbarkeit, S. 13 ff.

[19] Bundesgesetz über Schuldbetreibung und Konkurs.

[20] Auch ein noch nicht formell rechtskräftiges Urteil führt deshalb zu einer definitiven Rechtsöffnung nach Art. 80 SchKG und nicht nur zu einer provisorischen Rechtsöffnung, siehe *Kren Kostkiewicz*, Schuldbetreibungs- & Konkursrecht, Rn. 589; Botschaft zur Schweizerischen Zivilprozessordnung vom 28. Juni 2006, S. 7374.

Urteil eingelegten Berufung jedoch grundsätzlich aufschiebende Wirkung zu.[21] Die vorläufige Vollstreckbarkeit tritt in diesem Fall nur ein, wenn das Berufungsgericht einem entsprechenden Antrag des Gläubigers, gegebenenfalls gegen Anordnung einer vom Gläubiger zu erbringenden Sicherheitsleistung, stattgibt, Art. 315 Abs. 2 S. 1 sZPO.[22] Besteht die vorläufige Vollstreckbarkeit eines Urteils, sind alle Vollstreckungsmaßnahmen zulässig, die auch aufgrund eines formell rechtskräftigen Urteils möglich wären.[23] Kann gegen ein Urteil hingegen keine Berufung, sondern nur Beschwerde nach Art. 319 ff. sZPO[24] eingelegt werden oder im Falle einer Beschwerde in Zivilsachen an das Bundesgericht nach Art. 103 BGG[25], wird das Urteil trotz des eingelegten Rechtsmittels formell rechtskräftig, Art. 325 Abs. 1.[26] Die Vollstreckbarkeit ergibt sich in diesen Fällen damit bereits aus Art. 336 Abs. 1 lit. a) sZPO und kann lediglich nach Art. 325 Abs. 2 S. 1, 311 Abs. 2 S. 1 sZPO beziehungsweise Art. 103 Abs. 3 BGG gehemmt werden.[27] Aufgrund des gegen das formell rechtskräftige Urteil eingelegten Rechtsmittels ist die Situation aber hier durchaus mit derjenigen vergleichbar, in der ein noch nicht rechtskräftiges Urteil für vorläufig vollstreckbar erklärt wurde.[28] Wegen dieser Möglichkeiten der Vollstreckung aus einem Urteil, über das noch keine abschließende Sachenentscheidung ergangen ist, wurde unter Rückgriff auf die deutsche Rechtsprechung und herrschende Meinung in der Literatur ein erster Versuch unternommen, die materiellrechtlichen Wirkungen

---

[21] Ausnahmen bestehen nach Art. 315 Abs. 4 sZPO bei Entscheidungen über das Gegendarstellungsrecht nach Art. 28g ff. ZGB und bei Entscheidungen über vorsorgliche Maßnahmen nach Art. 261 ff. sZPO.

[22] Entscheidungskriterien soll insoweit im Rahmen einer umfassenden Interessenabwägung vor allem die Wahrscheinlichkeit sein, mit der das Urteil Bestand haben wird, siehe dazu Sutter-Somm/Hasenböhler/Leuenberger/*Reetz/Hilber*, sZPO, Art. 315 Rn. 24 ff., die daneben zu Recht auf den ungenauen Wortlaut des Art. 315 Abs. 2 S. 1 sZPO hinweisen. Es geht nicht um eine vorzeitige Vollstreckung, sondern das Gericht erklärt das Urteil lediglich für vorzeitig *vollstreckbar*, Rn. 23.

[23] *Huber*, Vollstreckung, S. 28; *Zoller*, Vorläufige Vollstreckbarkeit, S. 95 f.

[24] Beispielsweise wenn die Berufungssumme von mindestens 10.000 CHF nicht erreicht ist, Art. 319 Abs. 1 lit. a), 308 Abs. 2 sZPO.

[25] Bundesgerichtsgesetz.

[26] Aus dem Wortlaut des Art. 103 Abs. 1 BGG geht das hingegen nicht gleichermaßen klar hervor. Allerdings soll auch insoweit der Rechtskrafteintritt durch die Beschwerde nicht aufgeschoben werden, *Sutter-Somm*, Schweizerisches Zivilprozessrecht, Rn. 1296 f.; siehe zum Begriff der formellen Rechtskraft in der Schweiz *Sutter-Somm*, Schweizerisches Zivilprozessrecht, Rn. 513. Nur die Berufung als ordentliches Rechtsmittel hemmt danach den Eintritt der formellen Rechtskraft, nicht aber die sog. außerordentlichen Rechtsmittel.

[27] *Sutter-Somm*, Schweizerisches Zivilprozessrecht, Rn. 1402 f., 1475 f.

[28] Als weiteres außerordentliches Rechtsmittel kommt daneben die Revision nach Art. 328 ff. sZPo beziehungsweise Art. 121 ff. BGG in Betracht. Allerdings dient die Revision, anders als die Beschwerden (Art. 320 sZPO, Art. 95 ff. BGG), weniger einer inhaltlichen Kontrolle des Urteils, sondern – vergleichbar mit den §§ 579, 580 ZPO – mehr einer Wiederaufnahme eines fehlerhaft abgelaufenen Verfahrens, siehe dazu *Sutter-Somm*, Schweizerisches Zivilprozessrecht, Rn. 1410 ff., 1490 ff.

einer Vollstreckung oder Abwendungsleistung nach Erlass eines vorläufig vollstreckbaren Urteils zu ergründen.[29] Dies führte in der Folge jedoch nicht dazu, dass die in Deutschland zumindest früher lebhaft geführte Debatte in der Schweiz längerfristig aufgegriffen worden und um eigene Impulse erweitert worden wäre. Vielmehr finden sich – soweit ersichtlich – weder in der zwangsvollstreckungsrechtlichen Literatur noch in der zivilrechtlichen Literatur weitere Beiträge zu diesem Themenkomplex,[30] obwohl ansonsten gerade im Rahmen der Erfüllung durchaus in großem Umfang auf die deutsche Literatur zurückgegriffen wird.[31]

Im Folgenden wird die Rede von Gläubiger und Schuldner anstelle von Kläger und Beklagten sein. Dabei liegt der folgenden Untersuchung immer die Konstellation zugrunde, in welcher der Gläubiger geklagt hat und ein stattgebendes, vorläufig vollstreckbares Urteil erhalten hat. Diese Terminologie wird auch beibehalten, wenn Ausgleichsansprüche des Schuldners untersucht werden, in deren Rahmen der vormalige Schuldner als Gläubiger des Ausgleichsanspruchs auftritt. Auch hier wird im Interesse einer – hoffentlich – leichteren Verständlichkeit trotz der im Rahmen der Ausgleichsansprüche vertauschten Rollen der ursprüngliche Schuldner weiterhin als Schuldner und der ursprüngliche Gläubiger als Gläubiger bezeichnet. Mit dieser terminologischen Abgrenzung ist zugleich eine Eingrenzung verbunden: Soweit es nicht gesondert kenntlich gemacht wird, liegt den folgenden Ausführungen immer die Annahme zugrunde, dass materielles Recht und gerichtliche Entscheidung sich decken. Die Möglichkeit fehlerhafter Urteile wird damit grundsätzlich außen vor gelassen. Dies liegt darin begründet, dass es bei Fehlurteilen zu einem Auseinanderfallen von materieller Rechtslage und gerichtlicher Entscheidung kommt, die mangels eines bestehenden materiellrechtlichen Anspruchs Überlegungen zur Erfüllungswirkung nicht sinnvoll zulassen.[32]

Die Vollstreckung aus einem vorläufig vollstreckbaren Urteil und die Abwendungsleistung des Schuldners zur Verhinderung der Zwangsvollstreckung wer-

---

[29] *Zoller*, Vorläufige Vollstreckbarkeit, S. 96 ff.

[30] *Huber*, Vollstreckung, S. 28 f. bedenkt die vorzeitige Vollstreckbarkeit lediglich mit wenigen, dürren Worten und meint, eine Auseinandersetzung damit sprenge den Umfang ihrer sich mit der Vollstreckung von Urteilen befassenden Arbeit. Auch dies spricht für einen eher geringen Stellenwert der vorläufigen Vollstreckbarkeit in der Schweiz.

[31] Siehe bspw. *Koller*, Obligationenrecht AT, § 35, der sich eingehend mit den verschiedenen Erfüllungstheorien im deutschen Zivilrecht auseinandersetzt, das hiesige Problem aber mit keiner Silbe erwähnt. Möglicherweise liegt das auch darin begründet, dass die Befriedigung im Wege der Zwangsvollstreckung in der Schweiz nicht als Erfüllung eingeordnet wird, Rn. 35.29.

[32] Anders wäre das nach der materiellen Rechtskrafttheorie (siehe zu den verschiedenen Rechtskrafttheorien *Roth*, FS Sutter-Somm, S. 505 ff.; und mit Kritik zur prozessualen Rechtskrafttheorie *Braun*, Zivilprozeßrecht, S. 902 ff.), allerdings auch nur, wenn das Urteil bereits rechtskräftig geworden ist. Für die hiesige Situation eines lediglich vorläufig vollstreckbaren Fehlurteils müsste auch die materielle Rechtskrafttheorie von einem Auseinanderfallen von materieller Rechtslage und in dem Urteil festgestellter Rechtslage ausgehen.

den gleich behandelt; es sind insoweit keine Unterschiede in der Sache ersichtlich.[33] Es gibt jedoch Konstellationen, in denen die Vollstreckung aus einem vorläufig vollstreckbaren Urteil von vornherein nicht auf eine Erfüllung gerichtet sein kann, weil der Gläubiger die verlangte Leistung durch die Vollstreckung nicht erhält. Dies sind zum einen die Fälle des § 895 ZPO, weiter diejenigen des § 720a ZPO, § 888 ZPO und § 890 ZPO. Dort stellt sich das zu untersuchende Problem damit nicht. Allerdings ist es auch in diesen Fallgestaltungen denkbar, dass der Schuldner eine Abwendungsleistung erbringt, beispielsweise die verlangte Willenserklärung abgibt oder die Zahlung trotz fehlender Sicherheitsleistung des Gläubigers erbringt. In einer solchen Konstellation stellt sich die Frage nach einer Erfüllungswirkung gleichermaßen. Umgekehrt ist es auch bei einer dem Vollstreckungsorgan gegenüber erbrachten Abwendungsleistung denkbar, dass die Leistung noch nicht an den Gläubiger ausgekehrt wurde. Auch diese Fälle sind nicht Gegenstand der Untersuchung. Es interessieren hier lediglich die Fälle, in denen der Gläubiger infolge der Abwendungsleistung tatsächlich das Leistungssubstrat erhalten hat, die Vermögensverschiebung zu seinen Gunsten also bereits stattgefunden hat. Im Folgenden wird aufgrund des umfassenderen Anwendungsbereichs zumeist generell von der Abwendungsleistung des Schuldners die Rede sein. Der Fall der Vollstreckung ist damit mit Ausnahme der eben erwähnten Fallgestaltungen aber ebenfalls erfasst, sofern sich aus dem konkreten Abschnitt nichts Gegenteiliges ergibt.

Die folgende Untersuchung bezieht sich primär auf die Situation nach Erlass eines vorläufig vollstreckbaren Urteils.[34] Das zu untersuchende Problem taucht jedoch gleichermaßen auf, wenn der Schuldner eine Abwendungsleistung erbringt, um die Vollstreckung aus einem Vollstreckungsbescheid zu verhindern, gegen den er Einspruch eingelegt hat, §§ 700 Abs. 1, 338 ZPO. Ähnlich gelagert sind möglicherweise daneben noch die Fälle, in denen aus einem rechtskräftigen Vorbehaltsurteil, §§ 302, 599 ZPO, vollstreckt wird und es später zu einem Nachverfahren kommt. Ebenso denkbar ist diese Problematik bei einer Abwendungsleistung nach Erlass einer sogenannten Befriedigungsverfügung, die der Gläubiger im Wege des einstweiligen Rechtsschutzes erhalten hat. Von diesen Konstellationen wird im Folgenden aber lediglich die Vollstreckung aus einem Vollstreckungsbescheid in die Untersuchung miteinbezogen. Die Frage nach einer Erfüllungswirkung in Folge der Vollziehung einer Befriedigungsverfügung würde eine Auseinandersetzung mit der Rechtfertigung der Befriedigungsverfügung und der Funktion des einstweiligen Rechtsschutzes erfordern,[35] eine Ein-

[33] So auch BGH, NJW 1981, 1244; *A. Blomeyer*, JR 1979, 490; *Krüger*, NJW 1990, 1208, 1209; *Kerwer*, Erfüllung, S. 113 ff., 241 ff. trennt dagegen zwischen der Vollstreckung und der Abwendungsleistung. Letztlich kommt auch er aber für beide Fälle in der Sache zu denselben Ergebnissen.

[34] Entweder in Gestalt eines kontradiktorischen Urteils oder in Gestalt eines Versäumnisurteils, § 331 Abs. 1 ZPO.

[35] Siehe zur Befriedigungsverfügung, *Schilken*, Befriedigungsverfügung, passim; und zur Funktion des einstweiligen Rechtsschutzes *Walker*, Einstweiliger Rechtsschutz, S. 62 ff.

beziehung der §§ 302, 599 ZPO würde eine Untersuchung der Besonderheiten dieser Verfahrensarten, insbesondere des Zwecks des Nachverfahren erforderlich machen. Beides würde den Rahmen dieser Arbeit übersteigen.

Daneben wird in der nachfolgenden Untersuchung vorausgesetzt, dass der Schuldner bereits Rechtsmittel[36] gegen das vorläufig vollstreckbare Urteil eingelegt hat, bevor er die Abwendungsleistung erbracht hat.[37] Außerdem wird lediglich die Vollstreckung in das schuldnereigene Vermögen beziehungsweise eine Abwendungsleistung des Schuldners mit seinem eigenen Vermögen betrachtet. Bei der Vollstreckung in schuldnerfremdes Vermögen stellen sich wiederum viele weitere Fragen, deren Untersuchung vom eigentlichen Gegenstand dieser Arbeit wegführen würde und deshalb unterbleiben soll.[38]

Zur besseren Anschaulichkeit sollen abschließend zwei aus der Rechtsprechung entlehnte, beispielhafte Konstellationen geschildert werden:

1. Der Gläubiger klagt gegen den Schuldner auf Zahlung in Höhe von 50.000 € und erhält erstinstanzlich ein stattgebendes, vorläufig vollstreckbares Urteil. Er kündigt dem Schuldner die Zwangsvollstreckung aus diesem Urteil an. Der Schuldner legt Berufung gegen das Urteil ein, zahlt die 50.000 € aber zugleich an den Gläubiger, weil er im Falle einer Vollstreckung einen erheblichen Reputationsschaden befürchtet. Gleichwohl besorgt sich der Gläubiger eine vollstreckbare Ausfertigung und schreitet zur Vollstreckung. Der Schuldner fragt sich nun, auf welchem Wege er die Vollstreckung verhindern kann. Im Berufungsverfahren möchte der Schuldner mit einer unstreitigen Zahlungsforderung gegenüber dem Gläubiger in Höhe von 20.000 € aufrechnen, die er erst nach Abschluss der ersten Instanz erworben hatte.[39]

2. Der Gläubiger klagt gegen den Schuldner auf Räumung einer Wohnung und erhält ein erstinstanzlich stattgebendes Urteil. Der Schuldner legt Berufung gegen das Urteil ein. Dennoch betreibt der Gläubiger die Vollstreckung und lässt die Wohnung räumen. In der Berufungsverhandlung erklärt der Gläubiger daraufhin den Rechtsstreit für erledigt. Der Schuldner widerspricht, weil kein erledigendes Ereignis vorliege.[40]

---

[36] Unter dem Begriff des Rechtsmittels werden nachfolgend, soweit nicht anders gekennzeichnet, die Berufung, die Revision und der Einspruch gegen ein Versäumnisurteil beziehungsweise einen Vollstreckungsbescheid verstanden. Letzterer ist zwar mangels Devolutiveffekt kein Rechtsmittel im eigentlichen Sinne. Im Interesse sprachlicher Kürze wird der Einspruch aber für die Zwecke dieser Arbeit vom Begriff des Rechtsmittels erfasst.

[37] Fragen, ob eine vor Einlegung eines Rechtsmittels erbrachte Abwendungsleistung möglicherweise als Rechtsmittelverzicht aufgefasst werden kann, bleiben deshalb ausgeklammert; sie haben sachlich nichts mit der Erfüllungswirkung zu tun.

[38] Siehe ausführlich zur Vollstreckung in schuldnerfremdes Vermögen *Kerwer*, Erfüllung, S. 179 ff.

[39] Angelehnt an RGZ 63, 330.

[40] Nach RGZ 130, 393 und BGH, NJW 2014, 2199.

1. Kapitel

Meinungsstand in Rechtsprechung und Literatur

A. Rechtsprechung

I. Reichsgericht

Bereits das Reichsgericht hatte sich mehrfach mit der Frage auseinanderzusetzen, welche Wirkungen eine Abwendungsleistung nach Erlass eines vorläufig vollstreckbaren Urteils entfaltet.[1] Dabei urteilte das Reichsgericht nicht immer einheitlich. Zunächst vertrat es die Auffassung, ein vorläufig vollstreckbares Urteil stehe einem rechtskräftigen Urteil gleich, solange es nicht aufgehoben oder abgeändert worden sei, weshalb der Gläubiger dieselben Rechte wie bei einer Vollstreckung aus einem rechtskräftigen Urteil habe.[2] Im Anschluss an diese erste Entscheidung war das Reichgericht konsequenterweise der Auffassung, ein Gläubiger, der aufgrund eines vorläufig vollstreckbaren Urteils die begehrte Zahlung erhalten habe, nehme mit dieser Forderung nicht mehr an einem Zwangsvergleich nach der Konkursordnung teil.[3] Das bereits Gezahlte gehöre nicht mehr zur Konkursmasse, der Gläubiger dürfe die gesamte Zahlung behalten und müsse sich nicht auf die in dem Zwangsvergleich vereinbarte Quote verweisen lassen.[4] Dem stehe nicht entgegen, dass nach der Zahlung aufgrund der vom Konkursschuldner eingelegten Berufung der Rechtsstreit auch nach Eröffnung des Konkursverfahrens fortgedauert habe oder dass die rechtliche Natur der Zahlung nur eine vorläufige war.[5] Außerdem solle die vorläufige Vollstreckbarkeit den Gläubiger gerade vor einer späteren Vermögenslosigkeit des Schuldners schützen. Der Gläubiger, der die Leistung aufgrund der Vollstreckung aus einem vorläufig vollstreckbaren Urteil erhalten habe, könne nicht schlechter stehen als derjenige, dem der Schuldner zur Abwendung der Zwangsvollstreckung eine Sicherheit bestellt habe, die den Gläubiger im Konkursverfahren zur Absonderung berechtigen würde.[6]

[1] RGZ 18, 284 ff.; RGZ 39, 106 ff.; RGZ 63, 330 ff.; RGZ 85, 214, 217 ff.; RGZ 98, 328 ff.; RGZ 109, 104; RGZ 130, 393 ff.

[2] RGZ 18, 284, 287.

[3] RGZ 39, 106, 107.

[4] RGZ 39, 106, 107.

[5] RGZ 39, 106, 107.

[6] RGZ 39, 106, 108.

Der Umschwung in der reichsgerichtlichen Rechtsprechung erfolgte knappe zehn Jahre später. Der VI. Zivilsenat des Reichsgerichts hielt eine Aufrechnung des Schuldners mit einer Forderung, die dieser erst nach Abschluss der ersten Instanz gegen den Gläubiger erworben hatte, in der Berufungsinstanz für möglich, obwohl der Schuldner zur Abwendung der Zwangsvollstreckung aus dem erstinstanzlichen, der Klage stattgebenden Urteil bereits gezahlt hatte.[7] Die dargestellte, bis dato entgegenstehende Rechtsprechung anderer Senate sei unbeachtlich, da diese lediglich eine konkursrechtliche Frage betroffen habe.[8] Die vorläufige Vollstreckbarkeit habe eine andere Bestimmung als die Vollstreckung aus einem rechtskräftigen Urteil; bereits aus der Bezeichnung als vorläufig ergebe sich die „mindere Rechtswirkung" der vorläufigen Vollstreckbarkeit.[9] Außerdem zeige die verschuldensunabhängige Verpflichtung des Gläubigers zum Schadensersatz aus § 717 Abs. 2 S. 1 ZPO, dass die Vollstreckung aus einem vorläufig vollstreckbaren Urteil nicht zum Verlust von Einreden führen könne.[10] Die materiellrechtliche Wirkung der Abwendungsleistung des Schuldners sei deshalb bis zum Eintritt der Rechtskraft aufgeschoben. Die Grundsätze dieser Entscheidung werden dann von späteren Entscheidungen des Reichsgerichts entweder ausdrücklich gebilligt[11] oder jedenfalls nicht in Frage gestellt.[12]

Interessant sind jedoch die Begründungen zweier nachfolgender Entscheidungen. So stimmte der III. Zivilsenat des Reichsgerichts den Ausführungen des VI. Zivilsenats zwar zu,[13] judizierte aber dennoch, die Leistung auf ein vorläufig vollstreckbares Urteil führe zur Erfüllung im Sinne des § 17 Abs. 1 KO.[14] Der Sinn der vorläufigen Vollstreckbarkeit bestehe gerade darin, den Gläubiger gegen eine später eintretende Zahlungsunfähigkeit des Schuldners zu sichern. Der Gläubiger, der aus einem vorläufig vollstreckbaren Urteil vollstreckt habe, dürfe nicht schlechter stehen als derjenige, dem der Schuldner zur Abwendung der Zwangsvollstreckung eine Sicherheit bestellt habe, die den Gläubiger im Konkurs des Schuldners zur Absonderung berechtigt hätte.[15]

In einer weiteren Entscheidung hatte das Reichsgericht die Frage zu entscheiden, ob der Vermieter einer Wohnung, der aus einem vorläufig vollstreck-

[7] RGZ 63, 330, 331.

[8] RGZ 63, 330, 331.

[9] RGZ 63, 330, 331.

[10] RGZ 63, 330, 331 f.

[11] RGZ 85, 214, 219; RGZ 98, 328, 329 f.; RGZ 130, 393, 395 f.

[12] RGZ 109, 104, 106. In dieser Entscheidung verwehrt es das Reichsgericht dem ehemaligen Besitzer eines Grundstücks, sich auf ein Zurückbehaltungsrecht aus § 1000 S. 1 BGB zu berufen, wenn er den Besitz durch die Vollstreckung eines vorläufig vollstreckbaren Urteils verloren hat. Begründet wird dies allerdings unabhängig von der Frage der Erfüllungswirkung damit, dass die Annahme eines noch bestehenden Zurückbehaltungsrechts trotz faktischen Besitzverlusts allenfalls eine Fiktion sein könne, 107.

[13] RGZ 85, 214, 219.

[14] RGZ 85, 214, 219.

[15] RGZ 85, 214, 218.

baren Räumungsurteil vollstreckt hatte und deshalb inzwischen wieder unmittelbarer Besitzer der Wohnung war, den Rechtsstreit für erledigt erklären müsse.[16] Das Reichsgericht verneinte diese Frage; durch die Vollstreckung des vorläufig vollstreckbaren Urteils sei lediglich ein Zwischenzustand geschaffen worden, nicht aber vollwertige Erfüllung eingetreten. Aufgrund des widerspenstigen Verhaltens der beiden ehemaligen Mieter, die Berufung gegen das erstinstanzliche Urteil eingelegt hatten, dürfe es dem Gläubiger nicht verwehrt sein, „von einem Erledigungsantrag abzusehen und einen Sachantrag zu stellen, der ihm das Ziel der Klage vollwertig sichere".[17]

II. Bundesgerichtshof

Auch der Bundesgerichtshof[18] hatte sich bereits mehrfach in verschiedenen Fallkonstellation zu der Frage zu äußern, ob durch die Leistung auf ein vorläufig vollstreckbares Urteil Erfüllung des zugrunde liegenden Anspruchs eintritt.[19] In seiner grundsätzlich ablehnenden Haltung gegenüber einer Erfüllungswirkung blieb der BGH von Beginn an konsequent. Gleichwohl unterschieden sich die aus Sicht des BGH maßgeblichen Gesichtspunkte teilweise doch nicht unerheblich.

In seiner soweit ersichtlich ersten Entscheidung zu der vorliegenden Problematik verneinte der BGH die sofortige Erfüllungswirkung unter Berufung auf das Reichsgericht. Erfüllung trete erst ein, sobald das vorläufig vollstreckbare Urteil formell rechtskräftig werde. Bis zu diesem Zeitpunkt bleibe der Schuldner aber trotz seiner Leistung im Schuldnerverzug.[20] In seiner nächsten Entscheidung zu diesem Problemkreis legte der BGH den Fokus auf das Ziel der Leistung, die Zwangsvollstreckung zu hemmen. Deshalb führe die Zahlung auf ein vorläufig vollstreckbares Urteil nicht wie eine freiwillige Zahlung zum Erlöschen des Anspruchs und beseitige auch nicht die durch das vorläufig vollstreckbare Urteil verursachte Beschwer des Schuldners.[21] Diese Auffassung bestätigte der BGH zunächst in einer weiteren Entscheidung und führte aus, es handele sich um einen vorläufigen Vollstreckungstitel, aufgrund dessen grundsätzlich auch nur mit ei-

[16] RGZ 130, 393; später hatte auch der BGH diese Konstellation zu entscheiden, NJW 2014, 2199.

[17] RGZ 130, 393, 396.

[18] Im Folgenden im Text abgekürzt als BGH.

[19] Siehe nur beispielsweise BGHZ 86, 267 ff.; BGHZ 139, 357, 367 f.; BGHZ 152, 233, 244 f.; BGH, WM 1968, 923; BGH, WM 1976, 1069; BGH, NJW 1981, 1729; BGH, NJW 1981, 2244; BGH, NJW 2007, 1269; BGH, NJW 2012, 1717; BGH, NJW 2014, 2199.

[20] BGH, WM 1964, 1168, 1169.

[21] BGH, WM 1968, 923 f. Die zugrundliegende Fallkonstellation wich von den sonstigen Fallgestaltungen ab. Der Schuldner wehrte sich gegen die Vollstreckung aus einer vollstreckbaren Urkunde mittels § 767 ZPO. Die Klage wurde abgewiesen, woraufhin der Schuldner eine Abwendungsleistung erbrachte. Zugleich legte er Rechtsmittel gegen das die Klage aus § 767 ZPO abweisende Urteil ein. Der BGH hielt die Konstellation für vergleichbar mit derjenigen einer Vollstreckung aus einem vorläufig vollstreckbaren Urteil.

ner vorläufigen Leistung des Schuldners zu rechnen sei.[22] Eine solche vorläufige Leistung führe beim Schuldner auch nicht zum Wegfall der Beschwer, weil der Schuldner sich durch eine solche Leistung gerade alle Rechte bewahren wolle.[23]

In einer weiteren Entscheidung begründete der BGH seine Ablehnung des sofortigen Erfüllungseintritts damit, dass der Schuldner durch die Vorbehaltsleistung den Anspruch des Gläubigers weder anerkenne noch eine Beweislastumkehr herbeiführe.[24] Dies griff der BGH später auf und differenzierte zwischen zwei möglichen Arten des Vorbehalts.[25] Zum einen könne der Vorbehalt lediglich die Funktion haben zu verhindern, dass die Leistung als Anerkenntnis zu werten sei und deshalb im Fall einer Teilleistung die Verjährung hinsichtlich des noch nicht geleisteten Teils gemäß § 212 Abs. 1 Nr. 1 BGB neu beginnen lasse. Außerdem diene eine solcher Vorbehalt dem Ausschluss von § 814 Alt. 1 BGB, sodass ein etwaiger Kondiktionsanspruch des Schuldners nicht an § 814 Alt. 1 BGB scheitere. Ein so beschaffener Vorbehalt stelle die Erfüllungswirkung der Leistung nicht in Frage. Daneben stehe jedoch die Vorbehaltsleistung, die keine Beweislastumkehr herbeiführe und keine Auswirkungen auf den Rechtsstreit haben solle. Ein solcher Vorbehalt führe keinen sofortigen Erfüllungseintritt herbei und sei insbesondere bei einer Leistung zur Abwendung der Zwangsvollstreckung anzunehmen.[26]

Diese Linie setzte der BGH in der Folge fort und knüpfte den Erfüllungseintritt an den Rechtskrafteintritt der stattgebenden Entscheidung.[27] Sogar die zwangsweise Räumung einer Wohnung beziehungsweise eines Clubhauses führe nicht zur Erfüllung des Anspruchs aus § 985 BGB.[28] Andernfalls müsse die Räumung als erledigendes Ereignis angesehen werden. Dies bedeute aber einen nicht hinnehmbaren Widerspruch zur Rechtslage bei § 546 Abs. 1 BGB, bei dem die Räumung nicht zur Erledigung führe.[29] Im Rahmen von Auskunftsansprüchen sprach der BGH hingegen von Erfüllung durch Erteilung der Auskunft, hielt ein erledigendes Ereignis aber gleichwohl nicht für gegeben.[30]

---

[22] BGH, WM 1976, 1069, 1070.

[23] BGH, WM 1976, 1069; und aus jüngerer Zeit BGH, NJOZ 2022, 156, Rn. 13 f.

[24] BGHZ 86, 267, 269.

[25] BGHZ 139, 357, 367 f.; BGHZ 152, 233, 244 f.; BGH, NJW 1984, 2826 f.; BGH, NJW 2007, 1269, Rn. 19.

[26] BGHZ 139, 357, 368.

[27] BGH, NJW 2007, 1269, Rn. 19; BGH NJW 2012, 1717, Rn. 7; BGH, BeckRS 2020, 16689, Rn. 18.

[28] BGH, NJW 2014, 2199, Rn. 8 f.; BGH, BeckRS 2020, 16689, Rn. 18.

[29] BGH, NJW 2014, 2199, Rn. 12 unter Hinweis auf BGH, NJW 2011, 1135, Rn. 11, wo allerdings lediglich behauptet, nicht aber begründet wird, wieso in einem Räumungsprozess nach § 546 Abs. 1 BGB die Räumung der Mietsache nicht zu Erledigung des Rechtsstreits führen soll; BGH, BeckRS 2020, 16689, Rn. 18.

[30] BGHZ 94, 268, 274; BGH, NJOZ 2022, 156, Rn. 13 f., wobei die Ausführungen dort einigermaßen widersprüchlich sind: Einerseits laufe die Erteilung der begehrten Auskunft zur Abwendung der Zwangsvollstreckung „auf eine endgültige, nicht mehr rückgängig zu machende Erfüllung hinaus[…]“ (Rn. 14). Andererseits „leistet der Schuldner [auch hier] regel-

In einem weiteren Fall war die Frage zu entscheiden, ob der Schuldnerverzug ende, wenn der Schuldner aufgrund eines vorläufigen vollstreckbaren Urteils leiste.[31] Der BGH bejahte dies, ohne seine bis dato abweichende Rechtsprechung[32] mit einem Wort zu erwähnen: Zwar führe die Leistung zur Abwendung der Zwangsvollstreckung keine Erfüllung herbei, der Schuldner könne nach einer freiwilligen Leistung aber nicht schlechter stehen als nach einer Zwangsvollstreckung durch den Gläubiger. Hätte der Gläubiger zwangsvollstreckt, hätte damit der Schuldnerverzug aber zwingend geendet. Folglich müsse dies auch bei einer freiwilligen Leistung des Schuldners aufgrund des vorläufig vollstreckbaren Urteils der Fall sein.[33] Denkbar sei allenfalls ein Schadensersatzanspruch des Gläubigers, wenn der Schuldner mit seiner Pflicht, den Vorbehalt entfallen zu lassen, in Verzug komme.[34]

Umgekehrt gestattete es der BGH jedoch dem Gläubiger, eine Leistung des Schuldners zur Abwendung der Zwangsvollstreckung abzulehnen, ohne dadurch in Annahmeverzug zu geraten.[35] Der Gläubiger habe das Recht, aus dem vorläufig vollstreckbaren Urteil zu vollstrecken, er sei aber nicht dazu verpflichtet. Er müsse sich nicht mit einer Vorbehaltsleistung begnügen, die er womöglich bei Aufhebung des vorläufig vollstreckbaren Urteils wieder herausgeben müsse und daneben sogar noch verschärft nach § 717 Abs. 2, 3 ZPO hafte. Denn der Gläubiger habe ein Recht auf die geschuldete Leistung und nicht nur auf eine Vorbehaltsleistung; man könne es dem Gläubiger deshalb nicht verwehren, die Leistung erst dann entgegenzunehmen, wenn er diese bedingungslos behalten dürfe.[36] Die Vorbehaltsleitung abzulehnen, sei nur dann widersprüchlich, wenn der Gläubiger zuvor die Zwangsvollstreckung angedroht habe, was im zu entscheidenden Fall nicht geschehen war.[37]

III. Bundesarbeitsgericht

Gemäß § 62 Abs. 1 S. 1 ArbGG sind Urteile der Arbeitsgerichte, gegen die Einspruch oder Berufung zulässig ist, kraft Gesetzes vorläufig vollstreckbar. Auch

mäßig nur unter dem Vorbehalt des Rechtskrafteintritts, so dass es deshalb an einem Erfüllungseintritt fehlt." (Rn. 14 aE.); vgl. weiter OLG Düsseldorf, BeckRS 2017, 154280, Rn. 66, das als Begründung für die nicht eingetretene Erfüllung bemerkenswerterweise auf die Interessen des Gläubigers abstellt, der trotz der Auskunftserteilung ein Interesse an einer rechtskraftfähigen Entscheidung über das Bestehen des Auskunftsanspruchs habe.

[31] BGH, NJW 1981, 2244 f.

[32] BGH, WM 1964, 1168, 1169 f.

[33] BGH, NJW 1981, 2244 f.; BGH, NJW 2012, 1717, Rn. 11; in der Sache ebenfalls, allerdings ohne Begründung BGH, WM 1983, 21, 22.

[34] BGH, NJW 1981, 2244 f.; äußerst kritisch zu diesem letzten Aspekt *Braun*, AcP 184, 152, 164 die Konstruktion des BGH erinnere an „Spiegelfechterei".

[35] BGH, NJW 2012, 1717, Rn. 12.

[36] BGH, NJW 2012, 1717, Rn. 12.

[37] BGH, NJW 2012, 1717, Rn. 13.

das Bundesarbeitsgericht[38] hatte sich deshalb bereits mehrere Male mit der Erfüllungswirkung bei Leistungen auf vorläufig vollstreckbare Urteile auseinanderzusetzen.[39] Dabei schloss sich das BAG jedoch der Rechtsprechung des BGH an, ohne neue Gesichtspunkte in die Diskussion einzubringen. Insbesondere hob auch das BAG hervor, durch die Leistung zur Abwendung der Zwangsvollstreckung entfalle die Beschwer des Schuldners für die Rechtsmittelinstanz nicht; leiste der Schuldner jedoch vorbehaltlos, beschwere das erstinstanzliche Urteil den Schuldner nicht mehr, da dieser die Leistung nun unabhängig von der Entscheidung des Rechtsmittelgerichts nicht mehr zurückverlangen könne.[40]

IV. Ergebnis

Die dargestellte, einen sofortigen Erfüllungseintritt überwiegend verneinende Rechtsprechungsentwicklung beruht damit im Grundsatz auf drei unterschiedlichen Gedanken, die nicht immer in allen Urteilen gleichermaßen zum Ausdruck kommen.

Zum einen wird versucht, den Schuldner zu schützen. Dieser solle durch die Vollstreckung aus einem vorläufig vollstreckbaren Urteil keine Nachteile erleiden, weshalb es ihm möglich sein müsse, nur zur Abwendung der Zwangsvollstreckung zu leisten, um keine Einreden für die Berufungsinstanz zu verlieren. Deshalb dürfe die Abwendungsleistung des Schuldners auch nicht zur Erledigung des Rechtsstreits oder zum Wegfall der Beschwer führen. Allerdings wird dieser Schutzgedanke teilweise dadurch durchbrochen, dass es dem Gläubiger gestattet wird, die Abwendungsleistung des Schuldners abzulehnen und diesen dadurch weiterhin den Konsequenzen des Schuldnerverzugs auszusetzen, vgl. §§286ff. BGB. Dabei fällt hier jedoch auf, dass der BGH nicht erwähnt, ob und wenn ja welche prozessualen Schutzmöglichkeiten für den Schuldner bereits bestehen. Dabei wäre eine Auseinandersetzung damit naheliegend gewesen, um zu ermitteln, ob der Schuldner überhaupt auf eine weitere Schutzmöglichkeit angewiesen ist.

Daneben führt die Rechtsprechung den Zweck der vorläufigen Vollstreckbarkeit an. Diese führe als Ausnahmerecht nur zu einem Recht des Gläubigers auf vorläufige Leistung und dürfe nicht zu Nachteilen auf Seiten des Schuldners führen. Als dritter Gesichtspunkt werden sodann die formalen Voraussetzungen des Erfüllungseintritts ins Feld geführt. Dieser setze eine Beweislastumkehr zugunsten des Gläubigers voraus, die bei einer Abwendungsleistung jedoch nicht vorliege, weil der Gläubiger hier auch in der Berufungsinstanz für den Bestand seiner Rechtsposition beweisbelastet bleibe. Auch diese Prämisse wird letztlich

---

[38] Im Folgenden im Text BAG.

[39] Siehe nur BAG, NZA 2012, 501, Rn. 27ff.; BAG, NJW 2012, 3327, Rn. 12ff.; BAG, NZA 2016, 55, Rn. 14f.

[40] BAG, NJW 2012, 3327, Rn. 14.

jedoch nicht konsequent durchgehalten, wenn der BGH dem Gläubiger dennoch ein Recht auf eine bedingungslose Leistung zugesteht. Denn auch eine mit einer Beweislastumkehr verbundene Leistung ist keine bedingungslose Leistung und schützt den Gläubiger gerade nicht davor, dass der Schuldner nach der Leistung einen Kondiktionsprozess anstrengt und das Gericht des Kondiktionsprozesses womöglich von dem fehlenden Rechtsgrund überzeugt.

B. Literatur

Letztlich ist die Rechtsprechung des BGH und des BAG als jedenfalls im Ergebnis beständig zu bezeichnen. Anders ist die Lage in der Literatur. Auch dort überwiegen zwar die Stimmen, die einen sofortigen Erfüllungseintritt ablehnen. Allerdings gibt es in der Literatur trotz dieses gemeinsamen Ausgangspunkts viele unterschiedliche Auffassungen über die weiteren Auswirkungen. Außerdem gibt es daneben schon seit langem prominente Vertreter, die mit Nachdruck für einen sofortigen Erfüllungseintritt plädieren.

I. Für eine Erfüllungswirkung

1. Münzberg

An vorderster Front für den Eintritt der Erfüllungswirkung streitet *Münzberg*.[41] Bei der vorläufigen Vollstreckbarkeit sei nicht die Vollstreckung selbst vorläufig, sondern lediglich die Vollstreckbarkeit. Der Gläubiger habe deshalb auch bei einem vorläufig vollstreckbaren Urteil bereits einen Anspruch auf eine endgültige Leistung des Schuldners. Anders sei dies nur, wenn der Schuldner durch gerichtliche Anordnungen nach den §§ 711, 712 Abs. 1, 720 Abs. 3 ZPO zur Hinterlegung oder Sicherheitsleistung ermächtigt worden sei.[42] Abgesehen von diesen Konstellationen müsse sich der Gläubiger aber auf keine Vorbehaltsleistungen des Schuldners einlassen. Er könne diese zurückweisen, ohne in Annahmeverzug zu geraten.[43] Außerdem meint *Münzberg*, ein Vorbehalt, dass die Schuld bestehe, besage an sich schon nicht mehr als das Gesetz und sei deshalb überflüssig. Leiste der Schuldner nur unter einem solchen Vorbehalt, trete materiellrechtlich sofort Erfüllung ein. Gleiches gelte auch, wenn der Gläubiger aus dem vorläufig vollstreckbaren Urteil vollstrecke.[44] *Münzberg* untermauert seine Ansicht darüber hinaus mit einem Hinweis auf die Rechtslage bei Zahlungen auf eine vollstreckbare Urkunde oder einen gerichtlichen Vergleich, bei denen sofor-

---

[41] Stein/Jonas/*Münzberg*, 22. Aufl., § 708 Rn. 5 ff.; aA. aber in der Nachauflage Stein/Jonas/*Heinze*, § 708 Rn. 6.

[42] Stein/Jonas/*Münzberg*, 22. Aufl., § 708 Rn. 5.

[43] Stein/Jonas/*Münzberg*, 22. Aufl., § 708 Rn. 6.

[44] Stein/Jonas/*Münzberg*, 22. Aufl., § 708 Rn. 7.

tige Erfüllung eintrete, obwohl in diesen Fällen das Bestehen des materiellrechtlichen Anspruchs mangels gerichtlicher Überprüfung viel unsicherer als bei einem vorläufig vollstreckbaren Urteil sei.[45]

Von diesen materiellrechtlichen Wirkungen seien die prozessualen Wirkungen zu unterscheiden; namentlich die Fragen, ob der Schuldner einer nochmaligen Vollstreckung seine bereits erbrachte Leistung über § 767 ZPO entgegenhalten könne, ob der Gläubiger den Rechtsstreit für erledigt erklären müsse und ob dem Schuldner die Beschwer für eine Rechtsmittelinstanz verbleibe.[46] Die erste Frage bejaht *Münzberg*, und zwar unabhängig von der von ihm propagierten Erfüllungswirkung, weil dem Gläubiger durch die Zwangsvollstreckung immer nur der Leistungsgegenstand verschafft werden könne, und er diesen bereits erhalten habe.[47] Eine Erledigungserklärung des Gläubigers sei dagegen nicht notwendig; wie im Falle einer Eventualaufrechnung dürfe der Gläubiger sein Prozessverhalten auf die Ungewissheit des Bestehens seines materiellrechtlichen Anspruchs stützen.[48] Die dritte Frage wiederum bejaht *Münzberg*; die Beschwer des Schuldners bleibe auch nach der Leistung bestehen. Dies folge jedoch aus dem Zweck der Rechtsmittel beziehungsweise des Einspruchs und habe mit der Erfüllungswirkung nichts zu tun.[49] Aus dem Zweck der Rechtsmittel ergebe sich weiter, dass dem Schuldner auch nach seiner Leistung weiterhin die Einreden zustünden, die ihm vor der Leistung beziehungsweise der Vollstreckung bereits zustanden. Dies gelte allerdings nur, sofern diese Einreden erstinstanzlich vorgetragen wurden oder nicht vorgetragen werden konnten. Mit Einreden, die erst nach der Leistung begründet gewesen wären, sei der Schuldner hingegen ausgeschlossen.[50]

2. *Kern und Olzen*

Im Anschluss an *Münzberg* tritt auch *Kern* für die Annahme einer Erfüllungswirkung ein.[51] Die vorläufige Vollstreckbarkeit unterliege nur prozessualen Einschränkungen, beispielsweise durch die §§ 711, 712, 720a ZPO. Sei jedoch keine dieser Einschränkungen gegeben, habe der Gläubiger ein Recht auf volle Befriedigung und müsse eine Vorbehaltsleistung des Schuldners deshalb nicht akzeptieren.[52] Die gegenteilige Ansicht liefe darauf hinaus, dem Schuldner auch dann eine faktische Abwendungsbefugnis zu ermöglichen, wenn diese durch das Gesetz nicht vorgesehen sei. Außerdem versage die Vorstellung, dass keine Erfüllung eingetreten sei, bei Ansprüchen auf Herausgabe oder bei Auskunftsan-

---

[45] Stein/Jonas/*Münzberg*, 22. Aufl., § 708 Rn. 5.
[46] Stein/Jonas/*Münzberg*, 22. Aufl., § 708 Rn. 8 ff.
[47] Stein/Jonas/*Münzberg*, 22. Aufl., § 708 Rn. 8 mit Fn. 25.
[48] Stein/Jonas/*Münzberg*, 22. Aufl., § 708 Rn. 10.
[49] Stein/Jonas/*Münzberg*, 22. Aufl., § 708 Rn. 11.
[50] Stein/Jonas/*Münzberg*, 22. Aufl., § 708 Rn. 11 f.
[51] Staudinger/*Kern*, § 362 Rn. 45 ff.; und in der Vorauflage mit denselben Argumenten Staudinger/*Olzen*, Neubearb. 2016, § 362 Rn. 34 ff.
[52] Staudinger/*Kern*, § 362 Rn. 45.

sprüchen; habe der Schuldner die begehrte Auskunft einmal erteilt, könne dies nicht mehr rückgängig gemacht werden.[53]

Bezüglich der prozessualen Fragen geht *Kern* ebenfalls davon aus, der Kläger dürfe an seiner ursprünglichen Klage auch nach der Abwendungsleistung des Schuldners festhalten.[54] Aus dem Eintritt der Erfüllungswirkung folge aber zugleich, dass der Schuldnerverzug durch die Abwendungsleistung ende und der Gläubiger in Annahmeverzug komme, wenn er die Leistung ablehne.[55]

3. Häsemeyer

Auch *Häsemeyer* spricht sich für einen sofortigen Erfüllungseintritt nach einer Abwendungsleistung oder einer Vollstreckung aus einem vorläufig vollstreckbaren Urteil aus.[56] Die materiellrechtlichen Wirkungen der Leistung seien jedoch von der prozessualen Frage der Streitfortführung zu unterscheiden. Letztere werde durch die materiellrechtlich vollwirksame Leistung nicht beeinflusst. Der Gläubiger könne den Prozess deshalb in der Berufungsinstanz mit der Leistungsklage weiterführen und müsse seine Klage nicht auf eine Feststellungsklage umstellen. Umgekehrt könne der Kläger den Streit auch nicht gegen den Willen des Schuldners beenden, weil dieser einer Erledigungserklärung des Gläubigers widersprechen könne und damit eine Fortführung des Rechtsstreits im Wege der Feststellungsklage erzwingen könne.[57] Durch den materiellrechtlichen Erfüllungseintritt sei der Schuldner ferner nicht gehindert, in der Berufungsinstanz materiellrechtliche Einwendungen oder Einreden gegen den eingeklagten materiellrechtlichen Anspruch geltend zu machen; der Rechtsstreit werde von allen materiellrechtlichen Folgen der Leistung freigehalten, einzig die Präklusionsvorschriften entschieden über die Erheblichkeit von in der Berufungsinstanz geltend gemachten Einwendungen und Einreden.[58]

4. Pecher

Neben den dargestellten Ansichten geht auch *Pecher* im Rahmen seiner Untersuchung zu den Schadensersatzansprüchen nach § 717 Abs. 2, 3 ZPO von einem sofortigen Erfüllungseintritt aus. Insbesondere sei der Erfüllungseintritt nicht davon abhängig, wann das vorläufig vollstreckbare Urteil formell rechtskräftig werde.[59] Trotz des sofortigen Erfüllungseintritts sollen dem Schuldner jedoch Einreden auch nach der Vollstreckung zustehen, wenn ihre materiellrechtlichen Voraussetzungen bereits zuvor bestanden. Der Schuldner könne deshalb auch

---

[53] Staudinger/*Kern*, § 362 Rn. 46.
[54] Staudinger/*Kern*, § 362 Rn. 48.
[55] Staudinger/*Kern*, § 362 Rn. 49.
[56] *Häsemeyer*, ZZP 118, 265, 278 f.
[57] *Häsemeyer*, ZZP 118, 265, 279.
[58] *Häsemeyer*, ZZP 118, 265, 279 f.
[59] *Pecher*, Schadensersatzansprüche, S. 175.

nach der Vollstreckung noch die Einrede der Verjährung erheben oder ein Zurückbehaltungsrecht geltend machen. In beiden Fällen sei der materiellrechtliche Anspruch bei der Vollstreckung mit einem Mangel behaftet gewesen. Eine Aufrechnung sei hingegen nicht mehr möglich, weil die bloße Aufrechnungsmöglichkeit weder einen Mangel der Rechtsverfolgung noch einen materiellrechtlichen Vorbehalt gegen die Vollstreckung begründe.[60]

II. Wider die Erfüllungswirkung

1. Kerwer

Fundiert gegen den sofortigen Erfüllungseintritt hat sich vor allem *Kerwer* gewandt.[61] Er trennt zunächst zwischen der Situation, in welcher der Gläubiger aus dem vorläufig vollstreckbaren Urteil vollstreckt hat,[62] und dem Fall, dass der Schuldner zur Abwendung der Zwangsvollstreckung eine Leistung erbracht hat,[63] gelangt aber letztlich zu übereinstimmenden Ergebnissen.

Weder aus dem Wortlaut noch der Entstehungsgeschichte der Regelungen über die vorläufige Vollstreckbarkeit oder möglichen prozessualen Konsequenzen eines sofortigen Erfüllungseintritts ließen sich zwingende Argumente für die eine oder andere Ansicht herleiten.[64] Auch der Überlegung, dem Schuldner müssten auch nach der Beitreibung aus dem vorläufig vollstreckbaren Urteil alle Einreden erhalten bleiben, lässt sich aus seiner Sicht lediglich ein Indiz gegen den Eintritt einer sofortigen Erfüllungswirkung entnehmen; dem Gesetz lasse sich kein Grundsatz entnehmen, dass der Schuldner etwaige Einreden für die höhere Instanz nicht verlieren dürfe. Insbesondere sei dies nicht aus den Vorschriften über die Berufung abzuleiten, weil diese lediglich die prozessuale Zulässigkeit der Einreden regelten, aber nichts über deren materielle Begründetheit aussagten. Allerdings spreche der Charakter der vorläufigen Vollstreckbarkeit als Ausnahmerecht zugunsten des Gläubigers dafür, dass die Ausübung dieses Rechts nicht zu Nachteilen für den Schuldner führen dürfe.[65] Erbringe der Schuldner nach Erlass eines vorläufig vollstreckbaren Urteils eine Abwendungsleistung, um die Zwangsvollstreckung zu verhindern, sei daneben bereits fraglich, ob der Schuldner selbst überhaupt an dem Nichteintritt der Erfüllung und dem damit verbundenen Erhalt der Einrede gelegen sei. Denn der Erhalt der Einrede gehe in diesem Fall damit einher, dass sich der Schuldner weiterhin im Verzug befinde und deshalb schadensersatzpflichtig sein könne.[66]

---

[60] *Pecher*, Schadensersatzansprüche, S. 178.
[61] *Kerwer*, Erfüllung, S. 120 ff.
[62] *Kerwer*, Erfüllung, S. 113 ff.
[63] *Kerwer*, Erfüllung, S. 241 ff.
[64] *Kerwer*, Erfüllung, S. 123 ff.
[65] *Kerwer*, Erfüllung, S. 127 ff.
[66] *Kerwer*, Erfüllung, S. 249 f.

Im Falle der Vollstreckung spreche entscheidend gegen den sofortigen Erfüllungseintritt jedoch die Zwecksetzung der vorläufigen Vollstreckbarkeit, die den ansonsten für den Erfüllungseintritt maßgeblichen Schuldnerwillen ersetze.[67] Die Vollstreckung aufgrund eines formell rechtskräftigen Urteils bezwecke materiellrechtliche Befriedigung des Gläubigers, weil dieser das staatlich vorgesehene Rechtsfeststellungsverfahren vollständig durchlaufen habe.[68] Dagegen erfolge die Vollstreckung aus einem vorläufig vollstreckbaren Urteil bereits, bevor das staatliche Rechtsschutzverfahren abgeschlossen sei. Deshalb sei die Vollstreckung in diesem Fall nicht auf die Befriedigung des Gläubigers gerichtet, sondern enthalte primär eine Sicherungsfunktion für den Gläubiger. Allerdings führe die Beitreibung aufgrund eines vorläufig vollstreckbaren Urteils zu mehr als einer reinen Sicherheitsleistung des Schuldners. Denn Erfüllung trete sofort mit Eintritt der formellen Rechtskraft des Urteils ein, ohne dass es insoweit noch eines weiteren Zwischenakts bedürfe.[69]

Diese unterschiedlichen Zwecke einer Vollstreckung aus einem formell rechtskräftigen Urteil und derjenigen aus einem vorläufig vollstreckbaren Urteil spiegelten sich auch in der unterschiedlichen Beweislastverteilung wider. Erfüllung bedeute inhaltliche Verwirklichung des Schuldverhältnisses, von der jedoch nur auszugehen sei, wenn dem Gläubiger die Beweislast für das Bestehen eines Rechtsgrunds zum Behaltendürfen der Leistung abgenommen worden sei.[70] Gerade dies sei jedoch bei der Vollstreckung aus einem vorläufig vollstreckbaren Urteil nicht der Fall. Denn der Titel des Gläubigers sei hier noch angreifbar. Der Gläubiger müsse deshalb auch nach Beitreibung der Leistung weiter um diese kämpfen, sei er doch in der Rechtsmittelinstanz nach wie vor beweisbelastet für das Bestehen des materiellrechtlichen Anspruchs und damit für die Existenz eines Rechtsgrunds zum Behaltendürfen der Leistung. Bei der Vollstreckung aus einem formell rechtskräftigen Urteil sei die Existenz dagegen – vorbehaltlich einer etwaigen Wiederaufnahmeklage des Schuldners[71] – endgültig. Der Gläubiger müsse deshalb nicht mehr um sein Recht kämpfen und dürfe die Leistung be-

[67] *Kerwer*, Erfüllung, S. 122 f.

[68] *Kerwer*, Erfüllung, S. 132.

[69] *Kerwer*, Erfüllung, S. 135 f.

[70] *Kerwer*, Erfüllung, S. 134.

[71] Die Möglichkeit einer Wiederaufnahmeklage soll nichts daran ändern, dass der Gläubiger nach Eintritt der formellen Rechtskraft nicht mehr um seine Leistung kämpfen müsse, weil der Schuldner zunächst die Wiederaufnahmegründe nach §§ 579, 580 ZPO beweisen müsse, bevor wieder sachlich über das Recht des Gläubigers gestritten werde, *Kerwer*, Erfüllung, S. 134 f. Vor dem Hintergrund, dass die Wiederaufnahmegründe nach den §§ 579, 580 ZPO vor allem an formale Kriterien geknüpft sind, ist diese Argumentation nicht zweifelsfrei. Letztlich ist jedoch nicht zu bestreiten, dass sich der Gläubiger, der über ein rechtskräftiges stattgebendes Urteil verfügt, in einer derart gesicherten Lage befindet, dass keine ernsthaften Zweifel an einem Erfüllungseintritt bestehen können, wenn der Schuldner nun leistet.

halten, es sei denn dem Schuldner gelinge es, den fehlenden Rechtsgrund zu beweisen.[72]

Bei einer Abwendungsleistung des Schuldners komme es für die Frage des Erfüllungseintritts dagegen maßgeblich auf den Willen des Schuldners an.[73] Dieser spreche jedoch gegen einen sofortigen Erfüllungseintritt. Denn der Schuldner wolle trotz seiner Leistung den Rechtsstreit mit unveränderten Parteirollen fortsetzen. Dieses Ziel aber sei mit einem Erfüllungseintritt unvereinbar, der gerade eine Beweislastumkehr zugunsten des Gläubigers voraussetze.[74] Der Schuldner stelle hier deshalb den Erfüllungseintritt unter die aufschiebende Bedingung, dass der Gläubiger ihm die Existenz seines Anspruchs in dem laufenden gerichtlichen Verfahren nachweise. Dies sei keine Rechtsbedingung, sondern eine echte Bedingung iSd. § 158 Abs. 1 BGB.[75]

2. *Kreutz*

Auch *Kreutz* spricht sich in seiner 1995 erschienenen Dissertation gegen den sofortigen Erfüllungseintritt aus.[76] Gegen einen sofortigen Erfüllungseintritt sprächen unerwünschte prozessuale Konsequenzen: Der Erfüllungseintritt sei ein erledigendes Ereignis. Aufgrund dessen werde der Gläubiger den Rechtsstreit für erledigt erklären, um mit seiner Klage nicht kostenpflichtig abgewiesen zu werden. Der Schuldner werde dieser Erledigungserklärung zustimmen, sodass nach § 91a ZPO nur noch über die Kosten entschieden werde, aber keine Entscheidung in der Sache mehr ergehe. Dies könne jedoch den Interessen des Schuldners widersprechen, der den Rechtsstreit in der Sache womöglich fortsetzen wolle.[77] Aus derselben Erwägung heraus könne auch die Ansicht nicht überzeugen, die einen auflösenden Bedingungseintritt annehme.[78] Vielmehr führe eine Abwendungsleistung des Schuldners nur zu einem auf den Eintritt der formellen Rechtskraft des stattgebenden Urteils aufschiebend bedingten Erfüllungseintritt.[79] Die Möglichkeit einer solchen Abwendungsleistung ohne unmittelbare materiell-rechtliche Wirkungen werde durch die §§ 302 Abs. 4 S. 3, 600 Abs. 2, 717 Abs. 2, 945 ZPO anerkannt.[80] In der Sache überzeuge dieses Ergebnis, weil dem

---

[72] *Kerwer*, Erfüllung, S. 134 ff.

[73] *Kerwer*, Erfüllung, S. 243 ff.

[74] *Kerwer*, Erfüllung, S. 252 ff.

[75] *Kerwer*, Erfüllung, S. 262.

[76] *Kreutz*, Abwendung, S. 61 f.

[77] *Kreutz*, Abwendung, S. 31 ff., 61; die Möglichkeit, dass der Schuldner der Erledigungserklärung widerspricht, erwähnt *Kreutz* nur am Rande (S. 32 Fn. 38). Auch dies führe jedoch nicht dazu, dass der Gläubiger die Aufklärung streitig gebliebener Tatsachen erreichen könne. Warum dies für den Gläubiger wichtig sein sollte, der gerade die Leistung erhalten hat, wird nicht klar. Die Konsequenzen einer einseitigen Erledigungserklärung für die Interessen des Schuldners untersucht *Kreutz* nicht.

[78] *Kreutz*, Abwendung, S. 55 f.

[79] *Kreutz*, Abwendung, S. 61 f.

[80] *Kreutz*, Abwendung, S. 33.

Schuldner andernfalls Einreden entzogen würden, die er zulässigerweise noch in der Berufungsinstanz hätte erheben können, was nicht hinzunehmen sei.[81]

3. *Braun*

Kritisch zu einem sofortigen Erfüllungseintritt äußert sich auch *Braun*.[82] Erfüllung könne erst ab dem Zeitpunkt angenommen werden, ab dem der Gläubiger um sein Recht nicht mehr streiten müsse, was erst bei einer Beweislastumkehr zu seinen Gunsten der Fall sei.[83] Daneben leitet er seine Bedenken vor allem aus prozessualen Überlegungen ab; trete durch die Beitreibung aufgrund des vorläufig vollstreckbaren Urteils sofortige Erfüllung ein, führe dies zur sofortigen Erledigung des Rechtsstreits. Dies liege womöglich aber nicht im Interesse des Schuldners, was gegen eine Erfüllung spreche.[84] Außerdem zeige auch ein Vergleich mit der Situation bei einer Eventualaufrechnung, dass die Frage des Erfüllungseintritts nur unter Berücksichtigung der prozessualen Situation zu beantworten sei: Rechne der Schuldner hilfsweise mit einer unstrittigen Gegenforderung gegen die eingeklagte Forderung des Gläubigers auf, müsse der Gläubiger die Möglichkeit haben, die Gegenforderung des Schuldners zu erfüllen, da der Schuldner trotz der Eventualaufrechnung die Forderung seinerseits noch aktiv einklagen könne. Diese Möglichkeit widerspreche aber an sich § 389 BGB, wonach die Gegenforderung bereits durch die Aufrechnung erloschen sei, sofern die Hauptforderung bestehe.[85] Darüber hinaus führe eine sofortige Erfüllung für den Schuldner zu einem Verlust von Einreden, was den Gläubiger zu einem möglichst rigorosen Vorgehen animieren könne und jedenfalls bei der Vollstreckung aus einem Vollstreckungsbescheid, einer einstweiligen Verfügung oder einer vollstreckbaren Urkunde nicht gerechtfertigt sei; in diesen Fällen habe der Schuldner die Einreden vorher nicht geltend machen können.[86] Im Ergebnis sei die Frage der Erfüllungswirkung aber nicht zwangsläufig einheitlich für alle Fallkonstellationen zu beantworten. Vielmehr sei zu fragen, wann die eine und wann die andere Betrachtungsweise angebracht sei. Insgesamt spreche jedoch viel dafür, Erfüllung erst dann anzunehmen, wenn das den Schuldner zur Leistung verurteilende Urteil rechtskräftig geworden sei.[87]

---

[81] *Kreutz*, Abwendung, S. 58.

[82] AcP 184, 152, 160 f.

[83] *Braun*, AcP 184, 152, 156, 167 f.

[84] *Braun*, AcP 184, 152, 154 f.; diese Überlegung soll auch nach *Baur/Stürner/Bruns*, Zwangsvollstreckungsrecht, Rn. 15.39, *Münch*, Vollstreckbare Urkunde, S. 399 und *Schöler*, MDR 2009, 360, 361 entscheidend gegen einen sofortigen Erfüllungseintritt sprechen.

[85] *Braun*, AcP 184, 152, 157 f.

[86] *Braun*, AcP 184, 152, 159.

[87] *Braun*, AcP 184, 152, 160 f.

4. *Krüger*

Auch *Krüger* analysiert zunächst die prozessualen Folgen eines sofortigen Erfüllungseintritts und gelangt wie *Braun* zu dem Ergebnis, diese sprächen gegen einen sofortigen Erfüllungseintritt; trete die Erfüllung sofort ein, könne der Schuldner keine rechtskräftige Sachentscheidung mehr erlangen, wenn er der Erledigungserklärung des Gläubigers zustimme. Widerspreche er ihr, erhalte er zwar eine rechtskräftige Entscheidung, könne aber keine Überprüfung etwaig bestehender Einreden mehr erhalten, da lediglich festgestellt werde, dass der Rechtsstreit in der Hauptsache erledigt sei.[88] Aus materieller Sicht spreche hingegen viel für einen sofortigen Erfüllungseintritt, weil der Gläubiger durch die Abwendungsleistung des Schuldners erhalte, was er beanspruchen konnte. Auch spräche § 717 Abs. 2, 3 ZPO nicht gegen den sofortigen Erfüllungseintritt, da dieser nur eingreife, wenn materiellrechtlich gerade keine Forderung des Gläubigers bestanden habe.[89]

Im Ergebnis spricht sich *Krüger* dann jedoch gegen einen sofortigen Erfüllungseintritt aus, da nur dies der Interessenlage des Schuldners gerecht werde. Dieser wolle mit seiner Leistung gerade keine Erfüllung herbeiführen, sondern lediglich die Zwangsvollstreckung des Gläubigers verhindern. Außerdem wolle sich der Schuldner die Möglichkeit offenhalten, neue Einwendungen oder Einreden in der Rechtsmittelinstanz geltend zu machen. Dies sei dem Schuldner aber nur möglich, wenn die Erfüllung nicht sofort mit der Leistung eintrete.[90]

5. *Weitere Stimmen*

Auch neben den dargestellten Ansätzen haben sich im Laufe der letzten Jahre viele Autoren zu dieser Problematik geäußert, wobei sich viele Argumente wiederholen. So stellt *Arwed Blomeyer* ebenfalls entscheidend auf den Erhalt möglicher Einreden für den Schuldner ab, wenn dieser die Einreden prozessual zulässig noch in der Rechtsmittelinstanz geltend machen könne; das materielle Recht dürfe das Prozessrecht nicht behindern.[91] *Messer* schließt sich dem unter Hinweis auf den seines Erachtens beschränkten Zweck der vorläufigen Vollstreckbarkeit an, die lediglich der Prozessbeschleunigung dienen solle, dem Schuldner darüber hinaus aber keine Nachteile bringen dürfe.[92] Auch *Kötschau*

---

[88] *Krüger*, NJW 1990, 1208, 1209 f.

[89] *Krüger*, NJW 1990, 1208, 1210, auch *Krüger* lässt den Sonderfall eines Fehlurteils bewusst außen vor (Fn. 19).

[90] *Krüger*, NJW 1990, 1208, 1210 f.

[91] *A. Blomeyer*, JR 1979, 490, 491 f.

[92] *Messer*, Freiwillige Leistung, S. 127; in diese Richtung auch *Becker-Eberhard*, JuS 1998, 884, 885, der allerdings auf eine Präklusion der Einreden hinweist (Fn. 11) und daneben auch noch damit argumentiert, den Parteien müsse auch nach der Vollstreckung eine Fortsetzung des Rechtsstreits mit „den bisherigen Verfahrenszielen, also letztlich den bisherigen Anträgen" möglich sein. Dies sei bei Annahme eines sofortigen Erfüllungseintritts jedoch nicht der Fall, weil dann infolge der Erfüllung ein erledigendes Ereignis eingetreten wäre.

betont die drohende Gefahr für den Schuldner, infolge eines sofortigen Erfüllungseintritts Einreden zu verlieren,[93] und plädiert deshalb letztlich ebenfalls für einen Erfüllungseintritt unter der aufschiebenden Bedingung, dass das vorläufige vollstreckbare Urteil rechtskräftig wird.[94] *Seibert* meint hingegen, bei einer Zahlung zur Abwendung der Zwangsvollstreckung sei der Eintritt der Erfüllungswirkung bis zur formellen Rechtskraft des Urteils hinausgeschoben, obwohl die dingliche Zuordnung sogleich durch die Leistung des Schuldners geändert werde.[95] Weiter führt auch *Gernhuber* aus, die Beitreibung aufgrund eines vorläufig vollstreckbaren Urteils führe zunächst nicht zur Erfüllung, sondern nur zu einer Schwebelage. Dies ändere sich erst, wenn das Urteil zugunsten des Gläubigers rechtskräftig werde oder das schwebende Verfahren nicht weiter betrieben werde und der Schuldner zu erkennen gebe, dass der Gläubiger die Leistung behalten dürfe.[96] Diese Aufzählung ließe sich noch lange fortsetzen. Mangels neuer Argumente wäre sie jedoch ohne Erkenntnisgewinn, sodass an dieser Stelle darauf verzichtet wird.[97]

III. Die Lehre von der auflösenden Bedingung

Für einen vermittelnden Ansatz plädiert *Czub.*[98] Einen Erfüllungseintritt erst mit formeller Rechtskraft des Urteils verwirft er; es sei denkbar, dass es gar nicht zu einem rechtskräftigen Urteil komme, falls die Parteien das Verfahren nicht weiter betrieben. Außerdem sei es nicht der Sinn eines Rechtsmittelverfahrens, materiellrechtliche Rechtsfolgen herbeizuführen.[99] Auch aus einer fehlenden Beweislastumkehr ergebe sich kein Argument gegen eine Erfüllungswirkung, da der Gläubiger und der Schuldner über die Voraussetzungen einer Erfüllung frei disponieren könnten und deshalb auch eine Erfüllung ohne Beweislastumkehr denkbar sei.[100] Umgekehrt spreche gegen einen sofortigen Erfüllungseintritt jedoch der unweigerliche Verlust von Einreden für den Schuldner im Rechtsbehelfsverfahren. Welche Einreden der Schuldner im Rechtsbehelfsverfahren allerdings geltend machen dürfe, ergebe sich aus den Vorschriften der entsprechenden Rechtsbehelfe[101]. Einreden, die danach im Rechtsbehelfsverfahren noch prozessual zulässig seien, dürften dem Schuldner nicht durch eine Beitreibung aufgrund eines vorläufig vollstreckbaren Urteils entzogen werden.[102] *Czub* schlägt deshalb

---

[93] *Kötschau*, Zwangszahlung, S. 9.
[94] *Kötschau*, Zwangszahlung, S. 12.
[95] *Seibert*, JR 1983, 491, 492.
[96] *Gernhuber*, Erfüllung, S. 94, 125.
[97] Siehe aber die umfangreichen weiteren Nachweise bei *Kerwer*, Erfüllung, S. 117 Fn. 19.
[98] ZZP 102, 273 ff.
[99] *Czub*, ZZP 102, 273, 276.
[100] *Czub*, ZZP 102, 273, 282 f.
[101] *Czub* beleuchtet insoweit die Berufung und den Einspruch nach einem Versäumnisurteil.
[102] *Czub*, ZZP 102, 273, 275, 281.

vor, die Beitreibung aufgrund eines vorläufig vollstreckbaren Urteils als Erfüllung unter der auflösenden Bedingung einer später zulässigerweise erhobenen und begründeten Einrede zu verstehen. Hierdurch blieben dem Schuldner trotz der Beitreibung alle Einreden erhalten.[103] Umgekehrt trete aber dennoch Erfüllung ein, ohne dass es auf den Eintritt der Rechtskraft ankomme. Diese Konzeption sei mit den §§ 362 ff. BGB vereinbar, da diesen keine Regelung über eine bedingte Erfüllung zu entnehmen sei, sodass diese möglich sei.[104] Dieser Auffassung schließt sich auch *Hess* an, da nur durch die Annahme eines auflösend bedingten sofortigen Erfüllungseintritts durchweg stringente Ergebnisse zu erzielen seien.[105]

IV. Ergebnis

Auch die Literatur diskutiert damit vor allem drei Themenbereiche: Zum einen den Schutz des Schuldners vor materiell oder prozessual nachteiligen Folgen; insbesondere vor dem drohenden Verlust von Einreden müsse der Schuldner bewahrt werden. Auffällig ist hierbei jedoch, dass kaum hinterfragt wird, ob der Schuldner ein Recht darauf hat, seine Einreden jederzeit geltend zu machen. Allenfalls wird insoweit auf die prozessualen Präklusionsregeln verwiesen, die nicht umgangen werden dürften. Zweitens sei der Schuldner vor für ihn ungünstigen prozessualen Folgen zu schützen. Auch nach einer Abwendungsleistung müsse es für den Schuldner möglich sein, den Rechtsstreit sachlich fortzusetzen. Und drittens werden auch in der Literatur die Erwägungen diskutiert, die vorläufige Vollstreckbarkeit richte sich als Ausnahmerecht nur auf eine vorläufige Leistung des Schuldners und zwingende Voraussetzung einer jeden Erfüllung sei eine Beweislastumkehr. An dieser fehle es jedoch bei einer Abwendungsleistung, sodass ein sofortiger Erfüllungseintritt bereits deshalb nicht denkbar sei.

---

[103] Wobei *Czub* dies einschränkt, indem er meint (ZZP 102, 273, 284 Fn. 43), es sei zu prüfen, ob die Einrede nach Beitreibung noch durchgreifen könne. Anhand welcher Kriterien diese Prüfung ablaufen soll, erläutert er nicht. Allerdings besteht durch diese Einschränkung jedenfalls zunächst die Möglichkeit, dem Schuldner die Berufung auf bestimmte Einreden wie Zurückbehaltungsrechte mit dem Argument zu verweigern, diese könnten nach einer Beitreibung nicht mehr durchgreifen.

[104] *Czub*, ZZP 102, 273, 284 f.

[105] Wieczorek/Schütze/*Hess*, Vor §§ 708–720a Rn. 20.

2. Kapitel

Erfüllung als Beendigung der Rechtsverletzung

A. Der Erfüllungsbegriff für das vorliegende Problem

Bevor eine Diskussion der einzelnen mit dem hiesigen Problem verbundenen Sachfragen erfolgen kann, ist zunächst zu klären, was für die folgende Untersuchung unter dem Begriff der Erfüllung zu verstehen ist. Eine solche grundsätzliche Klärung ist notwendig, weil der Begriff der Erfüllung im deutschen Zivilrecht an vielen Orten verwendet, dabei aber keinesfalls einheitlich gehandhabt wird.[1] Verbreitet wird das vorliegende Problem im Rahmen des § 362 BGB im Zusammenhang mit dem dortigen Erfüllungsbegriff diskutiert.[2] So überlegen sich beispielsweise *Schwab* und *Seibert*, ob die zu § 362 BGB vertretenen Erfüllungstheorien der realen Leistungsbewirkung oder der finalen Leistungsbewirkung für oder gegen einen sofortigen Erfüllungseintritt sprechen, wenn der Schuldner eine Abwendungsleistung erbringt.[3] Auch *Kreutz* setzt sich mit den Erfüllungstheorien auseinander und gelangt zu dem Ergebnis, dass es nach allen zu § 362 Abs. 1 BGB vertretenen Erfüllungstheorien in der Hand des Schuldners liege, den Erfüllungseintritt durch einen Vorbehalt zu verhindern.[4] Ebenso überlegt sich *Kerwer* generell, ob man dem Verhalten des Schuldners bei einer Abwendungsleistung eine positive oder negative Tilgungsbestimmung entnehmen könne. Er schließt sodann aus dem Umstand, dass es der Schuldner bereits zum Prozess habe kommen lasse, dass der Schuldner im Regelfall durch seine Leistung keine Erfüllung herbeiführen wolle, mithin eine negative Tilgungsbestimmung abgebe.[5] Bereits dadurch verhindere der Schuldner den Eintritt der Erfül-

[1] Staudinger/*Kern*, Vor. § 362 Rn. 5, ein einheitlicher Begriff der Erfüllung für das deutsche Privatrecht existiere nicht. Dies zeige sich daran, dass der Begriff der Erfüllung von unterschiedlichen Normen in unterschiedlichen Zusammenhängen gebraucht werde, bspw. §§ 274 Abs. 1, 278, 348, 813, 814 BGB aber auch §§ 103, 17 Abs. 2 S. 1 InsO.

[2] BGHZ 86, 267, 269; BGH, NJW 2014, 2199 Rn. 8 ff.; *Beckhaus*, Erfüllung, S. 181 ff.; *Gernhuber*, Erfüllung, S. 94; *Kerwer*, Erfüllung, S. 120 ff., 241 ff. und passim; *Krüger*, NJW 1990, 1208, 1210; BeckOGK/*Looschelders*, BGB, § 362 Rn. 137 ff.; Staudinger/*Kern*, § 362 Rn. 43 ff.

[3] *Schwab*, JuS 2012, 937, 939; *Seibert*, JR 1983, 491, 492.

[4] *Kreutz*, Abwendung, S. 59 f.; ebenso *Schöler*, MDR 2009, 360, 361.

[5] *Kerwer*, Erfüllung, S. 253 f.; JurisPK/*derselbe*, BGB, § 362 Rn. 55; MüKo/*Götz*, ZPO, § 708 Rn. 6; *Krüger*, NJW 1990, 1208, 1210 f.; in eine ähnliche Richtung gehen auch die Überlegungen von *Messer*, Freiwillige Leistung, S. 54 ff.

lung.[6] In der Sache stößt auch *Czub* in dasselbe Horn, wenn er es dem Schuldner gestattet, den Erfüllungseintritt unter die auflösende Bedingung einer im Rechtsmittelverfahren zulässigerweise erhobenen und inhaltlich begründeten Einrede zu stellen.[7] Die auflösende Bedingung fungiert insoweit als Pendant zur Tilgungsbestimmung.

Um Missverständnisse zu vermeiden, werden die folgenden Überlegungen deshalb zunächst darlegen, was für die vorliegende Arbeit unter dem Begriff der Erfüllung zu verstehen ist. Daran anschließend erfolgt eine Auseinandersetzung mit der Frage, ob der Schuldner einen Erfüllungseintritt einseitig durch die Abgabe einer negativen Tilgungsbestimmung verhindern kann.

I. Erfüllung

1. Rechtsposition und Schutzrechte

Der Begriff der Erfüllung wird vorliegend aus dem Blickwinkel des Privatrechts als Rechtszuweisungsordnung betrachtet.[8] Dem Privatrecht kommen danach zwei Aufgaben zu:[9] Um die Freiheit der einzelnen Privatrechtssubjekte miteinander zu koordinieren, werden dem einzelnen Privatrechtssubjekt Rechtspositionen[10] zugewiesen, durch die dem Privatrechtssubjekt bestimmte Güter rechtlich zugeordnet werden.[11] Diese Zuordnung kann sich auf eine Sache beziehen,[12] aber auch auf die Freiheit des Schuldners richten. So wird dem Gläubiger durch eine Forderung gegen den Schuldner „ein beschränktes Herrschaftsrecht“[13] gegen diesen zugewiesen, weil es alleine in der Hand des Gläubigers liegt, die in der Forderung festgelegte Leistung vom Schuldner zu fordern oder nicht zu fordern.

[6] So ausdrücklich *Thomale*, Freiheit, S. 12, der meint, „[es] lässt sich allein mit dem fehlenden Leistungs- und Erfüllungswillen des Schuldners einleuchtend begründen, dass während eines laufenden Verfahrens eine Zahlung „zur Abwendung der Zwangsvollstreckung“ oder unter „Beharren auf die Beweislast“ regelmäßig nicht die Forderung nach § 362 BGB tilgt.“ In diese Richtung auch *Beckhaus*, Erfüllung, S. 182 f.

[7] *Czub*, ZZP 102, 273, 284 ff.

[8] Für das Privatrecht als Rechtszuweisungsordnung und zu den folgenden Ausführungen siehe auch *Costede*, Gerichtsschutz, S. 31 f.; *J. F. Hoffmann*, Zession, S. 35 ff. mit umfangreichen Nachweisen und einer eingehenden Auseinandersetzung mit abweichenden Konzeptionen, S. 40–56; *derselbe*, Jahrbuch 2014, S. 163, 177; *Lobinger*, Rechtsgeschäftliche Verpflichtung, S. 89 ff.; *Ost*, Zuordnung, S. 27 f.; *Picker*, 2. FS Canaris, S. 579, 608 f.; *derselbe*, Privatrechtssystem, S. 47 ff.; *derselbe*, FS Lange, S. 625, 657 f., 680 ff.; *derselbe*, Beseitigungsanspruch, S. 56 f.; *Rimmelspacher*, Anspruch, S. 107; *Schlüter*, Selbstbestimmung, S. 104 ff.; *Winkelmann*, Anspruch, S. 2, 163 ff. und öfter.

[9] *Picker*, 2. FS Canaris, S. 579, 608.

[10] Verbreitet auch als Substanzrecht bezeichnet.

[11] *J. F. Hoffmann*, Zession, S. 35 f.; *Ost*, Zuordnung, S. 24 ff.

[12] Beispielsweise wird durch das Eigentum eine Sache dem Eigentümer rechtlich zugeordnet, *J. F. Hoffmann*, Zession, S. 36.

[13] *J. F. Hoffmann*, Zession, S. 99. Die geschützte Rechtsposition besteht dann in einer Forderung beziehungsweise synonym dazu einem Forderungsrecht, S. 95 ff.

Neben der Zuweisung von Rechtspositionen durch das Privatrecht können Privatrechtssubjekte aber auch selbst einander Rechtspositionen in Gestalt von Forderungen zuweisen, indem sie sich bindend die Vornahme einer bestimmten Handlung oder Unterlassung versprechen.[14]

Zum anderen muss das Privatrecht den Schutz jeder Rechtsposition gewährleisten. Andernfalls könnten Dritte sanktionslos in eine fremde Rechtsposition eingreifen, was letztlich auf eine Zuordnung des Guts an die Allgemeinheit hinausliefe und die Zuweisung an den Einzelnen entwertete.[15] Wird eine Rechtsposition verletzt, stehen dem Inhaber dieser Rechtsposition deshalb Schutzrechte gegen den Rechtsverletzer zu. Dabei liegt eine Rechtsverletzung bereits dann vor, wenn der rechtlich gebotene und der tatsächliche Zustand voneinander abweichen, ohne dass es auf ein schuldhaftes Handeln des Verletzenden ankäme.[16] Weil die Schutzrechte nur auf eine Verletzung der zugrundeliegenden Rechtsposition reagieren, existieren sie nur, wenn eine solche zugrundeliegende Rechtsposition besteht, die es zu schützen gilt.[17] Die Rechtsposition als Grundlage der Zuweisung und die entsprechenden Schutzrechte, die lediglich den Schutz der Zuweisung gewährleisten sollen, sind deshalb streng voneinander zu trennen.[18] Dies gilt gleichermaßen bei statischen Rechtspositionen wie dem Eigentum als auch bei dynamischen Rechtspositionen wie der Forderung.[19]

2. *Rechtsverwirklichender und rechtsfortsetzender Schutz*

Um einen umfassenden Schutz der zugrundeliegenden Rechtsposition zu gewährleisten, sind rechtsverwirklichende Schutzrechte und rechtsfortsetzende Schutzrechte notwendig.[20] Erstere reagieren auf eine gegenwärtige Verletzung der zugrundeliegenden Rechtsposition, letztere auf eine bereits in der Vergangenheit abgeschlossene Verletzung. Schutzrechte, die auf eine gegenwärtige Verletzung der Rechtsposition reagieren, gewähren dem Inhaber der Rechtsposition einen Anspruch auf Beseitigung der Verletzung.[21] Wie diese Beseitigung aussieht, kann

---

[14] *J. F. Hoffmann*, Zession, S. 37; *Picker*, AcP 183, 369, 399 f.

[15] *J. F. Hoffmann*, Zession, S. 36, 59; *Picker*, Beseitigungsanspruch, S. 57; *derselbe*, FS Canaris, S. 1001, 1017; *Schlüter*, Selbstbestimmung, S. 116 „ein Substanzrecht ohne Rechtsschutz wäre gleichsam kein zugewiesenes Substanzrecht mehr".

[16] *Costede*, Gerichtsschutz, S. 45 f., 62; *J. F. Hoffmann*, Zession, S. 39.

[17] *Hartmann*, commodum, S. 22; *J. F. Hoffmann*, Zession, S. 37 f. mwN; *Jacobs*, Feststellungsverfahren, S. 189; *Picker*, FS Canaris, S. 1001, 1032; *derselbe*, 2. FS Canaris, S. 579, 609; *derselbe*, Privatrechtssystem, S. 50 f., 57; *Winkelmann*, Anspruch, S. 8, 207.

[18] *J. F. Hoffmann*, Zession, S. 36 „kategoriale Unterscheidung"; *Picker*, Privatrechtssystem, S. 51; *Winkelmann*, Anspruch, S. 8, 182, 207; in der Sache auch *Braun*, Zivilprozeßrecht, S. 41 ff.

[19] *J. F. Hoffmann*, Zession, S. 128 ff.

[20] *J. F. Hoffmann*, Zession, S. 62 ff., von dem die Terminologie „rechtsverwirklichend" und „rechtsfortsetzend" stammt; *Winkelmann*, Anspruch, S. 323 ff.; mit abweichender Terminologie *Ost*, Zuordnung, S. 37 ff., 46 f.

[21] *Winkelmann*, Anspruch, S. 8 f. und passim; grundlegend *Picker*, Beseitigungsanspruch, passim.

sich je nach Rechtsposition unterscheiden. Bei statischen Rechtpositionen, die nicht auf eine Neuverteilung von Gütern ausgerichtet sind,[22] erschöpft sich die Beseitigung einer gegenwärtigen Verletzung darin, die gegenwärtige Güterlage zu bewahren.[23] Bei dynamischen Rechtspositionen, die von vornherein auf eine Änderung der Vermögenslage durch eine absolut wirkende Neuzuweisung von Vermögensgegenständen gerichtet sind, ist die Verletzungsbeseitigung gerade auf den Vollzug dieser Vermögensverschiebung gerichtet.[24] Der aus einer Forderung entstehende Erfüllungsanspruch ist deshalb trotz seiner Zielrichtung auf die zwangsweise Durchsetzung einer Vermögensverschiebung nur ein Schutzrecht, das auf die gegenwärtige Verletzung der Forderung in Form der Nichtleistung trotz Fälligkeit reagiert.[25]

Bei bereits abgeschlossenen Verletzungen führen die Schutzrechte dazu, dass eine neue Rechtsposition in Form einer Forderung[26] entsteht, die auf Abschöpfung des durch die Rechtsverletzung Erlangten beziehungsweise auf die Restitution des dadurch verursachten Schadens gerichtet ist. Diese neu entstandene Forderung ist dann ihrerseits wieder durch die Trias der Schutzrechte geschützt.[27]

3. *Bezugspunkt der Erfüllung*

Innerhalb dieses Systems betrifft die Frage der Erfüllung nicht nur bei Forderungen, sondern bei jeder dem Gläubiger zugewiesenen Rechtsposition die Frage danach, ob der Schuldner durch sein Verhalten die gegenwärtige Verletzung die-

---

[22] Zur Terminologie der statischen und dynamischen Rechtsposition beziehungsweise des statischen und dynamischen Substanzrechts siehe *Schlüter*, Selbstbestimmung, S. 106 ff.

[23] *Schlüter*, Selbstbestimmung, S. 110, diese Ansprüche würden deshalb als „negatorisch" bezeichnet.

[24] *Schlüter*, Selbstbestimmung, S. 124 f. im Anschluss an *J. F. Hoffmann*, Zession, S. 63, 101, 131. Beispielsweise wird die Verletzung einer Zahlungsforderung dadurch beseitigt, dass der Schuldner die Zahlung an den Gläubiger erbringt.

[25] *Braun*, AcP 205, 127, 137 f.; *Costede*, Gerichtsschutz, S. 38 ff.; *J. F. Hoffmann*, Zession, S. 128 ff. mit umfangreichen weiteren Nachweisen auf S. 129 Fn. 29; *Hofmann*, Unterlassungsanspruch, S. 166; *Ost*, Zuordnung, S. 130 f.; *J. Schmidt*, FS Jahr, S. 401, 412 ff. insb. 415; *Winkelmann*, Anspruch, S. 183; abweichend *Riehm*, 2. FS Canaris, S. 345, 363 f., der zwar ebenfalls eine Entstehung des Erfüllungsanspruchs mit Fälligkeit bejaht, sich aber dezidiert dagegen wehrt, diesen „als Rechtsbehelf für die Nichterfüllung" anzusehen. Vielmehr entstehe dieser als „Primäranspruch" bereits mit Fälligkeit, ohne dass es weiterer Voraussetzungen bedürfe (S. 364).

[26] Zur Forderung als Rechtsposition siehe *J. F. Hoffmann*, Zession, S. 95 ff. auch in Auseinandersetzung mit anderen Ansichten; *derselbe*, Jahrbuch 2014, S. 163, 177; vgl. weiter *Ost*, Zuordnung, S. 128 f.; *Picker*, FS Canaris, S. 1001 ff.; *Winkelmann*, Anspruch, S. 207 f.

[27] *J. F. Hoffmann*, Zession, S. 63 f., 131 f.; sich anschließend *Winkelmann*, Anspruch, S. 323 ff.; in der Sache auch *Costede*, Gerichtsschutz, S. 56 ff., der die neu entstehenden Rechte als „Folgerechte" bezeichnet; dezidiert gegen dieses Verständnis, dass es infolge der rechtsfortsetzenden Schutzrechte zur Entstehung neuer Rechtspositionen komme, aber *Hofmann*, Unterlassungsanspruch, S. 197; eine weitere Aufspaltung sei ohne „analytischen Gewinn".

ser Rechtsposition beseitigt hat; Erfüllung tritt ein, wenn die Rechtsverletzung der zugrundeliegenden Rechtsposition beseitigt wird. Die entscheidende, im Laufe der folgenden Abhandlung zu untersuchende Frage lautet damit, ob der Schuldner die Verletzung einer dem Gläubiger zustehenden Rechtsposition bereits dadurch beseitigt, dass er nach Erlass eines vorläufig vollstreckbaren Urteils die Leistung an den Gläubiger erbringt, zu der er in dem vorläufig vollstreckbaren Urteil verurteilt wurde, auch wenn der Schuldner gleichzeitig Rechtsmittel einlegt und damit zu erkennen gibt, die Rechtsposition des Gläubigers weiter in Abrede zu stellen.[28] Mit diesem Verständnis der Erfüllung sind vier Einsichten verbunden.

a) Erfüllung als Frage des materiellen Rechts

Die Frage des Erfüllungseintritts betrifft primär das materielle Recht. Sie kann deshalb nicht isoliert mit verfahrensrechtlichen Normen beantwortet werden. Aus den §§ 815 Abs. 3, 819 ZPO kann damit nichts für die Lösung des hier zu untersuchenden Problems hergeleitet werden.[29] Zugleich bedeutet dies aber nicht, dass das Verfahrensrecht für die Frage der Erfüllung von vornherein völlig bedeutungslos ist. Das Verfahrensrecht kann durch seine eigenen Wertungen durchaus Einfluss auf das materielle Recht nehmen.[30] Aus diesem Grund ist beispielsweise eine Argumentation mit dem vorgeblichen Zweck der vorläufigen Vollstreckbarkeit, dem Gläubiger nur eine vorläufige Leistung zu verschaffen, nicht bereits aus systematischen Erwägungen der Boden entzogen.[31]

b) Erfüllung des rechtsverwirklichenden Anspruchs

Bezugspunkt der Erfüllung ist der rechtsverwirklichende Anspruch und nicht die zugrundeliegende Rechtsposition. Nur ersterer erlischt bei Erfüllungseintritt. Indem infolge der Leistung die Rechtszuweisung verwirklicht wurde, auf die die

---

[28] Denkbar ist natürlich auch, dass der Schuldner sich gegen das vorläufig vollstreckbare Urteil einzig mit dem Argument wehrt, die Klage sei unzulässig. Ein solches Vorgehen ergibt für den Schuldner aber letztlich ebenfalls nur dann Sinn, wenn er der Meinung ist, auch materiellrechtlich dem Gläubiger nichts zu schulden. Andernfalls bestünde für den Schuldner die Gefahr eines Pyrrhussieges, müsste er doch befürchten, dass der Gläubiger eine erneute, diesmal zulässige Klage erhebt, und er aufgrund dieser letztlich doch verurteilt wird.

[29] Zur Einordnung der Erfüllung als primär materiellrechtliche Frage siehe auch *Kerwer*, Erfüllung, S. 120; *Krüger*, NJW 1990, 1208, 1210; Gaul/Schilken/Becker-Eberhard/*Becker-Eberhard*, Zwangsvollstreckungsrecht, § 14 Rn. 70. Die §§ 815 Abs. 3, 819 ZPO werden heutzutage darüber hinaus herrschend lediglich als Gefahrtragungsvorschriften eingeordnet, sodass eine Relevanz für die Frage der Erfüllung ohnehin fernläge, siehe dazu MüKo/*Gruber*, ZPO, § 815 Rn. 14, 16 mwN; Gaul/Schilken/Becker-Eberhard/*Schilken*, Zwangsvollstreckungsrecht, § 53 Rn. 7; aA. aber *Schünemann*, JZ 1985, 49, 51 f.

[30] *Arens*, AcP 173, 250, 255, 271; *Kerwer*, Erfüllung, S. 120; ähnlich *Braun*, Zivilprozeßrecht, S. 30, der Prozessrecht und materielles Recht als „Sinneinheit" auffasst.

[31] Siehe zu diesem Argument später unten S. 121 ff.

Rechtsposition gerichtet war, besteht für den rechtsverwirklichenden Anspruch als Schutzrecht keine Existenzberechtigung mehr.[32] Die Rechtsposition hingegen bleibt bestehen. Sie fungiert als Rechtsgrund dafür, dass der Schuldner die Verletzung beseitigen musste, der Inhaber der Rechtsposition also dasjenige, was er infolge der Verletzungsbeseitigung vom Schuldner erhalten hat, nicht mehr an diesen herausgeben muss.[33] Bezöge man die Erfüllung auf die Rechtsposition, müsste man begründen, wieso diese trotz des Erfüllungseintritts jedenfalls insoweit bestehen bleibe, dass sie einen Rechtsgrund zum Behaltendürfen der Leistung darstelle. Man wäre dann gezwungen genau wie diejenigen Stimmen, die jedenfalls terminologisch nicht zwischen Anspruch und der zugrundeliegenden Rechtsposition unterscheiden, eine irgendwie geartete Umwandlung der Rechtsposition zu begründen,[34] ohne dass dafür ein gesetzlicher Anknüpfungspunkt ersichtlich wäre.

Dafür, den Bezugspunkt der Erfüllung im rechtsverwirklichenden Anspruch zu sehen, spricht auch der Vergleich mit anderen nach Entstehung der zugrundeliegenden Rechtsposition eintretenden Veränderungen.[35] So wird im Falle der Verjährung zu Recht darauf hingewiesen, der Verjährungseintritt beziehe sich lediglich auf den rechtsverwirklichenden Anspruch und nicht auf die zugrundeliegende Rechtsposition. Die §§ 813 Abs. 1 S. 2, 214 Abs. 2 S. 1 BGB sowie die §§ 215, 216 BGB zeigen, dass die zugrundeliegende Rechtsposition trotz Verjährungseintritt bestehen bleibt und als Rechtsgrund zum Behaltendürfen der Leistung fungiert.[36] Gleiches muss auch für die Unmöglichkeit der Leistung nach § 275 BGB gelten. Vom Eintritt der Unmöglichkeit wird ebenfalls nur der rechtsverwirklichende Anspruch betroffen. Die Rechtsposition bleibt hingegen weiter bestehen.[37] Andernfalls müsste man im Falle der subjektiven Unmöglichkeit dem

---

[32] *Winkelmann*, Anspruch, S. 178 f.

[33] *Winkelmann*, Anspruch, S. 180 f., 241 (für § 362 BGB); wohl auch *Braun*, Zivilprozeßrecht, S. 401 f.; aA. aber *Thomale*, AcP 212, 920, 928 f. (zu § 362 BGB); ähnlich auch *Kohler*, Bürgerliches Recht, Band 1, S. 178 f., der sich allerdings in erster Linie gegen die Erfüllung dinglicher Ansprüche wie § 985 BGB wendet; mit diesem sympathisierend auch *J. F. Hoffmann*, Zession, S. 123.

[34] Gegen die Vorstellung, der Anspruch werde erfüllt und wandle sich infolge der Erfüllung in einen Rechtsgrund zum Behaltendürfen um, mit Recht *Winkelmann*, Anspruch, S. 178 ff.

[35] Kein Argument gegen die hiesige Auffassung lässt sich aus Normen bilden, die wie bspw. die §§ 134, 138 BGB bereits das Entstehen einer Rechtsposition verhindern. Es fehlt insoweit an der Vergleichbarkeit der Situationen, weil es hier gerade um den Zeitraum geht, in dem eine Rechtsposition bereits besteht.

[36] *J. F. Hoffmann*, Zession, S. 123 f.; *Thomale*, AcP 212, 920, 933; *Winkelmann*, Anspruch, S. 169.

[37] In der Sache ebenso, wenn auch mit abweichender Terminologie *U. Huber*, AcP 210, 319, 334; *Riehm*, 2. FS Canaris, S. 345, 353 f., 361 ff.; und auch *Winkelmann*, Anspruch, S. 246 ff., der § 275 Abs. 1 BGB nur auf das rechtsverwirklichende Schutzrecht bezieht, bei § 326 Abs. 1 S. 1 BGB aber davon ausgeht, dieser vernichte die Rechtsposition, S. 285. Dies leuchtet nicht ein, weil § 326 Abs. 1 S. 1 BGB nur die Komplementärnorm zu 275 Abs. 1 BGB

Schuldner an sich einen Kondiktionsanspruch einräumen, wenn er eine überobligationsmäßige Leistung an den Gläubiger erbringt, was kaum überzeugend wäre.[38]

c) Irrelevanz des § 362 BGB

Der hier verwendete Erfüllungsbegriff ist nicht mit demjenigen des § 362 BGB identisch. Es geht nicht darum, ob der Schuldner eine Leistung bewirkt im Sinne des § 362 BGB. Entscheidend ist einzig, ob der Schuldner die Verletzung der dem Gläubiger zustehenden Rechtsposition beendet. Dies kann dadurch geschehen, dass der Schuldner die in der zugrundeliegenden Rechtsposition angeordnete Vermögensverschiebung bewirkt. Es kann bei einer zugrundeliegenden statischen Rechtsposition aber auch schlicht dadurch geschehen, dass sich der Schuldner in seinen Rechtskreis zurückzieht, ohne dass er dem Inhaber der Rechtsposition aktiv eine Leistung im Sinne des § 362 Abs. 1 BGB zuwendet. Deshalb können bei dem hiesigen Verständnis der Erfüllung auch negatorische Ansprüche aufgrund der Verletzung einer statischen Rechtsposition erfüllt werden,[39] ohne dass es darauf ankommt, ob man § 362 BGB auch auf negatorische Ansprüche anwenden kann[40] oder nicht.[41] Denn das hiesige Verständnis der Erfüllung setzt gerade keine Leistung des Schuldners im Sinne des § 362 Abs. 1 BGB voraus, zu der dieser durch einen negatorischen Anspruch nicht verpflichtet wäre.[42] Gleichwohl wird der sprachlichen Kürze und besseren Lesbarkeit wegen im weiteren Verlauf der Untersuchung weiterhin von Leistungen des Schuldners als Überbegriff für die Handlungen zur Verletzungsbeseitigung die Rede sein.

---

ist, sodass es merkwürdig anmutet, dass diese Normen unterschiedliche Bezugspunkte haben sollen. Auch § 326 Abs. 1 S. 1 BGB bezieht sich lediglich auf den Anspruch als rechtsverwirklichendes Schutzrecht; mit der Rechtsposition als Bezugspunkt des § 326 Abs. 1 S. 1 BGB sympathisierend aber *J. F. Hoffmann*, Zession, S. 135; ausdrücklich für die Rechtsposition als Bezugspunkt für § 275 Abs. 1, Abs. 2, Abs. 3 BGB und § 326 Abs. 1 S. 1 BGB *Thomale*, AcP 212, 920, 934 f.

[38] Im Einzelfall mag die Möglichkeit bestehen, in der bis dato überobligationsmäßigen Leistung des Schuldners ein Angebot auf Vertragsänderung beziehungsweise den Abschluss eines neuen Vertrags zu sehen, das der Gläubiger durch die Annahme der Leistung angenommen hätte. Eine Kondiktion käme dann nicht in Betracht.

[39] *Picker*, FS Lange, S. 625, 633 spricht beispielsweise von der „Erfüllung des negatorischen Beseitigungsanspruchs".

[40] So beispielsweise für § 985 BGB: BGH, NJW 2014, 2199, Rn. 8 ff.; MüKo/*Baldus*, BGB, § 985 Rn. 203; *Odemer*, Schadensersatz, S. 8 f.; BeckOGK/*Spohnheimer*, BGB, § 985 Rn. 28 f.; Staudinger/*Thole*, § 985 Rn. 12 f.

[41] *Braun*, AcP 205, 127, 136 Fn. 27; *Henckel*, AcP 174, 97, 122 ff., 128 f.; *J. F. Hoffmann*, Zession, S. 123; *Kohler*, Bürgerliches Recht, Band 1, S. 179; *Picker*, Festgabe BGH, Band 1, S. 693, 704 ff., 720 f.; *derselbe*, FS Bydlinski, S. 269, 287 f.; *derselbe*, Beseitigungsanspruch, S. 161.

[42] Die mangelnde Leistungsverpflichtung des Schuldners eines negatorischen Anspruchs ist ein Hauptargument gegen die Anwendbarkeit des § 362 BGB, siehe nur *Henckel*, AcP 174, 97, 122 f., 128; *Katzenstein*, AcP 206, 96, 101 mwN; *Kohler*, Bürgerliches Recht, Band 1, S. 178 f.

d) Keine Erfüllung alleine wegen der Irreversibilität der Leistung

In der Literatur wird teilweise für einen sofortigen Erfüllungseintritt ins Feld geführt, es seien Fälle denkbar, in denen die Leistung des Schuldners nicht mehr rückgängig gemacht werden könne. Die Vorstellung eines aufschiebend bis zur Rechtskraft des stattgebenden Urteils bedingten Erfüllungseintritts versage in diesen Fällen, was insgesamt gegen die These von der aufschiebend bedingten Erfüllung spreche. Insbesondere bei Auskunftsansprüchen könne eine einmal erteilte Auskunft des Schuldners nicht wieder rückgängig gemacht werden.[43] Auch der BGH hatte sich verschiedentlich mit der Erfüllung von Auskunftsansprüchen auseinanderzusetzen. Dabei ging er ebenfalls davon aus, ein Auskunftsanspruch werde durch die Erteilung der Auskunft erfüllt.[44] Werde die Auskunft allerdings nur zur Abwendung der Zwangsvollstreckung erteilt, sei die Auskunftserteilung nicht als erledigendes Ereignis aufzufassen[45] beziehungsweise führe nicht zum Wegfall der Beschwer des Schuldners.[46] Was für Probleme Auskunftsansprüche dem Konzept der Rechtsprechung insgesamt bereiten, zeigt sich anschaulich an einem jüngeren Urteil. Dort wird zunächst der Erfüllungseintritt ausdrücklich bejaht,[47] bevor kurz darauf nicht nur das Fortbestehen der Beschwer trotz Erfüllungseintritts bejaht, sondern sogar der Erfüllungseintritt selbst abgelehnt wird, weil der Schuldner nur zur Abwendung der Zwangsvollstreckung geleistet habe.[48]

In der Sache überzeugt der Schluss von der Irreversibilität der Leistung auf den sofortigen Erfüllungseintritt jedoch nicht.[49] Zum einen wird die Frage, ob sich die Leistung des Schuldners rückgängig machen lässt, nur dann virulent, wenn dem Gläubiger materiellrechtlich keine Rechtsposition zusteht und das vorläufig vollstreckbare Urteil folgerichtig aufgehoben wird.[50] Man kann deshalb aus etwaigen Schwierigkeiten bezüglich der tatsächlichen Rückgängigmachung der Leistung nichts für die Frage nach dem Eintritt der Erfüllung herleiten, weil ein Erfüllungseintritt naturgemäß eine bestehende Rechtsposition des Gläubigers voraussetzt. Außerdem ist es auch bei tatsächlich irreversiblen Leistungen

[43] Staudinger/*Kern*, § 362 Rn. 46; Stein/Jonas/*Münzberg*, 22. Aufl., § 708 Rn. 13.

[44] BGHZ 94, 268, 274; BGH, NJW 2010, 2812, Rn. 5; BGH, NJW-RR 2014, 1319, Rn. 6.

[45] BGHZ 94, 268, 274.

[46] BGH, NJW 2010, 2812, Rn. 5; BGH, NJW-RR 2014, 1319, Rn. 6.

[47] BGH, NJOZ 2022, 156, Rn. 12 „[…] er die titulierte Auskunftspflicht mittlerweile erfüllt hat".

[48] BGH, NJOZ 2022, 156, Rn. 14 „[…], sodass es deshalb an einem Erfüllungseintritt fehlt."

[49] In der Sache ebenso, allerdings mit abweichender Begründung *Kerwer*, Erfüllung, S. 138 ff.

[50] Wird das Urteil aufgehoben, ohne dass eine Sachentscheidung über die Rechtsposition des Gläubigers ergeht, kann dieser sich auf das Bestehen seiner Rechtsposition berufen, wenn der Schuldner die Leistung zurückfordert. Siehe dazu eingehend im Kontext von § 717 Abs. 2 S. 1 ZPO unten S. 135 ff.

denkbar, weiterhin eine fortbestehende Verletzung der dem Gläubiger zustehenden Rechtsposition mit der Begründung anzunehmen, der Schuldner stelle die Rechtsposition des Gläubigers durch die Fortsetzung des Rechtsstreits weiterhin in Frage. Letztlich setzt die oben dargestellte Auffassung den Eintritt eines tatsächlichen Ereignisses unzulässigerweise mit dem Eintritt eines rechtlichen Ereignisses gleich. Zwar ist es möglich, aus dem Nichteintritt eines tatsächlichen Zustands auf den Nichteintritt einer davon abhängigen Rechtsfolge zu schließen. Der Gegenschluss ist jedoch nur dann zulässig, wenn man zuvor nachgewiesen hat, dass die in Frage stehende rechtliche Konsequenz *ausschließlich* von dem Eintritt des tatsächlichen Ereignisses abhängig ist. Dieser Nachweis kann aber nicht einfach durch den Hinweis auf die Irreversibilität der Leistung ersetzt werden.

4. Zwischenfazit

Erfüllung bedeutet für den weiteren Verlauf der Untersuchung, dass der Schuldner die gegenwärtige Verletzung einer Rechtsposition des Gläubigers beendet, sodass der rechtsverwirklichende Anspruch des Gläubigers auf Verletzungsbeendigung entfällt. Unberührt von dem Erfüllungseintritt bleibt die Rechtsposition des Gläubigers selbst, die nun den Rechtsgrund zum Behaltendürfen bildet.

II. Tilgungsbestimmungen[51] des Schuldners

Im Rahmen des § 362 BGB ist sehr umstritten, was genau die Voraussetzungen für ein „Bewirken" der geschuldeten Leistung sind.[52] Als geklärt ist dabei lediglich anzusehen, dass entgegen den früher vertretenen vertraglichen Erfüllungstheorien kein Erfüllungsvertrag zwischen dem Gläubiger und dem Schuldner erforderlich ist.[53] Andernfalls könnte der Gläubiger einseitig den Erfüllungseintritt verhindern und den Schuldner damit zeitlich unbeschränkt der Verbindlichkeit aussetzen, obwohl dafür kein Interesse des Gläubigers zu erkennen ist.[54]

---

[51] Teilweise auch als Leistungszweckbestimmungen bezeichnet.

[52] Umfassende Darstellung der verschiedenen Erfüllungstheorien bei *Beckhaus*, Erfüllung, S. 6–72.

[53] Zu den Vertragstheorien gehören die allgemeine Vertragstheorie, die beschränkte Vertragstheorie und die Theorie der Zweckvereinbarung, siehe *Larenz*, Schuldrecht AT, S. 237 f.; gegen die Vertragstheorien beispielsweise *Muscheler/Bloch*, JuS 2000, 729, 732; *Thomale*, Freiheit, S. 10 Fn. 27 bezeichnet die Vertragstheorien als „obsolet", gegen die Zweckvereinbarungstheorie dann auf S. 13 f.

[54] *Thomale*, Leistung, S. 14; *Seibert*, Erfüllung, S. 27. Gegen die Vertragstheorien spreche weiter, dass der Schuldner in vielen Fällen die Leistung erbringe, ohne während der Leistungserbringung mit dem Gläubiger noch einmal rechtsgeschäftlichen Kontakt zu haben, sodass ein Erfüllungsvertrag in diesen Fällen nicht zustande kommen könne, so *Larenz*, Schuldrecht AT, S. 239. Außerdem sei nach den Vertragstheorien die Erfüllung eine Verfügung über die zu erfüllende Forderung. Werde wirksam gegenüber einem Nichtberechtigten erfüllt, würde dies danach bereits von § 816 Abs. 1 S. 1 BGB erfasst, ohne dass man dafür auf

Nach wie vor sehr umstritten ist hingegen, ob im Grundsatz bereits alleine die objektive Erbringung der geschuldeten Leistung für den Erfüllungseintritt genügt (Theorie der realen Leistungsbewirkung) oder ob daneben immer noch eine Tilgungsbestimmung des Schuldners notwendig ist, um die Verbindung zwischen Leistung und Schuld herzustellen (Theorie der finalen Leistungsbewirkung). Auch wenn der hier zugrunde gelegte Erfüllungsbegriff nicht mit demjenigen des § 362 BGB identisch ist, stellt sich diese Frage vorliegend gleichermaßen. Es wäre jedenfalls im Ausgangspunkt denkbar, dass der Schuldner die Beendigung der Verletzung der dem Gläubiger zustehenden Rechtsposition alleine dadurch verhindern könnte, dass er bei der Leistungserbringung erklärt, seine Leistung solle keine Beendigung der Verletzung herbeiführen. Im Folgenden ist deshalb unter Rückgriff auf die bei § 362 BGB geführte Diskussion zu untersuchen, ob und inwieweit eine solche einseitige Tilgungsbestimmung des Schuldners anzuerkennen ist.

1. Theorie der realen Leistungsbewirkung[55]

Nach der Theorie der realen Leistungsbewirkung ist zur Bewirkung der Leistung der objektive Eintritt des Leistungserfolgs erforderlich; der Gläubiger muss die geschuldete Leistung erhalten. Auf weitere Umstände, insbesondere auf subjektive Elemente seitens des Schuldners, kommt es danach im Ausgangspunkt nicht an.[56] Entscheidend soll der geäußerte Wille des Leistenden lediglich dann sein, wenn andernfalls eine Zuordnung der Leistung zur konkreten Schuld nicht möglich wäre. Dies sei vor allem bei Leistungen von Dritten auf eine fremde Schuld nach § 267 BGB der Fall; der Dritte selbst schulde nichts, sodass eine Erklärung seitens des Dritten erforderlich sei, warum er die Leistung erbringt.[57] Gleiches gelte, wenn sich der Schuldner mehreren Verbindlichkeiten des Gläubigers gegenüber sehe und eine Leistung erbringe, die nicht alle bestehenden Verbindlichkeiten abdeckt.[58] Hier eröffne ihm § 366 Abs. 1 BGB die Möglichkeit, mittels

---

§ 816 Abs. 2 BGB zurückgreifen müsste, der damit letztlich überflüssig sei, so *Reuter/Martinek*, Ungerechtfertigte Bereicherung, S. 96; *Thomale*, Leistung, S. 14.

[55] Der Begriff stammt soweit ersichtlich von *Larenz*, Schuldrecht AT, S. 238.

[56] Für die Theorie der realen Leistungsbewirkung aus der Rechtsprechung beispielsweise BGHZ 186, 269, Rn. 25; BGHZ 205, 90, Rn. 13; BGHZ 217, 33, Rn. 23; BGH, NJW 1991, 1294, 1295; BGH, NJW 2014, 547, Rn. 21 und aus der Literatur *Bälz*, FS Gernhuber, S. 3, 15 f.; *von Caemmerer*, Irrtümliche Zahlung, S. 141; MüKo/*Fetzer*, BGB, § 362 Rn. 12; *Gehrlein*, NZG 2006, 374, 375; Staudinger/*Kern*, Vorb. §§ 362 ff. Rn. 10 f., 14; *Larenz*, Schuldrecht AT, S. 238 ff.; *Maier*, AcP 152 (1952/53), 97, 105; *Schlüter*, Selbstbestimmung, S. 330; *Welker*, Bereicherungsausgleich, S. 46 ff.; umfassende Darstellung der Theorie der realen Leistungsbewirkung bei *Beckhaus*, Erfüllung, S. 30 ff., die dieser allerdings selbst nicht folgt.

[57] Siehe BGHZ 51, 157, 160; BGH, BKR 2008, 514, Rn. 28; *von Caemmerer*, Irrtümliche Zahlung, S. 141 f.; MüKo/*Fetzer*, BGB, § 362 Rn. 13; BeckOGK/*Looschelders*, BGB, § 362 Rn. 91.

[58] Leistet der Schuldner dagegen in einer Höhe, die alle Verbindlichkeiten abdeckt, soll eine Tilgungsbestimmung nicht erforderlich sein; deutlich BGH, NJW 1991, 1994, 1995: „Es

einer Tilgungsbestimmung zu bestimmen, welche Schuld durch die Leistung getilgt werden solle.[59] Daneben sei bei der Leistung aber auch die Abgabe einer „negativen Tilgungsbestimmung" möglich, durch die der Schuldner ausschließe, dass seiner Leistung Erfüllungswirkung zukomme.[60] Sinnvoll könne dies beispielsweise sein, wenn der Schuldner die Leistung als Darlehen oder als Schenkung verstanden wissen möchte.[61] Im Falle einer Abwendungsleistung verfolge der Schuldner mit der Abgabe einer negativen Tilgungsbestimmung hingegen den Zweck, durch die Leistung lediglich die Vollstreckung abzuwenden, den Rechtsstreit aber in der Sache fortführen zu können und dabei insbesondere alle ihm zustehenden Gegenrechte geltend machen zu können, die ihm andernfalls möglicherweise durch einen Erfüllungseintritt genommen werden könnten.[62]

2. *Theorie der finalen Leistungsbewirkung*[63]

Einen abweichenden Standpunkt nimmt dagegen die Theorie der finalen Leistungsbewirkung ein.[64] Danach soll eine Tilgungsbestimmung als Konnex zwischen Leistung und Schuld immer erforderlich sein, um den Erfüllungseintritt herbeizuführen. Ohne eine Tilgungsbestimmung sei der Erfüllungseintritt nicht möglich.[65] Insbesondere sei der Schuldner deshalb ohne Weiteres in der Lage,

---

ist nicht einzusehen, welchen Sinn in solchen Fällen die Forderung nach einer zusätzlichen Tilgungsbestimmung des Schuldners bei der Leistung haben sollte."

[59] BGHZ 51, 157, 161; MüKo/*Fetzer*, BGB, § 362 Rn. 13; Staudinger/*Kern*, Vorb. §§ 362 ff. Rn. 10.

[60] BGH, NJW 1972, 1750 (wo allerdings noch ausdrücklich offengelassen wird, was die grundsätzlichen Voraussetzungen des Erfüllungseintritts sind); BGH, NJW 1991, 1294, 1295; MüKo/*Fetzer*, BGB, § 362 Rn. 13; Staudinger/*Kern*, § 362 Rn. 30; *Larenz*, Schuldrecht AT, S. 241; BeckOGK/*Looschelders*, BGB, § 362 Rn. 85; sehr kritisch zur Bedeutung der Tilgungsbestimmung im Rahmen der Theorie der realen Leistungsbewirkung *Gehrlein*, NZG 2006, 374, 375 und *Bälz*, FS Gernhuber, S. 3, 14 „geradezu als widersinnig erscheinen"; *Welker*, Bereicherungsausgleich, S. 46 ff.

[61] *Beck*, Zuordnungsbestimmung, S. 198; *Beckhaus*, Erfüllung, S. 81; *Larenz*, Schuldrecht AT, S. 241; BeckOGK/*Looschelders*, BGB, § 362 Rn. 85. Nicht erörtert wird dabei jedoch, dass der Schuldner auch bei Anerkennung einer negativen Tilgungsbestimmung nicht einseitig ein Darlehen gewähren kann, weil zum Abschluss des Darlehensvertrags auch eine Willensklärung des Gläubigers notwendig ist.

[62] *Kerwer*, Erfüllung, S. 252 ff.; *Kreutz*, Abwendung, S. 60 f.; *Krüger*, NJW 1990, 1208, 1210 f.

[63] Soweit ersichtlich geht der Begriff zurück auf *Seibert*, Erfüllung, S. 2; *derselbe*, JZ 1981, 380, 383.

[64] Für diese beispielsweise *Beck*, Zuordnungsbestimmung, S. 201, 626 und öfter; *Bülow*, JuS 1991, 529, 531; *Gernhuber*, Erfüllung, S. 110 ff.; *Muscheler/Bloch*, JuS 2000, 729, 732 f.; *Thomale*, Leistung, S. 11 ff.

[65] Die enorme Bedeutung der Tilgungsbestimmung für die Theorie der finalen Leistungsbewirkung unterstreichen auch die Überlegungen von *Thomale*, Freiheit, S. 59 ff. zu einer „Tilgungsbestimmung aus Rechtsschein".

zwar die Leistung zu erbringen, den Erfüllungseintritt aber dadurch zu verhindern, dass er eine negative Tilgungsbestimmung abgebe.[66]

3. Stellungnahme

Zwar nähern sich die Theorie der realen Leistungsbewirkung und die Theorie der finalen Leistungsbewirkung dem Begriff der Erfüllung von unterschiedlichen Ausgangspunkten. Letztlich kommen sie aber aufgrund der beiderseitigen Anerkennung einseitiger Tilgungsbestimmungen des Schuldners in nahezu allen Fällen zu identischen Ergebnissen;[67] man könnte insoweit auch von einer „Konvergenz der Erfüllungstheorien"[68] sprechen. Der springende Punkt für das hiesige Problem ist deshalb nicht die Entscheidung zwischen einer der Erfüllungstheorien. Entscheidend ist vielmehr, in welchem Umfang man die Möglichkeit einer einseitigen Tilgungsbestimmung durch den Schuldner anerkennt. Im vorliegenden Zusammenhang interessiert dabei vor allem, unter welchen Voraussetzungen der Schuldner eine negative Tilgungsbestimmung[69] abgeben kann, durch die er den Erfüllungseintritt trotz seiner Leistung ausschließt, und was die Konsequenzen sind, wenn der Gläubiger sich nicht an die Tilgungsbestimmung des Schuldners halten möchte.

a) Gesetzlich anerkannte Fälle einer Tilgungsbestimmung

Die grundsätzliche Möglichkeit einer einseitigen Tilgungsbestimmung durch den Schuldner ist gesetzlich durch § 366 Abs. 1 BGB anerkannt. Aber auch neben § 366 Abs. 1 BGB existieren noch weitere gesetzliche Fälle, in denen man eine Tilgungsbestimmung als Konnex zwischen Leistung und Schuld benötigt. Leistet ein Dritter nach § 267 BGB auf eine fremde Schuld, ist eine Tilgungsbestimmung unumgänglich, weil andernfalls die Leistung des Dritten nicht zugeordnet werden kann.[70] Daneben ist eine Tilgungsbestimmung auch dann erforderlich, wenn

---

[66] BeckOGK/*Looschelders*, BGB, § 362 Rn. 43, der jedoch selbst der Theorie der realen Leistungsbewirkung folgt, Rn. 51.

[67] Staudinger/*Kern*, Vorb. §§ 362 ff., Rn. 8 meint, „die praktische Bedeutung dieser Kontroverse war nie groß"; ähnlich *Muscheler/Bloch*, JuS 2000, 729, 732; HKK/*Repgen*, §§ 362–371 Rn. 64; *Seibert*, Erfüllung, S. 1; speziell bezüglich des hiesigen Untersuchungsgegenstands auch *Krüger*, NJW 1990, 1208, 1210.

[68] *Seibert*, Erfüllung, S. 1.

[69] Denkbar wären daneben auch andere einseitige Tilgungsbestimmungen beispielsweise eine doppelte Tilgungsbestimmung, nach der die Leistung des Schuldners sowohl auf die persönliche Schuld als auch die dingliche Haftung wegen einer Grundschuld zu beziehen sei, dazu BGHZ 105, 154, 157.

[70] Ist der Dritte zugleich Schuldner einer anderen Verbindlichkeit gegenüber dem Gläubiger, ist die Tilgungsbestimmung notwendig, um klarzustellen, dass eine Drittleistung vorliegt und nicht eine Leistung auf die eigene Verbindlichkeit des Schuldners. Entgegen *Beck*, Zuordnungsbestimmung, S. 196 kann man aus der Möglichkeit des § 267 BGB jedoch nicht den Schluss ziehen, eine Tilgungsbestimmung sei immer zwingend erforderlich. Leistet der Schuldner und gibt keine Tilgungsbestimmung ab, leistet er auf seine eigene Schuld. Hätte er

der Schuldner auf eine formnichtige Verpflichtung leistet, die infolge der Leistung geheilt werden soll (beispielsweise § 311b Abs. 1 S. 2 BGB; § 518 Abs. 2 BGB; § 766 S. 3 BGB).[71] In diesen Fällen besteht vor der Leistung noch überhaupt keine Verbindlichkeit, sodass alleine aus der Leistung nicht abgelesen werden kann, warum diese erfolgt. Gleiches gilt letztlich auch in Fällen der Aufrechnung und der Hinterlegung. In ersterem muss der Aufrechnende die Passivforderung, die durch die Aufrechnung getilgt werden soll, schon alleine deshalb bestimmen, damit überprüfbar ist, ob die Voraussetzungen der §§ 387 ff. BGB vorliegen. Bei der Hinterlegung mit ausgeschlossener Rücknahme nach §§ 372, 378 BGB ist eine Tilgungsbestimmung notwendig, damit das zuständige Amtsgericht als „öffentliche Stelle" iSd. § 372 BGB[72] erkennen kann, für welche Verbindlichkeit die Hinterlegung erfolgt ist.

Letztlich eint die Fälle gesetzlich anerkannter Tilgungsbestimmungen damit eins: Die Tilgungsbestimmung ist aus Klarstellungsgründen erforderlich. Ohne sie wäre eine Zuordnung der Leistung zur Schuld nicht (zweifelsfrei) möglich.[73] Dieser gemeinsame Zweck ist bei einer negativen Tilgungsbestimmung jedoch nicht einschlägig. Bei dieser wäre eine Zuordnung der Leistung zur Verbindlichkeit des Schuldners auch ohne die Tilgungsbestimmung möglich. Alleine aus den gesetzlich vorgesehenen Fällen einer Tilgungsbestimmung kann deshalb nicht auf die Zulässigkeit einer negativen Tilgungsbestimmung geschlossen werden.

b) Privatautonomie des Schuldners

Zur Begründung einer immer und damit unabhängig vom Vorliegen eines Klarstellungsbedürfnisses möglichen negativen Tilgungsbestimmung des Schuldners wird verbreitet dessen Privatautonomie ins Feld geführt.[74] Zum einen müsse dem Schuldner die Möglichkeit gewährt werden, sich von seiner Verbindlichkeit zu befreien und dadurch seine Handlungsfreiheit wiederzugewinnen. Gleichzeitig verliere der Schuldner durch die Leistung aber auch die Dispositionsfreiheit über den Leistungsgegenstand. Auch dies lasse sich nur rechtfertigen, wenn der Schuldner privatautonom zugestimmt habe.[75] Denn der Schuldner verliere „die

---

als Dritter auf eine fremde Schuld leisten wollen, wäre eine dahingehende Tilgungsbestimmung erforderlich gewesen.

[71] *Thomale*, Freiheit, S. 8.

[72] Siehe dazu unter Auflistung der jeweiligen Vorschriften aus den Hinterlegungsgesetzen der Länder MüKo/*Fetzer*, BGB, § 372 Rn. 16.

[73] Ähnlich *Schlüter*, Selbstbestimmung, S. 330 ff., der vom „rein informativen Charakter" der Tilgungsbestimmung spricht, S. 331 f.

[74] *Beckhaus*, Erfüllung, S. 75 f., 81; *Beck*, Zuordnungsbestimmung, S. 198 f.; *Grigoleit*, FS Medicus, S. 125, 128 f.; *Larenz*, Schuldrecht AT, S. 241; HKK/*Repgen*, §§ 362–371 Rn. 70; *Thomale*, Freiheit, S. 18; letztlich auch BGH, NJW 1972, 1750 „[…] muß ein Schuldner die Möglichkeit haben, bei Bewirkung einer Leistung, die an sich zur Erfüllung einer bestimmten Schuld geeignet ist, durch rechtsgeschäftliche Erklärung zu bestimmen, ob die Leistung Erfüllungswirkung haben soll."

[75] *Beckhaus*, Erfüllung, S. 75 f.

Herrschaft über den geschuldeten Gegenstand“[76] nicht bereits durch das Verpflichtungsgeschäft, sondern erst durch das Verfügungsgeschäft. Bei diesem bleibe es dem Schuldner aber unbenommen, andere Zwecke als den Erfüllungszweck mit der Leistung zu verfolgen.[77]

aa) Kein Erklärungswert bei heteronom begründeten Ansprüchen

Die Argumentation mit der Privatautonomie kann jedoch von vornherein allenfalls bei Leistungen aufgrund eines zwischen den Parteien privatautonom geschlossenen Vertrags greifen. Gerade in diesem Rahmen wird die Frage nach der negativen Tilgungsbestimmung im zivilrechtlichen Schrifttum dann auch diskutiert.[78] Damit kann mit dieser Argumentation aber zugleich allenfalls ein Teilbereich des vorliegenden Problems erfasst werden, kann ein vorläufig vollstreckbares Urteil doch auch auf einem Anspruch des Gläubigers beruhen, der gänzlich unabhängig von einer Einigung mit dem Schuldner besteht, beispielsweise §§ 985, 812, 823 BGB.

In diesen Fällen resultiert der rechtsverwirklichende Anspruch des Gläubigers aus der Verletzung einer dem Gläubiger absolut zugewiesenen Rechtsposition, die nicht auf einer privatautonomen Vereinbarung mit dem Schuldner beruht. Er besteht lediglich als Schutzmechanismus zugunsten dieser Rechtsposition und teilt deshalb dessen heteronomen Entstehungsgrund.[79] Ausgehend davon wäre es bereits im Ausgangspunkt nicht verständlich, den Schuldner hier auf der einen Seite unabhängig von seinem Willen zu einer Beseitigung der Rechtsverletzung zu verpflichten, auf der anderen Seite dem Schuldner aber aufgrund seiner Privatautonomie die Möglichkeit einzuräumen, die Beseitigung der Rechtsverletzung durch die Abgabe einer negativen Tilgungsbestimmung im Ergebnis doch zu verhindern.

Besonders plastisch zeigt sich dies bei einem negatorischen Anspruch[80] wie § 985 BGB. Bei diesem beruht die Herausgabepflicht des unberechtigten Besitzers gegenüber dem Eigentümer nicht auf einer privatautonomen Einigung zwischen Eigentümer und Besitzer, sondern schlicht darauf, dass der Besitzer durch die Vorenthaltung des Besitzes rechtswidrig in das Eigentum des Eigentümers ein-

---

[76] *Beck*, Zuordnungsbestimmung, S. 198.

[77] *Beck*, Zuordnungsbestimmung, S. 198 f.

[78] *Beck*, Zuordnungsbestimmung, S. 198 „Abschluss des Verpflichtungsgeschäfts“; *Beckhaus*, Erfüllung, S. 81 „verkaufte Sache“. Auch in BGH, NJW 1970, 750 lag ein Vertragsschluss der Parteien vor. Es ging um die Erfüllungswirkung von auf einen Kaufvertrag geleisteten Zahlungen, siehe BGH V ZR 176/70 – juris Rn. 1 ff. (insoweit in NJW 1970, 7590 nicht abgedruckt).

[79] *J. F. Hoffmann*, Zession, S. 77; *Schlüter*, Selbstbestimmung, S. 118.

[80] Darunter werden im Folgenden lediglich Ansprüche verstanden, die als rechtsverwirklichendes Schutzrecht einer statischen Rechtsposition fungieren, nicht jedoch rechtsverwirklichende Ansprüche zum Schutz einer dynamischen Rechtsposition, vgl. *J. F. Hoffmann*, Zession, S. 131; *Schlüter*, Selbstbestimmung, S. 110.

greift. Besteht der negatorische Anspruch nach § 985 BGB aber unabhängig vom Willen des Schuldners, besteht kein Grund, diesen Willen nun im Rahmen der Störungsbeseitigung durch eine negative Tilgungsbestimmung für beachtlich zu erklären. Gleiches gilt, wenn der Erfüllungsanspruch des Gläubigers der Durchsetzung einer gesetzlich entstandenen Forderung, beispielsweise aufgrund einer durch den Schuldner begangenen unerlaubten Handlung besteht. Auch hier ist die dem rechtsverwirklichenden Anspruch zugrundliegende Rechtsposition aufgrund des unerlaubten Eingriffs in eine absolut geschützte Rechtsposition des Gläubigers unabhängig vom Willen des Schuldners entstanden,[81] sodass sich abermals nicht erschließt, wieso die Privatautonomie des Schuldners nun bei der Störungsbeseitigung relevant werden sollte.[82]

bb) Schwierigkeiten bei privatautonom begründeten Ansprüchen

Aber auch wenn die Erfüllung eines aus einer privatautonom begründeten Forderung resultierenden rechtsverwirklichenden Anspruchs in Rede steht, kann die Möglichkeit einer negativen Tilgungsbestimmung nicht mit der Privatautonomie des Schuldners gerechtfertigt werden.

Bemerkenswert ist zunächst, dass die Privatautonomie des Schuldners als Argument herangezogen wird, umgekehrt aber die Privatautonomie des Gläubigers für unbeachtlich erklärt wird, weshalb ein Erfüllungsvertrag zwischen Schuldner und Gläubiger nicht erforderlich sei; der Gläubiger habe kein legitimes Interesse daran, am Erfüllungsakt beteiligt zu werden, er verhalte sich vielmehr widersprüchlich, wenn er die Leistung annehme, einen Erfüllungseintritt aber ablehne.[83] Zwar überzeugt diese Aussage. Sie legt jedoch die Frage nahe, ob sich der Schuldner nicht ebenso widersprüchlich verhält, wenn er leistet, gleichzeitig aber einseitig bestimmt, die Leistung solle nicht zur Erfüllung seiner Verbindlichkeit führen. Möchte der Schuldner seine Dispositionsbefugnis über den Leistungsgegenstand behalten, kann er schlicht die Leistung verweigern und es auf ein gerichtliches Verfahren des Gläubigers gegen ihn ankommen lassen.[84]

---

[81] *J. F. Hoffmann*, Zession, S. 77.

[82] Bereits im Ausgangspunkt merkwürdig anmuten muss die Argumentation mit der Privatautonomie des Schuldners auch für diejenigen Stimmen, die selbst bei einer privatautonom begründeten Forderung den Erfüllungsanspruch als heteronomes Schutzinstrument einordnen, beispielsweise *Hartmann*, commodum, S. 55 mwN in Fn. 260; *Lobinger*, Grenzen, S. 227 ff. Aus dieser Warte erschließt sich von vornherein nicht, wieso der Schuldner einseitig über das Fortbestehen eines aus heteronomen Gründen bestehenden Schutzinstruments disponieren können soll. Gegen das Verständnis des Erfüllungsanspruchs als heteronomes Schutzinstrument aber *J. F. Hoffmann*, Zession, S. 78 f.; *Schlüter*, Selbstbestimmung, S. 121 ff.

[83] *Thomale*, Leistung, S. 14; *Seibert*, Erfüllung, S. 27.

[84] Umgekehrt könnte ja auch der Gläubiger die Annahme der Leistung verweigern, wofür er den „Preis" des Annahmeverzugs zu zahlen hätte, HKK/*Repgen*, §§ 362–371 Rn. 70. Der von ihm daraus gezogene Schluss, man müsse auch die Freiheit des Schuldners bei der Leistungserbringung beachten, geht jedoch fehl. Vergleichbar mit der Annahmeverweigerung des

Die Argumentation mit der Privatautonomie des Schuldners führt aber auch deshalb in die Irre, weil sie davon ausgeht, der Schuldner sei trotz der bestehenden, fälligen und durchsetzbaren Verbindlichkeit noch völlig frei in seinem Tun und Unterlassen. Zwar ist es zutreffend, dass der Schuldner aufgrund des Verpflichtungsgeschäfts weiterhin absoluter Rechtsinhaber bleibt.[85] Alleine daraus folgt jedoch lediglich, dass der Schuldner *erga omnes* weiterhin frei über den vom Verpflichtungsgeschäft in Bezug genommenen Gegenstand verfügen *kann*; ob er es *inter partes* gegenüber dem Gläubiger auch *darf*, lässt sich jedoch nicht alleine unter Rückgriff auf die absolute Rechtszuordnung beantworten.[86] Entscheidend ist insoweit die Erkenntnis, dass dem Gläubiger in Form der Forderung gegen den Schuldner als Rechtsposition ein teilweises Herrschaftsrecht über den Schuldner zugewiesen wird. Der Schuldner hat seine Freiheit bereits bei Entstehung der Forderung durch die privatautonome Einigung mit dem Gläubiger betätigt.[87] Zu Recht formuliert *Hanau*: „Bildlich gesprochen stellt der Schuldner damit einen Teil der eigenen Freiheit zur Verfügung des Gläubigers, er „verlagert" sie gewissermaßen auf ihn."[88] Der Schuldner ist nicht mehr frei, nicht zu leisten.[89]

Dieser Bindung durch das Verpflichtungsgeschäft kann sich der Schuldner auch nicht mehr dadurch entziehen, dass er zwar die Leistung erbringt, aber gleichzeitig bestimmt, es solle durch diese keine Erfüllung eintreten. Dies zeigt sich in letzter Konsequenz auch an der Möglichkeit des Gläubigers, sich den Leistungsgegenstand im Wege der Zwangsvollstreckung zwangsweise zu verschaffen und damit jedenfalls nach einem rechtskräftigen Urteil den Erfüllungseintritt unabhängig vom Willen des Schuldners herbeizuführen.[90]

Gläubigers ist nicht die Situation, in welcher der Schuldner leistet, aber dennoch den Erfüllungseintritt verhindern möchte, sondern die vollständige Leistungsverweigerung des Schuldners.

[85] *Beck*, Zuordnungsbestimmung, S. 198.

[86] *Schlüter*, Selbstbestimmung, S. 328 f. Verkauft der Schuldner dem Gläubiger beispielsweise ein Fahrrad, kann jener das Fahrrad auch nach Abschluss des Kaufvertrags an einen Dritten veräußern, ohne dass es auf die Voraussetzungen des Erwerbs vom Nichtberechtigten ankäme. Gleichwohl kann der Gläubiger in diesem Fall Schadensersatz vom Schuldner verlangen, weil dieser das Fahrrad aufgrund des Kaufvertrags nicht mehr an einen Dritten veräußern durfte. Der Schuldner könnte hier keinesfalls mit Erfolg einwenden, er sei aufgrund seiner Privatautonomie noch zur Veräußerung des Fahrrads an den Dritten berechtigt gewesen und könne deswegen keinen Schadensersatz schulden.

[87] Siehe dazu *J. F. Hoffmann*, Prioritätsgrundsatz, S. 10 f.; und eingehend dazu *derselbe*, Zession, S. 95 ff.; *Schlüter*, Selbstbestimmung, S. 327 ff.

[88] *Hanau*, Gestaltungsmacht, S. 25.

[89] *J. F. Hoffmann*, Prioritätsgrundsatz, S. 10 f.; *derselbe*, Zession, S. 96; *Schlüter*, Selbstbestimmung, S. 113, 327 ff.

[90] *Michaels*, Sachzuordnung, S. 357 meint deshalb zu Recht: „Die einzig unentbehrliche Willenserklärung des Verkäufers ist die im Kaufvertrag; sie gibt dem Käufer die Mittel in die Hand, auch gegen den Willen des Verkäufers das Eigentum zu erlangen." Zustimmend *Schlüter*, Selbstbestimmung, S. 140.

Gestattete man dem Schuldner, im Rahmen des Verfügungsgeschäfts eine negative Tilgungsbestimmung abzugeben, räumte man diesem letztlich die Möglichkeit ein, die Erfüllung seiner Verbindlichkeit nur aufgrund der im deutschen Recht vorgenommenen Entkoppelung zwischen relativer und absoluter Rechtslage zu verhindern. Stimmig wäre dies jedoch nur dann, wenn die Trennung zwischen relativer und absoluter Rechtslage auch dem Schutz des Schuldners zu dienen bestimmt ist. Tatsächlich besteht das „verfügungsrechtliche Vollzugserfordernis“[91] aber nicht, um die Freiheit des Schuldners zur Leistung oder Nichtleistung zu schützen. Vielmehr sollen dadurch Anforderungen des Bestimmtheitsgrundsatzes, des Publizitätsprinzips und des Spezialitätsprinzips verwirklicht werden, die letztlich alle dem Verkehrsschutz dienen.[92] Demgegenüber hat die Abgabe einer negativen Tilgungsbestimmung durch den Schuldner jedoch keinerlei verkehrsschützende Wirkung, sodass auch die Trennung zwischen relativer und absoluter Rechtslage eine Tilgungsbestimmung des Schuldners nicht rechtfertigen kann, sofern diese nicht aus Klarstellungsgründen erforderlich ist.

c) Schützenswerte Interessen des Schuldners

Weiter wird für die Notwendigkeit einer negativen Tilgungsbestimmung seitens des Schuldners vorgebracht, dieser könne schutzwürdige Interessen daran haben, dass trotz seiner Leistung keine Erfüllung eintrete, beispielsweise falls der Schuldner plane, später aufzurechnen. Umgekehrt sei der Gläubiger nicht schutzbedürftig. Schließlich erhalte dieser die geschuldete Leistung.[93]

Dagegen ist jedoch zum einen einzuwenden, dass zunächst zu begründen wäre, warum das Interesse des Schuldners, zunächst zu leisten aber später noch aufzurechnen oder ein Leistungsverweigerungsrecht geltend zu machen, anzuerkennen sein sollte. Auf den ersten Blick liegt das nicht gerade nahe: Möchte der Schuldner aufrechnen, soll er die Aufrechnung erklären, möchte der Schuldner die Leistung aus anderen Gründen verweigern, soll er sich auf diese Gründe berufen und die Leistung verweigern. Ist der Gläubiger der Meinung, die Aufrechnung sei unwirksam oder das geltend gemachte Leistungsverweigerungsrecht bestehe nicht, kann er dies durch ein gerichtliches Verfahren klären lassen. Dem Schuldner entstehen deshalb keine Nachteile, wenn man ihm nicht gestattet, eine negative Tilgungsbestimmung abzugeben, um sich die Aufrechnung später noch offen zu halten.

Daneben überzeugt auch die Behauptung nicht, der Gläubiger sei nicht schutzwürdig. Erhält dieser eine Leistung des Schuldners unter einer Tilgungsbestimmung, die den Erfüllungseintritt ausschließt, erhält der Gläubiger zwar

---

[91] *Schlüter*, Selbstbestimmung, S. 128.

[92] Eingehend dazu *J. F. Hoffmann*, Prioritätsgrundsatz, S. 12 ff., 110; daran anknüpfend *Schlüter*, Selbstbestimmung, S. 128 f.

[93] *Bülow*, JuS 1991, 529, 531; zur fehlenden Schutzbedürftigkeit des Gläubigers *Gernhuber*, Erfüllung, S. 110.

den Leistungsgegenstand, muss diesen womöglich aber wieder an den Schuldner herausgeben, ohne dass es darauf ankäme, ob der Gläubiger über einen Rechtsgrund zum Behaltendürfen verfügt.[94] Auch der denkbare Hinweis, der Gläubiger könne eine Leistung des Schuldners ablehnen, die mit solchen Tilgungsbestimmungen versehen ist, führt nicht weiter. Vielfach wird der Gläubiger die Möglichkeit der sofortigen Ablehnung faktisch nicht haben, beispielsweise bei einer Überweisung seitens des Schuldners. In diesen Fällen müsste der Gläubiger vielmehr im Nachhinein selbst aktiv werden und den Leistungsgegenstand an den Schuldner zurückübertragen. Warum der Schuldner den Gläubiger derart behelligen können sollte, erschließt sich nicht.

d) Inkonsequenzen bei Annahme einer einseitigen Tilgungsbestimmung

Im Zuge seiner Auseinandersetzung mit der Zweckvereinbarungstheorie kritisiert *Seibert* an dieser, sie halte zwar auf dem Papier eine Annahmeerklärung des Gläubigers für den Eintritt der Erfüllung erforderlich, mache letztlich aber mit diesem Erfordernis nicht Ernst.[95] Leiste der Schuldner zur Erfüllung und nehme der Gläubiger die Leistung an, verweigere sich aber zugleich dem Erfüllungseintritt, entstehe eine Aufrechnungslage. Der Schuldner habe einen Kondiktionsanspruch gegen der Gläubiger, der seinerseits mangels Erfüllungseintritt noch seinen Erfüllungsanspruch habe. Erkläre der Schuldner nun die Aufrechnung, erlösche der Erfüllungsanspruch des Gläubigers, sodass der Schuldner diesen letztlich auch ohne eine Annahmeerklärung des Gläubigers zum Erlöschen bringen könne; die Annahmeerklärung erweise sich damit in letzter Konsequenz als „obsolet".[96]

Dieser Vorwurf ist berechtigt, trifft aber gleichermaßen auf die einseitige Tilgungsbestimmung des Schuldners zu. Leistet der Schuldner und gibt dabei eine negative Tilgungsbestimmung ab, entstünde damit für den Schuldner ein Kondiktionsanspruch gegen den Gläubiger. Gleichzeitig behielte der Gläubiger jedoch seinen Erfüllungsanspruch, der aufgrund der negativen Tilgungsbestim-

[94] Was genau die Konsequenzen einer negativen Tilgungsbestimmung des Schuldners sein sollen, wird nur selten ausdrücklich erörtert. Da der Sinn einer solchen Tilgungsbestimmung aber gerade der Ausschluss der Erfüllungswirkung sein soll, wäre dem Schuldner konsequenterweise eine Kondiktion zuzugestehen, weil dann kein Rechtsgrund des Gläubigers zum Behaltendürfen der Leistung ersichtlich ist, so explizit *Kerwer*, Erfüllung, S. 133 f.; *Filges*, NZS 2021, 584, 588.

[95] *Seibert*, Erfüllung, S. 27 f.; wie wenig Bedeutung man dem Willen des Gläubigers letztlich beimisst, zeigt eindrücklich auch *W. Schmidt*, Erfüllungswille, S. 114 f. Dieser führt zunächst aus, alleine der Erfüllungswille des Schuldners sei nicht ausschlaggebend; man dürfe dem Schuldner „nicht die Macht geben, allein darüber zu entscheiden, ob erfüllt ist oder nicht." Es sei deshalb auch auf den Willen des Gläubigers abzustellen. Richte sich dessen Wille aber trotz Annahme der Leistung nicht auf einen Erfüllungseintritt, müsse man dessen „unerwünschten Willen" dadurch korrigieren, dass man nicht auf den Willen, sondern auf das Verhalten des Gläubigers abstelle.

[96] *Seibert*, Erfüllung, S. 28.

mung gerade nicht durch Erfüllung erloschen wäre. Folglich entstünde eine Aufrechnungslage zwischen Schuldner und Gläubiger. Der Gläubiger könnte dann die Aufrechnung gegen den Kondiktionsanspruch des Schuldners erklären und sich damit letztlich einen Rechtsgrund zum Behaltendürfen der Leistung verschaffen, ohne dass die negative Tilgungsbestimmung des Schuldners dies verhindern könnte. Auch diese erweist sich damit im Ergebnis als nutzlos, wenn der Gläubiger sich nicht an diese halten möchte. Als Ausweg aus diesem Dilemma bliebe einzig, dem Gläubiger die Aufrechnung unter Berufung auf ein Aufrechnungsverbot zu versagen. Allerdings ist nicht ersichtlich, woher ein solches Aufrechnungsverbot kommen sollte. Soweit man erwägen sollte, ein Aufrechnungsverbot nach § 393 BGB anzunehmen,[97] überzeugt dies nicht. Es erschließt sich nicht, worin die unerlaubte, vorsätzliche Handlung des Gläubigers bestehen soll, hat der Schuldner die Leistung doch von sich aus angeboten.

Noch deutlicher wird die Wirkungslosigkeit einer einseitigen negativen Tilgungsbestimmung des Schuldners im Falle eines Anspruchs aus § 985 BGB. Gibt der Schuldner hier die Sache an den Gläubiger unter Abgabe einer negativen Tilgungsbestimmung heraus, und versucht später, die Sache im Wege einer Kondiktion herauszuverlangen, kann der Gläubiger diesem Ansinnen schlicht unter Verweis auf sein Eigentum entgegentreten. Gründe, warum man dem Gläubiger diesen Einwand versagen könnte, sind nicht ersichtlich.

e) Die Wertlosigkeit der negativen Tilgungsbestimmung bei nicht auf eine Geldzahlung gerichteten Ansprüchen

Neben den dargestellten grundsätzlichen Bedenken gegen die Möglichkeit einer negativen Tilgungsbestimmung spricht im Kontext des hiesigen Untersuchungsgegenstands noch ein weiteres Argument dagegen, einen sofortigen Erfüllungseintritt aufgrund einer negativen Tilgungsbestimmung des Schuldners abzulehnen. Ist der Gedanke einer negativen Tilgungsbestimmung zumindest im Grundsatz nachvollziehbar, wenn es um eine Geldschuld geht, wird die Vorstellung bedeutend schwieriger, wenn der Schuldner nicht zur Zahlung von Geld verpflichtet ist.[98] Ist der Schuldner beispielsweise im Rahmen des § 985 BGB zur

[97] So in den Fällen der „Erlassfalle" *v. Randow*, ZIP 1995, 445, 450, siehe dazu unten S. 82 ff.

[98] Die Vertreter einer negativen Tilgungsbestimmung haben wohl auch primär Geldschulden vor Augen. Verbreitet wird als Beispiel, wieso eine negative Tilgungsbestimmung möglich sein müsse, beispielsweise angeführt, der Schuldner wolle dem Gläubiger durch die Leistung möglicherweise ein Darlehen gewähren, so BGH, NJW 1991, 1294, 1295; *Beck*, Zuordnungsbestimmung, S. 198; *Larenz*, Schuldrecht AT, S. 241; BeckOGK/*Looschelders*, BGB, § 362 Rn. 85; für das Schweizer Obligationenrecht lehnt *Koller*, Obligationenrecht AT, Rn. 35.18 die Möglichkeit einer negativen Tilgungsbestimmung trotz grundsätzlicher Anerkennung einer solchen ausdrücklich ab, wenn der Schuldner nicht zur Zahlung von Geld verpflichtet ist; die Leistung des Schuldners könne dann nur den Sinn haben, seine Verpflichtung zu erfüllen.

Herausgabe einer konkreten Sache verpflichtet und gibt der Schuldner diese Sache heraus, erscheint die Vorstellung geradezu perplex, die Störung des Eigentums bestehe aufgrund einer vom Schuldner abgegebenen negativen Tilgungsbestimmung fort, obwohl der Eigentümer die Sache mittlerweile wieder im Besitz hat.[99] Ebenso verhält es sich in Fällen, in denen sich eine vertragliche Verpflichtung des Schuldners auf die Erbringung einer bestimmten Leistung, beispielsweise die Übergabe und Übereignung einer individualisierten Sache, bezieht. Übergibt und übereignet der Schuldner diese Sache, gibt zugleich aber eine negative Tilgungsbestimmung ab, versagt auch hier die Vorstellung, wie alleine diese Erklärung des Schuldners den rechtsverwirklichenden Erfüllungsanspruch des Gläubigers aufrechterhalten soll.

Zu einiger Prominenz hat es im Rahmen der rein zivilrechtlichen Diskussion um die Notwendigkeit einer Tilgungsbestimmung das von *Welker* gebildete Uhrmacherbeispiel gebracht. In diesem repariert der Uhrmacher die Uhr eines Kunden in dem Glauben, es handele sich um seine eigene Uhr.[100] Hält man für den Erfüllungseintritt prinzipiell die Abgabe einer Tilgungsbestimmung für erforderlich, ist hier der Erfüllungseintritt trotz Erbringung der objektiv geschuldeten Leistung äußerst zweifelhaft. Um aber dennoch einen Erfüllungseintritt bejahen zu können, wird dem Uhrmacher entweder die nachträgliche Abgabe einer Tilgungsbestimmung gestattet[101] oder dem Uhrmacher wird eine konkludent abgegebene Tilgungsbestimmung unterstellt.[102] Mag man diesen Fall mithilfe dieser Konstruktionen möglicherweise noch in den Griff bekommen können, ist die Lage hingegen kaum noch zu retten, wenn der Uhrmacher die Uhr unter Abgabe einer ausdrücklichen negativen Tilgungsbestimmung repariert. Hier ist nun für die Annahme eines Erfüllungseintritts kein Raum, wenn man eine negative Tilgungsbestimmung anerkennt. Was aber geschieht dann mit dem Erfüllungsanspruch des Kunden? Ist dieser nun nach § 275 Abs. 1 BGB wegen Zweckerreichung weggefallen, weil der Uhrmacher die nun wieder funktionsfähige Uhr nicht erneut reparieren kann? Fällt dadurch der Gegenleistungsanspruch des Uhrmachers nach § 326 Abs. 1 S. 1 BGB weg?[103] Hat der Uhrmacher dann umge-

---

[99] Gleiches gilt auch für Unterlassungsansprüche. Auch hier ist die Vorstellung befremdlich, der das inkriminierende Verhalten unterlassende Schuldner könne die Erfüllung durch die Abgabe einer negativen Tilgungsbestimmung verhindern, dafür aber *Beckhaus*, Erfüllung, S. 246, weil man andernfalls das „Selbstbestimmungsrecht" des Schuldners nicht hinnehmbar einschränke. Dagegen *Lehmann*, Unterlassungspflicht, S. 210 ff.; *Köhler*, AcP 190, 496, 503. Problematisch ist allerdings, ob ein Unterlassungsanspruch alleine durch das Unterlassen des Schuldners überhaupt erfüllt werden kann oder der Schuldner mehr tun muss, um die Begehungsgefahr auszuräumen, siehe dazu unten S. 91 ff.

[100] *Welker*, Bereicherungsausgleich, S. 26.

[101] *Gernhuber*, Erfüllung, S. 111.

[102] *Beckhaus*, Erfüllung, S. 211 ff.; *Muscheler/Bloch*, JuS 2000, 729, 732.

[103] Dafür *Welker*, Bereicherungsausgleich, S. 49 f.; in diese Richtung auch *Beckhaus*, Erfüllung, S. 206, die jedoch beide zumindest einen Aufwendungsersatzanspruch für möglich halten.

kehrt einen Bereicherungsanspruch gegen den Schuldner auf Ersatz der durch die Reparatur ersparten Aufwendungen in Höhe des objektiven Werts der vorgenommenen Reparatur? Kann der Uhrmacher im Falle einer vereinbarten Vergütung, die unter dem objektiven Marktwert der Reparatur liegt, dann gar durch die Abgabe einer negativen Tilgungsbestimmung erreichen, dass ihm stattdessen ein Bereicherungsanspruch gegen den Schuldner in Höhe des objektiven Marktwerts zusteht?

Die aufgeworfenen Fragen, die bei konsequenter Durchführung einer negativen Tilgungsbestimmung wohl allesamt positiv zu beantworten wären, illustrieren, in welch unsicheres Fahrwasser die Annahme einer einseitigen negativen Tilgungsbestimmung führt, wenn es sich nicht um Geldschulden handelt. Sie zeigen damit noch einmal die mangelnde Leistungsfähigkeit der negativen Tilgungsbestimmung in diesen Fällen auf: Selbst wenn man den oben dargestellten, grundsätzlichen Bedenken gegen die negative Tilgungsbestimmung nicht folgt, wird dadurch deutlich, dass das hier zu untersuchende Problem nicht allgemein unter Rückgriff auf eine negative Tilgungsbestimmung des Schuldners gelöst werden kann. Denn ein vorläufig vollstreckbares Urteil kann den Schuldner gerade auch dazu verpflichten, eine bestimmte Sache herauszugeben oder zu übereignen, eine bestimmte Handlung vorzunehmen, etc... In all diesen Fällen kann man den Nichteintritt der Erfüllung von vornherein nicht befriedigend damit erklären, der Schuldner habe trotz seiner Abwendungsleistung eine negative Tilgungsbestimmung abgegeben.

f) Konsequenzen der hiesigen Sicht

Die Möglichkeit, einseitige Tilgungsbestimmungen abzugeben, besteht für den Schuldner damit lediglich in Fällen, in denen die Leistung des Schuldners andernfalls nicht zugeordnet werden könnte und die Tilgungsbestimmung deshalb aus Klarstellungsgründen erforderlich ist.[104] Ist dies nicht der Fall, beispielsweise weil der Schuldner nach § 985 BGB nur die Herausgabe einer bestimmten Sache schuldet, kann der Schuldner eine Tilgungsbestimmung nicht wirksam einseitig setzen. Gibt der Schuldner eine einseitige Tilgungsbestimmung aber dennoch ab, stellt sich die Frage nach den rechtlichen Konsequenzen.

aa) Annahme der Leistung unter Ablehnung der Tilgungsbestimmung

Zunächst einmal kann der Gläubiger die Leistung annehmen und die negative Tilgungsbestimmung ablehnen. In diesem Fall entfaltet die Tilgungsbestimmung keine rechtlichen Wirkungen. Es tritt durch die Leistung des Schuldners trotz

---

[104] So im Ergebnis auch *Schlüter*, Selbstbestimmung, S. 330 und S. 332 „rein informative[r] Charakter", der allerdings die Theorie der realen Leistungsbewirkung für überzeugend hält. Da auch diese jedoch letztlich Tilgungsbestimmungen in über ein Informationsbedürfnis des Gläubigers hinausgehenden Fällen anerkennt, überzeugt dies nicht.

seiner entgegengesetzten Tilgungsbestimmung Erfüllung ein. Dem Schuldner steht deshalb auch kein Rückübertragungsanspruch gegen den Gläubiger zu. Eine Leistungskondiktion scheitert daran, dass der Gläubiger aufgrund seiner nach wie vor bestehenden Rechtsposition einen Rechtsgrund zum Behaltendürfen hat. Auch eine Rückforderung über § 313 BGB (ggf. zusammen mit § 346 Abs. 1 BGB) scheitert, weil zwischen Leistendem und Leistungsempfänger bei Vertragsschluss[105] keine Fehlvorstellung über tatsächliche Umstände beziehungsweise künftige Entwicklungen vorlag, die für die Anwendung des § 313 BGB jedoch erforderlich wäre.[106]

In Betracht käme jedoch weiter eine Zweckverfehlungskondiktion[107] nach § 812 Abs. 1 S. 2 2. Alt. BGB. Sofern man dieser einen eigenen, nicht von der Leistungskondiktion erfassten Anwendungsbereich zugesteht,[108] ist äußerst unklar, welche Fälle durch die Zweckverfehlungskondiktion erfasst werden. Die Probleme entzünden sich an der Frage, was genau der „nach dem Inhalt des Rechtsgeschäfts bezweckte Erfolg" im Sinne des § 812 Abs. 1 S. 2 2. Alt. BGB ist. Teilweise wird eine vertragliche Deutung postuliert.[109] Demgegenüber erteilt der BGH einer vertraglichen Deutung zwar eine Absage, hält jedoch eine „tatsächliche Willenseinigung über den verfolgten Zweck"[110] für erforderlich. Ungeklärt bleibt dabei jedoch, wie diese „tatsächliche Willenseinigung" in die Rechtsgeschäftslehre einzuordnen ist, wenn sie doch gerade keinen Vertrag darstellen soll.[111] Andernorts wird vorgeschlagen, eine einseitige Zwecksetzung des Leistenden für ausreichend anzusehen;[112] der Wortlaut des § 812 Abs. 1 S. 2 2. Alt. BGB erfordere nur eine rechtsgeschäftliche, nicht aber eine vertragliche Zwecksetzung.[113] Außerdem hätte der Leistende ohne die Zwecksetzung auch die Möglichkeit, einseitig eine Bedingung nach § 158 Abs. 1 BGB zu setzen, ohne dass der

---

[105] Sofern zwischen dem Leistenden und dem Leistungsempfänger überhaupt ein Vertrag besteht, was keinesfalls der Fall sein muss, weil der Leistende die Leistung auch aufgrund einer gesetzlichen Verpflichtung erbringen kann.

[106] Vgl. BeckOGK/*Martens*, BGB, § 313 Rn. 54 ff.; vgl. weiter *Finkenauer*, AcP 213, 619, 643 ff., der § 313 BGB als gesetzlich kodifizierten Fall der ergänzenden Vertragsauslegung begreift.

[107] Auch bezeichnet als „*condictio ob rem*", „*condictio ob causam datorum*" oder „*condicitio causa data causa non secuta*", siehe zu den Begriffen *Reuter/Martinek*, Ungerechtfertigte Bereicherung, S. 147.

[108] Für einen eigenen Anwendungsbereich der Zweckverfehlungskondiktion eingehend *Reuter/Martinek*, Ungerechtfertigte Bereicherung, S. 155 ff.

[109] MüKo/*Schwab*, BGB, § 812 Rn. 479 ff.

[110] BGHZ 44, 321, 323; in der Sache genauso BGH, NJW 1984, 233.

[111] *Thomale*, Freiheit, S. 183.

[112] *Sorge*, JZ 2011, 661, 665 ff.; für eine einseitige Zwecksetzung auch *Scherpe*, JZ 2014, 659, 661 ff., die jedoch eine Zweckverfehlungskondiktion ablehnt, wenn der Leistungsempfänger der Zwecksetzung bei Entgegennahme der Leistung widersprochen hat (661 mit Fn. 38). Nicht ganz klar ist, inwiefern man doch noch von einer einseitigen Zwecksetzung sprechen kann.

[113] *Scherpe*, JZ 2014, 659, 661; *Sorge*, JZ 2011, 661, 665.

Leistungsempfänger dies verhindern könne.[114] Teilweise wird der Zweckverfehlungskondiktion ein eigenständiger Anwendungsbereich aber auch schlicht abgesprochen; die Zweckverfehlungskondiktion sei als historisches Relikt zu betrachten und in sich widersprüchlich, indem sie eine vertragliche Vereinbarung voraussetze, deren Vorliegen aber die Anwendung des Bereicherungsrechts ausschließen würde und daneben gegenüber § 313 BGB subsidiär sei.[115]

Tatsächlich legt es die Entstehungsgeschichte der Zweckverfehlungskondiktion nahe, diese als historisches Relikt ohne eigenen Anwendungsbereich anzusehen. Der Gesetzgeber war sich bei Schaffung des BGB unsicher hinsichtlich des Sinns der Zweckverfehlungskondiktion.[116] Der erste Entwurf sah in § 742 noch vor, dass eine Leistung zurückgefordert werden könne, die unter der ausdrücklich oder stillschweigend erklärten Voraussetzung erbracht worden sei, dass ein zukünftiges Ereignis eintrete, das später nicht eingetreten sei. Die zweite Kommission störte sich jedoch an dem auf *Winscheid* zurückgehenden Begriff der Voraussetzung, weil dieser unklar und für den Rechtsverkehr nicht sinnvoll handhabbar sei,[117] und schuf § 737 des zweiten Entwurfs, der nahezu wortgleich dem heutigen § 812 BGB entspricht. Zugleich stellte die zweite Kommission fest, dass für die Zweckverfehlungskondiktion, die sich aus dem römischen Recht entwickelt habe, kaum ein Anwendungsbereich bleibe, weil anders als im römischen Recht nicht nur bestimmte Vertragstypen zu gerichtlich einklagbaren Ansprüchen führten.[118] Gänzlich streichen wollte man die Zweckverfehlungskondiktion aber dennoch nicht, weil weiterhin Fälle denkbar seien, in denen die Zweckverfehlungskondiktion zur Anwendung gelangen könne.[119]

Wie tief die Unsicherheit über den Sinn der Zweckverfehlungskondiktion war, zeigt sich weiter daran, dass man zwar einen einseitigen Zweck des Leistenden nicht genügen lassen wollte, weil dadurch dessen Interessen über Gebühr berücksichtigt würden. Andererseits lehnte man aber einen Vorschlag ab, der eine vertragliche Vereinbarung zwischen den Parteien zur Voraussetzung machen wollte; liege eine vertragliche Einigung vor, erfolge die Rückabwicklung nach Vertrags- und nicht nach Bereicherungsrecht.[120] Welche Fälle dann aber von § 812 Abs. 1

---

[114] *Scherpe*, JZ 2014, 659, 662. Verwirrend ist allerdings, dass die Bedingung wenige Sätze später als Beispiel einer vertraglichen Einigung aufgezählt wird.

[115] *Thomale*, Freiheit, S. 179 ff. mit einer prägnanten Zusammenfassung auf S. 197 f.

[116] Zur historischen Entwicklung der Zweckverfehlungskondiktion siehe auch *Liebs*, JZ 1978, 697, 698 f.; *Thomale*, Freiheit, S. 179 ff.

[117] Mugdan, Materialien, Band 2, S. 1173 f. = Protokolle Band 2, S. 2953 f.

[118] Mugdan, Materialien, Band 2, S. 1175 = Protokolle Band 2, S. 2957.

[119] Mugdan, Materialien, Band 2, S. 1175 = Protokolle Band 2, S. 2958, genannt wurden hier die Hingabe einer Mitgift, wenn die Ehe später nicht zustande komme, aber auch bei „Distanzgeschäften" im Handelsverkehr könne die Zweckverfehlungskondiktion das Mittel der Wahl sein.

[120] *Jakobs/Schubert*, Schuldverhältnisse III, S. 835; die Schlussfolgerung von *Thomale*, Freiheit, S. 181, der Gesetzgeber habe sich letztlich für das Erfordernis einer vertraglichen Einigung entschieden, überzeugt deshalb nicht, zutreffend dagegen *Scherpe*, JZ 2014, 659, 661 Fn. 29.

S. 2 2. Alt. BGB erfasst sein sollen, wenn einerseits eine einseitige Zweckbestimmung des Schuldners nicht genügend, andererseits eine vertragliche Vereinbarung aber nicht erforderlich sein soll, erschließt sich aus heutiger Perspektive letztlich nicht. Es spricht deshalb viel dafür, der Zweckverfehlungskondiktion keinen eigenständigen Anwendungsbereich zuzugestehen.

Aber selbst wenn man einen eigenständigen Anwendungsbereich der Zweckverfehlungskondiktion für möglich hielte, könnte diese jedenfalls bei einer einseitigen Zweckbestimmung des Leistenden trotz einer bereits bestehenden Verpflichtung des Leistenden nicht zur Anwendung gelangen. Dies ist für die Ansätze ohnehin selbstverständlich, die eine – rechtlich wie auch immer genau zu qualifizierende – Willensübereinstimmung zwischen Leistendem und Leistungsempfänger fordern. Aber auch wenn man mit *Sorge* eine einseitige Zweckfestsetzung für möglich hält, kann dies nur gelten, wenn der Leistende nicht bereits aus anderem Grund dem Leistungsempfänger gegenüber zur Leistung verpflichtet ist. Nur dann kann man davon sprechen, der Leistende ergreife durch seine Leistung die Initiative und könne deshalb einseitig den Zweck festlegen.[121] Dies erkennt letztlich auch *Sorge* selbst, wenn er die Fälle der Zweckverfehlungskondiktion gerade den Fällen eines synallagmatischen Vertrags gegenüberstellt. Anders als in Fällen der Zweckverfehlungskondiktion stünden sich die Parteien dort bereits in einem „Do-ut-des-Verhältnis" gegenüber.[122] Folglich hilft auch die Zweckverfehlungskondiktion im hiesigen Kontext nicht weiter, weil der Gläubiger hier bereits einen auf die Leistung gerichteten Anspruch gegen den Schuldner innehat.

bb) Ablehnung der Leistung

Weiter stellt sich die Frage, ob der Gläubiger die mit einer negativen Tilgungsbestimmung des Schuldners verbundene Leistung auch schlicht ablehnen kann, ohne dadurch in Annahmeverzug zu geraten. Hierfür könnte sprechen, dass durch die Annahme der Leistung Streit über die Wirksamkeit der negativen Tilgungsbestimmung vorprogrammiert zu sein scheint. Dagegen spricht jedoch entscheidend die rechtliche Irrelevanz der negativen Tilgungsbestimmung. Der Schuldner kann diese nicht wirksam einseitig setzen. Eine dennoch erklärte negative Tilgungsbestimmung ist folglich rechtlich unbeachtlich, aber auch unschädlich. Der Gläubiger muss die Leistung deshalb annehmen, möchte er nicht in Annahmeverzug geraten. Hierdurch werden auch die Interessen des Gläubigers nicht über Gebühr beeinträchtigt. Er erhält die von ihm beanspruchte Leistung und muss sich über die Wirksamkeit der negativen Tilgungsbestimmung mit dem Schuldner nur dann auseinandersetzen, wenn dieser die Leistung zurück-

[121] *Sorge*, JZ 2011, 661, 665.

[122] *Sorge*, JZ 2011, 661, 665. Untermauert wird diese Annahme auch dadurch, dass *Sorge* selbst in seinem Beitrag ausschließlich Fälle der unbenannten Zuwendung diskutiert, deren Wesensmerkmal es gerade ist, dass der die Zuwendung empfangene Lebenspartner keine vorherige Forderung gegen den Zuwendenden hatte.

fordert. In diesem Fall befindet sich der Gläubiger dann aber in genau der Situation, in der sich jedermann befindet, der sich einem (unberechtigten) Rückforderungsverlangen ausgesetzt sieht. Ein besonderes Schutzbedürfnis, das es rechtfertigen könnte, dem Gläubiger die Verweigerung der Annahme zu gestatten, besteht deshalb nicht.

cc) Einverständnis mit der Tilgungsbestimmung

Als dritte denkbare Möglichkeit bleibt, dass sich der Gläubiger mit der negativen Tilgungsbestimmung des Schuldners einverstanden erklärt. In diesem Fall handelt es sich nicht mehr um eine einseitige negative Tilgungsbestimmung des Schuldners, sondern um eine beidseitige Vereinbarung zwischen Schuldner und Gläubiger. Freilich besteht auf den ersten Blick kein einleuchtender Grund, warum sich der Gläubiger auf eine solche Vereinbarung einlassen sollte. Zur Abrundung des Bildes sind die Konsequenzen einer solchen Vereinbarung im Folgenden gleichwohl kurz zu beleuchten.

(1) Privatautonom begründete Rechtsposition des Gläubigers

Beruht der rechtsverwirklichende Anspruch des Gläubigers auf einer privatautonom begründeten Forderung, liegt es im Ausgangspunkt sehr nahe, dass sich Gläubiger und Schuldner in diesem Fall auch über das Fortbestehen des rechtsverwirklichenden Erfüllungsanspruchs trotz objektiv erbrachter Leistung einigen können. Schließlich wäre es dem Gläubiger hier fraglos auch möglich, auf gewisse Schutzmechanismen seiner Rechtsposition im Vorhinein zu verzichten,[123] sodass auch einer nachträglichen Modifikation der Schutzmechanismen offen zu begegnen wäre. Um die konkreten Wirkungen einer solchen Abrede besser einordnen zu können, ist jedoch ein Blick darauf zu werfen, was die Parteien mit einer solchen beiderseitigen Tilgungsbestimmung bezwecken könnten. Verbreitet wird insoweit angeführt, eine negative Tilgungsbestimmung sei für den Schuldner dann wichtig, wenn er dem Gläubiger die Leistung als Darlehen oder als Schenkung zukommen lassen wolle.[124] In diesen Fällen erschließt sich ohne Weiteres, wieso trotz der erbrachten Leistung des Schuldners der Erfüllungsanspruch des Gläubigers bestehen bleibt, wenn sich der Gläubiger mit der Tilgungsbestimmung einverstanden erklärt. Schuldner und Gläubiger haben im Rahmen der Leistungserbringung zugleich einen neuen Vertrag geschlossen und dadurch für die erbrachte Leistung eine neue *causa* geschaffen.[125] Die Leistung des Schuldners

---

[123] *J. F. Hoffmann*, Zession, S. 78; *Huber*, AcP 210, 319, 329.

[124] BGH, NJW 1991, 1294, 1295; *Beck*, Zuordnungsbestimmung, S. 198; *Larenz*, Schuldrecht AT, S. 241; BeckOGK/*Looschelders*, BGB, § 362 Rn. 85.

[125] Die Behauptung von *Beck*, Zuordnungsbestimmung, S. 198, ohne die Möglichkeit einer negativen Tilgungsbestimmung könne der Schuldner dem Gläubiger die Leistung nicht zu anderen Zwecken anbieten, ist damit unzutreffend; auch ein bereits verpflichteter Schuldner kann durch eine neue Vereinbarung mit dem Gläubiger eine weitere Verpflichtung eingehen.

bezog sich deshalb nicht auf die bereits bestehende Forderung des Gläubigers, sondern auf die neu geschaffene Darlehensforderung oder den Schenkungsvertrag. Freilich ist dieser Zweck nur dann sinnvoll, wenn sich die Leistung des Schuldners nicht auf eine Speziesschuld bezieht. Ist der Schuldner hingegen beispielsweise zur Übergabe und Übereignung einer genau bestimmten Sache verpflichtet, ist kaum vorstellbar, dass Schuldner und Gläubiger dennoch eine andere *causa* der Leistungserbringung vereinbaren.[126]

Im Kontext des hiesigen Problems verfolgt der Schuldner mit der negativen Tilgungsbestimmung hingegen regelmäßig einen gänzlich anderen Zweck: Er möchte den Erfüllungseintritt verhindern, um sich im Verlauf des weiteren Rechtsstreits alle Gegenrechte zu erhalten.[127] Im Falle einer beiderseitigen Tilgungsbestimmung würden sich Gläubiger und Schuldner damit beispielsweise darüber einigen, der Schuldner solle trotz der erbrachten Leistung später noch aufrechnen können. Mag eine solche Abrede auch seltsam anmuten, ist kein Grund ersichtlich, dieser schlechthin die Wirksamkeit zu versagen, betreffen ihre Konsequenzen doch nur *inter partes* das Verhältnis zwischen Gläubiger und Schuldner. Ist eine solche Abrede damit grundsätzlich denkbar und rechtlich wirksam, hat diese in der Sache doch nichts mehr mit der Vorstellung einer einseitig vom Schuldner gesetzten negativen Tilgungsbestimmung gemein.

(2) Heteronom begründete Rechtsposition des Gläubigers

Deutlich unklarer ist die Lage hingegen, wenn die verletzte Rechtsposition des Gläubigers nicht auf einer privatautonomen Willensübereinstimmung zwischen Schuldner und Gläubiger beruht. Insbesondere bei absolut geschützten Rechtsposition wird insoweit vertreten, der Inhaber einer solchen Rechtsposition könne deren Schutz nicht mit absoluter Wirkung herabsetzen.[128] Dies ließe es zumindest zweifelhaft erscheinen, ob der Inhaber einer Rechtsposition dann in die entgegengesetzte Richtung dispositionsbefugt ist oder ob das Vorliegen einer Störung und die daraus resultierenden Schutzrechte aufgrund ihrer Heteronomität auch insoweit jeglicher Modifizierung entzogen sind. Allerdings beträfe eine beidseitige „negative Tilgungsbestimmung" lediglich das Verhältnis zwischen Schuldner und Gläubiger. Sind von dieser aber nur Gläubiger und Schuldner betroffen, ist auch hier nicht ersichtlich, wieso einer solchen Abrede schlechthin die Wirksamkeit versagt werden sollte. Allerdings dürfte es gerade bei negatorischen Ansprüchen kaum denkbar sein, dass der Schuldner objektiv die zur Störungsbeseitigung erforderliche Handlung vornimmt und zugleich mit dem Gläubiger eine neue, andere *causa* für diese Leistung schafft. In diesen Fällen bliebe als denk-

[126] Tun sie es dennoch, müsste man den ursprünglichen Erfüllungsanspruch des Gläubigers wohl für unmöglich und damit für gemäß § 275 Abs. 1 BGB erloschen halten.

[127] *Kerwer*, Erfüllung, S. 252 ff.; *Kreutz*, Abwendung, S. 60 f.; *Krüger*, NJW 1990, 1208, 1210 f.

[128] *J. F. Hoffmann*, Zession, S. 79; *Schlüter*, Selbstbestimmung, S. 118.

barer Zweck einer solchen Vereinbarung damit nur, dass dem Schuldner trotz seiner Leistung etwaige Gegenrechte erhalten bleiben sollten. Beispielsweise könnte der unberechtigte Besitzer in die Lage versetzt werden, eine an den Eigentümer herausgegebene Sache wieder herausverlangen zu können, um sich sodann wieder auf ein etwaiges Zurückbehaltungsrecht wegen vorgenommener Verwendungen nach §§ 994 ff. BGB, berufen zu können.[129] Auch eine solche Vereinbarung hat aber mit der ursprünglichen Vorstellung einer negativen Tilgungsbestimmung nichts mehr gemein.

4. Ergebnis

Einseitige Tilgungsbestimmungen des Schuldners sind nur dann möglich, wenn die Leistung des Schuldners ohne die Tilgungsbestimmung einer Schuld nicht zweifelsfrei zuzuordnen wäre. In diesem Fall kann der Schuldner einseitig bestimmen, auf welche Schuld er leisten möchte. Eine einseitige, negative Tilgungsbestimmung des Schuldners ist hingegen nicht anzuerkennen. Diese lässt sich weder bei privatautonom begründeten Ansprüchen des Gläubigers noch bei gesetzlichen Ansprüchen mit der Privatautonomie des Schuldners rechtfertigen. Ebenso wenig ist sie aufgrund anzuerkennender schuldnerischer Interessen geboten. Nimmt der Gläubiger eine Leistung an, lehnt jedoch zugleich die negative Tilgungsbestimmung des Schuldners ab, tritt deshalb Erfüllung ein. Ob der Gläubiger trotz der Annahme der Leistung die Tilgungsbestimmung ablehnt, ist durch Auslegung seines Verhaltens zu ermitteln, sofern keine ausdrückliche Ablehnung vorliegt.[130] Eine beidseitige „negative Tilgungsbestimmung" zwischen Gläubiger und Schuldner ist hingegen grundsätzlich denkbar. Diese wird sich jedoch regelmäßig entweder als Vereinbarung einer neuen *causa* oder als zusätzliche Vereinbarung über das Fortbestehen etwaiger Gegenrechte des Schuldners auffassen lassen. Mit dem ursprünglichen Gedanken einer negativen Tilgungsbestimmung des Schuldners haben solche Vereinbarungen jedoch kaum noch etwas gemein.

Insgesamt hat sich die Vorstellung einer negativen Tilgungsbestimmung sowohl im vertraglichen Bereich als auch im außervertraglichen Bereich als wenig leistungsfähig erwiesen. Insbesondere bei negatorischen Ansprüchen mutet die Vorstellung einer negativen Tilgungsbestimmung von vorneherein äußerst merk-

---

[129] Ob eine solche Vereinbarung zwischen Schuldner und Gläubiger in der Sache sinnvoll ist, ist eine andere – regelmäßig vermutlich zu verneinende – Frage. In dem hier gebildeten Beispiel wäre ein Verwendungsersatzanspruch des Besitzers nach Herausgabe der Sache gemäß § 1001 S. 1 BGB fällig. Aus Sicht des Besitzers wäre es deshalb deutlich näherliegend, schlicht direkt den Verwendungsersatzanspruch geltend zu machen. Möglicherweise könnte man dem Schuldner hier sogar das Rechtsschutzbedürfnis für eine Herausgabeklage absprechen.

[130] Insoweit wird man auch hier aus der reinen Annahme der Leistung kein Einverständnis des Gläubigers mit der negativen Tilgungsbestimmung ableiten können. Siehe zu der ebenso gelagerten Problematik bei Vorbehaltsleistungen des Schuldners ohne Beweislastumkehr unten S. 84.

würdig an. Nach Erlass eines vorläufig vollstreckbaren Urteils kann der Nichteintritt der Erfüllung nach einer Abwendungsleistung damit nicht pauschal mit der Abgabe einer negativen Tilgungsbestimmung durch den Schuldner begründet werden. Es ist deshalb nach weiteren Argumenten zu suchen.

B. Rechtsverwirklichung mithilfe des Prozessrechts

Zuvor ist jedoch eine kurze Auseinandersetzung mit dem nachfolgend zugrunde gelegten Verständnis des Prozessrechts für die folgende Darstellung notwendig. Zwar wird die hier zu untersuchende Fragestellung primär als materiellrechtliches Problem aufgefasst. Aufgrund der vielfältigen prozessualen Implikationen erschiene es an sich jedoch auch denkbar, das gesamte Problem aus einem primär prozessualen Blickwinkel zu betrachten. Erfüllt würde dann möglicherweise der „prozessuale Anspruch".

Das Zivilrecht als Rechtszuweisungsordnung weist jedem Privatrechtssubjekt mittels Rechtspositionen Herrschaftsrechte gegenüber Sachen oder anderen Privatrechtssubjekten zu und schützt diese Rechtspositionen durch Schutzrechte, die auf eine Verletzung der zugrundeliegenden Rechtsposition reagieren.[131] Verletzt der Schuldner eine Rechtsposition des Gläubigers, stellt sich die Frage, wie dieser das aus der Verletzung resultierende Schutzrecht verwirklichen kann. Aufgrund der nur in sehr engen Grenzen gestatteten Selbsthilfe bleibt dem Gläubiger hierfür nur die Möglichkeit, sich eines staatlich organisierten Verfahrens zu bedienen, vor allem also Klage gegen den Schuldner zu erheben, wenn dieser sich nicht zu einer freiwilligen Leistung bereiterklärt.

Es ist vor diesem Hintergrund zu Recht weithin anerkannt, dass sowohl das Zivilprozessrecht als auch das Zwangsvollstreckungsrecht in erster Linie[132] auf die Verwirklichung der dem einzelnen Privatrechtssubjekt zustehenden Rechte gerichtet sind.[133] Der Gläubiger macht im gerichtlichen Verfahren seinen rechtsverwirklichenden Anspruch geltend, der aus der Verletzung seiner Rechtsposition resultiert. Entscheidend für den Erfolg der Klage ist damit, ob dem Gläu-

---

[131] Dazu oben S. 28 ff.

[132] Ob die Verwirklichung subjektiver Rechte der einzige Prozesszweck ist oder ob und in welchem Umfang daneben andere Ziele eine eigenständige Rolle spielen, muss hier nicht vertieft werden, siehe dazu nur statt vieler *Jacobs*, Feststellungsverfahren, S. 193 ff.; *Gaul*, AcP 168, 27, 46 ff.; *Rosenberg/Schwab/Gottwald*, Zivilprozessrecht, § 1 Rn. 15 ff.

[133] Vgl. statt vieler für das Zivilprozessrecht BGHZ 161, 138, 143; *Gaul*, AcP 168, 27, 46 ff.; *J. F. Hoffmann*, Zession, S. 50; *Jacobs*, Feststellungsverfahren, S. 183 ff.; *Rosenberg/Schwab/Gottwald*, Zivilprozessrecht, § 1 Rn. 12; abweichend aber *Braun*, Zivilprozeßrecht, S. 11, es gehe darum, den Rechtsstreit der Beteiligten beizulegen; für das Zwangsvollstreckungsrecht *Baur/Stürner/Bruns*, Zwangsvollstreckungsrecht, Rn. 1.1 f.; *Gaul*, ZZP 112, 135, 150, 177 ff.; Gaul/Schilken/Becker-Eberhard/*Gaul*, Zwangsvollstreckungsrecht, § 1 Rn. 5.

biger der geltend gemachte Anspruch zusteht. Dies wiederum hängt davon ab, ob tatsächlich eine Rechtsposition des Gläubigers durch den Schuldner verletzt wurde, sodass ein rechtsverwirklichender Anspruch entstanden ist. Die Klage richtet sich damit auf die Verwirklichung der Güterzuordnung, auf die die dem Anspruch zugrundeliegende Rechtsposition gerichtet ist. Sachlicher Gegenstand der Klage und der Zwangsvollstreckung ist die Rechtsposition des Gläubigers.[134]

Dem steht nicht entgegen, dass der Klagegegenstand nach herrschender Ansicht ein „prozessualer Anspruch" ist, der teilweise auch als Gegenstand des Vollstreckungsverfahrens angesehen wird.[135] Zwar erschiene es danach grundsätzlich denkbar, die gesamte hier zu untersuchende Problematik unter Verweis auf die damit verbundenen vielfältigen prozessualen Fragen unter Rückgriff auf den prozessualen Anspruch anzugehen und sich dann letztlich mit der Frage zu beschäftigen, inwieweit und unter welchen Voraussetzungen dieser prozessuale Anspruch erfüllt werden kann. Neben den anerkannten Schwierigkeiten, die mittels des prozessualen Anspruchs herrschend gelöst werden sollen, wie etwa die Klagehäufung, Klageänderung, der Umfang der Rechtskraft bei materiellrechtlicher Anspruchskonkurrenz oder der Gegenstand der Feststellungsklage,[136] würde der prozessuale Anspruch dann auch im vorliegenden Kontext in die Bresche springen, um Friktionen zwischen dem materiellen Recht und dem Prozessrecht zu beheben.

Allerdings könnte auch ein solches Vorgehen nicht davon entbinden, sich mit der Frage zu beschäftigen, welche Konsequenzen eine Abwendungsleistung des Schuldners auf materiellrechtlicher Ebene nach sich zieht, wirkt sich die Erfüllung dort doch unter Umständen massiv aus beispielsweise durch den Verlust etwaiger Gegenrechte. Es überrascht deshalb nicht, dass selbst die Befürworter eines prozessualen Anspruchs als Gegenstand der Zwangsvollstreckung das vorliegende Problem als Frage nach der Erfüllung des materiellrechtlichen Anspruchs auffassen.[137] Denn auch aus ihrer Sicht dient die Zwangsvollstreckung

---

[134] Bezüglich der Klage in aller Klarheit *Costede*, FS Deutsch, S. 907, 911 ff., der statt Rechtsposition von „subjektivem Recht" spricht. Soweit *Costede* daneben darauf hinweist, auch die subjektiven Rechte des Beklagten seien Gegenstand des Prozesses, falls kein subjektives Recht des Klägers bestehe (S. 914), ist das für die vorliegende Untersuchung nicht von Belang; betrachtet wird hier nur die Situation, in der dem Gläubiger eine Rechtsposition zusteht.

[135] *Münch*, Vollstreckbare Urkunde, S. 167 ff., es erschließe sich nicht, wieso der Zwangsvollstreckung ein anderer Gegenstand zugrunde liegen solle als dem Erkenntnisverfahren; sich anschließend *Bruns*, FS Stürner, S. 257, 269 f.; *Baur/Stürner/Bruns*, Zwangsvollstreckungsrecht, Rn. 5.11 Fn. 1; *Münzberg*, JZ 1998, 378 ff.

[136] Siehe zu dieser Funktion des prozessualen Anspruchs *Rosenberg/Schwab/Gottwald*, Zivilprozessrecht, § 93; *Gaul*, ZZP 112, 135, 178 ff.; *derselbe*, FS Lüke, S. 81, 99 ff., der deshalb den prozessualen Anspruch auf das Erkenntnisverfahren beschränken möchte; darstellend, die Figur des „prozessualen Anspruchs" insgesamt aber ablehnend, *Braun*, Zivilprozeßrecht, S. 392 ff.

[137] *Baur/Stürner/Bruns*, Zwangsvollstreckungsrecht, Rn. 15.39; *Münch*, Vollstreckbare Urkunde, S. 398 f.

der Verwirklichung materiellrechtlicher Ansprüche des Gläubigers.[138] Wo im Folgenden von „Anspruch“ die Rede ist, ist deshalb immer der rechtsverwirklichende materiellrechtliche Anspruch und nicht der prozessuale Anspruch gemeint. Dies bedeutet jedoch nicht, dass etwaige prozessuale Besonderheiten wie etwa der Zweck der vorläufigen Vollstreckbarkeit nicht zu berücksichtigen wären. Vielmehr sind solche prozessualen Anliegen potentiell geeignet, sich auf die Erfüllung des materiellrechtlichen Anspruchs auszuwirken; das materielle Recht ist nicht blind für die Bedürfnisse des Prozessrechts.

Nur schwer mit dieser Rechtsverwirklichungsfunktion des Verfahrensrechts zu vereinbaren ist die Vorstellung, während des Prozesses eingetretene Veränderungen der materiellen Rechtslage seien für den Fortgang des Prozesses nicht zwangsläufig zu beachten.[139] Es leuchtet nicht ein, den Streit unabhängig von der gegenwärtigen materiellen Rechtslage fortzuführen, soll dieser doch gerade durch den Prozess Geltung verschafft werden. Vielmehr müssen die Parteien auf etwaige Änderungen der Rechtslage während des Verfahrens durch Prozesshandlungen wie etwa einer Klageänderung, einer Erledigungserklärung, einer Klagerücknahme, etc... reagieren.[140]

---

[138] *Münzberg*, JZ 1998, 378, 381 „darüber lohnt ein Streit nicht“; *Baur/Stürner/Bruns*, Zwangsvollstreckungsrecht, Rn. 5.11 führen insoweit aus, auch dem prozessualen Anspruch lägen materiellrechtliche Ansprüche des Gläubigers zugrunde; vgl. insoweit auch *Stein*, Grundfragen, S. 6 „Ausgangspunkt und Endpunkt der Zwangsvollstreckung liegen sonach auf dem Gebiete des Privatrechts.“

[139] So *Häsemeyer*, ZZP 118, 265, 267, 270 ff.

[140] Wie schwierig es ist, diese vollständige Entkoppelung der materiellen Rechtslage vom Verfahrensrecht durchzuhalten, zeigt sich auch an der Prozessaufrechnung. Bei dieser plädiert *Häsemeyer* zunächst für eine materiellrechtlich unbeschränkte Wirkung der Aufrechnung unabhängig von der Berücksichtigung im zwischen den Parteien anhängigen Rechtsstreit. Allerdings soll das „endgültige[s] Schicksal“ der Aufrechnung am Ende doch von der Entscheidung des Rechtsstreits abhängig sein, ZZP 118, 265, 280 f. Die Aufrechnung verliert damit letztlich doch ihre materiellrechtlichen Wirkungen, wenn sie im Rechtsstreit endgültig nicht berücksichtigt wurde.

3. Kapitel

Erfüllungsvoraussetzungen bei vorprozessualen Vorbehaltsleistungen

Bevor eine Auseinandersetzung damit erfolgen kann, ob und inwieweit die etwaigen Erfüllungsvoraussetzungen bei Leistungen nach Erlass eines vorläufig vollstreckbaren Urteils gegeben sind, sind die Voraussetzungen für einen Erfüllungseintritt bei Leistungen im vorprozessualen Stadium zu klären. Dabei interessiert hier nicht die „Normalsituation", dass der Schuldner die Leistung erbringt und anschließend seiner Wege zieht. Vergleichbar mit der Situation nach Erlass eines vorläufig vollstreckbaren Urteils sind von vornherein allenfalls Vorbehaltsleistungen des Schuldners. Bei diesen erbringt der Schuldner zwar die Leistung, stellt diese jedoch unter den Vorbehalt der Rückforderbarkeit. Der Schuldner gibt dem Gläubiger damit zu erkennen, momentan zwar leisten zu wollen, in der Sache aber nach wie vor zumindest nicht überzeugt vom Bestehen eines Behaltensgrunds auf Seiten des Gläubigers zu sein. Der folgende Abschnitt wird sich deshalb damit beschäftigen, inwieweit und unter welchen Voraussetzungen der Schuldner durch eine vorprozessuale Vorbehaltsleistung Erfüllung herbeiführen, mit anderen Worten die Verletzung der dem Gläubiger zustehenden Rechtsposition beseitigen kann. In den Blick genommen werden dabei zunächst Ansprüche, die auf eine positive Handlung des Schuldners gerichtet sind (A.-C.). Im Anschluss an die dortigen Erkenntnisse werden diese mit der Lage bei Unterlassungsansprüchen kontrastiert, weil sich dort eine abweichende Dogmatik herausgebildet hat (D.).

A. Meinungsstand

Bezüglich vorprozessualer Vorbehaltsleistungen wird, soweit hier von Interesse, zwischen zwei unterschiedlichen Arten unterschieden, denen auch bezüglich eines Erfüllungseintritts unterschiedliche Wirkungen zugesprochen wird.

I. Vorbehaltsleistung mit Beweislastumkehr

Erbringt der Schuldner vorprozessual eine Leistung an den Gläubiger und behält sich die Rückforderung vor, wolle der Schuldner damit regelmäßig lediglich verhindern, dass eine etwaige Rückforderung an der Kondiktionssperre des § 814 1. Alt. BGB[1] scheitere oder als Anerkenntnis gewertet werde und damit einen Neubeginn der Verjährung nach § 212 Abs. 1 Nr. 1 BGB herbeiführe. Ein solcher Vorbehalt soll den Erfüllungseintritt nicht hindern.[2] Denn im Falle einer Kondiktion trage der Schuldner nun die objektive Beweislast für das Nichtbestehen eines Rechtsgrunds zum Behaltendürfen der Leistung. Dem Gläubiger sei damit „die Rolle des Fordernden“[3] abgenommen, der nun nicht mehr um sein Recht kämpfen müsse. Gerade diese Beweislastumkehr zugunsten des Gläubigers sei das entscheidende Wesensmerkmal der Erfüllung als „Verwirklichung des (sachlichen) Schuldinhalts“[4].[5] Zugleich könne der Gläubiger vom Schuldner aber nicht mehr als eine Vorbehaltsleistung verlangen; der Gläubiger habe lediglich einen Anspruch auf die Leistung, nicht aber auf ein Anerkenntnis des Schuldners.[6]

II. *Vorbehaltsleistung ohne Beweislastumkehr*

Umgekehrt könne der Schuldner aber den Vorbehalt auch dergestalt erklären, dass der Gläubiger im Falle einer späteren Kondiktion die objektive Beweislast für das Bestehen eines Rechtsgrunds zum Behaltendürfen der Leistung tragen solle. Ein solcher Vorbehalt sei vor allem dann anzunehmen, wenn der Schuldner nur zur Abwendung eines empfindlichen Übels oder unter dem Vorbehalt des Bestehens der Schuld leiste.[7] Eine solche Leistung sei jedoch grundsätzlich nicht zur Erfüllung geeignet;[8] der Gläubiger erhalte durch diese Leistung weniger, als

[1] Im Folgenden wird nur noch von § 814 BGB die Rede sein, gemeint ist aber immer § 814 1. Alt. BGB. Die zweite Alternative des § 814 BGB ist für die vorliegende Untersuchung bedeutungslos.

[2] Einhellige Meinung, siehe nur BGHZ 139, 357, 367 f.; BGHZ 152, 233, 244 f.; BGH, NJW 1984, 2826; BGH, NJW 2007, 1269, Rn. 19 mwN; *Erdmann*, § 814 BGB, S. 13; MüKo/*Fetzer*, BGB, § 362 Rn. 8; *Hirtsiefer*, Zahlung unter Vorbehalt, S. 53, der allerdings meint, den Neubeginn der Verjährung könne der Schuldner nicht durch die Vorbehaltsleistung verhindern, S. 58; *J.F. Hoffmann*, GRUR 2021, 1029, 1034; *Kerwer*, Erfüllung, S. 251; BeckOGK/*Looschelders*, BGB, § 362 Rn. 67; Staudinger/*Kern*, § 362 Rn. 37; Staudinger/*Lorenz*, § 814 Rn. 7; *Seibert*, JR 1983, 491. Die Möglichkeit, durch den Vorbehalt § 814 BGB auszuschließen, war bereites anerkannt, bevor der Konnex mit dem Erfüllungseintritt hergestellt wurde, siehe dazu RGZ 138, 122, 124; BGHZ 83, 278, 282.

[3] *Kerwer*, Erfüllung, S. 134.

[4] *Gernhuber*, Erfüllung, S. 92.

[5] Deutlich *Kerwer*, Erfüllung, S. 258: „Demnach ist für die zur Erfüllung notwendige unbedingte Erfüllungszuordnung gerade kennzeichnend, daß dem Gläubiger die Beweislast für den Behaltensgrund abgenommen wird.“

[6] MüKo/*Fetzer*, BGB, § 362 Rn. 8; *Hirtsiefer*, Zahlung unter Vorbehalt, S. 58; *Seibert*, JR 1983, 491.

[7] BGHZ 152, 233, 244 f.; BGH, NJW 2007, 1269, Rn. 19.

[8] Ebenso einhellige Meinung siehe nur BGHZ 86, 267, 269; BGHZ 152, 233, 245; BGH, NJW 1984, 2826, 2827; BGH, NJW 2007, 1269, Rn. 19; MüKo/*Fetzer*, BGB, § 362 Rn. 8; *Hirtsiefer*, Zahlung unter Vorbehalt, S. 50 ff.; Staudinger/*Kern*, § 362 Rn. 38; BeckOGK/*Looschelders*, BGB, § 362 Rn. 67.

er verlangen könne. Er sei deshalb berechtigt, die Leistung zurückzuweisen, ohne in Annahmeverzug zu geraten.[9]

III. Zwischenbefund

Bei vorprozessualen Leistungen ergeben sich für einen Erfüllungseintritt damit zwei Kernaussagen. Der Erfüllungseintritt wird daran gekoppelt, dass dem Gläubiger die objektive Beweislast für das Bestehen eines Rechtsgrunds abgenommen wird. Umgekehrt soll es aber unschädlich sein, dass der Schuldner durch seinen Vorbehalt die Rechtsposition des Gläubigers in der Sache weiterhin anzweifelt. In den folgenden Abschnitten sind diese beiden Kriterien auf ihre Überzeugungskraft hin zu untersuchen.

B. Erfüllungseintritt bei §§ 814, 212 Abs. 1 Nr. 1 BGB ausschließenden Vorbehalten

Löst man sich von der eher begrifflichen Aussage, der Gläubiger habe lediglich einen Anspruch auf die Leistung, nicht aber auf ein Anerkenntnis,[10] stellt sich die Frage, was die Sachgründe dafür sind, dass man dem Schuldner einen solchen Vorbehalt gestattet. Auf den ersten Zugriff liegt das nicht gerade nahe, stellt der Schuldner durch den Vorbehalt doch weiterhin die Rechtsposition des Gläubigers in Frage; implizit behauptet der Schuldner durch den Vorbehalt sogar, möglicherweise einen Kondiktionsanspruch gegen den Gläubiger zu haben. Teilweise wird dem Gläubiger aus diesem Grund auch die Möglichkeit zugestanden, nach Erhalt der Leistung eine Feststellungsklage mit dem Antrag zu erheben, das Bestehen seiner Forderung als Rechtsgrund zum Behaltendürfen der Leistung festzustellen.[11] Jedenfalls wenn man auch für die Feststellungsklage ein materiellrechtliches Fundament für erforderlich hält, läge es aus dieser Warte sehr nahe, in dem Bestreiten des Schuldners eine noch andauernde Rechtsverletzung der dem Gläubiger zustehenden Rechtsposition zu erblicken.[12]

---

[9] MüKo/*Fetzer*, BGB, § 362 Rn. 8; Staudinger/*Kern*, § 362 Rn. 39; Soergel/*Schreiber*, § 362 Rn. 15. Eine andere Frage ist es dagegen, welche Konsequenzen es nach sich zieht, wenn der Gläubiger eine solche Vorbehaltsleistung des Schuldners kommentarlos annimmt, siehe dazu unten S. 79 ff.

[10] MüKo/*Fetzer*, BGB, § 362 Rn. 8; *Hirtsiefer*, Zahlung unter Vorbehalt, S. 58; *Seibert*, JR 1983, 491.

[11] Dafür *Stölzel*, ZZP 26, 322, 329 f.; im Falle eines „ernsthaften, konkretisierten Rückforderungsvorbehalts" auch *Häsemeyer*, ZZP 118, 265, 276; gegen die Möglichkeit einer negativen Feststellungsklage auf Feststellung des Nichtbestehens eines Rückforderungsanspruchs aber OLG Saarbrücken, MDR 2004, 329; JurisPK/*Kerwer*, BGB, § 362 Rn. 34.

[12] Für ein materiellrechtliches Verständnis der Feststellungsklage siehe eingehend *Jacobs*, Feststellungsverfahren, passim und besonders S. 215 ff.; *Picker*, Drittwiderspruchsklage, S. 345 ff.

I. § 814 BGB

Es gibt jedoch gute Gründe dafür, dem Schuldner einen § 814 BGB ausschließenden Vorbehalt zu gestatten.

1. Schutzinteressen

Zum einen bestehen anzuerkennende Schutzinteressen des Schuldners. Nähme man dem Schuldner die Möglichkeit einer Vorbehaltsleistung, liefe der Schuldner Gefahr, mit seiner Kondiktion an § 814 BGB zu scheitern.[13] Dem Schuldner wäre dann die Rückforderung versperrt, auch wenn materiellrechtlich *keine* Rechtsposition des Gläubigers bestünde, die diesen zum Behaltendürfen der Leistung berechtigte. Um eine solche Bindung des Schuldners ohne materiellrechtliche Grundlage zu vermeiden, ist es dem Schuldner zuzugestehen, vorprozessual nur unter Vorbehalt zu leisten.[14] Auch dem Gläubiger widerfährt durch diesen Vorbehalt kein Unrecht. Zum einen verbessert sich seine Situation dadurch, dass der Schuldner im Falle einer Kondiktion nun die objektive Beweislast für das Nichtbestehen eines Behaltensgrunds trägt. Außerdem gibt es jedenfalls im Ausgangspunkt keinen Grund, den Gläubiger vor einer Kondiktion zu schützen, wenn keine materiellrechtliche Rechtsposition zu seinen Gunsten besteht.

2. Zweck des § 814 BGB

Trotz dieser anzuerkennenden Schutzinteressen des Schuldners könnte man für den Fall, dass tatsächlich eine Rechtsposition des Gläubigers besteht, auf den Gedanken kommen, die Vorbehaltsleistung als zur Beseitigung der Rechtsverletzung untauglich zu halten. Man könnte insoweit argumentieren, der Schuldner sei vor die Wahl gestellt: Entweder könne er die Leistung verweigern und dadurch die Rechtsverletzung aufrechterhalten, sodass der Gläubiger zur Beseitigung der Rechtsverletzung klagen müsste. Alternativ könne der Schuldner leisten und die Rechtsverletzung dadurch beenden. Dies müsse jedoch durch eine vorbehaltslose Leistung geschehen, weil der Schuldner durch jeden Vorbehalt die Rechtsposition des Gläubigers wieder in Frage stelle und dadurch weiterhin beziehungs-

---

[13] Ob die Gefahr für den Schuldner, mit seiner Kondiktion an § 814 BGB zu scheitern, tatsächlich so groß ist wie von der herrschenden Meinung angenommen, erscheint zweifelhaft. Fasst man § 814 BGB entgegen der herrschenden Meinung nicht als Ausprägung des Verbots widersprüchlichen Verhaltens auf, sondern als widerlegliche Vermutung eines neu geschaffenen Behaltensgrunds (dazu sogleich), liegt es durchaus nahe, Leistungen, die der Schuldner nur aufgrund einer vorherigen Leistungsaufforderung durch den Gläubiger erbracht hat, von vornherein nicht als von § 814 BGB erfasst anzusehen. Gleichwohl wäre dem Schuldner ein solcher Vorbehalt aber aus Klarstellungsgründen zuzugestehen.

[14] *J.F. Hoffmann*, GRUR 2021, 1029, 1034. Daneben weist auch *Lobinger*, JZ 2022, 599, 603 zutreffend auf die enormen Konsequenzen des § 814 BGB hin. Dieser überwindet letztlich gerade auch die Gründe, die zur Nichtexistenz eines rechtsgeschäftlichen Behaltensgrunds geführt haben.

weise erneut verletze; der Schuldner hätte damit nur die Optionen, „ganz oder gar nicht" zu leisten. Ob eine solche Argumentation stichhaltig wäre, kann nur vor dem Hintergrund des Zwecks von § 814 BGB ermittelt werden.

Historisch wurde § 814 BGB geschaffen, um klarzustellen, dass entgegen der Rechtsauffassung im gemeinen Recht auch ein schuldhafter Irrtum des Leistenden zur Kondiktion berechtige. Diese sollte nur ausgeschlossen sein, wenn der Leistungsempfänger beweisen könne, dass der Leistende im Moment der Leistung gewusst hatte, nicht zur Leistung verpflichtet gewesen zu sein.[15] In der weiteren Entwicklung wurden dann verschiedene Legitimationsansätze für § 814 BGB vorgeschlagen.[16] Durchsetzen konnte sich dabei die erstmals von *Gertrud Erdmann* vertretene Einordnung des § 814 BGB als Ausprägung des Verbots widersprüchlichen Verhaltens.[17] Der Leistende verhalte sich widersprüchlich, wenn er einerseits trotz Kenntnis vom Nichtbestehen seiner Leistungspflicht leiste, später genau diese Leistung aber wieder zurückfordere. Allein diese Begründung überzeugt jedoch nicht. Ohne Blick auf die Schutzbedürftigkeit des Leistungsempfängers ist unklar, wieso der Leistende unter seinem widersprüchlichen Verhalten zu leiden haben sollte; es handelte sich bei § 814 BGB dann um „eine Sanktion um der Sanktion willen",[18] die nicht zu legitimieren wäre.

Teilweise wird deshalb zur Begründung des widersprüchlichen Verhaltens auch der Leistungsempfänger in den Blick genommen. Dieser dürfe darauf vertrauen, die erhaltene Leistung behalten zu dürfen.[19] Diese Sichtweise könnte aber nur dann überzeugen, wenn der Gläubiger in seinem Vertrauen auf den dauerhaften Erhalt der Leistung schutzwürdig wäre und deshalb davor bewahrt werden müsste, die Leistung wieder aufgrund des Sinneswandels des Schuldners an diesen herausgeben zu müssen.[20] Für eine solche Einschränkung nur auf Fälle, in denen das Vertrauen des Gläubigers schutzwürdig ist, bietet der Wortlaut des § 814 BGB aber keinerlei Anhaltspunkte. Dies lässt weitere Zweifel daran aufkommen, ob im Verbot des *venire contra factum proprium* wirklich der ausschlaggebende Gesichtspunkt zu sehen ist.[21]

---

[15] Mugdan, Materialien, Band 2, S. 465 f. = Motive, Band 2, S. 833 f.; eingehend zur Entstehungsgeschichte des § 814 BGB *Lobinger*, JZ 2022, 599, 602 ff. und *Schlüter*, Selbstbestimmung, S. 43 f.

[16] Siehe detailliert zu den verschiedenen Auffassungen *Lobinger*, JZ 2022, 599, 602 ff.

[17] *Erdmann*, § 814 BGB, S. 42 ff. und die heute herrschende Meinung BGHZ 73, 202, 205 f.; BGHZ 113, 98, 105 f.; BGHZ 179, 137, Rn. 15; MüKo/*Schwab*, BGB, § 814 Rn. 2 mwN; *Reuter/Martinek*, Ungerechtfertigte Bereicherung, S. 185.

[18] *Lobinger*, JZ 2022, 599, 602; in der Sache ebenso *Gsell/Haag*, FS Börstinghaus, S. 153, 155; *Singer*, Widersprüchliches Verhalten, S. 179 f.

[19] BGHZ 73, 202, 205; BGH, NJW 2017, 3516, Rn. 20; *Gsell/Haag*, FS Börstinghaus, S. 153, 160.

[20] *Gsell/Haag*, FS Börstinghaus, S. 153, 155; *Lobinger*, JZ 2022, 599, 602; *Singer*, Widersprüchliches Verhalten, S. 179 f.

[21] *Lobinger*, JZ 2022, 599, 602.

Es ist aber auch in der Sache nicht ersichtlich, bezüglich welchen Vertrauens der Leistungsempfänger schutzwürdig sein sollte. Geht der Leistungsempfänger davon aus, es bestehe für ihn ein Rechtsgrund zum Behaltendürfen der Leistung, wird ihn die Leistung des Leistenden wenig überraschen. Möchte der Leistende diese Leistung später kondizieren, ist dies zunächst aus Sicht des Leistungsempfängers zwar widersprüchlich, allerdings auch nicht widersprüchlicher, als es die Rückforderung einer einmal erbrachten Leistung immer ist.[22] Außerdem ist das Vertrauen des Leistungsempfängers dann nicht mehr schutzwürdig, wenn es dem Leistenden gelingt zu beweisen, dass kein Rechtsgrund für die Leistung besteht. Die Vertrauensgrundlage des Leistungsempfängers, die nicht durch die Leistung verursacht wurde, sondern unabhängig von dieser bestand, hat sich dann als unzutreffend herausgestellt. Mangels eines einschlägigen Rechtsscheinstatbestands muss dies zu Lasten des Leistungsempfängers gehen.

Weiß der Leistungsempfänger hingegen seinerseits ebenfalls, dass für ihn kein Rechtsgrund zum Behaltendürfen der Leistung besteht, ist im Ausgangspunkt noch weniger ersichtlich, wieso er auf das Behaltendürfen der Leistung vertrauen dürfen sollte.[23] Im Gegenteil treffen die §§ 818 Abs. 4, 819 Abs. 1 BGB gerade die Wertung, dass der Leistungsempfänger bei Kenntnis des fehlenden Rechtsgrunds „verschärft" haftet.[24] Wenig überraschend machen dann auch die Stimmen, die § 814 BGB als Ausprägung des Verbots widersprüchlichen Verhaltens ansehen, teilweise einen Rückzieher, wenn der Leistungsempfänger den fehlenden Rechtsgrund seinerseits kennt.[25]

Sind die herrschenden Begründungsansätze damit nicht in der Lage, § 814 BGB auf ein teleologisch schlüssiges Fundament zu stellen, ist nach anderen Begründungsansätzen Ausschau zu halten. Überzeugend erscheint es dabei, § 814 BGB als Ausdruck einer widerleglichen Vermutung dafür anzusehen, der Leistende wolle durch seine Leistung einen eigenständigen, vorher nicht existenten Behaltensgrund für die Leistung schaffen.[26] Damit lässt sich die dauernde Ver-

---

[22] *Singer*, Widersprüchliches Verhalten, S. 66.

[23] In diese Richtung auch *Lobinger*, JZ 2022, 599, 602 f.

[24] Was genau die Rechtsfolgen der Verweisung §§ 818 Abs. 4, 819 Abs. 1 BGB auf die „allgemeinen Vorschriften" bedeutet, ist ungeklärt, siehe nur MüKo/*Schwab*, BGB, § 818 Rn. 319 ff.; grundsätzlich gegen den Begriff einer „verschärften" Bereicherungshaftung *Picker*, Privatrechtssystem, S. 1024 ff.

[25] BGHZ 73, 202, 205 f., für einen Fall, in dem der Sozialversicherungsträger die Rente nach dem Tod des Rentenberechtigten weitergezahlt hatte; jedermann wisse, dass die Sozialversicherungsträger, „die ihnen zur Verfügung stehenden Mittel nur bestimmungsgemäß verwenden [dürften] und deshalb gehalten [seien], Rentenzahlungen nach dem Tode des Rentenberechtigten einzustellen"; siehe weiter BGH, NJW 2017, 3516, Rn. 20; *Gsell/Haag*, FS Börstinghaus, S. 153, 160; in diese Richtung auch *Reuter/Martinek*, Ungerechtfertigte Bereicherung, S. 187; gegen diesen Begründungsansatz aber MüKo/*Schwab*, BGB, § 814 Rn. 8. Die Kenntnis des Leistungsempfängers spiele erst bei §§ 818 Abs. 4, 819 Abs. 1 BGB eine Rolle, sei für § 814 BGB hingegen irrelevant.

[26] *Lobinger*, JZ 2022, 599, 604 f.; *Schlüter*, Selbstbestimmung, S. 255 f., 347 Fn. 547; ähnlich *Singer*, Widersprüchliches Verhalten, S. 67 f.; *Wieling/Finkenauer*, Bereicherungsrecht,

mögensverschiebung zugunsten des Leistungsempfängers zwanglos erklären. Sie beruht schlicht auf dem Willen des Leistenden bei unterstelltem Einverständnis des Leistungsempfängers.[27] Bei dieser Deutung des § 814 BGB ist damit aber zugleich klar, dass der Schuldner durch einen § 814 BGB ausschließenden Vorbehalt keinesfalls die Rechtsposition des Gläubigers weiterhin oder erneut verletzt; der Schuldner gibt dem Gläubiger durch den Vorbehalt lediglich unmissverständlich zu verstehen, nicht bereit zu sein, einen *weiteren* Behaltensgrund zu schaffen. Da der Schuldner hierzu aber auch nicht verpflichtet war, verletzt der Schuldner durch diesen Vorbehalt keine bereits bestehende Rechtsposition des Gläubigers.

II. § 212 Abs. 1 Nr. 1 BGB

Daneben verfolgt der Schuldner mit dem Vorbehalt regelmäßig das Ziel, einen Neubeginn der Verjährung infolge der erbrachten Leistung nach § 212 Abs. 1 Nr. 1 BGB zu verhindern; relevant wird dies vor allem bei Teilleistungen hinsichtlich des noch nicht erbrachten Leistungsteils.[28] § 212 Abs. 1 Nr. 1 BGB wird zum einen damit gerechtfertigt, der Schuldner wiege den Gläubiger durch das Anerkenntnis in Sicherheit, sodass aus dessen Sicht ein weiteres Vorgehen gegen den Schuldner unnötig sein könne.[29] Wichtiger ist jedoch, dass der Schuldner in diesem Fall nicht mehr auf die Schutzfunktion der Verjährung angewiesen ist. Der Schuldner muss nicht mehr vor der „verdunkelnden Macht der Zeit"[30] geschützt werden, hat er durch das Anerkenntnis doch gerade zum Ausdruck gebracht,

---

§ 3 Rn. 28; eine ähnliche Überlegung findet sich auch bereits in den Gesetzesmaterialien, Mugdan, Materialien, Band 2, S. 466 = Motive, Band 2, S. 834. Der Leistende könne auf seinen Erstattungsanspruch verzichtet haben, wenn er trotz Kenntnis der Nichtschuld geleistet habe.

[27] Zu weitgehend ist hingegen die Annahme einer unwiderleglichen Vermutung, so beispielsweise *Hirtsiefer*, Zahlung unter Vorbehalt, S. 62 f. Denn der in Kenntnis der Nichtschuld Leistende kann einen Schenkungswillen haben, muss dies aber keineswegs, so zu Recht *Lobinger*, JZ 2022, 599, 604.

[28] BeckOGK/*Meller-Hannich*, BGB, § 212 Rn. 12. Bezüglich des bereits geleisteten Teils ist ein Neubeginn der Verjährung für den Schuldner dagegen bedeutungslos. Unabhängig von der Frage, ob durch die Leistung Erfüllung eingetreten ist, könnte der Schuldner die bereits erbrachte Leistung unter Berufung auf die Verjährungseinrede wegen §§ 813 Abs. 1 S. 2, 214 Abs. 2 S. 1 BGB nicht kondizieren.

[29] Das muss freilich keinesfalls so sein. Gerade bei mündlich abgegebenen Anerkenntnissen hat der Gläubiger die Leistung weiterhin nicht erhalten. Weigert sich der Schuldner, diese freiwillig zu erbringen, wird der Gläubiger auch hier gezwungen sein zu klagen, siehe dazu Staudinger/*Peters*/*Jacoby*, § 212 Rn. 4.

[30] Siehe statt vieler Staudinger/*Peters*/*Jacoby*, Vor. §§ 194–225 Rn. 12. Der Gesetzgeber begnügte sich zur Begründung hingegen mit dem Hinweis die Verjährungsunterbrechung infolge eines Anerkenntnisses sei zwar „im gemeinen Rechte nicht unbestritten, von den Gesetzgebungen aber allseitig anerkannt", Mugdan, Materialien, Band 1, S. 532 = Motive, Band 1, S. 326.

dass ihm das Bestehen seiner Verbindlichkeit bewusst ist.[31] Durch den Neubeginn der Verjährung wird aber ein an sich bestehendes Verteidigungsrecht des Schuldners beschnitten. Der Neubeginn der Verjährung kommt insoweit einem temporären Verzicht auf die Verjährungseinrede nahe. Einen solchen kann der Gläubiger vom Schuldner aber keinesfalls verlangen.[32] Auch der § 212 Abs. 1 Nr. 1 BGB ausschließende Vorbehalt steht einer Beendigung der Rechtsverletzung deshalb nicht entgegen.

III. Ergebnis

Alleine durch den §§ 814, 212 Abs. 1 Nr. 1 BGB ausschließenden Vorbehalt verletzt der Schuldner die Rechtsposition des Gläubigers nicht. Ein solcher Vorbehalt steht einem Erfüllungseintritt nicht im Weg.

C. Die Notwendigkeit einer Beweislastumkehr für den Erfüllungseintritt

Das Erfordernis der Beweislastumkehr für einen Erfüllungseintritt wird primär damit gerechtfertigt, der Schuldner erfülle nur, wenn er dem Gläubiger die „Rolle des Fordernden" abnehme und dafür sorge, dass dieser nicht mehr um sein Recht kämpfen müsse.[33] Es fehle ansonsten an der notwendigen „Endgültigkeit" der Leistung, weil der Gläubiger dann mit einer Rückforderung rechnen müsse.[34] Zwar leuchten diese Aussagen auf den ersten Blick ein; ihre Aussagekraft in der Sache ist jedoch begrenzt. Denn auch bei einer vorprozessualen Leistung ohne Beweislastumkehr wird dem Gläubiger zunächst „die Rolle des Fordernden" abgenommen, auch hier muss er nun nicht mehr um sein Recht kämpfen;[35] er hat die Leistung nun ja erhalten. Relevant wird die Verteilung der objektiven Beweislast allenfalls dann, wenn der Schuldner einen neuen Streit beginnt und die erbrachte Leistung zurückfordert. Umgekehrt muss der Gläubiger auch bei einem lediglich § 814 BGB ausschließenden Vorbehalt mit einer späteren Rückforderung rechnen. Gerade um sich diese Möglichkeit offen zu halten, möchte der Schuldner durch seinen Vorbehalt § 814 BGB ausschließen; auch hier kann damit von einer „Endgültigkeit" der Leistung nicht die Rede sein. Es ist deshalb nach

---

[31] Zu dieser Voraussetzung für das Anerkenntnis *Grunsky*, NJW 2013, 1336; MüKo/*Grothe*, BGB, § 212 Rn. 6.

[32] Sähe man das anders, liefe das in der Sache auf eine Wiederbelebung des im allgemeinen Zivilrechts „längst überwundenen" (so *J. F. Hoffmann*, GRUR 2021, 1029, 1033) Konzepts eines Anerkennungsanspruchs hinaus; dazu grundlegend *Bähr*, Anerkennung, S. 279 ff.

[33] *Kerwer*, Erfüllung, S. 134.

[34] *Braun*, AcP 184, 152, 156; BeckOGK/*Looschelders*, BGB, § 362 Rn. 67; die Schuldtilgung „bleibe in der Schwebe", BGH, NJW 1984, 2826, 2827.

[35] Anders aber *Kerwer*, Erfüllung, S. 134.

Argumenten in der Sache zu suchen, warum eine Beweislastumkehr zugunsten des Gläubigers Voraussetzung für den Eintritt der Erfüllung sein könnte.

Für diese Untersuchung ist es notwendig, zunächst die Begriffe der Beweislast und der Beweislastumkehr etwas genauer zu beleuchten, damit klar ist, was im vorliegenden Kontext darunter zu verstehen ist. Sodann ist zu untersuchen, worin das sachliche Anliegen besteht, wenn für den Erfüllungseintritt eine Beweislastumkehr zugunsten des Gläubigers gefordert wird. Im Zuge dessen ist eine Überprüfung notwendig, ob das Kriterium der Beweislastumkehr konsequent als Erfüllungsvoraussetzung herangezogen wird.

I. Grundsätzliches zur Beweislast

Der Begriff der Beweislast als „Rückgrat des Zivilprozesses"[36] zerfällt in zwei Bestandteile: Die objektive und die subjektive Beweislast.[37]

1. Objektive Beweislast

Die objektive Beweislast, auch als Feststellungslast[38] bezeichnet, dient der Überwindung einer non-liquet Situation, in der sich das Gericht trotz einer erfolgten Beweisaufnahme und der anschließenden Beweiswürdigung nicht die notwendige Überzeugung davon verschaffen konnte, ob eine entscheidungserhebliche, zwischen den Parteien streitige Tatsache tatsächlich vorliegt oder nicht.[39] In dieser Situation muss der Richter trotz seiner Zweifel am tatsächlichen Geschehen eine Entscheidung in der Sache treffen,[40] um dem Justizgewährungsanspruch der Parteien gerecht zu werden.[41] Deshalb bestimmen die Regelungen über die objektive

---

[36] Baumgärtel/Laumen/Prütting/*Laumen*, Handbuch der Beweislast, Band 1, Kap. 9 Rn. 4; *Rosenberg*, Beweislast, S. 61, ursprünglich verwendete diese Bezeichnung wohl erstmals *Hamm* im Rahmen des 23. Deutschen Juristentags.

[37] Siehe statt vieler *Prütting*, Beweislast, S. 6 ff.

[38] Der Begriff geht zurück auf *Rosenberg*, Beweislast, S. 16.

[39] Baumgärtel/Laumen/Prütting/*Laumen*, Handbuch der Beweislast, Band 1, Kap. 9 Rn. 1.

[40] Diese Lösung einer non-liquet Situation ist aus historischer Perspektive keineswegs selbstverständlich. In anderen Rechtsordnungen gab es durchaus andere Lösungsmöglichkeiten für eine non-liquet Situation. Beispielsweise bestand im römischen Recht die Möglichkeit für den Richter, den Eid „*sibi non liquere*" (sich nicht darüber klar sein) zu schwören und dann aus dem Prozess auszuscheiden, ohne eine Entscheidung getroffen zu haben, dazu *Musielak*, Grundlagen, S. 199; *Prütting*, Beweislast, S. 124. Teilweise wurde eine non-liquet Situation aber auch durch die Anrufung überirdischer Mächte gelöst oder schlicht durch einen Zweikampf zwischen den Parteien, dazu *Prütting*, Beweislast, S. 120 f. Daneben wurde auch versucht, bereits die Entstehung einer non-liquet Situation durch bindende Beweisregeln zu verhindern, bei deren Erfüllung der Richter von der Wahrheit einer bestimmten Tatsache überzeugt sein musste, siehe dazu *Heinrich*, Beweislast, S. 14 f.; *Prütting*, Beweislast, S. 121.

[41] *Laumen*, NJW 2002, 3739, 3741; *Prütting*, Beweislast, S. 124 f.; ähnlich *Lepa*, Beweislast, S. 1.

Beweislast, welche Partei das Risiko der Nichterweislichkeit der in Rede stehenden, streitigen Tatsache trägt und folglich im Falle des non-liquet im Prozess unterliegt. Sie eröffnen dem Richter dadurch die Möglichkeit, trotz seiner Zweifel eine Sachentscheidung zu treffen.[42] Die objektive Beweislast dient damit in erster Linie als „materielle Risikoverteilung"[43] zwischen den Parteien für den Fall eines Prozesses. Zugleich ist sie aber geeignet, bereits das vorprozessuale Verhalten der Parteien zu beeinflussen, weil diese jederzeit die potentielle Beweisbarkeit im Prozess mitbedenken müssen.[44]

Die Verteilung der objektiven Beweislast erfolgt nach abstrakt-generellen Regeln und ist damit unabhängig von der konkreten prozessualen Situation oder der Verteilung der Parteirollen.[45] Als Grundregel der Verteilung fungiert insofern der Gedanke des § 193 des ersten Entwurfs zum BGB, der lautete:

> „Wer einen Anspruch geltend macht, hat die zur Begründung desselben erforderlichen Thatsachen zu beweisen. Wer die Aufhebung eines Anspruchs oder die Hemmung der Wirksamkeit desselben geltend macht, hat die Thatsachen zu beweisen, welche zur Begründung der Aufhebung oder Hemmung erforderlich sind."[46]

Zwar wurde diese Grundregel der Beweislastverteilung im weiteren Gesetzgebungsprozess gestrichen, weil man die Regelung für selbstverständlich und deshalb entbehrlich hielt.[47] Es ist aber heute inzwischen nahezu unbestritten,[48] dass jedenfalls der Inhalt dieser Regel als Grundregel der Verteilung der objektiven

---

[42] Baumgärtel/Laumen/Prütting/*Laumen*, Handbuch der Beweislast, Band 1, Kap. 9 Rn. 1 f. Umstritten ist dabei, ob die Beweislastregeln selbst dem Richter die Möglichkeit einräumen, trotz des non-liquets eine Sachentscheidung zu treffen (so vor allem *Leipold*, Beweislastregeln, S. 64 ff.; und *Musielak*, Grundlagen, S. 22 f.) oder ob die Beweislastregeln nur die inhaltliche Verteilung der Beweislast regeln und die Befugnis zur Entscheidung in einer non-liquet-Situation aus einer gesonderten „Operationsregel" folgt, *Prütting*, Beweislast, S. 167 ff., 176; *K. H. Schwab*, FS H.-J. Bruns, S. 505, 506 ff., 519, der zeigt, dass auch *Rosenberg*, Beweislast, S. 12, letztlich unausgesprochen von der Existenz einer solchen Operationsregel ausgegangen ist. Für den hiesigen Zweck kommt es auf eine Entscheidung dieser Streitfrage jedoch nicht an.

[43] *Prütting*, Beweislast, S. 20.

[44] Baumgärtel/Laumen/Prütting/*Laumen*, Handbuch der Beweislast, Band 1, Kap. 9 Rn. 4; *Rosenberg*, Beweislast, S. 61, der dies jedoch als eine lediglich mittelbare Folge der Beweislast ansieht.

[45] BGHZ 159, 48, 56; *Baumgärtel*, Beweislastpraxis, Rn. 152; *Prütting*, Beweislast, S. 8, 20, 184 ff.; *Rosenberg*, Beweislast, S. 173 ff. und öfters; Stein/Jonas/*Thole*, § 286 Rn. 93, 111 f.

[46] Abgedruckt bei Mugdan, Materialien, Band 1, S. CVIII.

[47] Mugdan, Materialien, Band 1, S. 815 = Protokolle Band 1, S. 517; siehe außerdem die umfangreiche Zusammenstellung weiterer Rechtsordnungen, die allesamt eine ähnliche Beweislastgrundregel kennen, bei *Prütting*, Beweislast, S. 270 ff.

[48] Das war keinesfalls immer so. Vor allem gegen Mitte des 20. Jahrhunderts wurden vermehrt Versuche unternommen, die Verteilung der objektiven Beweislast auf andere Prinzipien zurückzuführen wie die Wahrscheinlichkeit dafür, dass ein bestimmtes Tatbestandsmerkmal gegeben sei oder nicht gegeben sei, oder eine Abgrenzung nach Gefahrenbereichen zu stützen; beispielhaft für eine solche Prinzipienbildung, *Wahrendorf*, Prinzipien, passim. Teilweise wurde auch postuliert, die Beweislastverteilung bestimme sich nach freiem richter-

Beweislast im deutschen Zivilrecht fortlebt.[49] Der Gläubiger hat deshalb die anspruchsbegründenden Tatsachen zu beweisen, der Schuldner die anspruchsvernichtenden und anspruchshemmenden Tatsachen.[50] Diese, auch in vielen anderen Rechtsordnungen anerkannte[51] Grundregel ist letztlich das Resultat des Ausgleichs zweier Gedanken:[52]

Die Rechtsordnung ist grundsätzlich auf den Erhalt des Rechtsfriedens und deshalb auf einen Erhalt der bestehenden tatsächlichen Lage ausgerichtet.[53] Um

---

lichen Ermessen. Letztlich konnte jedoch keine dieser abweichenden Theorien überzeugen und sich infolgedessen auch nicht durchsetzen, siehe dazu die eingehende Analyse bei *Prütting*, Beweislast, S. 179–254 mit expliziter Ablehnung der von *Wahrendorf* vorgeschlagenen Prinzipienbildung, S. 234 ff.; vgl. weiter *K. H. Schwab*, FS H.-J. Bruns, S. 505, 511 ff.

49 BGHZ 3, 342, 345 f.; MüKo/*Prütting*, ZPO, § 286 Rn. 113 ff.; Stein/Jonas/*Thole*, § 286 Rn. 105 „nahezu allgemein anerkannt"; kritisch zur Bezeichnung als Grundregel aber *Rüßmann*, FS Prütting, S. 507, 512 ff. Über die methodische Einordnung besteht hingegen deutlich weniger Einigkeit. *Prütting*, Beweislast, S. 278 f. geht davon aus, die Grundregel habe „echte Normqualität". Andere Stimmen sprechen dagegen von „stillschweigendem Gesetzesrecht", *Leipold*, Beweislastregeln, S. 46; Stein/Jonas/*Thole*, § 286 Rn. 105. *Rosenberg*, Beweislast, S. 12 ordnet diese Grundregel als „Prinzip" ein. Auch die „negative Grundregel" von *Musielak* läuft inhaltlich auf dasselbe hinaus, *Musielak*, Grundlagen, S. 293 und S. 288 mit Fn. 49. Für die hiesigen Zwecke genügt jedoch die Feststellung, dass eine Grundregel mit dem dargestellten Inhalt existiert, sodass eine Auseinandersetzung mit den angesprochenen methodischen Feinheiten entbehrlich ist.

50 Daneben sind rechtshindernde Tatbestandsmerkmale keine eigene materiellrechtliche Kategorie, sondern entfalten eine eigene Bedeutung nur bei der Frage der Beweislastverteilung, was einer der Hauptkritikpunkte gegen die „Normentheorie" *Rosenbergs* ist, siehe statt vieler *Leipold*, Beweislastregeln, S. 38 ff.; Baumgärtel/Laumen/Prütting/*Prütting*, Handbuch der Beweislast, Band 1, Kap. 11 Rn. 21.

51 Siehe dazu die Übersicht bei *Prütting*, Beweislast, S. 268 ff. Teilweise wurde insoweit sogar von „Weltgewohnheitsrecht" gesprochen. Die Aussage stammt ursprünglich wohl von *Konrad Zweigert*, so *Pohle*, FS Dölle, Band 2, S. 317, 323 Fn. 9.

52 Verbreitet werden diese unter dem Stichwort des „Angreiferprinzips" diskutiert, siehe dazu grundlegend *Beckh*, Beweislast, S. 15 ff.; *Leipold*, Beweislastregeln, S. 48 ff.; sich anschließend *Prütting*, Beweislast, S. 242, 250 ff. und Baumgärtel/Laumen/Prütting/*Prütting*, Handbuch der Beweislast, Band 1, Kap. 11 Rn. 36 f.; zustimmend auch *Häsemeyer*, Schadenshaftung, S. 123 f.; *Heinrich*, Beweislast, S. 92 „Begründungselement"; *Münch*, NJW 1991, 795, 803; *K. H. Schwab*, FS H.-J. Bruns, S. 505, 517 f.; kritisch dagegen *Lepa*, Beweislast, S. 65 ff.; *Musielak*, Grundlagen, S. 355 „bildhafte Umschreibungen". Entscheidend für die Stellung des Angreifers ist nicht die Parteistellung als Kläger, sondern die materiellrechtliche Stellung als (behaupteter) Inhaber des rechtsverwirklichenden Anspruchs und der zugrundeliegenden Rechtsposition. Das Angreiferprinzip ändert deshalb nichts an der Feststellung, dass die Parteistellung für die Verteilung der objektiven Beweislast irrelevant ist, siehe dazu nur *Prütting*, Beweislast, S. 242.

53 *Häsemeyer*, Schadenshaftung, S. 123 f.; *Leipold*, Beweislastregeln, S. 48 f.; *Prütting*, Beweislast, S. 250 f.; *K. H. Schwab*, FS H.-J. Bruns, S. 505, 517 f. Teilweise wird insoweit auch von einem Schutz des „Besitzstandes im weitesten Sinne" gesprochen, beispielsweise *Leipold*, Beweislastregeln, S. 48. Ob dieser Ausdruck weiterführend ist, erscheint zweifelhaft; bei unkörperlichen Sachen versagt die Vorstellung von Besitz an diesen und auch ein „Besitz im weitesten Sinne" ist hier nicht sinnvoll vorstellbar.

dieses Ziel zu erreichen, muss der Gläubiger als „Angreifer" die objektive Beweislast für die anspruchsbegründenden Tatsachen tragen. Legte man die objektive Beweislast für anspruchsbegründende Tatsachen dagegen dem (vermeintlichen) Schuldner auf, entstünde für den auch nur vermeintlichen Gläubiger ein starker Anreiz, möglichst schnell zu klagen in der Hoffnung, der Schuldner werde nicht beweisen können, dass die anspruchsbegründenden Tatsachen nicht vorliegen. Der Besitzer oder Inhaber eines Gegenstandes könnte sich dann nie auch nur annähernd sicher sein, diesen auch behalten zu dürfen, müsste er doch ständig befürchten, auf Herausgabe oder Übertragung verklagt zu werden und seinen Rechtsgrund zum Behaltendürfen nicht beweisen zu können. Dies wäre dem Rechtsfrieden in nicht hinzunehmendem Maße abträglich.[54] Dieser Verteilung der objektiven Beweislast kann der Gläubiger auch nicht dadurch entkommen, dass er sich den Leistungsgegenstand durch die Vollstreckung aus einem nicht rechtskräftigen Titel beschafft und dadurch den Schuldner gegen dessen Willen in die Rolle des „Angreifers" drängt.[55] Andernfalls belohnte man den Gläubiger gerade für einen besonders massiven Bruch des Rechtsfriedens durch die Vollstreckung.

Umgekehrt muss die Rechtsordnung aber auch Gewähr dafür bieten, dass derjenige, dem tatsächlich ein rechtsverwirklichender Anspruch zusteht, diesen auch durchsetzen kann. Aus diesem Grund muss der Schuldner die objektive Beweislast für die anspruchsvernichtenden und anspruchshemmenden Tatsachen tragen. Andernfalls würde dem Gläubiger die Durchsetzung seiner Rechtsposition in unzumutbarem Maße erschwert;[56] der Schuldner könnte – in den Grenzen prozessualer Zulässigkeit – durch den Vortrag immer neuer anspruchsvernichtender oder anspruchshemmender Tatsachen den Gläubiger zu immer neuen Beweisen zwingen. Dies führte zum einen zu einem massiven Anwachsen des Prozessstoffs. Zum anderen bestünde für den Gläubiger die Gefahr, irgendeine der vom Schuldner behaupteten Tatsachen nicht mehr widerlegen zu können und dadurch den Prozess trotz Bestehens einer materiellen Rechtsposition zu verlieren; der Prozess würde damit seiner Funktion als Vehikel zur Durchsetzung materieller Rechte weitgehend beraubt.[57]

---

[54] Ob daneben auch die Gefahr besteht, dass der Verlierer des ersten Prozesses den Gewinner seinerseits erfolgreich auf Herausgabe verklagen könne, weil auch dieser seinen Behaltensgrund nicht nachweisen kann (so *Beckh*, Beweislast, S. 18), ist jedenfalls nach einer rechtskräftigen Verurteilung im ersten Prozess wegen der entgegenstehenden Rechtskraft zweifelhaft.

[55] *Münch*, NJW 1991, 795, 803 f. bezüglich der Vollstreckung aus einer vollstreckbaren Urkunde; vgl. weiter *Häsemeyer*, Schadenshaftung, S. 109 f. für die Vollstreckung aus einem vorläufig vollstreckbaren Urteil.

[56] *Prütting*, Beweislast, S. 251; in diese Richtung außerdem bereits *Beckh*, Beweislast, S. 35 ff.

[57] *Prütting*, Beweislast, S. 251; *Lepa*, Beweislast, S. 83 f. Teilweise wird die den Schuldner treffende objektive Beweislast bezüglich der anspruchsvernichtenden und anspruchshemmenden Tatsachen ebenfalls mit dem Angreiferprinzip gerechtfertigt. Der Schuldner sei be-

Freilich muss sich die Verteilung der objektiven Beweislast nicht in jedem Fall nach dieser Grundregel richten. Sie kann auch anders verteilt sein, sofern dies aus sachlichen Gründen geboten ist.[58]

2. Subjektive Beweislast

Von der objektiven Beweislast ist die subjektive Beweislast zu trennen, die verbreitet auch als Beweisführungslast bezeichnet wird.[59] Diese regelt, welche Partei den Beweis einer streitigen Tatsache antreten muss, um ein Unterliegen im Prozess zu verhindern. Zu Beginn des Prozesses stimmt die Beweisführungslast deshalb mit der objektiven Beweislast überein, weil nur die objektiv beweisbelastete Partei an der Vermeidung einer non-liquet Entscheidung ein Interesse hat (sog. abstrakte Beweisführungslast).[60] Im Laufe des Prozesses kann die Beweisführungslast jedoch je nach Stadium der richterlichen Überzeugung zwischen den Parteien hin- und her wechseln und ist dann unabhängig von der Verteilung der objektiven Beweislast (sog. konkrete Beweisführungslast).[61]

3. Begriff der Beweislastumkehr

Der Begriff der Beweislastumkehr wird uneinheitlich gehandhabt.[62] Hierzu hat zum einen die Rechtsprechung ihren Teil beigetragen, indem sie den Begriff der Beweislastumkehr einerseits in Fällen verwendet hat, in denen es um die Verteilung der objektiven Beweislast ging,[63] andererseits aber auch dann darauf zurückgegriffen hat, wenn es in der Sache um Fragen der konkreten Beweisführungslast und damit um Fragen der Beweiswürdigung ging.[64] Aber auch die Literatur ver-

züglich dieser Tatsachen als „Angreifer“ anzusehen, *Leipold*, Beweislastregeln, S. 49 ff.; *K. H. Schwab*, FS H.-J. Bruns, S. 505, 518; *Prütting*, Beweislast, S. 251 weist jedoch zu Recht darauf hin, dass diese Weiterentwicklung mit dem ursprünglichen Gedanken des „Angreiferprinzips“, dem Schutz des Rechtsfriedens, nicht mehr viel zu tun hat.

[58] Solche Sachgründe können die Beweisnot einer Partei (vor allem die des Klägers), die Gefährlichkeit einer Sache etc. sein. Letztlich sind hier nahezu unbegrenzt viele Gesichtspunkte denkbar, die die Beweislastverteilung im Einzelfall beeinflussen können, siehe dazu *Prütting*, Beweislast, S. 257 ff., 260 ff., 282 ff.

[59] *Gottwald*, Jura 1980, 225, 226; Baumgärtel/Laumen/Prütting/*Laumen*, Handbuch der Beweislast, Band 1, Kap. 9 Rn. 6; *Musielak*, Grundlagen, S. 32 ff.; *Prütting*, Beweislast, S. 5 ff.

[60] Baumgärtel/Laumen/Prütting/*Laumen*, Handbuch der Beweislast, Band 1, Kap. 9 Rn. 38; *Laumen*, NJW 2002, 3729, 3742; *Prütting*, Beweislast, S. 28 f.; *A. Schneider*, Jahrbuch 2012, S. 91, 97 f.; den Begriff der abstrakten Beweislast als unnötig, weil nutzlos ablehnend *Heinrich*, Beweislast, S. 27 ff. und *Musielak*, ZZP 100, 385, 404.

[61] *Baumgärtel*, FS Nakamura, S. 41, 44; Baumgärtel/Laumen/Prütting/*Laumen*, Handbuch der Beweislast, Band 1, Kap. 9 Rn. 41 ff.; *Musielak*, ZZP 100, 385, 403; *Prütting*, Beweislast, S. 9, 29 f.

[62] *Baumgärtel*, Beweislastpraxis, Rn. 446; *Laumen*, NJW 2002, 3739, 3741; Baumgärtel/Laumen/Prütting/*Laumen*/*Prütting*, Handbuch der Beweislast, Band 1, Kap. 25 Rn. 1; grundsätzlich kritisch zum Begriff der Beweislastumkehr *Jo. Schmidt*, JuS 1975, 430, 434 f.

[63] Beispielsweise BGHZ 51, 91, 104 ff.; BGHZ 64, 46, 51 f.; BGHZ 80, 186, 196 ff.

[64] BGHZ 72, 132, 139; BGH, NJW 1998, 79, 81; BGH, NJW 2004, 222. Insbesondere

wendet den Begriff der Beweislastumkehr keinesfalls einheitlich. Teilweise werden damit bereits die Fälle bezeichnet, in denen eine gesetzliche Regelung von der Grundregel der Beweislastverteilung abweicht wie beispielsweise in § 280 Abs. 1 S. 2 BGB.[65] Gestützt wird diese Auffassung durch § 477 BGB, der eine von der Grundregel abweichende Verteilung der objektiven Beweislast anordnet und vom Gesetzgeber mit der Überschrift „Beweislastumkehr" versehen wurde. Andere Stimmen wollen dagegen nur dann von einer Beweislastumkehr sprechen, wenn der Richter im Wege der Rechtsfortbildung zur Überwindung einer gesetzlichen Lücke durch Aufstellung einer neuen, generellen Regel die objektive Beweislast abweichend von der gesetzlichen Grundregel verteilt.[66] Eine Beweislastumkehr, um Unbilligkeiten im Einzelfall zu vermeiden, sei dagegen unzulässig.[67] Insgesamt spricht viel dafür, den Begriff der Beweislastumkehr nur in Konstellationen zu verwenden, in denen es um die Verteilung der objektiven Beweislast geht. Nur diese ist normativ nach abstrakt-generellen Regelungen festgelegt und kann deshalb „umgekehrt" werden. Die konkrete Beweisführungslast ist dagegen als Frage der Beweiswürdigung eine Tatfrage des Einzelfalls und kann deswegen nicht von vornherein „umgekehrt" werden.[68]

Welchem dieser Ansätze final der Vorzug gebührt, kann für die hiesigen Zwecke aber letztlich auf sich beruhen. Denn im Kontext des zu klärenden Problems wird unter dem Begriff der Beweislastumkehr gemeinhin etwas anderes verstanden. Weder soll die Beweislastumkehr hier auf einer von der Grundregel abweichenden gesetzlichen Regelung beruhen noch steht eine richterliche Rechtsfortbildung in Rede. Vielmehr beruht die „Umkehr" der objektiven Beweislast nach einer Vorbehaltsleistung des Schuldners schlicht darauf, dass dieser sich nach der Leistung in der Rolle des „Angreifers" befindet, falls er die Leistung vom Gläubiger zurückerhalten möchte. Es verwirklicht sich damit letztlich nur der Grundgedanke bezüglich der Verteilung der objektiven Beweislast. Die „Beweislastumkehr" ist damit in diesem Fall nur die typische Konsequenz der vertauschten Rollen im Kondiktionsprozess und stellt keine Beweislastumkehr im eigentlichen Sinne dar. Gleichwohl kennzeichnet der Begriff doch den entscheidenden Punkt hinreichend: Der Schuldner trägt nun die objektive Beweislast für das Nichtbe-

---

Laumen, NJW 2002, 3739, 3742 ff., *Musielak*, Grundlagen, S. 132 ff. und *A. Schneider*, Jahrbuch 2012, S. 91, 100, 103 ff. haben deutlich herausgearbeitet, dass die Rechtsprechung verschiedene Dinge unter dem Begriff der Beweislastumkehr zusammenfasst.

[65] So zum Beispiel *Kuchinke*, FS Laufke, S. 113, 117; aber auch BGH, NJW 1980, 2186, 2187.

[66] *Laumen*, NJW 2002, 3739, 3742; *Leipold*, Beweismaß, S. 22; Baumgärtel/Laumen/Prütting/*Laumen*/*Prütting*, Handbuch der Beweislast, Band 1, Kap. 25 Rn. 6; MüKo/*Prütting*, ZPO, § 286 Rn. 126.

[67] BGH, NJW-RR 1997, 892; MüKo/*Prütting*, ZPO, § 286 Rn. 126; ähnlich *Leipold*, Beweismaß, S. 22 „höchstens in ganz besonderen Ausnahmesituationen".

[68] Baumgärtel/Laumen/Prütting/*Laumen*/*Prütting*, Handbuch der Beweislast, Band 1, Kap. 25 Rn. 8. Die Unterschiede zwischen einer Beweislastumkehr und der Verteilung der konkreten Beweisführungslast arbeitet *Baumgärtel*, FS Nakamura, S. 41 ff. heraus.

stehen der eine materiellrechtliche Rechtsposition des Gläubigers begründenden Tatsachen. Aus diesem Grund wird der Begriff der Beweislastumkehr auch im Folgenden verwendet.

II. Die Beweislastumkehr als allgemeine Erfüllungsvoraussetzung

Zur Voraussetzung für den Erfüllungseintritt wird es verbreitet erhoben, dass dem Gläubiger die objektive Beweislast für das Bestehen seiner Rechtsposition abgenommen wird. Nur wenn der Schuldner nach der Leistung die objektive Beweislast für den Nachweis trage, dass keine Rechtsposition des Gläubigers bestehe, sei die Leistung des Schuldners zu Erfüllung geeignet und der Gläubiger müsse sie annehmen, wolle er nicht in Annahmeverzug geraten. Zur Begründung dieser Behauptung wird angeführt, nur im Falle einer Beweislastumkehr zugunsten des Gläubigers werde diesem „die Rolle des Fordernden"[69] abgenommen; ohne Beweislastumkehr müsse der Gläubiger permanent mit einer Rückforderung durch den Schuldner rechnen, weshalb es an der notwendigen Endgültigkeit der Leistung fehle.[70] Alleine diese Begründung vermag jedoch die Notwendigkeit der Beweislastumkehr kaum zu rechtfertigen. Die Rolle des Fordernden wird dem Gläubiger in den meisten Fällen unabhängig von der Beweislastverteilung in einem etwaigen Rückforderungsprozess bereits durch den Erhalt der Leistung genommen;[71] der Gläubiger hat den Leistungsgegenstand nun erhalten und muss diesen nur herausgeben, wenn er in einem Rückforderungsrechtsstreit unterliegt. Für diesen muss aber zunächst der Schuldner aktiv werden, also „angreifen". Es ist deshalb im Folgenden zu untersuchen, welche sachlichen Erwägungen hinter der These von der notwendigen Beweislastumkehr stecken und ob diese überzeugen können.

1. Grundsätzliche Unabhängigkeit der Beweislastverteilung von der Frage der Erfüllung

Im Ausgangspunkt wird die objektive Beweislast nach der beweislastrechtlichen Grundregel verteilt, die auf Erwägungen der Rechtssicherheit und des Rechtsfriedens beruht.[72] Der (vermeintliche) Kondiktionsgläubiger muss deshalb das

---

[69] *Kerwer*, Erfüllung, S. 134.

[70] *Braun*, AcP 184, 152, 156; BeckOGK/*Looschelders*, BGB, § 362 Rn. 67; die Schuldtilgung „bleibe in der Schwebe", BGH, NJW 1984, 2826, 2827. Teilweise wird der Zusammenhang zwischen Beweislastumkehr und Erfüllungseintritt auch umgedreht und postuliert, ohne Erfüllung finde keine Beweislastumkehr statt, *Filges*, NZS 2021, 584, 586, was jedoch die Gefahr eines Zirkelschlusses beinhaltet.

[71] Anders ist das jedoch, wenn die Leistung des Schuldners in einem Unterlassen besteht. Hier erhält der Gläubiger gegenständlich nichts, was er später herausgeben könnte. Der Schuldner kann vielmehr das inkriminierte Verhalten schlicht wiederaufnehmen und den Gläubiger dadurch wieder in die Rolle des Angreifers zwingen; siehe zur Erfüllung von Unterlassungsansprüchen deshalb gesondert unten S. 86 ff.

[72] Siehe dazu oben S. 65 ff.

Fehlen eines Behaltensgrunds beim (vermeintlichen) Kondiktionsschuldner nachweisen. Von dieser Grundregel kann und wird jedoch vielfach aufgrund sachlicher Erwägungen, wie etwa der Beweisnähe einer Partei oder aufgrund sozialschützender Erwägungen oder vieler weiterer denkbarer Sachgründe abgewichen.[73] Im Rahmen einer Kondiktion wird teilweise weitergehend sogar eine generell von der Grundregel abweichende Beweislastverteilung befürwortet.[74] Losgelöst von der Überzeugungskraft der einzelnen Gründe für eine abweichende Beweislastverteilung eint diese eins: Die Verteilung der Beweislast wird in all diesen Fällen völlig *unabhängig* von der Frage der Erfüllung vorgenommen. Aufgrund dieser grundsätzlichen Unabhängigkeit ist es in besonderem Maße begründungsbedürftig, wieso nun umgekehrt gerade die Beweislastumkehr als Erfüllungsvoraussetzung fungieren soll.

2. Konnexität zwischen Beweislastumkehr und Erfüllung?

Als Argument für eine Konnexität zwischen Beweislastumkehr und Erfüllung kommen in der Sache einzig Schutzerwägungen zugunsten des Gläubigers in Betracht.[75] Hielte man eine Leistung des Schuldners ohne Beweislastumkehr für erfüllungstauglich, müsste der Gläubiger diese annehmen, wollte er nicht in Annahmeverzug geraten. Gleichzeitig müsste der Gläubiger aber jederzeit befürchten, vom Schuldner auf Rückgabe der Leistung verklagt zu werden und im Rahmen dieses Prozesses sogar die objektive Beweislast für das Bestehen eines Behaltensgrunds zu tragen. Man negierte damit das Interesse des Gläubigers, eine Leistung nur dann annehmen zu müssen, wenn er zugleich eine gewisse Sicherheit in Form der Beweislastumkehr erhielte. Dem Kriterium der Beweislastumkehr liegt damit letztlich der Gedanke zugrunde, dieses Interesse des Gläubigers sei in der Sache anzuerkennen und deshalb rechtlich zu schützen. Es wäre danach zu erwarten, dass diesem Schutzanliegen konsequent Rechnung getragen wird und eine ausnahmsweise zu Lasten des Gläubigers abweichende Beweislastverteilung im Falle einer Kondiktion zumindest mit dessen Interessen abgeglichen wird. Beides ist jedoch nicht der Fall, wie die folgenden Überlegungen zeigen werden.

---

[73] Siehe dazu *Prütting*, Beweislast, S. 257 ff., 282 ff.; *Musielak*, Grundlagen, S. 371 ff.

[74] *Halfmeier*, liber amicorum Eike Schmidt, S. 109, 112 ff., der dem Kondiktionsschuldner im Falle einer Nichtleistungskondiktion immer die objektive Beweislast für das Bestehen des Behaltensgrunds und im Falle der Leistungskondiktion dann aufbürden möchte, wenn der mögliche Behaltensgrund völlig unklar sei; mit geringfügigen Modifizierungen zustimmend MüKo/*Schwab*, BGB, § 812 Rn. 474 ff.; für den Fall, dass sich der Kondiktionsschuldner auf eine angebliche Schenkung des Kondiktionsgläubigers beruft *Wacke*, AcP 191, 1 ff.; *derselbe*, ZZP 114, 77 ff.

[75] Klar zum Ausdruck kommt dieser Gedanke bei *Hirtsiefer*, Zahlung unter Vorbehalt, S. 51 f.

a) Leistungsverlangen nach vorheriger Aufrechnung

Macht der Gläubiger gegen den Schuldner vorprozessual eine Zahlungsforderung[76] geltend, hat der Schuldner nach Maßgabe der §§ 387 ff. BGB die Möglichkeit, mit einem ihm gegen den Gläubiger zustehenden, nicht einredebehafteten Anspruch aufzurechnen. Erklärt der Schuldner die Aufrechnung, erlischt gemäß § 389 BGB der rechtsverwirklichende Anspruch des Gläubigers.[77] Umgekehrt erlischt der Anspruch des Schuldners, mit dem dieser aufgerechnet hat, ebenfalls nach § 389 BGB. Zweifelt der Schuldner jedoch später an der Existenz der vom Gläubiger geltend gemachten Zahlungsforderung und damit zugleich an der Existenz des daraus resultierenden Erfüllungsanspruchs, ist der Schuldner nicht gehindert, seinen Erfüllungsanspruch gegen den Gläubiger einzuklagen.[78] Möchte sich der Gläubiger hiergegen mit dem Hinweis auf die bereits erfolgte Aufrechnung und das damit verbundene Erlöschen des dem Schuldner zustehenden Anspruchs nach § 389 BGB verteidigen, ist er für den Eintritt der Aufrechnungswirkungen nach § 389 BGB objektiv beweisbelastet. Voraussetzung dafür ist aber in erster Linie, dass eine Aufrechnungslage zwischen dem Gläubiger und dem Schuldner bestand, insbesondere also der Gläubiger eine Forderung gegen den Schuldner hatte. Letztlich muss der Gläubiger damit das Bestehen seiner eigenen Forderung nachweisen, möchte er eine Klagabweisung unter Berufung auf § 389 BGB erreichen. In diesem Fall kann damit keine Rede davon sein, dem Gläubiger werde durch die sogar vorbehaltlose Aufrechnung des Schuldners die objektive Beweislast für das Bestehen seiner eigenen Forderung abgenommen.

Hielte man hier eine zugunsten des Gläubigers erfolgende Beweislastumkehr für den Erfüllungseintritt für erforderlich, müsste man konsequenterweise einen Erfüllungseintritt infolge der Aufrechnung ablehnen. Das aber widerspräche der gesetzlichen Konzeption der Aufrechnung als Erfüllungssurrogat.[79] Freilich könnte man dem entgegenhalten, die Aufrechnung sei gerade keine Erfüllung, sondern solle nur die Wirkungen der Erfüllung in wirtschaftlicher Hinsicht herbeiführen.[80] Damit könnte man versuchen, eine Übertragbarkeit der Vorausset-

[76] Theoretisch denkbar sind auch andere Forderungen als Zahlungsforderungen. Aufgrund des Erfordernisses der Gleichartigkeit wird die Aufrechnung *de facto* aber nur bei Zahlungsforderungen relevant, siehe *Gernhuber*, Erfüllung, S. 236.

[77] Die Aufrechnung als Erfüllungssurrogat bezieht sich genauso wie die Erfüllung selbst nur auf den rechtsverwirklichenden Anspruch und nicht auf die zugrundeliegende Rechtsposition; aA. *J. F. Hoffmann*, Zession, S. 143.

[78] Anderes gilt wegen § 322 Abs. 2 ZPO, wenn der Schuldner die Aufrechnung im laufenden Prozess geltend gemacht hat und das Urteil, in dem auch über diese Aufrechnung entschieden wurde, rechtskräftig geworden ist.

[79] Zur Aufrechnung als Erfüllungssurrogat siehe BGHZ 173, 328, Rn. 38; Staudinger/*Bieder*/*Gursky*, BGB, Vor. §§ 387 ff. Rn. 13 unter vorheriger Auseinandersetzung mit der Tilgungsfunktion und der Vollstreckungsfunktion der Aufrechnung, Rn. 7 ff.; *J. F. Hoffmann*, Zession, S. 143; in der Sache genauso *Gernhuber*, Erfüllung, S. 227 „arteigenes Tilgungsmittel".

[80] *J. F. Hoffmann*, Zession, S. 143.

zungen für den Erfüllungseintritt auf die Aufrechnung zu verneinen. Dies änderte aber nichts an dem Befund, dass die These von der Beweislastumkehr damit bereits in der Erfüllung eng verwandten Fällen nicht durchzuhalten ist. Das lässt Zweifel hinsichtlich ihrer Richtigkeit aufkommen; zumal nicht ersichtlich ist, warum der Gläubiger hier ein weniger anerkennungswürdiges Interesse daran haben sollten, durch die Leistung des Schuldners von der objektiven Beweislast hinsichtlich des Bestehens seiner eigenen Forderung befreit zu werden. Letztlich resultiert die abweichende Beweislastverteilung hier einzig aus dem zufälligen Umstand, dass der Schuldner mangels einer gegenständlichen Leistung nicht auf eine Kondiktion angewiesen ist, sondern seine Aktivforderung noch geltend machen kann und der Gläubiger die Wirksamkeit der Aufrechnung nur als rechtshindernde Einwendung geltend machen kann. Mit der Frage der Erfüllung hat dies jedoch nichts zu tun, sodass diese Konstellation für die Unabhängigkeit von Erfüllung und Beweislastverteilung spricht.

b) Leistungen des Schuldners unter Druck

Weitere Zweifel an der These von der notwendigen Beweislastumkehr entstehen durch Fälle, in denen der Schuldner die Leistung erbringt, weil ihm im Falle einer Nichtleistung gravierende nachteilige Konsequenzen drohen. Möchte der Schuldner nach einer solchen Druckleistung diese kondizieren, ist anerkannt, dass im Rahmen der Kondiktion der Gläubiger die objektive Beweislast für das Bestehen eines Behaltensgrunds trägt.[81]

aa) BGHZ 152, 233

Paradigmatisch ist insoweit ein vom BGH 2002 entschiedener Fall:[82] Der Lizenznehmer hatte eine geforderte Lizenzgebühr entrichtet, weil der Lizenzgeber damit drohte, andernfalls die Lizenz zu sperren, was für den Lizenznehmer zum Erliegen seines Betriebs und damit zu massiven wirtschaftlichen Einbußen geführt hätte. Um dies zu verhindern, zahlte der Lizenznehmer unter Vorbehalt. Im Kondiktionsprozess hielt der BGH sodann den Lizenzgeber dafür objektiv beweisbelastet nachzuweisen, dass eine Forderung in Höhe der Zahlung bestanden habe. Der Lizenznehmer habe nur gezahlt, um drohende Schäden von seinem Betrieb abzuwenden. Durch eine solche Zahlung zur Abwendung eines „empfindlichen Übels“[83] könne der Leistende aber erreichen, dass der Leistungsemp-

---

[81] BGHZ 152, 233, 245 f.; OLG Koblenz, NJW-RR 2002, 784; Baumgärtel/Laumen/Prütting/*Baack*, Handbuch der Beweislast, Band 3, § 812 Rn. 131 ff.; *Münch*, Vollstreckbare Urkunde, S. 398 f. In diese Fallgruppe lassen sich auch Zahlungen der Krankenkassen aufgrund von den Krankenhäusern behaupteten Vergütungsforderungen einordnen, sofern die Krankenkassen aufgrund der sehr knapp bemessenen, öffentlich-rechtlich festgelegten Zahlungsfristen zahlen müssen, ohne die Forderungen vorher inhaltlich prüfen zu können, dazu eingehend *Filges*, NZS 2021, 584 ff.

[82] BGHZ 152, 233 ff.

[83] BGHZ 152, 233, 245.

fänger die objektive Beweislast für das Bestehen eines Rechtsgrunds im Rahmen eines Kondiktionsprozesses trage. Weil der Lizenzgeber die Höhe der Lizenzforderung nicht hinreichend nachgewiesen habe, gab der BGH der Klage letztlich statt.[84]

Auf den ersten Zugriff verwundert dieses Ergebnis, scheint es doch dazu zu führen, dass der Schuldner einseitig eine von der Grundregel abweichende Verteilung der objektiven Beweislast im Kondiktionsprozess erreichen könnte; besteht die Grundregel aber maßgeblich zur Sicherung des Rechtsfriedens, kann eine einseitige Dispositionsmöglichkeit des Schuldners hierüber nicht überzeugen.[85] Denkbar wäre es deshalb, die abweichende Beweislastverteilung mit dem Abschluss eines Beweislastvertrags zwischen Gläubiger und Schuldner zu begründen.[86] Insoweit ist jedoch äußerst fraglich, ob alleine in der Leistungsannahme durch den Gläubiger der Abschluss eines Beweislastvertrags zu erblicken ist.[87]

Tatsächlich findet die abweichende Beweislastverteilung im Falle der Kondiktion ihre Rechtfertigung hier darin, dass es andernfalls dem Gläubiger aufgrund der Zwangslage des Schuldners möglich wäre, diesen zur Leistung und damit zu der für den Schuldner ungünstigeren Verteilung der objektiven Beweislast zu zwingen. Der Gläubiger würde damit die Zwangslage des Schuldners dazu nutzen, das im Rahmen einer auf Leistung gerichtete Klage gegen den Schuldner ihn treffende non-liquet Risiko dem Schuldner aufzubürden, ohne dass dies durch eine vertragliche Vereinbarung gedeckt wäre. Beruht die Grundregel der Beweislastverteilung aber auf Überlegungen des Rechtsfriedens, darf auch der Gläubiger nicht in die Lage versetzt werden, von dieser Grundregel einseitig abzuweichen.

bb) Verlängerte Vollstreckungsabwehrklage nach Vollstreckung aus einer vollstreckbaren Urkunde

Ein weiteres Beispiel sind die Fälle, in denen der Schuldner zur Abwendung einer ihm drohenden Zwangsvollstreckung aufgrund einer zugunsten des Gläubigers errichteten vollstreckbaren Urkunde nach § 794 Abs. 1 Nr. 5 ZPO leistet und diese Leistung später kondizieren möchte.

Möchte sich der Schuldner gegen die ihm drohende Vollstreckung mittels einer Vollstreckungsabwehrklage nach § 767 Abs. 1 ZPO wehren, ist mittlerweile geklärt, dass die vertauschten Parteirollen nichts an der Verteilung der objektiven

---

[84] BGHZ 152, 233, 244 ff.; ähnlich auch RGZ 30, 173, 174 für einen Fall, in dem der Leistende zunächst eine gegen ihn festgesetzte Stempelsteuer unter Vorbehalt bezahlt hatte, um der Vollstreckung durch den Fiskus zuvorzukommen, und diese Zahlung später zurückforderte.

[85] *Hirtsiefer*, Zahlung unter Vorbehalt, S. 52.

[86] Dafür *Münch*, Vollstreckbare Urkunde, S. 398 f.

[87] Siehe dazu ausführlich unten S. 79 ff.

Beweislast ändern. Durch die Errichtung der vollstreckbaren Urkunde wird lediglich die prozessuale Initiativlast dem Schuldner aufgebürdet. Der Gläubiger als Beklagter der Vollstreckungsabwehrklage trägt deshalb weiterhin die objektive Beweislast für die anspruchsbegründenden Tatsachen, wohingegen dem Schuldner als Kläger der Vollstreckungsabwehrklage die objektive Beweislast für die anspruchsvernichtenden oder anspruchshemmenden Tatsachen zufällt.[88]

Bezüglich der Beweislastverteilung im Rahmen einer verlängerten Vollstreckungsabwehrklage, wenn der Schuldner nach Beendigung der Vollstreckung typischerweise aus § 812 Abs. 1 S. 1 2. Alt. BGB gegen den Gläubiger klagt, finden sich hingegen kaum Stellungnahmen.[89] Auf den ersten Blick läge es hier nahe, dem Schuldner[90] die objektive Beweislast für das Nichtbestehen des Rechtsgrunds wie auch sonst bei Kondiktionsansprüchen zuzuweisen. Damit würde sich jedoch die Verteilung der Beweislast letztlich alleine deswegen ändern, weil der Schuldner nicht bereits vor Beendigung der Vollstreckung die Vollstreckungsabwehrklage erhoben hat.[91] Dies widerspräche dem zutreffenden Gedanken, die verlängerte Vollstreckungsabwehrklage nur als Fortsetzung der Vollstreckungsabwehrklage für den Zeitpunkt nach Beendigung der Zwangsvollstreckung zu begreifen.[92] Auch ein schlichter Verweis auf die Angreiferstellung des Schuldners im Rahmen der Kondiktion versagt hier. Der Schuldner wurde durch die drohende Vollstreckung zur Abwendungsleistung gezwungen und hat damit die Rolle des Angreifers nicht freiwillig übernommen. Möchte man aber verhindern, dass der Gläubiger durch diesen faktischen Zwang die zunächst ihn treffende objektive Beweislast auf den Schuldner verlagern kann, muss auch hier der Gläubiger im Rahmen der Kondiktion weiterhin die objektive Beweislast für die anspruchsbegründenden Tatsachen tragen.[93]

---

[88] BGHZ 147, 203 ff.; BeckOK/*J. F. Hoffmann*, ZPO, § 794 Rn. 39; MüKo/*K. Schmidt/Brinkmann*, ZPO, § 767 Rn. 57; *Münch*, Vollstreckbare Urkunde, S. 410 ff.; *Wolfsteiner*, Vollstreckbare Urkunde, Rn. 31.41. Der BGH hatte das früher anders gesehen WM 1981, 1140, hat diese Rechtsprechung aber in BGHZ 147, 203, 208 ff. nach massiver Kritik aus der Literatur explizit aufgegeben. Sofern es um die Vollstreckung aus einem rechtskräftigen Urteil oder einen Vergleich geht, dürfte eine Begründung der Vollstreckungsabwehrklage mit rechtshindernden Einwendungen allerdings regelmäßig wegen § 767 Abs. 2 ZPO beziehungsweise des Feststellungszwecks des Vergleichs ausscheiden, siehe dazu *Münch*, NJW 1991, 795, 796.

[89] Stein/Jonas/*Münzberg*, 22. Aufl., § 708 Rn. 5 und *Münch*, Vollstreckbare Urkunde, S. 397 ff. äußern sich hierzu und halten jeweils den Gläubiger weiterhin für objektiv beweisbelastet für die anspruchsbegründenden Tatsachen.

[90] Und zugleich jetzigen Gläubiger des Kondiktionsanspruchs.

[91] *Münch*, NJW 1991, 795, 803 f.

[92] BGHZ 83, 278, 280; BGHZ 163, 339, 341 f.

[93] Im Ergebnis auch *Münch*, Vollstreckbare Urkunde, S. 398 f., der dieses Ergebnis allerdings über einen Beweislastvertrag erreichen möchte; *derselbe*, NJW 1991, 795, 803; vgl. weiter zu diesem Gedanken *Häsemeyer*, Schadenshaftung, S. 109 f. für die Vollstreckung aus einem vorläufig vollstreckbaren Urteil.

cc) Zwischenbefund

Auch an der Fallgruppe der Druckleistungen zeigt sich damit erneut, dass eine im Falle der Kondiktion von der Grundregel abweichende Beweislastverteilung auf eigenen sachlichen Erwägungen beruht, die nichts mit der Frage des Erfüllungseintritts zu tun haben. Als Beleg für diesen Befund können auch die unterschiedlichen Beurteilungen des Erfüllungseintritts im Falle einer Druckleistung dienen: Teilweise wird die Beweislastverteilung für die Kondiktion hier (konsequenterweise) ohne jeden Zusammenhang mit der Frage des Erfüllungseintritts erörtert.[94] Umgekehrt verneint der BGH mangels Beweislastumkehr einen Erfüllungseintritt,[95] bleibt dafür aber jegliche Begründung in der Sache schuldig. Zwar möchte der Schuldner durch seine Leistung in erster Linie das ihm drohende empfindliche Übel abwenden. Das schließt aber nicht aus, dass der Schuldner den Anspruch des Gläubigers zugleich erfüllen wollte, sollte dieser tatsächlich bestanden haben;[96] im Gegenteil wird es im Regelfall sogar äußerst naheliegen.[97] Schließlich muss der Schuldner für den Fall, dass tatsächlich eine Rechtsposition des Gläubigers besteht, deren Verletzung beenden, um vor etwaigen aus dieser Verletzung erwachsenden Ansprüchen des Gläubigers sicher zu sein. Lediglich die objektive Beweislast für das Bestehen der Rechtsposition möchte der Schuldner nicht übernehmen, sollte er später zu dem Schluss kommen, dass der Gläubiger die Leistung von ihm unberechtigterweise verlangt habe. Zu guter Letzt wird der Erfüllungseintritt auch bei Druckleistungen trotz der fehlenden Beweislastumkehr teilweise sogar explizit bejaht.[98] Dies überzeugt zwar in der Sache, ist dafür aber mit der These von der notwendigen Beweislastumkehr nicht vereinbar. Diese sich diametral entgegenstehenden Ansichten bezüglich des Erfüllungseintritts bei Druckleistungen lassen weitere Zweifel an der These von der notwendigen Beweislastumkehr aufkommen.

Letztlich zeigt sich hier, dass auch der Gedanke, den Gläubiger durch die Beweislastumkehr nach Erhalt der Leistung zu schützen, nicht weiterführend ist. Wäre die Beweislastverteilung im Rahmen der Kondiktion tatsächlich ein

[94] OLG Koblenz, NJW-RR 2002, 784; Baumgärtel/Laumen/Prütting/*Baack*, Handbuch der Beweislast, Band 3, § 812 Rn. 131 ff.

[95] BGHZ 152, 233, 245 f.

[96] Daneben ist von vornherein äußerst fraglich, inwieweit alleine der Wille des Schuldners einen Erfüllungseintritt verhindern kann, dazu oben S. 38 ff.

[97] So auch *Filges*, NZS 2021, 584, 588.

[98] *Kerwer*, Erfüllung, S. 153 ff. Aus *Kerwers* Perspektive besteht mit der Verteilung der Beweislast insoweit kein Problem, weil er die Beweislastverteilung im Rahmen einer Kondiktion durch den Schuldner nicht untersucht; aA. aber wohl *Münch*, Vollstreckbare Urkunde, S. 400, weil die vollstreckbare Urkunde ebenso wenig wie ein vorläufig vollstreckbares Urteil eine endgültige Entscheidung über den Anspruch des Gläubigers enthalte. Dieses Ergebnis überrascht ein wenig, rechtfertigt *Münch* den Nichteintritt der Beweislastumkehr im Falle der Kondiktion doch mit dem Abschluss eines Beweislastvertrags. Dann aber liegt die Annahme sehr nahe, der Gläubiger akzeptiere die Leistung des Schuldners hier trotz mangelnder Beweislastumkehr als erfüllungstauglich.

Schutzinstrument zugunsten des Gläubigers, wäre es unumgänglich, die von der Grundregel abweichende Beweislastverteilung im Falle der Kondiktion nicht schlicht mit der Zwangslage des Schuldners im Zeitpunkt der Leistung zu begründen, sondern die Interessen des Gläubigers zumindest mit in die Betrachtung einzubeziehen; das aber unterbleibt vollständig.

3. Ergebnis

Die aufgezeigten Fallgruppen legen Zeugnis darüber ab, dass auch die vermeintliche Schutzwürdigkeit des Gläubigers keine Konnexität zwischen Beweislastumkehr und Erfüllung herstellen kann. Der Verteilung der Beweislast liegen eigene sachliche Erwägungen zugrunde, die nichts mit der Frage der Erfüllung zu tun haben. Die Beweislastumkehr taugt deshalb nicht als Erfüllungsvoraussetzung. Dieses Ergebnis ist auch in der Sache gerechtfertigt. Zwar leuchtet es auf den ersten Blick ein, dem Gläubiger nur die Annahme einer Leistung zumuten zu wollen, mit der zugleich eine Beweislastumkehr verbunden ist, weil der Gläubiger andernfalls jederzeit mit einer Kondiktion des Schuldners rechnen müsste und deshalb möglicherweise mit der Leistung nicht frei wirtschaften könnte. Ohne die Leistung des Schuldners trüge der Gläubiger aber ebenfalls die objektive Beweislast für das Bestehen seiner Rechtsposition. Verlangte der Gläubiger die Leistung vom Schuldner und verweigerte dieser eine freiwillige Leistung, bliebe dem Gläubiger nichts anderes übrig, als Klage zu erheben. Sofern die anspruchsbegründenden Tatsachen des Gläubigers im Rahmen dieses Prozesses umstritten wären, müsste der Gläubiger diese beweisen und unterläge im Falle eines non-liquet. Es ist nicht ersichtlich, wieso der Gläubiger ein rechtlich anzuerkennendes Interesse daran haben sollte, von dieser Beweislast durch eine freiwillige Leistung des Schuldners befreit zu werden.

Dass infolge einer vorprozessualen Leistung des Schuldners dennoch *typischerweise* eine Beweislastumkehr eintritt, ist damit letztlich schlicht eine Folge der oben dargestellten Grundregel der Beweislastverteilung;[99] im Interesse des Rechtsfriedens trägt derjenige, der eine Veränderung der tatsächlichen Umstände begehrt, die objektive Beweislast für die anspruchsbegründenden Tatsachen. Hat der Schuldner die Leistung an den Gläubiger erbracht, begehrt er durch sein Rückforderungsverlangen nun eine Änderung der tatsächlichen Lage und trägt deshalb die objektive Beweislast für die anspruchsbegründenden Tatsachen; die mit dem Erhalt der Leistung verbundene Beweislastumkehr kommt dem Gläubiger damit *de facto* zugute. Dies geschieht aber nicht, um ihn davor zu schützen, eine Leistung ohne Beweislastumkehr annehmen zu müssen.

---

[99] Siehe dazu oben S. 65 ff.

III. Erfüllung ohne Beweislastumkehr bei freiwilligen Vorbehaltsleistungen des Schuldners

Ist die Beweislastumkehr für den Erfüllungseintritt nicht erforderlich, drängt sich die Frage auf, ob dann entgegen der herrschenden Meinung auch Vorbehaltsleistungen ohne Beweislastumkehr erfüllungstauglich sind, wenn der Schuldner eine freiwillige Leistung erbringt, zu der er nicht durch eine Zwangslage gezwungen wurde. Entscheidend hierfür ist, inwieweit der Schuldner die Möglichkeit hat, die an sich durch die Leistungserbringung eintretende Beweislastumkehr alleine durch seinen Vorbehalt zu verhindern.

1. Leistung ohne Beweislastumkehr in der Rechtsprechung

Abgesehen von den soeben erörterten Fällen einer Leistung des Schuldners unter Druck hatte sich die Rechtsprechung nur mit relativ wenigen Fällen zu befassen, in denen der Schuldner eine erbrachte Leistung im Wege der Kondiktion zurückforderte und sich die Frage stellte, wer im Rahmen der Kondiktion die objektive Beweislast für das Bestehen beziehungsweise das Nichtbestehen eines Rechtsgrunds tragen müsse. Der BGH formulierte insoweit ausdrücklich, der Gläubiger müsse sich nicht auf eine Vorbehaltsleistung einlassen, die nicht zur objektiven Beweislast des Schuldners für das Nichtbestehen eines Rechtsgrunds im Falle der Kondiktion führe. Er unterwerfe sich dem vom Schuldner geäußerten Vorbehalt jedoch, wenn er die Vorbehaltsleistung dennoch annehme.[100] Auch in der obergerichtlichen Rechtsprechung wird betont, der Gläubiger müsse eine solche Vorbehaltsleistung des Schuldners nicht annehmen. Tue er es dennoch, sei es jedoch „recht und billig“[101] dem Gläubiger die objektive Beweislast für das Bestehen des Rechtsgrunds im Rahmen der Kondiktion aufzubürden; andernfalls stelle man den Gläubiger besser, als dieser stünde, wenn er die Leistung selbst hätte einklagen müssen.[102]

2. Beweislastvertrag durch Vorbehaltsleistung

Es stellen sich damit in diesem Zusammenhang zwei Fragen: Zum einen könnte man daran denken, dem Schuldner unabhängig vom Bestehen eines hohen Leistungsdrucks zu gestatten, den Vorbehalt einseitig dergestalt zu erklären, dass der

---

[100] BGHZ 139, 357, 368; BGH, NJW 1989, 161, 162. In diesem Fall leitete der BGH die Beweislastverteilung zuungunsten des Leistungsempfängers aber daraus her, dass der Leistende lediglich in der Erwartung geleistet habe, die geltend gemachte Forderung werde festgestellt werden. Ob der BGH es auch insoweit für erforderlich hält, dass der Leistungsempfänger sich dieser Vorstellung des Leistenden unterworfen hat, wird nicht deutlich; siehe weiter BGH, NJW 2007, 1269, Rn. 21.

[101] OLG Düsseldorf, NJW-RR 1989, 27, 28.

[102] OLG Düsseldorf, NJW-RR 1989, 27, 28; ähnlich auch OLG Düsseldorf, NJW-RR 1996, 1430.

Gläubiger unabhängig von seinem Willen die objektive Beweislast für das Bestehen eines Rechtsgrunds im Falle der Kondiktion trägt. Eine solch einseitige Überwälzung der objektiven Beweislast im Falle der Kondiktion auf den Gläubiger muss jedoch bereits aufgrund der obigen Erwägungen zu den Gründen der gesetzlichen Beweislastverteilung ausscheiden. Indem derjenige, der eine Änderung des tatsächlichen Zustands infolge eines behaupteten Rechts begehrt, die objektive Beweislast für das Bestehen aller anspruchsbegründenden Tatbestandsmerkmale trägt, werden die Bestandsinteressen hinsichtlich der tatsächlichen Lage im Interesse des Rechtsfriedens gesichert.[103] Der Schuldner ist nicht befugt, über dieses Schutzanliegen einseitig zu disponieren.[104]

Weit weniger eindeutig ist jedoch, ob man bei Annahme der Vorbehaltsleistung durch den Gläubiger diesem nicht deshalb die Beweislast für das Bestehen eines Rechtsgrunds zuweisen muss, weil dieser durch die Annahme sein Einverständnis mit dem vom Schuldner erklärten Vorbehalt bekundet hat. In der Literatur wird dies verbreitet als Abschluss eines Beweislastvertrags zwischen dem Gläubiger und dem Schuldner aufgefasst.[105]

a) Zulässigkeit eines Beweislastvertrags

Die grundsätzliche Zulässigkeit von Beweislastverträgen verstanden als Verträge, die unmittelbar die Verteilung der objektiven Beweislast regeln,[106] ist heute bezüglich der Beweislastverteilung materiellrechtlicher Normen als Ausfluss der Privatautonomie allgemein anerkannt; es handelt sich insoweit bei den Beweislastverträgen um materiellrechtliche Verträge.[107] Grenzen sollen, abgesehen von AGB-rechtlichen Beschränkungen in § 309 Nr. 12 BGB, aus drei Gründen bestehen. Zum einen sei ein Beweislastvertrag nur dann zulässig, wenn das Tatbestandsmerkmal bezüglich dessen die Verteilung der objektiven Beweislast geregelt werden soll, disponibel ist.[108] Zum anderen sollen Beweislastverträge nur in Verfahren zulässig sein, in denen der Beibringungsgrundsatz herrscht; greife hin-

---

[103] Siehe dazu oben S. 65 ff.

[104] Im Ergebnis ebenso *Hirtsiefer*, Zahlung unter Vorbehalt, S. 52, der dies allerdings maßgeblich damit rechtfertigt, die Beweislastumkehr sei Erfüllungsvoraussetzung.

[105] Soergel/*Schreiber*, § 362 Rn. 15; Staudinger/*Kern*, § 362 Rn. 38 f.; *Kerwer*, Erfüllung, S. 258; *Kreutz*, Abwendung, S. 47; *Münch*, Vollstreckbare Urkunde, S. 398.

[106] Dasselbe Begriffsverständnis wird zugrunde gelegt bei *Jäckel*, Beweisvereinbarungen, S. 142; Baumgärtel/Laumen/Prütting/*Laumen*, Handbuch der Beweislast, Band 1, Kap. 26 Rn. 8; *Wagner*, Prozeßverträge, S. 652 f.

[107] Siehe nur BGHZ 41, 151, 153 f.; BGH, NJW 1998, 2967, 2968; *Baumgärtel*, Prozeßhandlung, S. 248 ff.; *Jäckel*, Beweisvereinbarungen, S. 144 f.; Baumgärtel/Laumen/Prütting/*Laumen*, Handbuch der Beweislast, Band 1, Kap. 26 Rn. 9 ff. mwN; *Sachse*, ZZP 54 (1929), 409, 423 ff.; *Wagner*, Prozeßverträge, S. 697 ff. auch mit Nachweisen zu der früher herrschenden Ansicht, die von der Unzulässigkeit solcher Vereinbarungen ausging (Fn. 432).

[108] *Jäckel*, Beweisvereinbarungen, S. 144 f.; MüKo/*Prütting*, ZPO, § 286 Rn. 169; *Wagner*, Prozeßverträge, S. 699, der jedoch auch eine Vereinbarung über Ansprüche aus zwingendem Recht zulässt, sofern diese nach Entstehung des Anspruchs getroffen wurden.

gegen der Amtsermittlungsgrundsatz wie beispielsweise in Ehesachen nach §§ 127 ff. FamFG, seien Beweislastverträge unzulässig.[109] Zum dritten seien Beweislastverträge auch dann unwirksam, wenn sie gegen das Gebot von Treu und Glauben verstießen. Dies könne insbesondere dann anzunehmen sein, wenn durch den Beweislastvertrag einer Partei die Beweislast für Tatsachen aufgebürdet würde, die diese kaum aufklären kann, wohingegen der anderen Partei eine Aufklärung unschwer möglich wäre.[110]

Nach diesen Maßstäben bestehen keine grundsätzlichen Bedenken gegen die Wirksamkeit eines Beweislastvertrags, der möglicherweise zwischen dem unter Vorbehalt leistenden Schuldner und dem die Vorbehaltsleistung annehmenden Gläubiger zustande kommt. Der Gläubiger und der Schuldner können im Rahmen ihrer Privatautonomie grundsätzlich darüber disponieren, wer die objektive Beweislast für das Bestehen eines Rechtsgrunds zum Behaltendürfen der Leistung tragen soll.[111]

b) Abschluss eines Beweislastvertrags durch Annahme der Vorbehaltsleistung

Noch ungeklärt ist damit jedoch die Frage, ob man in der Annahme der Vorbehaltsleistung durch den Gläubiger auch den Abschluss eines Beweislastvertrags erblicken kann, wie das in der Literatur verbreitet getan wird.[112] Eine ausdrückliche Annahmeerklärung des Gläubigers wird nicht vorliegen, weil dieser in aller

---

[109] *Baumgärtel*, FS Fasching, S. 67, 69; *Jäckel*, Beweisvereinbarungen, S. 146; Baumgärtel/Laumen/Prütting/*Laumen*, Handbuch der Beweislast, Band 1, Kap. 26 Rn. 12.

[110] *Baumgärtel*, FS Fasching, S. 67, 70; *Jäckel*, Beweisvereinbarungen, S. 146; Baumgärtel/Laumen/Prütting/*Laumen*, Handbuch der Beweislast, Band 1, Kap. 26 Rn. 12.

[111] Es kann deshalb hier dahinstehen, ob die genannten Einschränkungen für Beweislastverträge in der Sache überzeugend sind. Insoweit wären allerdings Zweifel angebracht: Obliegt es einer Partei, Tatsachen zu beweisen, hinsichtlich derer ihr Beweismittel nur schwer zugänglich sind, für die andere Partei aber problemlos erreichbar wären, ist das primär eine Frage der Beweisführung und Beweiswürdigung. Die naheliegende Reaktion hierauf ist es, der anderen Partei prozessuale Informationspflichten oder eine sekundäre Darlegungslast aufzuerlegen. Es leuchtet deshalb nicht ohne Weiteres ein, dass ein Beweislastvertrag alleine deshalb gegen Treu und Glauben verstoßen soll, weil er einer Partei die Beweislast für Umstände auferlegt, die im „Verantwortungsbereich" (BGHZ 41, 151, 155) der anderen Partei liegen. Ebenso zweifelhaft ist die Einschränkung von Beweislastverträgen in Verfahren des Amtsermittlungsgrundsatzes. Dieser besteht, um dem Gericht die Möglichkeit einer lückenlosen Aufklärung im öffentlichen Interesse zu gewähren, ohne auf die Mitwirkung der Parteien angewiesen zu sein (*Rosenberg/Schwab/Gottwald*, Zivilprozessrecht, § 77 Rn. 4). Das hat aber mit der Frage nichts zu tun, welche Partei das Risiko einer dennoch eintretenden Unaufklärbarkeit einzelner Tatsachen trifft; es leuchtet deshalb nicht ein, einem Beweislastvertrag hier die Wirksamkeit zu versagen. Gleiches gilt auch für die postulierte Unzulässigkeit von Beweislastverträgen über nicht dispositive Tatbestandsmerkmale. Die Verteilung der objektiven Beweislast muss nicht zwingend mit den Erwägungen übereinstimmen, die zur Indisponibilität des betreffenden Tatbestandsmerkmals geführt haben.

[112] Soergel/*Schreiber*, § 362 Rn. 15; Staudinger/*Kern*, § 362 Rn. 38 f.; *Kerwer*, Erfüllung, S. 258; *Kreutz*, Abwendung, S. 47.

Regel schlicht die Leistung entgegennehmen wird, ohne weitere ausdrückliche Erklärungen abzugeben. Entscheidend ist deshalb, ob man alleine in der Annahme der Leistung durch den Gläubiger eine konkludente Annahmeerklärung des vom Schuldner durch die Vorbehaltsleistung ausgesprochenen Angebots auf Abschluss eines Beweislastvertrags erblicken kann. Möglich wäre dies mangels einer dem Schuldner zugehenden Willenserklärung des Gläubigers allenfalls dann, wenn der Schuldner auf den Zugang der Annahmeerklärung nach § 151 S. 1 BGB verzichtete. Hierfür spricht, dass der Abschluss eines Beweislastvertrags für den Schuldner vorteilhaft wäre, sodass dieser kein Interesse daran haben wird, den Vertragsschluss nur am mangelnden Zugang der Annahmeerklärung scheitern zu lassen. Es drängt sich insoweit eine Parallele zu den Fällen der sogenannten „Erlassfalle“[113] auf.

aa) Grundsätze zur „Erlassfalle“

In den unter dem Stichwort der „Erlassfalle“ diskutierten Konstellationen übersandte der Schuldner dem Gläubiger regelmäßig einen Scheck[114] über einen, häufig sehr geringen, Teil der vom Gläubiger geltend gemachten und typischerweise zwischen den Parteien auch unstreitigen Forderung. Dem Scheck legte der Schuldner ein Schreiben bei, in dem er den Gläubiger nur dann zur Einlösung des Schecks ermächtigte, wenn dieser das Angebot auf Abschluss des Teilerlassvertrags annehme. Zugleich verzichtete der Schuldner auf den Zugang der Annahmeerklärung nach § 151 S. 1 BGB.[115] Löste der Gläubiger den Scheck ein, nahm die Rechtsprechung zunächst an, ein Erlassvertrag sei zustande gekommen. Aufgrund des Verzichts auf den Zugang der Annahmeerklärung sei lediglich eine Willensbetätigung des Gläubigers erforderlich, die den Schluss auf den Annahmewillen unzweideutig zulasse. Ob das der Fall sei, sei an sich eine Frage des Einzelfalls und aus der Sicht eines unbeteiligten,[116] objektiven Dritten zu beurteilen. Dieser dürfe grundsätzlich davon ausgehen, dass sich der Gläubiger redlich verhalten werde. Redliches Verhalten des Gläubigers sei jedoch nur dann gegeben, wenn der Gläubiger die Bedingung des Schuldners akzeptiere und mit der Scheckeinlösung das Angebot zum Abschluss des Erlassvertrags annehme.[117]

---

[113] Diesen Begriff verwendet soweit ersichtlich zum ersten Mal *v. Randow*, ZIP 1995, 445, 447.

[114] Teilweise überwies der Schuldner auch einfach einen Teil des Betrags, siehe BGH, NJW 1995, 1281. Für die rechtliche Einordnung ist das letztlich jedoch bedeutungslos.

[115] Siehe zur Erlassfalle aus der Rechtsprechung beispielsweise BGHZ 111, 97 ff.; BGH, NJW-RR 1986, 415 f.; BGH, NJW 1990, 1656 ff.; BGH, NJW 1995, 1281 ff.; BGH, NJW 2001, 2324 f.; OLG Celle, NJW-RR 1992, 885 ff.; OLG Nürnberg, 1998, 256 f.; OLG Karlsruhe, ZIP 2000, 534 ff.; aus der Literatur: *Frings*, BB 1996, 809 ff.; BeckOGK/*J. F. Hoffmann*, BGB, § 779 Rn. 46 ff.; *Lange*, WM 1999, 1301 ff.; Staudinger/*Rieble*, § 397 Rn. 143 ff.; *v. Randow*, ZIP 1995, 415 ff.; *Schönfelder*, NJW 2001, 492 ff.; *Timme*, Erlass, S. 231 ff.

[116] Auf den Empfängerhorizont des Schuldners sei nicht abzustellen, weil die Annahme diesem ja gerade nicht zugehen müsse, BGH, NJW 1990, 1656, 1657.

[117] BGHZ 111, 97, 101 f.; BGH, NJW-RR 1986, 415 f.; BGH, NJW 1990, 1656, 1657.

Nur wenn die Umstände des Einzelfalls einen abweichenden Willen des Gläubigers beispielsweise aufgrund eines Widerspruchs vor der Einlösung des Schecks ergäben, liege keine Annahme seitens des Gläubigers vor.[118] Gegen einen Annahmewillen des Gläubigers spreche außerdem ein „krasses Missverhältnis" zwischen der Höhe der bestehenden Forderung und der Höhe des vom Schuldner ausgestellten Schecks.[119]

In der Literatur ist diese Rechtsprechung verbreitet auf Kritik gestoßen. Dabei wurde aber weniger die grundsätzliche Konzeption der Rechtsprechung in den Blick genommen als deren Subsumtion unter das unzweideutige Verhalten des Gläubigers. Dieses lasse sich nicht so einfach wie von der Rechtsprechung angenommen als Annahme des Angebots auf Abschluss eines Teilerlassvertrags verstehen, weil die Vermutung, der Gläubiger werde sich redlich verhalten, nicht ohne Weiteres zutreffe.[120] Vielmehr könne die Einlösung des Schecks auch aus anderen Gründen erfolgen und lasse deshalb keinen zwingenden Rückschluss auf einen Annahmewillen des Gläubigers zu.[121] Nehme der Gläubiger die Leistung aber dennoch an, ohne das Angebot auf Abschluss des Erlassvertrags anzunehmen, könne der Schuldner grundsätzlich beim Gläubiger kondizieren.[122] Ob der Gläubiger gegen diesen Kondiktionsanspruch seinerseits mit der geltend gemachten Forderung aufrechnen kann oder an einem Aufrechnungsverbot scheitert, wird uneinheitlich beurteilt.[123]

Letztlich geht aber auch diese Kritik am Kern der Sache vorbei. Die von der Literatur ausgemachten Ungereimtheiten entstehen bereits durch den Versuch,

---

[118] BGHZ 111, 97, 102 f.; OLG Celle, NJW-RR 1992, 884, 885.

[119] BGH, NJW 2001, 2324 f. (Scheck in Höhe von ca. 0,67 % des geschuldeten Betrags); OLG Nürnberg, NJW-RR 1998, 256 f. (ca. 0,16 % des geschuldeten Betrags); OLG Karlsruhe, ZIP 2000, 535, 538 (ca. 1,4 % des geschuldeten Betrags). In Fällen eines „einfachen" Missverhältnisses hatte der BGH dagegen den Annahmewillen noch bejaht, weil dies hinter andere Gesichtspunkte wie der vermuteten Redlichkeit des Gläubigers zurücktrete, BGH, NJW-RR 1986, 415 (ca. 6,34 % des geschuldeten Betrags).

[120] *Lange*, WM 1999, 1301, 1305.

[121] *Frings*, BB 1996, 809, 811; v. *Randow*, ZIP 1995, 445, 448; Staudinger/*Rieble*, § 397 Rn. 146; *Timme*, Erlass, S. 237 ff.

[122] Welche Kondiktionsart hier einschlägig wäre, wird ebenfalls uneinheitlich beurteilt. Für eine Leistungskondiktion: *v. Randow*, ZIP 445, 450 Fn. 48; für eine Zweckverfehlungskondiktion RGZ 56, 317, 320; ohne genaue Spezifizierung des Kondiktionstyps *Frings*, BB 1996, 809, 812.

[123] Siehe *v. Randow*, ZIP 445, 450, der ein Aufrechnungsverbot aus § 393 BGB befürwortet. Wie sich dieses Aufrechnungsverbot begründen lassen soll, bleibt jedoch unklar; der Schuldner hat freiwillig geleistet, sodass nicht ersichtlich ist, worin hier die vorsätzliche, unerlaubte Handlung des Gläubigers liegen soll. Außerdem bleibt unklar, worin der Schaden des Schuldners liegen soll, wenn dieser materiellrechtlich doch gerade zur Leistung verpflichtet war. Zu Recht gegen ein Aufrechnungsverbot *Frings*, BB 1996, 809, 812 und *Timme*, Erlass, S. 241 f.; restriktiv auch RGZ 56, 317, 320 f., das ein Aufrechnungsverbot allerdings befürwortet, wenn die Rückgabe des Schecks explizit versprochen war für den Fall, dass der mit dem Scheck verfolgte Zweck nicht eintritt.

die Annahmeerklärung des Gläubigers mittels eines objektiven, unbeteiligten Dritten auslegen zu wollen. Die Auslegung empfangsbedürftiger Willenserklärungen nach dem objektiven Empfängerhorizont dient dem Verkehrsschutz;[124] der Empfänger kann nicht in den Kopf des Erklärenden hineinschauen und muss deswegen notwendigerweise auf objektive Anhaltspunkte zurückgreifen, um den Sinn der Erklärung zu ermitteln. Verzichtet der Empfänger jedoch nach § 151 S. 1 BGB auf den Zugang der Willenserklärung, verzichtet er damit zugleich auf diesen Verkehrsschutz. Er muss nun nicht einmal Kenntnis von der Abgabe der Willenserklärung erlangen. In diesem Fall besteht deshalb kein Grund, die Willenserklärung so auszulegen, wie sie ein objektiver Empfänger verstehen darf. Entscheidend ist schlicht, was der Erklärende subjektiv wollte.[125] Damit kommt es in den Fällen der „Erlassfalle" alleine darauf an, ob der Gläubiger das Angebot zum Abschluss eines Teilerlasses annehmen wollte oder nicht. Dass dieser Wille des Gläubigers unter Umständen ohne Rückgriff auf objektive Anhaltspunkte schwierig zu ermitteln ist, ist ein Problem der Beweisführung und der Beweiswürdigung[126] und nicht durch Konstruktionen im materiellen Recht zu lösen. Im Übrigen kann der Schuldner etwaigen Beweisproblemen problemlos dadurch vorbeugen, dass er nicht auf den Zugang der Annahmeerklärung verzichtet, sodass ein subjektives Verständnis des § 151 S. 1 BGB diesen auch nicht unangemessen benachteiligt.[127]

bb) Übertragung auf Vorbehaltsleistungen

Überträgt man diese Erkenntnisse auf die Fälle, in denen der Schuldner unter Vorbehalt leistet, um dem Gläubiger die objektive Beweislast für das Bestehen eines Rechtsgrunds im Fall der Kondiktion aufzubürden, ergibt sich Folgendes: Zwar trifft den Gläubiger hier die Annahme eines Vertragsschlusses deutlich weniger hart als in den Fällen der „Erlassfalle". In letzterem verliert der Gläubiger infolge des Erlasses einen Teil seiner materiellrechtlichen Forderung gegen den Schuldner. Die Annahme eines Beweislastvertrags ändert hingegen für den Gläubiger kaum etwas. Hätte der Schuldner nicht geleistet, wäre der Gläubiger gezwungen gewesen, Klage auf die Leistung gegen den Schuldner zu erheben. Dann hätte der Gläubiger aber ebenfalls die objektive Beweislast für das Bestehen seiner Rechtsposition getragen. Der Gläubiger wird deshalb nicht schlechter gestellt, wenn er die Leistung zwar erhält, dann aber im Falle einer Rückforde-

---

[124] BeckOGK/*J. F. Hoffmann*, BGB, § 779 Rn. 48.

[125] So BeckOGK/*J. F. Hoffmann*, BGB, § 779 Rn. 48.

[126] In diese Richtung auch *Schwarze*, AcP 202, 607 ff., der darlegt, dass man diesem Beweisproblem nicht dadurch begegnen kann, dass man für eine Annahme nach § 151 S. 1 BGB eine objektiv erkennbare Annahmehandlung fordert, bei deren Vorliegen man auf den Annahmewillen schließt.

[127] Zu all dem BeckOGK/*J. F. Hoffmann*, BGB, § 779 Rn. 48; aA. *Timme*, Erlass, S. 236, der annimmt, eine Bindung des Schuldners nur aufgrund des subjektiven, intern gebliebenen Willen des Gläubigers sei dem Schuldner nicht zuzumuten.

rung durch den Schuldner die objektive Beweislast für das Bestehen seiner Rechtsposition als Rechtsgrund zum Behaltendürfen der Leistung trägt.

Auch in diesen Fällen darf man aber dennoch nicht alleine aus der Annahme seitens des Gläubigers auf den Abschluss eines Beweislastvertrags schließen. Vielmehr führt auch hier kein Weg daran vorbei, den subjektiven Willen des Gläubigers zu ermitteln. Geht dieser dahin, einen Beweislastvertrag abzuschließen, ist ein solcher zustande gekommen. Möchte der Gläubiger dagegen keinen Beweislastvertrag abschließen, kann man diesen Willen nicht unter Hinweis darauf negieren, dass der Schuldner in der Annahme der Leistung den Abschluss eines solchen Beweislastvertrags erblicken dürfe.

3. Erfüllungseintritt

Für die Frage des Erfüllungseintritts bei einer Vorbehaltsleistung ohne Beweislastumkehr ergibt sich damit Folgendes: Der Schuldner kann den Eintritt einer Beweislastumkehr infolge seiner Leistung mangels Dispositionsbefugnis über die Verteilung der Beweislast nicht durch eine einseitige Erklärung verhindern. Eine dennoch abgegebene Erklärung des Schuldners zeitigt ohne Zustimmung des Gläubigers keinerlei rechtliche Wirkungen. Aufgrund dieser rechtlichen Wirkungslosigkeit eines einseitigen Vorbehalts kann der Gläubiger eine Leistung des Schuldners nicht ablehnen, die mit einem solch wirkungslosen Vorbehalt versehen wird; die angebotene Leistung des Schuldners ist zur Erfüllung geeignet. Lehnt der Gläubiger die Leistung dennoch ab, gerät er in Annahmeverzug.

Nimmt der Gläubiger die Leistung dagegen an, bestehen für ihn zwei Optionen: Er kann das in dem vom Schuldner erklärten Vorbehalt liegende Angebot auf Abschluss eines Beweislastvertrags annehmen. In diesem Fall tritt trotz der von der Grundregel abweichenden Beweislastverteilung im Kondiktionsprozess Erfüllung ein.[128] Der Gläubiger akzeptiert in diesem Fall die Vorbehaltsleistung mitsamt der abweichenden Beweislastverteilung als erfüllungstauglich, sodass die Verletzung seiner Rechtsposition beseitigt wird. Daneben kann der Gläubiger die Leistung aber auch annehmen und zugleich das Angebot auf Abschluss eines Beweislastvertrags ablehnen. Es stellt sich dann genauso wie bei Abgabe einer einseitigen negativen Tilgungsbestimmung durch den Schuldner[129] die Frage, ob der Schuldner die erbrachte Leistung kondizieren kann oder ob der Gläubiger diese behalten darf, weil die Leistung auch ohne den Abschluss des intendierten Beweislastvertrags Erfüllung herbeigeführt hat. Letztlich muss es auch hier dabei verbleiben, dass der Schuldner keine Möglichkeit zur Kondiktion hat. Eine insoweit naheliegende Zweckverfehlungskondiktion scheidet aus. Zum einen ist es bereits äußerst zweifelhaft, ob im geltenden Recht überhaupt noch Raum für eine

---

[128] BGH, NJW 1989, 161, 162; Soergel/*Schreiber*, § 362 Rn. 15; Staudinger/*Kern*, § 362 Rn. 38 f.; *Kreutz*, Abwendung, S. 47, der allerdings meint, es trete lediglich Erfüllungs statt ein.

[129] Siehe dazu oben S. 47 ff.

Zweckverfehlungskondiktion besteht. Zum anderen ist aber jedenfalls bei der Erbringung einer von Seiten des Schuldners geschuldeten Leistung eine einseitige Zwecksetzung nicht möglich; aufgrund seiner bestehenden Verpflichtung kann der Schuldner hier nicht mehr einseitig die Initiative ergreifen und einen Leistungszweck nach seinem Belieben setzen.[130] Eine Leistungskondiktion des Schuldners scheitert daran, dass aufgrund der dem Gläubiger zustehenden Rechtsposition für diesen ein Rechtsgrund zum Behaltendürfen der Leistung besteht; die Leistung des Schuldners ist trotz des erklärten Vorbehalts erfüllungstauglich, wenn der Gläubiger diese annimmt. Die Verletzung der dem Gläubiger zustehenden Rechtsposition wird durch den Erhalt der Leistung beendet, sodass dieser die Leistung umgekehrt aber auch nicht herausgeben muss.

D. Unterlassungsansprüche

Konzentriert sich die Diskussion bei Ansprüchen, die auf eine positive Leistung des Schuldners gerichtet sind, auf die Frage der Beweislastumkehr als Erfüllungsvoraussetzung, wurde bei Unterlassungsansprüchen vor allem im Immaterial- und Wettbewerbsrecht ein gänzlich anderes Konzept entwickelt. Es hat sich dort die zutreffende Erkenntnis durchgesetzt, dass es für die Erfüllung eines Unterlassungsanspruchs jedenfalls bei Verletzungsunterlassungsansprüchen nicht ausreichen kann, wenn der Schuldner das inkriminierte Verhalten zukünftig schlicht unterlässt, sondern dass dafür die Ausräumung der Begehungsgefahr als Tatbestandsvoraussetzung des Unterlassungsanspruchs erforderlich ist.[131] Notwendig

---

[130] Selbst wenn man das anders beurteilt und eine Zweckverfehlungskondiktion des Schuldners für möglich hält, erhält der Schuldner im Ergebnis seine Leistung regelmäßig nicht zurück. Die Annahme einer Zweckverfehlungskondiktion ist nur möglich, wenn man zugleich einen Erfüllungseintritt infolge der Leistung verneint. Dann aber besteht der Erfüllungsanspruch des Gläubigers noch. Mit diesem wird der Gläubiger regelmäßig die Aufrechnung gegen den Anspruch des Schuldners aus Zweckverfehlungskondiktion erklären können.

[131] Freilich wird dabei die Ausräumung der Begehungsgefahr nicht immer ausdrücklich als Erfüllung des Unterlassungsanspruchs eingeordnet. Dezidiert für Erfüllung durch Beseitigung der Begehungsgefahr aber *Borck*, WRP 1974, 372, 374; *J. F. Hoffmann*, GRUR 2021, 1029, 1034; *Pokrant*, FS Erdmann, S. 863; Köhler/Bornkamm/Feddersen/*Bornkamm/Feddersen*, UWG, § 13 Rn. 139; wohl auch *Köhler*, FS Piper, S. 309, 315, der allerdings zuvor (S. 314) noch eine Erfüllung von Unterlassungsansprüchen „im eigentlichen Sinne" für nicht möglich hält; *Regenfus*, GRUR 2022, 1489, 1491 f. „erhebliche Parallele zur Erfüllung zu erkennen"; ohne ausdrückliche Bezugnahme auf die Erfüllung, in der Sache aber letztlich genauso *Rieble*, GRUR 1995, 252, 253, der von einer Vernichtung des gesetzlichen Unterlassungsanspruchs durch die Abgabe einer strafbewehrten Unterlassungserklärung spricht; Bacher/Teplitzky/*Kessen*, Wettbewerbsrechtliche Ansprüche, Kap. 8 Rn. 1, Kap. 9 Rn. 20 „Unterlassungsanspruch erlischt"; gegen einen Erfüllungseintritt aber *Fritzsche*, Unterlassungsanspruch, S. 368 f., weil der Gläubiger andernfalls einen Anspruch auf Abgabe der strafbewehrten Unterlassungserklärung haben müsste; *Gruber*, WRP 1992, 71, 79; *Lindacher*, GRUR 1975, 413, 415; zur grundsätzlichen Erfüllbarkeit von Unterlassungsansprüchen siehe

zur Beseitigung der Wiederholungsgefahr sei die Abgabe einer strafbewehrten Unterlassungserklärung, der sehr weitreichende Feststellungszwecke zugeschrieben werden.[132] Vor dem Hintergrund der obigen Erkenntnisse bezüglich der Erfüllung von Ansprüchen, die auf eine positive Leistung des Schuldners gerichtet sind, werden die nachfolgenden Überlegungen diese Entwicklung bezüglich der Erfüllung von Unterlassungsansprüchen analysieren, dabei entstandene Friktionen aufdecken und versuchen, diese zu beheben. Vornehmlich werden sich die Ausführungen auf den Verletzungsunterlassungsanspruch konzentrieren, der aufgrund einer in der Vergangenheit bereits begangenen Rechtsverletzung des Schuldners entstanden ist. Nicht näher untersucht wird hingegen der vorbeugende Unterlassungsanspruch zur Abwehr eines erstmals drohenden Eingriffs. Bei diesem hat sich keine vergleichbare Sonderdogmatik entwickelt. Eine Gegenüberstellung zu der Erfüllung von auf eine positive Leistung des Schuldners gerichteten Ansprüchen erscheint deshalb im hiesigen Rahmen nicht gewinnbringend.[133]

I. Dogmatische Einordnung

Um die Voraussetzungen für die Erfüllung eines Unterlassungsanspruchs erörtern zu können, ist zunächst eine Einordnung der Unterlassungsansprüche in das System der rechtsverwirklichenden und rechtsfortsetzenden Schutzrechte notwendig. Hierfür ist zwischen gesetzlichen und vertraglichen Unterlassungsansprüchen zu differenzieren.

---

die ausführlichen Darstellungen bei *Beckhaus*, Erfüllung, S. 226 ff.; *Fritzsche*, Unterlassungsanspruch, S. 358 ff.

[132] Siehe dazu ausführlich unten S. 94 ff.

[133] Herrschend werden an die Ausräumung der Erstbegehungsgefahr geringere Anforderungen gestellt als an die Ausräumung der Wiederholungsgefahr. Der Schuldner räume die Erstbegehungsgefahr bereits durch die Vornahme des *actus contrarius* aus, dessen genaue Ausgestaltung von den Umständen des Einzelfalls abhängt, siehe dazu nur BGH, GRUR 1992, 116, 117 – Topfgucker-Scheck; BGH, GRUR 2001, 1174, 1176 – Berühmungsaufgabe; BGH, GRUR 2008, 912, Rn. 30 – Metrosex; BGH, GRUR 2009, 841, Rn. 23 – Cybersky; Köhler/Bornkamm/Feddersen/*Bornkamm*, UWG, § 8 Rn. 1.31; *Büch*, FS Bornkamm, S. 15, 22 ff.; in jüngerer Zeit mehren sich jedoch Stimmen, die jedenfalls nach einer bereits erfolgten Abmahnung auch hier die Abgabe einer strafbewehrten Unterlassungserklärung für erforderlich halten, *Köhler*, GRUR 2011, 879 ff., sich anschließend Ohly/Sosnitza/*Ohly*, UWG, § 8 Rn. 33; *Hofmann*, Unterlassungsanspruch, S. 440 ff.; MüKo/*Fritzsche*, UWG, § 8 Rn. 124. Selbst wenn man dieser Ansicht folgen sollte, ergeben sich jedoch bezüglich der Einordnung der strafbewehrten Unterlassungserklärung keine neuen Gesichtspunkte, die eine gesonderte Erörterung im hiesigen Rahmen erforderlich machen könnten.

1. Gesetzliche Unterlassungsansprüche

Gesetzliche Unterlassungsansprüche als rechtsverwirklichende Schutzrechte eines absoluten Rechts sind die wohl wichtigste Kategorie von Unterlassungsansprüchen. Prominente Beispiele hierfür sind etwa § 1004 Abs. 1 S. 2 BGB, § 862 Abs. 1 S. 2 BGB, § 97 Abs. 1 UrhG, § 8 Abs. 1 UWG. Gemeinsam ist diesen Ansprüchen, dass sie als rechtsverwirklichendes Schutzrecht auf die drohende Verletzung der dem Rechtsinhaber zustehenden, statischen Rechtsposition reagieren.[134] Ihr Zweck besteht also darin, einen störungsfreien Zustand der ihnen zugrundeliegenden Rechtsposition herzustellen.[135] Sie sollen nicht zu einer Vermögensaufstockung des Anspruchsberechtigten führen, sondern lediglich den Zustand sichern, der aufgrund der bereits bestehenden Rechtsposition bereits von Rechts wegen vorgesehen ist. Keinen Unterschied macht es für die Entstehung eines solchen Unterlassungsanspruchs, ob die abzuwehrende, drohende Rechtsverletzung aufgrund der Gefahr einer erneuten Rechtsverletzung besteht (Wiederholungsgefahr) oder ob die Rechtsverletzung erstmalig verletzt zu werden droht (Erstbegehungsgefahr).

Daneben kommen gesetzliche Unterlassungsansprüche aber auch zum Schutz einer gesetzlichen Forderung in Betracht. Zum einen stehen diese dem Forderungsinhaber gegenüber dem Schuldner zu, wenn der Schuldner sich anschickt, die Forderung zu verletzen.[136] Denkbar ist das beispielsweise, wenn der aufgrund einer Bereicherungsforderung verpflichtete Schuldner die zurückzugewährende Sache an einen Dritten veräußern möchte. Auch die Forderung ist wie jede andere Rechtsposition sowohl durch rechtsverwirklichende Schutzrechte als auch durch rechtsfortsetzende Schutzrechte geschützt; lediglich der personelle Um-

---

[134] Problematisch ist diese Konzeption allerdings im Wettbewerbsrecht. Dort ist nicht geklärt, welche Rechtsposition durch wettbewerbsrechtliche Unterlassungsansprüche geschützt wird und zudem sollen dort gemäß § 1 Abs. 1 S. 2 UWG gerade auch Interessen der Allgemeinheit geschützt werden. Der BGH spricht insoweit lediglich von einem „durch das Wettbewerbsrecht geschützte[n] Interesse" der Marktteilnehmer, BGHZ 173, 188, Rn. 36 – Jugendgefährdende Medien bei ebay. Siehe zu dieser Diskussion die Nachweise bei *Picker*, Privatrechtssystem, S. 82 ff. *Picker* selbst spricht sich vehement dafür aus, auch im Wettbewerbsrecht Ansprüche als Schutzrechte nur auf Basis einer zuvor ermittelten Rechtsposition anzuerkennen, S. 239 ff., besonders S. 256 ff.

[135] Siehe dazu nur *J. F. Hoffmann*, Zession, S. 36 ff., 56 ff. mwN.

[136] *Kahl*, Jahrbuch 1994, S. 205, 214 ff.; *Picker*, AcP 183, 369, 513 f.; außerdem in diese Richtung bereits RGZ 60, 6, 7 f.; aA. aber *Henckel*, AcP 174, 97, 122; bei vertraglichen Forderungen kritisch auch *Köhler*, AcP 190, 496, 504. Ein Unterlassungsanspruch scheide insbesondere aus, wenn der Gläubiger bereits mittels einer einstweiligen Verfügung ein Unterlassungsurteil erwirken könne, 506; *Kahl*, Jahrbuch 1994, S. 205, 212 ff. weist jedoch zu Recht auf die Notwendigkeit hin, zumindest den Versuch zu unternehmen, auch den einstweiligen Rechtsschutz an das materielle Recht rückzukoppeln und sieht das materiellrechtliche Substrat des einstweiligen Rechtsschutzes gerade in dem materiellen Unterlassungsanspruch. Es überzeugt deshalb nicht, einen materiellrechtlichen Anspruch schlicht unter Hinweis auf die Möglichkeit einer einstweiligen Verfügung zu verneinen.

fang ändert sich bei der Forderung als „relatives Recht" gegenüber einem absoluten Recht, nicht aber der sachliche Schutzumfang.[137] Darüber hinaus können aus einer Forderung resultierende Unterlassungsansprüche aber auch dann bestehen, wenn ein Dritter droht, die kraft Gesetzes oder aufgrund eines Vertragsschlusses zwischen Gläubiger und Schuldner begründete Forderung zu verletzen.[138] Möglich ist das etwa durch das Berühmen der Forderungsinhaberschaft oder wenn der Zedent, ohne über eine Einzugsermächtigung zu verfügen, den gutgläubigen Schuldner zur Leistung an sich selbst und nicht an den Zessionar auffordert. Auch in diesen Fällen kann der Gläubiger vom Dritten beziehungsweise dem Zedenten Unterlassung verlangen.[139]

2. Vertragliche Unterlassungsansprüche

Demgegenüber können Unterlassungsansprüche jedoch auch auf einer vertraglichen Vereinbarung der Parteien beruhen. Beispielsweise kann sich der Eigentümer eines Grundstücks dazu verpflichten, dieses trotz öffentlich-rechtlicher Zulässigkeit gegebenenfalls gegen Erhalt eines Entgelts nicht zu bebauen, um seinem Nachbarn nicht die Sicht auf den im Tal gelegenen See zu versperren.[140] Anders als bei den gesetzlichen Unterlassungsansprüchen führt der Abschluss des Unterlassungsvertrags hier zu einer Vermögensaufstockung auf Seiten des Nachbarn. Dieser kann nun vom Eigentümer die Unterlassung der Bebauung verlangen, die er vor Abschluss des Unterlassungsvertrags nicht verlangen konnte. Diese Vermögensaufstockung soll durch den vertraglichen Unterlassungsanspruch verwirklicht werden. Systematisch dient der vertragliche Unterlassungsanspruch hier als Schutzrecht der infolge des abgeschlossenen Unterlassungsvertrags bestehenden Unterlassungsforderung als dynamische Rechtsposition zugunsten des Nachbarn.[141] Der vertragliche Unterlassungsanspruch übernimmt damit hier dieselbe Funktion, die beispielsweise der Zahlungsanspruch eines Verkäufers nach einem abgeschlossenen Kaufvertrag innehat.[142]

---

[137] Dazu eingehend *J. F. Hoffmann*, Zession, S. 106 ff.; *Picker*, AcP 183, 369, 511 ff.; *Kahl*, Jahrbuch 1994, S. 205, 214 ff.

[138] *Canaris*, FS Steffen, S. 85, 91 f.; *J. F. Hoffmann*, Zession, S. 106; *Jacobs*, Feststellungsverfahren, S. 374; *Picker*, FS Canaris, S. 1001, 1019; *Wilhelm*, Sachenrecht, Rn. 139.

[139] Freilich muss dafür immer Begehungsgefahr vorliegen. Wann diese vorliegt, kann im Einzelfall durchaus schwierig zu beurteilen sein. Alleine durch die grundsätzliche Anerkennung eines Unterlassungsanspruchs ist deshalb noch nichts über die Intensität des dadurch vermittelnden Schutzes ausgesagt. Dieser hängt maßgeblich davon ab, wie hoch die Anforderungen sind, die an die Annahme der Begehungsgefahr gestellt werden.

[140] Zahlreiche weitere Beispiele bei *Hofmann*, Unterlassungsanspruch, S. 265 ff.

[141] Siehe grundlegend zu der Unterscheidung zwischen dynamischen, auf Vermögensverschiebung angelegten Rechtspositionen und statischen, nur auf Bewahrung des gegenwärtigen Zustands ausgerichteten Rechtspositionen, *Schlüter*, Selbstbestimmung, S. 107 ff.

[142] Zur Einordnung des Erfüllungsanspruchs als rechtsverwirklichendes Schutzrecht, *J. F. Hoffmann*, Zession, S. 131 ff.

Ebenso wie bei einer gesetzlichen Forderung können Unterlassungsansprüche aber auch auf der drohenden Verletzung einer vertraglichen Forderung durch den Schuldner beruhen, die nicht primär auf ein Unterlassen des Schuldners gerichtet ist, sondern beispielsweise auf Übergabe und Übereignung einer Sache.[143] Denn eine vertraglich begründete Forderung verfügt über dieselben Schutzmechanismen wie eine gesetzliche Forderung.[144] Zwar wird hier verbreitet für eine heteronome Begründung eines solchen Unterlassungsanspruchs plädiert.[145] Richtigerweise kann sich aber auch ein Unterlassungsanspruch hier nur aus der vertraglichen Vereinbarung selbst ergeben.[146] Andernfalls ließe sich nicht befriedigend erklären, wieso Gläubiger und Schuldner über die Schutzmechanismen der Forderung disponieren können.[147] Es handelt sich auch insoweit deshalb um einen vertraglichen Unterlassungsanspruch.

Verbreitet wird daneben vertreten, auch der Abschluss einer sogenannten strafbewehrten Unterlassungserklärung führe zu einem vertraglichen Unterlassungsanspruch.[148] Durch die Abgabe der strafbewehrten Unterlassungserklärung und deren Annahme durch den Gläubiger werde ein Unterlassungsvertrag geschlossen. Es entstehe damit eine neue Rechtsposition des Gläubigers kraft vertraglicher Vereinbarung, aufgrund derer er vom Schuldner die Unterlassung verlangen könne.[149] Selbst wenn diese dogmatische Einordnung zutreffend sein sollte, ist doch zu erkennen, dass die strafbewehrte Unterlassungserklärung sich grundlegend von den eben erwähnten vertraglichen Unterlassungsansprüchen unterscheidet. Diese sind auf die Herbeiführung einer Vermögensverschiebung ausgerichtet, jene dient dagegen nur der Erfüllung eines bereits bestehenden, typischerweise negatorischen Unterlassungsanspruchs, soll also nur die bestehende Vermögenslage schützen.[150] Die strafbewehrte Unterlassungserklärung ist deshalb nicht erfasst, soweit im Folgenden von vertraglichen Unterlassungsansprüchen die Rede ist.

---

[143] Siehe dazu oben S. 88 die in Fn. 136 Genannten.

[144] *J. F. Hoffmann*, Zession, S. 106.

[145] *Picker*, AcP 183, 369, 513 f.; *Kahl*, Jahrbuch 1994, S. 205, 214 ff.

[146] Gegen eine heteronome Begründung zu Recht *J. F. Hoffmann*, Zession, S. 79 Fn. 9.

[147] *J. F. Hoffmann*, Zession, S. 78 ff.; *Huber*, AcP 210, 320, 329, allerdings bezogen auf Erfüllung und Schadensersatz.

[148] Siehe beispielsweise Bacher/Teplitzky/*Kessen*, Wettbewerbsrechtliche Ansprüche, Kap. 12 Rn. 1; Ohly/Sosnitza/*Ohly*, UWG, § 8 Rn. 48.

[149] *Hofmann*, Unterlassungsanspruch, S. 437 ff., der insoweit davon spricht, durch die strafbewehrte Unterlassungserklärung werde ein neues „Stammrecht“ des Gläubigers begründet.

[150] *J. F. Hoffmann*, Zession, S. 80 f.; *Regenfus*, GRUR 2022, 1489, 1491.

II. Erfüllungsvoraussetzungen

Überträgt man den oben entwickelten Erfüllungsbegriff[151] auf Unterlassungsansprüche, muss der Schuldner durch sein Verhalten den aufgrund der bestehenden Begehungsgefahr rechtswidrigen Zustand beenden und damit die drohende Verletzung der dem Gläubiger zustehenden Rechtsposition ausräumen. Entscheidend für das Vorliegen der Begehungsgefahr ist der Wille des Schuldners. Ist der Schuldner tatsächlich entschlossen, das inkriminierte Verhalten zukünftig zu unterlassen, besteht keine Begehungsgefahr mehr und *vice versa.*[152] Allerdings kann der Gläubiger den tatsächlichen Willen des Schuldners nicht ohne Weiteres erkennen, zumal sich dieser auch im Verlauf der Zeit ändern kann. Es stellt sich deshalb die Frage, was der Schuldner tun muss, um seinen Unterlassungswillen nach außen zu manifestieren. Genügt es, dass der Schuldner dem Gläubiger verspricht, das inkriminierte Verhalten zukünftig zu unterlassen oder muss sich der Gläubiger nicht alleine auf das Wort des Schuldners verlassen, der bereits einmal die Rechtsposition des Gläubigers verletzt hat?

1. Begehungsgefahr als Voraussetzung bei vertraglichen Unterlassungsansprüchen

Vor dieser Untersuchung ist jedoch zu klären, ob die Begehungsgefahr auch bei auf einer vertraglichen Vereinbarung beruhenden Unterlassungsansprüchen als Anspruchsvoraussetzung erforderlich ist. Auf den ersten Zugriff erscheint es hier naheliegend, einen Unterlassungsanspruch bereits mit Vertragsabschluss zu bejahen.[153] Allerdings würde dies die Funktion des vertraglichen Unterlassungsanspruchs als rechtverwirklichendes Schutzrecht der kraft vertraglicher Vereinbarung begründeten Unterlassungsforderung verkennen. Ebenso wie ein sonstiger Erfüllungsanspruch erst entsteht, wenn der Schuldner trotz Fälligkeit der Forderung nicht leistet und damit die Forderung des Gläubigers verletzt,[154] entsteht auch der vertragliche Unterlassungsanspruch erst, wenn eine Verletzung der Unterlassungsforderung des Gläubigers so konkret droht, dass bereits durch die Begehungsgefahr ein rechtswidriger Zustand geschaffen wird.[155] Dies ist aber erst

---

[151] Siehe dazu oben S. 30 ff.

[152] *Teplitzky*, GRUR 1983, 609, 610.

[153] Dafür BGH, GRUR 1956, 238, 240 – Westfalen-Zeitung; BGH, GRUR 1999, 522, 524 – Datenbankabgleich; Köhler/Bornkamm/Feddersen/*Bornkamm*, UWG, § 8 Rn. 1.13.

[154] *J. F. Hoffmann*, Zession, S. 128 ff.

[155] Erneut sei darauf hingewiesen, dass für die Schutzintensität des Unterlassungsanspruchs letztlich entscheidend ist, wie streng die Kriterien sind, die man an das Vorliegen der Begehungsgefahr anlegt. Möchte man die Schutzintensität des negatorischen Rechtsschutzes verstärken und eine Begehungsgefahr schneller anerkennen können, ist hierfür letztlich eine Ausdehnung der geschützten Rechtsposition erforderlich. Wird der geschützte Rechtskreis weiter gezogen, besteht auch schneller die Gefahr einer Rechtsverletzung. Zu beobachten war dieses Vorgehen im Immaterialgüterrecht. Hier wurde der Umfang der Immaterialgüterrechte ausgebaut und mit den Vernichtungsansprüchen negatorische Beseitigungsansprüche geschaffen, die sich nur durch den zuvor ausgeweiteten Umfang der geschützten Rechtspo-

dann der Fall, wenn Begehungsgefahr besteht. Auch der vertragliche Unterlassungsanspruch entsteht deshalb erst mit Entstehen der Begehungsgefahr.[156]

2. Ausräumung der Wiederholungsgefahr

Das Vorliegen einer Wiederholungsgefahr nach einer bereits abgeschlossenen Rechtsverletzung erfordert eine Prognose über das zukünftige Handeln des Schuldners. Um diese Prognose zu vereinfachen, wurde eine Vermutung zugunsten des Gläubigers entwickelt; hat der Schuldner die Rechtsposition des Gläubigers bereits in der Vergangenheit verletzt, resultiert daraus die widerlegliche Vermutung der Wiederholungsgefahr.[157] Diese Prognose kann der Schuldner vorprozessual[158] grundsätzlich[159] nur dadurch zu seinen Gunsten verändern und damit die Wiederholungsgefahr ausräumen, dass er seinen Unterlassungswillen mittels einer strafbewehrten Unterlassungserklärung kundtut.[160] Getragen von der Entwicklung im Wettbewerbs- und Immaterialgüterrecht hält man diese inzwischen auch bei anderen Unterlassungsansprüchen für maßgeblich, um die

sition legitimeren lassen, siehe dazu ausführlich *J. F. Hoffmann*, ZGE 2014, 335, 355 ff. mit vorheriger, eingehender Würdigung anderer Legitimationsansätze.

[156] Im Ergebnis genauso, wenn auch mit anderer Terminologie *Hofmann*, Unterlassungsanspruch, S. 269 f.; *Köhler*, JZ 2005, 489, 492.

[157] Statt aller BGHZ 140, 1, 10; BGH, NJW 1986, 2503, 2505; Staudinger/*Thole*, § 1004 Rn. 459 mwN; Bacher/Teplitzky/*Kessen*, Wettbewerbsrechtliche Ansprüche, Kap. 6 Rn. 9.

[158] Ob die Wiederholungsgefahr durch den Erlass eines rechtskräftigen Urteils oder eine Abschlusserklärung des Schuldners ausgeräumt wird, war jedenfalls früher nicht unumstritten, dagegen *Teplitzky*, WRP 1996, 171, 173 f., wird heute jedoch ganz überwiegend bejaht, siehe nur *Bornkamm*, FS Tilmann, S. 769 ff.; Bacher/Teplitzky/*Kessen*, Wettbewerbsrechtliche Ansprüche, Kap. 7 Rn. 13 ff.

[159] Zu möglichen Ausnahmefällen, in denen der Schuldner auch ohne Abgabe einer strafbewehrten Unterlassungserklärung die Wiederholungsgefahr ausräumen könne, siehe *Büch*, FS Bornkamm, S. 15, 23 f. Da es sich hierbei aber lediglich um wenige, untergeordnete Einzelfälle handelt, bleiben diese im Folgenden außer Betracht.

[160] Der Schuldner räumt durch die Abgabe der strafbewehrten Unterlassungserklärung damit die Wiederholungsgefahr als Tatbestandsmerkmal aus und widerlegt nicht nur die Vermutung der Wiederholungsgefahr. Davon geht letztlich auch die hM aus, beispielsweise BGH, GRUR 1985, 155, 156 – Vertragsstrafe bis zu … I; Bacher/Teplitzky/*Kessen*, Wettbewerbsrechtliche Ansprüche, Kap. 7 Rn. 6 ff.; Dreier/Schulze/*Specht-Riemenschneider*, UrhG, § 97 Rn. 60 mwN. Allerdings wird verbreitet die Beseitigung der Wiederholungsgefahr und die Widerlegung in eins gesetzt, siehe beispielsweise jüngst BGHZ 235, 222, Rn. 35 mwN – Wegfall der Wiederholungsgefahr III, wo zunächst von einer Beseitigung der Wiederholungsgefahr dann aber in Rn. 41 von einer Widerlegung der Vermutung die Rede ist; explizit lediglich für eine Widerlegung der Vermutung *Borck*, WRP 1985, 311, 314. Auch die hiesige Deutung schließt nicht aus, dass die Prognose auch nach Abgabe einer strafbewehrten Unterlassungserklärung anders ausfallen kann, falls trotz der strafbewehrten Unterlassungserklärung Anhaltspunkte dafür bestehen, dass es tatsächlich an einem Unterlassungswillen des Schuldners fehlt, siehe dazu Bacher/Teplitzky/*Kessen*, Wettbewerbsrechtliche Ansprüche, Kap. 8 Rn. 7.

Wiederholungsgefahr zu beseitigen.[161] Über die genaue dogmatische Einordnung der strafbewehrten Unterlassungserklärung herrscht allerdings Uneinigkeit. Erschwert wird diese auch dadurch, dass in diesem Rahmen teilweise dieselben Begriffe benutzt werden, mit denen aber grundlegend unterschiedliche Konzepte gemeint sind und die teilweise auch von dem ansonsten gebräuchlichen Verständnis der Begriffe abweichen.[162] Die nachfolgenden Überlegungen werden sich deshalb losgelöst von diesen Begrifflichkeiten zunächst um die dogmatische Einordnung einer strafbewehrte Unterlassungserklärung bemühen, die dazu geeignet ist, die Wiederholungsgefahr auszuräumen und dadurch den Unterlassungsanspruch zu erfüllen. Daran anschließend wird die Frage der Erfüllungswirkung einer einseitig gebliebenen Unterwerfung untersucht. Zum Abschluss dieses Abschnitts ist die Möglichkeit einer Übertragung dieser Grundsätze auf Unterlassungsansprüche zu beleuchten, die nicht aus dem Wettbewerbs- oder Immaterialgüterrecht stammen.

a) Erfüllungstaugliche strafbewehrte Unterlassungserklärung

Die strafbewehrte Unterlassungserklärung besteht nach herrschender Auffassung aus zwei Teilen. Zum einen aus einem vertraglichen Unterlassungsversprechen des Schuldners und zum anderen aus der Verpflichtung des Schuldners, im Falle einer schuldhaften Zuwiderhandlung gegen die vertragliche Unterlassungsverpflichtung dem Gläubiger eine Vertragsstrafe zu zahlen.[163] Gebunden ist der Schuldner jedoch nur, wenn der Gläubiger das Angebot des Schuldners auf Abgabe einer strafbewehrten Unterlassungserklärung annimmt.[164] Handelt es sich

---

[161] Für das Wettbewerbsrecht statt vieler Bacher/Teplitzky/*Kessen*, Wettbewerbsrechtliche Ansprüche, Kap. 7 Rn. 7 mwN; für das Immaterialgüterrecht Dreier/Schulze/*Specht-Riemenschneider*, UrhG, § 97 Rn. 60 mwN; für einen Anspruch aus § 862 Abs. 1 S. 2 BGB BGH, NJW 2012, 3781, Rn. 12; bei einer Verletzung des Persönlichkeitsrechts BGH, NJW 1962, 1390, 1392; allgemein für eine Übertragung der im Wettbewerbs- und Immaterialgüterrecht entwickelten Grundsätze auf andere Unterlassungsansprüche *Ahrens*, liber amicorum Lindacher, S. 1, 3; *Fischer*, FS Piper, S. 205, 218; Staudinger/*Thole*, § 1004 Rn. 462 mwN; zurückhaltender aber MüKo/*Raff*, BGB, § 1004 Rn. 299 f., die Grundsätze der wettbewerbsrechtlichen und immaterialgüterrechtlichen Unterlassungsansprüche dürften auf § 1004 BGB „nur mit Vorsicht übertragen werden"; grundsätzlich kritisch zur Ausräumung der Wiederholungsgefahr nur durch die Abgabe einer strafbewehrten Unterlassungserklärung *Steines*, NJW 1988, 1359, 1360 f. Es seien auch andere Möglichkeiten zur Widerlegung der Wiederholungsgefahr denkbar.

[162] So sprechen beispielsweise sowohl BGHZ 130, 288, 292 – Kurze Verjährungsfrist; BGH, GRUR 1998, 953, 954 – Altunterwerfung III; *Köhler*, FS v. Gamm, S. 57, 64 ff.; *Fritzsche*, Unterlassungsanspruch, S. 280 f. auf der einen Seite und *Gruber*, WRP 1992, 71, 86 ff.; *J. F. Hoffmann*, GRUR 2021, 1029 ff. auf der anderen Seite von einem abstrakten Schuldanerkenntnis, gehen trotz der gemeinsamen Terminologie aber von sehr unterschiedlichen Wirkungen der strafbewehrten Unterlassungserklärung aus, was *J. F. Hoffmann*, GRUR 2021, 1029 ff. deutlich herausarbeitet.

[163] Deren Höhe kann entweder in der Unterlassungserklärung bereits festgelegt werden oder in das Ermessen des Gläubigers gestellt werden, sog. „Hamburger Brauch".

[164] Denkbar ist natürlich auch, dass das Angebot vom Gläubiger ausgeht, indem dieser dem Schuldner eine bereits vorformulierte strafbewehrte Unterlassungserklärung vorlegt.

bei der strafbewehrten Unterlassungserklärung aber um einen Vertrag[165] zwischen Gläubiger und Schuldner, kann für die dogmatische Einordnung nur der Parteiwillen maßgeblich sein. Es verbieten sich deshalb generelle Aussagen zur Rechtsnatur der strafbewehrten Unterlassungserklärung. Soweit die folgenden Ausführungen sich dennoch mit der Rechtsnatur der strafbewehrten Unterlassungserklärung beschäftigen, geht es deshalb lediglich um die Beschaffenheit einer strafbewehrten Unterlassungserklärung, durch die der Schuldner die Wiederholungsgefahr beseitigen und damit den Unterlassungsanspruch des Gläubigers erfüllen kann.[166]

aa) Die Lehre vom Feststellungszweck

Trotz der hohen praktischen Bedeutung der strafbewehrten Unterlassungserklärung stieß ihre genaue dogmatische Einordnung zunächst nur auf geringes Interesse.[167] Angestoßen von *Köhler*[168] entwickelte der BGH in der Folge aber schrittweise ein Konzept, demzufolge der strafbewehrten Unterlassungserklärung dieselben Wirkungen wie einem rechtskräftigen Urteil zukommen sollen; durch die strafbewehrte Unterlassungserklärung werde das Bestehen des gesetzlichen Unterlassungsanspruchs zwischen den Parteien außer Streit gestellt. Der Schuldner könne gegen eine Inanspruchnahme aus der strafbewehrten Unterlassungserklärung deshalb nur Einwendungen erheben, die er auch einem rechtskräftigen Unterlassungsurteil im Wege einer Vollstreckungsabwehrklage nach § 767 ZPO entgegenhalten könne.[169] Nicht möglich sei dem Schuldner deshalb insbesondere der Einwand, das vertraglich untersagte Verhalten sei nicht rechtswidrig.[170] Auch eine Kondiktion der strafbewehrten Unterlassungserklärung scheide aus.[171] Allenfalls komme eine Kündigung der Unterlassungserklärung für die Zukunft in Betracht, falls sich die Rechtsprechung oder die Gesetzeslage geändert habe, sodass dem Gläubiger keine Rechtsposition zustehe, die einen

[165] Teilweise wird deshalb auch von einem Unterlassungsvertrag oder einem Unterwerfungsvertrag gesprochen. Der Terminus strafbewehrte Unterlassungserklärung ist jedoch weit verbreitet und soll deshalb auch hier verwendet werden.

[166] Siehe zu dieser Einschränkung BGHZ 130, 288, 292 – Kurze Verjährungsfrist; *J. F. Hoffmann*, GRUR 2021, 1029, 1032; *Köhler*, FS v. Gamm, S. 57, 58.

[167] Bereits *Lindacher*, GRUR 1975, 413 konstatierte das und wollte Abhilfe schaffen. Aber auch *Köhler*, FS v. Gamm, S. 57 f. kam 15 Jahre später zu einer ähnlichen Schlussfolgerung. *Fritzsche*, Unterlassungsanspruch, S. 275 misst der Einordnung hingegen nur geringe Bedeutung bei, was sich auch an seinem Fazit zeigt, in dem er sich trotz „gewisser Bedenken" nonchalant für ein abstraktes Schuldanerkenntnis ausspricht, S. 281.

[168] FS v. Gamm, S. 57 ff.

[169] Siehe dazu als Abschluss dieser Rechtsprechungsentwicklung BGH, GRUR 2014, 797, Rn. 28 – fishtailparka; BGH, GRUR 2010, 946, Rn. 21 – Bericht über Haftlockerungen; eingehend zur Entwicklung der Rechtsprechung *J. F. Hoffmann*, GRUR 2021, 1029 f.

[170] BGHZ 133, 331, 333 – Altunterwerfung II; BGH, GRUR 2014, 797, Rn. 51 – fishtailparka; BGH, GRUR 2010, 946, Rn. 20 – Bericht über Haftlockerungen.

[171] BGH, GRUR 1998, 953, 954 – Altunterwerfung III.

gesetzlichen Unterlassungsanspruch begründen könne; in diesem Fall stünde dem Schuldner gegen ein rechtskräftiges Unterlassungsurteil eine Vollstreckungsabwehrklage zu.[172]

Den Grund für diesen weitgehenden Feststellungszweck der strafbewehrten Unterlassungserklärung sieht der BGH in der bezweckten kostengünstigen Streiterledigung. Der Schuldner verhindere durch die Abgabe einer strafbewehrten Unterlassungserklärung, zur Unterlassung verurteilt zu werden und die Kosten des Prozesses nach § 91 Abs. 1 ZPO tragen zu müssen. Der Gläubiger habe umgekehrt keinen Grund dafür, sich mit einer Unterlassungserklärung des Schuldners zufrieden zu geben, die diesen weniger weitreichend als ein rechtskräftiges Unterlassungsurteil binde.[173] Auf der anderen Seite solle der Gläubiger aber auch nicht besser als nach Erlass eines rechtskräftigen Urteils gestellt werden, weshalb dem Schuldner zumindest die nach § 767 Abs. 1 ZPO zulässigen Einwendungen erhalten bleiben müssten.[174] Parallel zu dieser Rechtsprechungsentwicklung verbreitete sich die Vorstellung, der Schuldner binde sich durch die Abgabe einer strafbewehrten Unterlassungserklärung in einer einem rechtskräftigen Urteil vergleichbaren Weise, auch in der Literatur.[175]

bb) Wider einen Feststellungszweck

Demgegenüber wurde in der jüngeren Literatur zu Recht darauf hingewiesen, dass es materiellrechtlich keinen Grund für den Schuldner gibt, sich derart weitgehenden Bindungen zu unterwerfen; ohne ausdrückliche Vereinbarung eines solchen Feststellungszwecks ist deshalb nicht davon auszugehen, dass ein solcher mit dem Abschluss einer strafbewehrten Unterlassungserklärung vereinbart werden sollte.[176] Ein Gläubiger kann vorprozessual nicht von seinem Schuldner verlangen, so gestellt zu werden, als ob bereits ein rechtskräftiges Urteil ergangen wäre. Die durch ein rechtskräftiges Urteil erzeugten Bindungswirkungen rechtfertigen sich letztlich primär aus Zweckmäßigkeitserwägungen; im Interesse der

---

[172] Für den Fall einer Gesetzesänderung BGHZ 133, 316, 323 – Altunterwerfung I; bei einer Rechtsprechungsänderung BGHZ 181, 373 Rn. 17 ff. – Mescher Weis. Eine Änderung der höchstrichterlichen Rechtsprechung im Wettbewerbsrecht habe „ähnliche Auswirkungen wie eine Gesetzesänderung", Rn. 24. Zudem würde ohne die Möglichkeit einer Vollstreckungsabwehrklage die Wettbewerbsfreiheit des durch das rechtskräftige Urteil gebundenen Unterlassungsschuldners zu weitgehend eingeschränkt.

[173] BGHZ 133, 316, 323 – Altunterwerfung I.

[174] BGH, GRUR 2010, 946, Rn. 21 – Bericht über Haftlockerungen.

[175] *Ahrens*, liber amicorum Lindacher, S. 1, 2, 4; *Fritzsche*, Unterlassungsanspruch, S. 326; *Hofmann*, Unterlassungsanspruch, S. 358, 437 ff., es bestehe ein Recht auf einen Vollstreckungstitel, S. 441; *Jung/Hilger*, IPRB, 2023, 71, 72; *Lindacher*, GRUR 1975, 413, 414; *derselbe*, FS Canaris, S. 1393, 1395; *Regenfus*, GRUR 2022, 1489 ff.; ohne ausdrückliche Bezugnahme auf die Urteilswirkungen, in der Sache aber ebenso von einem weiten Feststellungszweck ausgehend *Köhler*, FS v. Gamm, S. 57, 65 f.

[176] *J. F. Hoffmann*, GRUR 2021, 1029, 1031 ff.; gegen solch weitreichende Bindungen des Schuldners auch *Gruber*, WRP 1992, 71, 80 f.

Rechtssicherheit muss der Streit zwischen den Parteien einmal ein Ende finden. Gerechtfertigt wird eine solche Präklusion etwaiger materiellrechtlicher Gegenrechte durch ein zuvor durchgeführtes Erkenntnisverfahren, das mit rechtsstaatlichen Verfahrenssicherungen ausgestattet ist.[177] Es ist deshalb nicht ohne Weiteres anzunehmen, dass sich der Schuldner auch ohne ein solches Erkenntnisverfahren in gleichem Maße etwaigen Gegenrechten begeben möchte.

Auch der Verweis darauf, die Abgabe einer strafbewehrten Unterlassungserklärung sei für den Schuldner vorteilhaft, drohe diesem doch nun kein zeitraubender und teurer Prozess mehr, kann eine solche Bindung nicht legitimieren.[178] Denn zum einen liegt die Abgabe einer strafbewehrten Unterlassungserklärung nicht nur im Interesse des Schuldners, sondern gerade auch im Interesse des Gläubigers; ohne strafbewehrte Unterlassungserklärung wäre der Gläubiger gezwungen, eine Unterlassungsklage gegen den Schuldner zu erheben, was auch für den Gläubiger zeitaufwendig und im Falle eines Prozessverlusts teuer wäre.[179]

Zum anderen hat der Schuldner aber bereits dann keine Verurteilung mehr zu fürchten, wenn er die materiellrechtliche Wiederholungsgefahr ausräumt. Wieso der Schuldner dieses materiellrechtliche Tatbestandsmerkmal aber nur dadurch ausräumen können soll, dass er den Gläubiger genauso wie nach Erlass eines rechtskräftigen Urteils stellt, bleibt unklar. Im Gegenteil, führt man sich die einhellige Meinung bei Ansprüchen vor Augen, die auf eine positive Leistung des Schuldners gerichtet sind, muss diese Auffassung geradezu befremdlich erscheinen. Ist der Schuldner beispielsweise zur Zahlung einer bestimmten Geldsumme oder zur Herausgabe einer Sache verpflichtet, entspricht es der einhelligen Meinung, dass der Schuldner diese Verpflichtung bereits dadurch erfüllen kann, dass er leistet, sich aber die Rückforderung vorbehält.[180] Tut er das, kann er vom Gläubiger nicht mehr mit Aussicht auf Erfolg auf Leistung verklagt werden. In diesen Fällen wird der Gläubiger mitnichten so gestellt, wie er nach einem rechtskräftigen Urteil stünde, das dem Schuldner eine Rückforderung gerade untersagen würde. Vielmehr gibt der Schuldner durch seinen Vorbehalt bereits zu erkennen, von seiner Leistungspflicht nicht überzeugt zu sein und deshalb später möglicherweise kondizieren zu wollen. Wieso der Gläubiger nun aber bei einem Unterlassungsanspruch mehr verlangen können soll als bei Handlungspflichten des Schuldners, bleibt im Dunkeln.[181] In der Sache erscheint eine Begründung

[177] *J. F. Hoffmann*, GRUR 2021, 1029, 1032 ff.

[178] Zu dem Argument der Zeit- und Kostenersparnis siehe BGHZ 133, 331, 333 – Altunterwerfung II; BGH, GRUR 2010, 946, Rn. 20 – Bericht über Haftlockerungen.

[179] *Lindacher*, GRUR 1975, 413, 414 freilich ohne daraus Konsequenzen für den Umfang der Unterlassungserklärung zu ziehen; *Gruber*, WRP 1992, 71, 75.

[180] Siehe dazu oben S. 59 ff.

[181] Zu dem Vergleich mit sonstigen, auf Handlungspflichten des Schuldners gerichteten Ansprüchen bereits, *J. F. Hoffmann*, GRUR 2021, 1029, 1033, der darauf hinweist, dass mittels der strafbewehrten Unterlassungserklärung in der Sache Wirkungen erzielt werden, als ob man im Gefolge *Otto Bährs* dem Gläubiger einen Anspruch auf rechtskräftige Feststellung des eigenen Anspruchs zugestehe; zum Feststellungsanspruch siehe *Bähr*, Anerken-

dafür kaum möglich, müsste man doch dem Gläubiger materiellrechtlich das Recht zugestehen, vom Schuldner sogar dann einen Verzicht der Rückforderung verlangen zu können, wenn tatsächlich gar keine Rechtsposition des Gläubigers bestünde, aufgrund derer der Schuldner zur Unterlassung verpflichtet wäre.[182]

Dieser Befund kann auch nicht durch einen Hinweis darauf umgangen werden, der Schuldner habe eben einen Vertrag abgeschlossen, an den er sich nun zu halten habe; das Risiko, sich zur Unterlassung eines Verhaltens zu verpflichten, das dem Schuldner gesetzlich gestattet wäre, habe der Schuldner privatautonom übernommen.[183] Es ist gerade die in Rede stehende Frage, wie weit die Bindungswirkungen der strafbewehrten Unterlassungserklärung gehen. Unerlässlich hierfür ist eine Auslegung der Vereinbarung, welche die Interessen der Parteien berücksichtigt. Der bloße Verweis auf einen zwischen Schuldner und Gläubiger geschlossenen Vertrag bleibt deshalb ohne jeden sachlichen Aussagewert und kann nicht erklären, wieso der Schuldner einseitig das Risiko übernehmen sollte, sich zur Unterlassung eines ihm gesetzlichen gestatteten Verhaltens zu verpflichten.

cc) Abhängigkeit des vertraglichen Unterlassungsanspruchs von der verletzten Rechtsposition

Verfolgt man die Parallele zu Ansprüchen weiter, die auf positive Handlungen des Schuldners gerichtet sind, weist dies den Weg zur dogmatischen Einordnung der strafbewehrten Unterlassungserklärung. Ist dem Schuldner bei diesen die spätere Kondiktion unter Verweis darauf möglich, dass dem Gläubiger tatsächlich keine Rechtsposition zustehe, aufgrund derer er die Leistung beanspruchen konnte, muss auch die Rückforderung einer strafbewehrten Unterlassungserklärung möglich sein, fungiert diese doch als Leistung zur Erfüllung des Unterlassungsanspruchs; der Schuldner verfolgt mit der Abgabe einer strafbewehrten Unterlassungserklärung keine weitreichenden Feststellungszwecke, sondern gibt diese lediglich ab, um seinen Unterlassungswillen nach außen hin sichtbar zu bekunden und dadurch den Unterlassungsanspruch zu erfüllen. Gelangt der Schuldner später zu der Ansicht, nicht zur Unterlassung verpflichtet zu sein, muss er dies einem Verlangen des Gläubigers auf Zahlung der Vertragsstrafe aufgrund einer Zuwiderhandlung gegen die vertraglich vereinbarte Unterlassungsverpflichtung entgegenhalten können.

---

nung. Diese Erkenntnis kontrastiert den Widerspruch zu den Handlungspflichten noch einmal deutlich, wird bei diesen doch übereinstimmend betont, der Gläubiger habe ein Recht nur auf die Leistung, nicht aber auf Anerkennung.

[182] Zutreffend gegen ein solches Recht des Gläubigers *J. F. Hoffmann*, GRUR 2021, 1029, 1034; ähnlich auch *Gruber*, WRP 1992, 71, 78.

[183] So Staudinger/*Rieble*, § 339 Rn. 329 ff., der deshalb die Kündigungsmöglichkeiten des Schuldners noch enger ziehen möchte, als der BGH es tut.

Denkbar wäre das, wenn man die strafbewehrte Unterlassungserklärung als abstraktes Schuldanerkenntnis einordnete, dessen *causa* die Verletzung der *Rechtsposition* des Gläubigers ist, aus der dieser seinen (vermeintlichen) Unterlassungsanspruch hergeleitet hat. Bestand eine solche Rechtsposition tatsächlich nicht, könnte der Schuldner das abstrakte Schuldanerkenntnis kondizieren beziehungsweise sich gegen eine Geltendmachung der Vertragsstrafe über die Bereicherungseinrede nach § 821 BGB analog[184] zur Wehr setzen; freilich würde der Schuldner in diesem Rahmen dann genauso wie bei Handlungspflichten die objektive Beweislast für das Nichtbestehen des Rechtsgrunds auf Seiten des Gläubigers tragen.[185] Um den Gläubiger davor zu bewahren, dass der Schuldner das inkriminierte Verhalten schlicht wieder aufnimmt und sich erst im Rahmen eines etwaigen Prozesses über die Zahlung der Vertragsstrafe auf die fehlende *causa* für das abstrakte Schuldverhältnis beruft, wird neben dem abstrakten Schuldanerkenntnis noch der Abschluss eines vertraglichen Dauerschuldverhältnisses für notwendig erachtet. Dieses könnte der Schuldner zwar jederzeit fristlos kündigen, ohne dass dafür ein Kündigungsgrund erforderlich sein müsste. Nur wenn der Schuldner die strafbewehrte Unterlassungserklärung aber vor Aufnahme des inkriminierten Verhaltens gekündigt hat, könne er seiner Verpflichtung zur Zahlung der Vertragsstrafe die fehlende *causa* entgegenhalten. Eine nachträgliche Kondiktion von Vertragsstrafezahlungen für vor der Kündigung begangene Zuwiderhandlungen sei hingegen nicht möglich.[186]

Zwar leuchtet diese Lösung in vielerlei Hinsicht ein. Gegen sie spricht allerdings, dass sich die Verschiebung der objektiven Beweislast im Rahmen der Kondiktion bei Handlungspflichten nur aus der Veränderung der tatsächlichen Lage rechtfertigt.[187] Zu einer solchen Veränderung kommt es durch die Abgabe einer strafbewehrten Unterlassungserklärung jedoch nicht; der Gläubiger erhält hier gegenständlich nichts, was er im Wege der Kondiktion dem Schuldner zurückgewähren müsste. Es ist deshalb nicht ersichtlich, wieso der Gläubiger nicht weiterhin die objektive Beweislast für das Bestehen seiner Rechtsposition tragen sollte, die er durch den Schuldner verletzt sieht; im Falle einer Unterlassungsklage hätte den Gläubiger diese schließlich ebenfalls getroffen. Für den Schuldner besteht kein Grund, dem Gläubiger die objektive Beweislast durch seine vorprozessuale Leistung abzunehmen. Näherliegend als die Annahme eines abstrakten Schuldanerkenntnisses ist es deshalb, bereits den Bestand der strafbewehrten Unterlassungserklärung von dem Bestehen einer verletzten Rechtsposition des Gläubigers abhängig zu machen. Durch die strafbewehrte Unterlas-

---

[184] Teilweise wird die „Bereicherungseinrede" auch auf § 242 BGB gestützt, siehe dazu MüKo/*Schwab*, BGB, § 821 Rn. 3 ff.

[185] Im Ergebnis bildete man damit die bei auf Handlungspflichten gerichtete Ansprüche bestehende Rechtslage eins zu eins ab, dafür *Gruber*, WRP 1992, 71, 86 ff.; *J. F. Hoffmann*, GRUR 2021, 1029, 1033 f.

[186] *J. F. Hoffmann*, GRUR 2021, 1029, 1034 f.

[187] Siehe dazu oben S. 65 ff.

sungserklärung wird damit kein vertraglicher Unterlassungsanspruch geschaffen, sondern lediglich das Verhalten beschrieben, zu dessen Unterlassung der Schuldner nach Ansicht des Gläubigers verpflichtet ist. Die Vertragsstrafe dient dann in Form der unselbständigen Vertragsstrafe[188] als Schutzinstrument zur Sicherung der Rechtsposition, zu deren Schutz der Unterlassungsanspruch besteht.[189] Die Verwirkung der Vertragsstrafe hängt deshalb ebenso wie die Existenz des Unterlassungsanspruchs davon ab, dass zugunsten des Gläubigers eine Rechtsposition besteht, aufgrund derer er vom Schuldner Unterlassung verlangen kann. Verlangt der Gläubiger aufgrund einer Zuwiderhandlung des Schuldners die Zahlung der Vertragsstrafe, kann sich dieser deshalb mit dem Einwand wehren, diese nicht zu schulden, weil der Gläubiger keine Unterlassung des inkriminierten Verhaltens beanspruchen könne. Als anspruchsbegründende Tatsache fällt dem Gläubiger die objektive Beweislast dafür zu, das Bestehen seiner Rechtsposition nachzuweisen.[190] Hat der Schuldner bereits Vertragsstrafezahlungen entrichtet, kann er diese kondizieren unter Hinweis auf das Nichtbestehen einer Rechtposition des Gläubigers; freilich trägt dann im Rahmen der Kondiktion der Schuldner die objektive Beweislast für den fehlenden Behaltensgrund.

Dieser Einordnung kann nicht entgegengehalten werden, durch die Abgabe der strafbewehrten Unterlassungserklärung entfalle die Wiederholungsgefahr und damit der zu sichernde Unterlassungsanspruch.[191] Denn Bezugspunkt der Vereinbarung einer unselbständigen Vertragsstrafe ist nicht der Unterlassungsanspruch, sondern die zugrundeliegende Rechtsposition des Gläubigers.[192] Auch der Wegfall der Wiederholungsgefahr und der damit verbundene Untergang des

---

[188] Siehe dazu *J. F. Hoffmann*, Zession, S. 174 ff.; Staudinger/*Rieble*, Vorb. §§ 339 ff. Rn. 2 ff.

[189] In eine ähnliche Richtung geht die vor allem von *Lindacher* vertretene Einordnung der strafbewehrten Unterlassungserklärung als kausales Schuldanerkenntnis, vgl. *Lindacher*, GRUR 1975, 413, 414 ff.; *derselbe*, FS Canaris, S. 1393 ff. Allerdings möchte auch *Lindacher* der strafbewehrten Unterlassungserklärung weitgehende, einem rechtskräftigen Urteil nachgebildete Feststellungwirkungen zumessen, weshalb sich seine Konzeption von der hiesigen doch deutlich unterscheidet; die Vertragsstrafe sichert damit hier nicht zwangsläufig eine vertragliche Unterlassungsverpflichtung. Ihrer Bezeichnung als Vertragsstrafe steht das jedoch nicht entgegen, geht es bei der Vertragsstrafe doch immer um „die vertragliche Sicherung von Pflichten" und „nicht [die] Sicherung von Vertragspflichten", Staudinger/*Rieble*, Vorb. §§ 339 ff. Rn. 5.

[190] *Gruber*, WRP 1992, 71, 87, der deshalb eine Einordnung als abstraktes Schuldanerkenntnis favorisiert, um zu einer dem Gläubiger günstigeren Beweislastverteilung zu gelangen.

[191] So BGHZ 130, 288, 292 – Kurze Verjährungsfrist; Bacher/Teplitzky/*Kessen*, Wettbewerbsrechtliche Ansprüche, Kap. 8 Rn. 5; *Fritzsche*, Unterlassungsanspruch, S. 278; *Pokrant*, FS Erdmann, S. 863, 865.

[192] *J. F. Hoffmann*, Zession, S. 174 ff.; vgl. weiter *denselben*, GRUR 2021, 1029, 1031 mit dem Hinweis, dass bei Annahme von Feststellungszwecken diese der Rechtsgrund eines kausalen Schuldanerkenntnisses wären, sodass auch insoweit kein Problem mit dem Wegfall des Unterlassungsanspruchs bestünde.

bis dato bestehenden Unterlassungsanspruchs beraubt die Vertragsstrafenabrede damit nicht ihres Bezugspunkts. Weiter überzeugt auch der Einwand nicht, bereits aus der Formulierung einer strafbewehrten Unterlassungserklärung ergebe sich regelmäßig, dass durch diese eine neue vertragliche Unterlassungsverpflichtung geschaffen werden solle.[193] Zum einen dürfte alleine der Wortlaut regelmäßig auch eine Deutung als schlichte Wiedergabe der (vermeintlichen) gesetzlichen Unterlassungsverpflichtung zulassen. Zum anderen ist für die Einordnung der strafbewehrten Unterlassungserklärung der Parteiwille maßgeblich. Richtet sich dieser auf die Ausräumung der Wiederholungsgefahr, und ist hierfür lediglich eine vom tatsächlichen Bestand einer dem Gläubiger zustehenden Rechtsposition abhängige Vertragsstrafe notwendig, ist die strafbewehrte Unterlassungserklärung als Vereinbarung einer solchen Vertragsstrafe auszulegen. Überdies wirkt die Vorstellung, zwischen Schuldner und Gläubiger werde durch die strafbewehrte Unterlassungserklärung ein neuer Unterlassungsvertrag geschlossen, bei vertraglichen Unterlassungsansprüchen befremdlich; hier besteht schließlich bereits ein Unterlassungsvertrag.[194]

Daneben könnte man darüber nachdenken, dem Schuldner zumindest eine Informationsobliegenheit des Gläubigers in Gestalt eines jederzeit kündbaren Dauerschuldverhältnisses aufzuerlegen. Der Schuldner könnte sich dann auf die fehlende Rechtsposition des Gläubigers nur dann berufen, wenn er zuvor die Abrede über die Vertragsstrafe gekündigt hat und den Gläubiger dadurch verbindlich davon in Kenntnis gesetzt hat, sich künftig nicht mehr an die strafbewehrte Unterlassungserklärung gebunden zu fühlen.[195] Allerdings ist bereits aufgrund der dem Schuldner im Falle der Zuwiderhandlung drohenden Vertragsstrafe von einem hinreichenden Unterlassungswillen des Schuldners auszugehen; ein darüber hinausgehendes Kündigungserfordernis erscheint deshalb nicht erforderlich.[196]

---

[193] *Gruber*, WRP 1992, 71, 85 f.

[194] Freilich stünde dies einer Einordnung der strafbewehrten Unterlassungserklärung im gewerblichen Rechtsschutz nicht entgegen, weil die dort in Rede stehenden Unterlassungsansprüche nahezu ausschließlich aus dem Gesetz folgen. Allerdings wird zu Recht übereinstimmend für eine Übertragung der strafbewehrten Unterlassungserklärung auf andere Unterlassungsansprüche plädiert (siehe dazu unten S. 106 f.), weshalb ein umfassenderes Konzept erstrebenswert ist.

[195] Dafür *J. F. Hoffmann*, GRUR 2021, 1029, 1034 f.

[196] Insbesondere dürfte es für den Schuldner aufgrund der drohenden Vertragsstrafe unattraktiv sein, das inkriminierte Verhalten zunächst fortzusetzen und sich erst im Rahmen des Vertragsstrafeprozesses auf die Zulässigkeit seines Verhaltens zu berufen, siehe *J. F. Hoffmann*, GRUR 2021, 1029, 1034, der allerdings bezüglich des Unterlassungswillens des Schuldners strengere Maßstäbe anlegt und deshalb ein Kündigungserfordernis für notwendig erachtet.

b) Einseitige Unterwerfung

Problematisch sind jedoch die Fälle, in denen der Schuldner zwar ein Angebot zur Abgabe einer ordnungsgemäßen[197] strafbewehrten Unterlassungserklärung abgibt, es jedoch mangels einer Annahme durch den Gläubiger nicht zum Abschluss einer Vertragsstrafenvereinbarung kommt. Ohne eine solche Vereinbarung ist der Schuldner im Falle einer erneuten Vornahme des inkriminierten Verhaltens nicht zur Zahlung der Vertragsstrafe verpflichtet. Es fragt sich deshalb, ob dann mangels des über dem Schuldner schwebenden „Damoklesschwerts" der Vertragsstrafe,[198] ein Wegfall der Wiederholungsgefahr zu verneinen oder ob dieser aufgrund des vom Schuldner gezeigten Unterlassungswillens dennoch zu bejahen ist.

aa) „Abschreckungswirkung" nur durch Vertragsschluss

Die Rechtsprechung ließ insoweit lange Zeit eine einseitige strafbewehrte Unterlassungserklärung des Schuldners genügen, sofern diese einen ernsthaften Unterlassungswillen des Schuldners erkennen lasse; auf eine Annahme durch den Gläubiger komme es nicht an.[199] Erforderlich sei allerdings die Abgabe eines unbefristeten Angebots.[200] In der Literatur wurde dem verbreitet zugestimmt.[201] Vorbereitet durch kritische Stimmen aus der Literatur[202] schwenkte der BGH jüngst jedoch um und hielt die Wiederholungsgefahr nunmehr nur noch bis zu dem Zeitpunkt für ausgeräumt, in dem der Gläubiger das Angebot des Schuldners ablehne. Ab diesem Zeitpunkt bestehe die Wiederholungsgefahr hingegen wieder,[203] weil es aufgrund der erklärten Ablehnung und des daraus folgenden

---

[197] Insbesondere muss die Vertragsstrafe hoch genug sein, um den Schuldner effektiv von einem erneuten Verstoß abhalten zu können. Außerdem sollen etwaige Bedingungen und Befristungen nicht zulässig sein, siehe zu den genauen Anforderungen Bacher/Teplitzky/*Kessen*, Wettbewerbsrechtliche Ansprüche, Kap. 8 Rn. 2 ff.

[198] Die Begrifflichkeit stammt von *Bornkamm*, FS Büscher, S. 441, 442.

[199] Siehe nur BGH, GRUR 1982, 688, 691 – Senioren-Paß; BGH, GRUR 1985, 155, 156 mwN – Vertragsstrafe bis zu … I; BGH, GRUR 2010, 355, Rn. 21 – Testfundstelle; BGH, GRUR 2018, 1258, Rn. 53 ff. – YouTube Werbekanal II; anders aber noch BGH, GRUR 1967, 362, 366 – Spezialsalz I, die einseitige strafbewehrte Unterlassungserklärung lasse lediglich das Rechtsschutzbedürfnis für eine Unterlassungsklage entfallen.

[200] BGH, GRUR 2010, 355, Rn. 21 – Testfundstelle.

[201] Siehe nur *Fritzsche*, Unterlassungsanspruch, S. 317, 342; Bacher/Teplitzky/*Kessen*, Wettbewerbsrechtliche Ansprüche, Kap. 8 Rn. 36a; *Köhler*, FS v. Gamm, S. 57, 59, 61 mwN; *Teplitzky*, GRUR 1983, 609, 610.

[202] *Bornkamm*, FS Büscher, S. 441 ff.; Köhler/Bornkamm/Feddersen/*Bornkamm*/*Feddersen*, UWG, § 13 Rn. 156, 170 ff.

[203] Hinsichtlich der genauen dogmatischen Konstruktion des vorübergehenden Wegfalls der Wiederholungsgefahr besteht Unsicherheit. *Fritzsche*, WRP 2023, 713, 714 fühlt sich an die Wirkungen einer auflösenden Bedingung erinnert. *Meinhardt*, WRP 2023, 406, 408 favorisiert hingegen eine Einordnung als dilatorische Einrede.

Erlöschens des Angebots an der „Abschreckungswirkung"[204] fehle. Diese sei jedoch für den Wegfall der Wiederholungsgefahr unerlässlich.[205] Zwar drohe dem Schuldner hierdurch im Falle einer Ablehnung seines Angebots weiterhin eine erfolgsversprechende Unterlassungsklage des Gläubigers. Eine unbillige Benachteiligung des Schuldners sei hierin jedoch nicht zu sehen, da dieser ein sofortiges Anerkenntnis abgeben und dadurch gemäß § 93 ZPO einer Kostentragungspflicht entgehen könne.[206]

bb) Stellungnahme

Diese Rechtsprechungsänderung beruht letztlich auf einem zwar deutlich ausgesprochenen, in der Sache aber nicht begründeten Gedanken: Der Wegfall der Wiederholungsgefahr sei nicht nur vom nach außen bekundeten, ernsthaften Unterlassungswillen des Schuldners abhängig, sondern erfordere immer noch ein objektives Element in Gestalt einer wirksamen Sanktionsdrohung.[207] Im Folgenden ist deshalb zu überprüfen, ob sich diese Überlegung als stichhaltig erweist oder ob der Vorzug den gegenteiligen Stimmen gebührt, die alleine den Unterlassungswillen des Schuldners für entscheidend halten.[208]

Auffällig ist insoweit zunächst die Diskrepanz zwischen der Beseitigung der Wiederholungsgefahr und der Beseitigung einer Erstbegehungsgefahr. Bei letzterer ist zu Recht weithin anerkannt, dass der Schuldner diese alleine durch sein Verhalten ausräumen kann, ohne auf eine Mitwirkung des Gläubigers angewiesen zu sein.[209] Vor diesem Hintergrund wirkt es umso erstaunlicher, dass diese Möglichkeit dem Schuldner nun bei der Wiederholungsgefahr derart rigoros verwehrt wird. Nicht begründen lässt sich dieser Unterschied mit dem Argument, eine einseitig gebliebene strafbewehrte Unterlassungserklärung könne die Wiederholungsgefahr bereits deshalb nicht ausräumen, weil der Gläubiger einem erneuten Verstoß dann schutzlos ausgeliefert sei; weder könnte der Gläubiger dann die Vertragsstrafe verlangen noch könnte er mit Erfolg eine Unterlassungsklage erheben.[210] Der Gläubiger hat diese (vermeintliche)[211] Schutzlosigkeit selbst

---

[204] BGHZ 235, 222, Rn. 41 – Wegfall der Wiederholungsgefahr III.

[205] BGHZ 235, 222, Rn. 39 ff. – Wegfall der Wiederholungsgefahr III.

[206] BGHZ 235, 222, Rn. 44 – Wegfall der Wiederholungsgefahr III.

[207] BGHZ 235, 222, Rn. 41 – Wegfall der Wiederholungsgefahr III, aus der Literatur *Bornkamm*, FS Büscher, S. 441 f.; Köhler/Bornkamm/Feddersen/*Bornkamm/Feddersen*, UWG, § 13 Rn. 139.

[208] Dafür in aller Deutlichkeit *Teplitzky*, GRUR 1983, 609, 610; *derselbe*, WRP 1996, 171, 173; *Meinhardt*, WRP 2023, 406, 411.

[209] *Meinhardt*, WRP 2023, 406, 411; zur Beseitigung der Erstbegehungsgefahr BGH, GRUR 1992, 116, 117 – Topfgucker-Scheck; BGH, GRUR 2001, 1174, 1176 – Berühmungsaufgabe; BGH, GRUR 2008, 912, Rn. 30 – Metrosex; BGH, GRUR 2009, 841, Rn. 23 – Cybersky; Köhler/Bornkamm/Feddersen/*Bornkamm*, UWG, § 8 Rn. 1.31; *Büch*, FS Bornkamm, S. 15, 22 ff.

[210] *Bornkamm*, FS Büscher, S. 441, 444 f.

[211] Siehe dazu sogleich.

verursacht, indem er das ordnungsgemäße[212] Angebot des Schuldners auf Abschluss einer Vertragsstrafenvereinbarung für den Fall der Zuwiderhandlung abgelehnt hat; warum der Schuldner dann dennoch dem Risiko einer erfolgreichen Unterlassungsklage ausgesetzt sein sollte, erschließt sich nicht.[213]

Auch die Möglichkeit eines sofortigen Anerkenntnisses durch den Schuldner und einer daraus folgenden Kostenentscheidung nach § 93 ZPO ändert daran nichts. Zwar soll der Schuldner auch ein Anerkenntnisurteil mit Rechtsmitteln angreifen können.[214] Allerdings bleibt der Schuldner an sein Anerkenntnis gebunden. Im Rechtsmittelverfahren wird der Schuldner deshalb nur dann Erfolg haben, wenn er die Unwirksamkeit des Anerkenntnisses geltend macht und gegebenenfalls beweisen kann.[215] Gleiches muss gelten, wenn infolge des Anerkenntnisses kein Anerkenntnisurteil, sondern ein streitiges Urteil ergangen ist, dem das Anerkenntnis jedoch zugrunde gelegt wurde, was der Anwendung von § 93 ZPO nicht entgegensteht.[216] Den Schuldner auf ein Anerkenntnis zu verweisen, heißt damit, ihm zugleich die Möglichkeit zu nehmen, sich später eines Besseren zu besinnen und seine Pflicht zur Unterlassung in Frage zu stellen. Gerade dazu ist der Schuldner aber nach den obigen Erkenntnissen ebenso wie bei Handlungspflichten auch im Falle eines Unterlassens berechtigt; der Schuldner ist nicht dazu verpflichtet, die Rechtsposition des Gläubigers anzuerkennen.

Gegen das zwangsläufige Erfordernis eines Vertragsschlusses spricht zudem das verbreitete Bemühen des Gesetzgebers, den Schuldner gerade vor der für ihn misslichen Situation zu bewahren, sich seiner Verpflichtung nicht ohne eine Mitwirkung des Gläubigers entledigen zu können. Beispielsweise hat der Schuldner nach den §§ 372 ff. BGB die Möglichkeit, die geschuldete Sache zu hinterlegen, wenn sich der Gläubiger im Annahmeverzug befindet, und dadurch einer Leistungsklage den Wind aus den Segeln zu nehmen.[217] Ist die Sache nicht hinterle-

---

[212] Um Missverständnissen vorzubeugen: Es geht hier nur um die Fälle, in denen das Angebot des Schuldners objektiv allen Kriterien entsprochen hat, die an eine strafbewehrte Unterlassungserklärung zu stellen sind, um die Wiederholungsgefahr auszuräumen. Lehnt der Gläubiger hingegen ein Angebot des Schuldners ab, das mit nicht zulässigen Einschränkungen verbunden war, kann alleine das Angebot des Schuldners die Wiederholungsgefahr nicht entfallen lassen. Durch ein unzureichendes Angebot bekundet der Schuldner keinesfalls seinen ernsthaften Unterlassungswillen.

[213] *Meinhardt*, WRP 2023, 406, 411.

[214] BGH, NJW 1955, 545; *Bettermann*, ZZP 82, 24, 32; Stein/Jonas/*Althammer*, § 307 Rn. 58, der jedoch an anderer Stelle die seines Erachtens notwendige formelle Beschwer des Beklagten verneint und deswegen eine Berufung gegen ein Anerkenntnisurteil bereits für unzulässig hält, Stein/Jonas/*Althammer*, Einl. vor. § 511 Rn. 87 mwN.; für eine Unzulässigkeit mangels Beschwer auch BGHZ 22, 43, 46.

[215] MüKo/*Musielak*, ZPO, § 307 Rn. 26; Wieczorek/Schütze/*Rensen*, § 307 Rn. 42.

[216] BGH, NJW 2016, 572, Rn. 8; Stein/Jonas/*Muthorst*, § 93 Rn. 4. Denkbar ist das beispielsweise, wenn der Beklagte eine unbeschränkte Klage aufgrund einer begründeten Einrede nur Zug-um-Zug anerkennt, siehe dazu Stein/Jonas/*Althammer*, § 307 Rn. 11.

[217] Hat der Schuldner die Sache nach § 378 BGB unter Verzicht auf die Rücknahme hinterlegt, ist eine dennoch erhobene Leistungsklage des Gläubigers unbegründet, weil sein

gungsfähig, kann der Schuldner sie nach Maßgabe des § 383 BGB versteigern lassen oder bei einer unbeweglichen Sache nach § 303 BGB den Besitz an dieser aufgeben. Zwar sind auch diese Regelungen über die „Notabwicklung" nicht lückenlos.[218] Man kann ihnen aber durchaus den Gedanken entnehmen, grundsätzlich dem Schuldner auch einseitige Möglichkeiten zur Schuldtilgung an die Hand geben zu wollen. Vor diesem Hintergrund erscheint es umso verwunderlicher, dass dies nun bei der Ausräumung der Wiederholungsgefahr anders zu beurteilen sein soll und der Schuldner hier zwangsläufig auf eine Mitwirkung des Gläubigers angewiesen sein soll.[219]

cc) Die Anforderungen an das Angebot des Schuldners

Im Ergebnis ist eine Annahme des Gläubigers aufgrund der dargestellten Bedenken nicht erforderlich, um die Wiederholungsgefahr entfallen zu lassen. Es stellt sich damit aber die Frage, wie das Angebot des Schuldners zur Abgabe einer strafbewehrten Unterlassungserklärung beschaffen sein muss, möchte dieser seinen ernsthaften Unterlassungswillen hinreichend kundtun. Ausgangspunkt dieser Überlegung muss die Funktion der Vertragsstrafe sein. Dadurch, dass der Schuldner sich zur Zahlung einer angemessenen Vertragsstrafe für den Fall einer jeden Zuwiderhandlung verpflichtet, drückt der Schuldner seinen ernsthaften Unterlassungswillen aus; hätte der Schuldner tatsächlich vor, das inkriminierte Verhalten zukünftig vorzunehmen, würde er sich kaum zur Zahlung einer solchen Vertragsstrafe bereiterklären.[220] Beabsichtigt der Schuldner aber tatsächlich, das inkriminierte Verhalten künftig nicht mehr vorzunehmen und sich dadurch in seinen eigenen Rechtskreis zurückzuziehen, sind ihm auch die weitest möglichen Bindungen bezüglich seines Angebots auf Abschluss einer strafbewehrten Unterlassungserklärung zuzumuten.

Das Angebot des Schuldners muss deshalb zunächst unbefristet sein.[221] Darüber hinaus wird man dem Schuldner aufgeben müssen, das Angebot auch nach

---

Anspruch infolge der Hinterlegung erfüllt wurde und damit erloschen ist. Hat der Schuldner auf das Rücknahmerecht nicht verzichtet, gibt ihm § 379 BGB zumindest ein Leistungsverweigerungsrecht, *Gernhuber*, Erfüllung, S. 351 ff.; BeckOGK/*Ulrici*, BGB, § 379 Rn. 21 ff. Dieses muss ebenfalls zu einer Unbegründetheit einer dennoch erhobenen Leistungsklage führen.

[218] *Gernhuber*, Erfüllung, S. 338.

[219] Zumal dies letztlich dazu führen dürfte, dass die strafbewehrte Unterlassungserklärung ein Stück weit ihr Potential zur schnellen und kostensparenden außergerichtlichen Streiterledigung verliert, obwohl dies im Wettbewerbs- und Immaterialgüterrecht verbreitet als einer der entscheidenden Vorteile einer strafbewehrten Unterlassungserklärung angesehen wird. Diese Einschätzung teilt auch *Walesch*, GRUR-Prax, 2023, 90, 92, der die Rechtsprechungsänderung aber gleichwohl für „dogmatisch nachvollziehbar und in sich stimmig begründet" hält.

[220] *Borck*, WRP 1974, 372, 375.

[221] BGHZ 235, 222, Rn. 37 – Wegfall der Wiederholungsfahr III; BGH, GRUR 2010, 355, Rn. 21 – Testfundstelle; Köhler/Bornkamm/Feddersen/*Bornkamm*/*Feddersen*, UWG, § 13 Rn. 173.

einer ausdrücklichen Ablehnung durch den Gläubiger aufrecht erhalten zu wollen. Freilich mutet das auf den ersten Blick sonderbar an und scheint zunächst auch im Gesetz mit § 146 1. Alt. BGB auf Hindernisse zu stoßen.[222] In der Sache begegnet eine solche Bindung aber keinen durchgreifenden Bedenken. Die Intensität einer solchen Bindung ist nicht höher als die durch ein unbefristetes Angebot hervorgerufene Bindung, die im vorliegenden Kontext[223] gleichwohl einhellig für unbedenklich befunden wird. Außerdem besteht § 146 1. Alt. BGB lediglich zum Schutz der Dispositionsfreiheit des Anbietenden.[224] Es ist nicht ersichtlich, wieso der Anbietende auf diesen Schutz nicht verzichten können sollte, zumal der Anbietende mit seinem ersten Angebot auch schlicht zugleich aufschiebend bedingte, inhaltlich identische Angebote für den Fall einer Ablehnung des ersten Angebots abgeben könnte. Außerdem ist die Frage nach der Annahme oder einer Ablehnung des Angebots durch den Gläubiger für den Schuldner in der hiesigen Konstellation letztlich nicht einmal entscheidend. Ist der Schuldner ohnehin dazu entschlossen, das inkriminierte Verhalten zukünftig zu unterlassen, spielt es für ihn schlicht keine Rolle, ob der Gläubiger im Falle einer Zuwiderhandlung eine Vertragsstrafe von ihm verlangen könnte oder nicht; zumal der Schuldner die Vertragsstrafe lediglich für schuldhafte Verstöße schuldet.[225] Auch dies spricht dafür, eine solche ewige Bindung des Schuldners hier anzuerkennen.

Darüber hinaus wird dem Schuldner teilweise aufgegeben, gemäß § 151 S. 1 BGB auf den Zugang der Annahmeerklärung zu verzichten.[226] Dadurch könnte sich der Schuldner ab dem Zugang seines Angebots nicht sicher sein, ob der Gläubiger das Angebot nicht bereits angenommen hat und im Falle einer erneuten Vornahme des inkriminierten Verhaltens folglich bereits die Vertragsstrafe verlangen kann. Verständlich wird dieses Anliegen vor allem vor dem Hintergrund, dass die Vertragsstrafe erst für nach Vertragsschluss begangene Verstöße verlangt werden können soll, also keine Rückwirkung entfalten soll.[227] Allerdings

---

[222] Dies erklärt möglicherweise auch, wieso der BGH eine Bindung des Schuldners an sein Angebot auch über die Ablehnung durch den Gläubiger hinaus, nicht einmal in Erwägung gezogen hat; pauschal gegen eine Anwendung der §§ 146 ff. BGB im vorliegenden Kontext Bacher/Teplitzky/*Kessen*, Wettbewerbsrechtliche Ansprüche, Kap. 8 Rn. 3b.

[223] Auch allgemein werden unbefristete Angebote grundsätzlich für zulässig gehalten, siehe nur BeckOGK/*Möslein*, BGB, § 148 Rn. 19; Staudinger/*Bork*, Vor. §§ 145 ff. Rn. 70, § 145 Rn. 5 ff.; für die grundsätzliche Möglichkeit eines unbefristeten Optionsvertrags *Casper*, Optionsvertrag, S. 111 f., 140 f.

[224] BGH, NJW-RR 2017, Rn. 27; MüKo/*Busche*, BGB, § 146 Rn. 1.

[225] Die Verwirkung der Vertragsstrafe nur bei schuldhaften Verstößen entspricht der ganz herrschenden Meinung, siehe nur BGH, GRUR 1982, 688, 691 mwN – Senioren-Paß; BGH, GRUR 1998, 963, 964 – Verlagsverschulden II; MüKo/*Ottofülling*, UWG, § 13a Rn. 18; Bacher/Teplitzky/*Schaub*, Ansprüche, Kap. 20 Rn. 14a f.; Staudinger/*Rieble*, § 339 Rn. 394 f.

[226] BGHZ 235, 222, Rn. 37 – Wegfall der Wiederholungsfahr III; *Bornkamm*, FS Büscher, S. 441, 443 f.; *derselbe*, FS Tilmann, S. 769, 774; Köhler/Bornkamm/Feddersen/*Bornkamm/Feddersen*, UWG, § 13 Rn. 174.

[227] BGH, GRUR 2006, 878, Rn. 20 – Vertragsstrafenvereinbarung; BGH, GRUR 2010, 355, Rn. 21 – Testfundstelle.

sind in der Sache keine durchgreifenden Gründe dafür ersichtlich, die gegen eine solche Rückwirkung sprechen.[228] Letztlich wird dadurch der Schuldner lediglich in dem Umfang gebunden, in dem er auch bei einer unmittelbaren Annahme durch den Gläubiger gebunden wäre. Außerdem wirkt sich auch diese weitgehende Verpflichtung nicht zu Lasten des Schuldners aus, solange dieser tatsächlich zur Unterlassung entschlossen ist.

dd) Zwischenergebnis

Im Ergebnis muss der Schuldner damit ein unbefristetes Angebot auf Abgabe einer ordnungsgemäßen strafbewehrten Unterlassungserklärung abgeben, das der Gläubiger auch nach einer ausdrücklichen Ablehnung weiterhin annehmen kann. Der Schuldner schuldet dann die Vertragsstrafe auch für die schuldhaften Verstöße, die er nach der Abgabe seines Angebots aber vor der Annahme durch den Gläubiger begangen hat. Aufgrund dieser Rückwirkung gibt es aber umgekehrt keinen Grund dafür, weshalb der Schuldner auf den Zugang der Annahmeerklärung verzichten sollte. Gibt der Schuldner ein solches Angebot ab, bringt er bereits dadurch hinreichend zum Ausdruck, sich so weit wie möglich in seinen eigenen Rechtskreis zurückzuziehen. Der Schuldner beseitigt deshalb in diesem Fall bereits durch den Zugang seines Angebots beim Gläubiger die Wiederholungsgefahr; eine Annahme durch den Gläubiger ist dann nicht erforderlich.[229]

c) Übertragung auf andere Unterlassungsansprüche

Infolge ihrer enormen Praxisrelevanz wurden die Fragen nach der Ausräumung der Begehungsgefahr vor allem bei Unterlassungsansprüchen aus dem Wettbewerbs- und Immaterialgüterrecht diskutiert. Insbesondere die strafbewehrte Unterlassungserklärung wurde hier im Zusammenspiel zwischen Wissenschaft und Rechtsprechung entwickelt. Eine Übertragung dieser Grundsätze auf sonstige Unterlassungsansprüche wird verschiedentlich befürwortet, wobei etwaige Begründungen äußerst knapp ausfallen.[230] Im Folgenden ist deshalb zu überprüfen, ob eine solche Übertragung in der Sache überzeugen kann oder aufgrund der Besonderheiten im Wettbewerbs- und Immaterialgüterrecht ausscheiden muss.

---

[228] Auch der BGH scheint diese grundsätzlich für möglich zu halten, wenn er entscheidend darauf abstellt, dass der zu entscheidende Sachverhalt keine Anhaltspunkte für eine Rückwirkung liefere, BGH, GRUR 2006, 878, Rn. 20 – Vertragsstrafenvereinbarung.

[229] Folgt man der hiesigen Konzeption, bestehen aufgrund der möglichen Rückwirkung der Vertragsstrafenvereinbarung freilich auch keinerlei Schutzlücken zulasten des Gläubigers. Auch auf Basis des BGH wäre deshalb alleine aufgrund des Angebots die erforderliche „Abschreckungswirkung“ zu bejahen.

[230] BGH, NJW 1962, 1390, 1392; BGH, NJW 2012, 3781, Rn. 12; *Ahrens*, liber amicorum Lindacher, S. 1, 3; *Fischer*, FS Piper, S. 205, 218; *Hofmann*, Unterlassungsanspruch, S. 442; Staudinger/*Rieble*, § 339 Rn. 326; Staudinger/*Thole*, § 1004 Rn. 462; BeckOGK/*Niebel*, BGB, § 12 Rn. 194; zurückhaltender aber MüKo/*Raff*, BGB, § 1004 Rn. 299 f.

Gegen eine Übertragung auch auf Unterlassungsansprüche, denen eine Rechtsposition an einer körperlichen Sache zugrunde liegt, könnte sprechen, dass Rechtsverstöße im Wettbewerbs- und Immaterialgüterrecht häufig schwieriger zu entdecken sein könnten als in Fällen, in denen der Unterlassungsanspruch aus dem unberechtigten Zugriff auf eine körperliche Sache des Gläubigers resultiert.[231] Allerdings greift diese Argumentation von vornherein vor allem im Immaterialgüterrecht, weniger hingegen im Wettbewerbsrecht. Im Gegenteil gibt es dort gerade anspruchsberechtigte Verbände, die etwaige Wettbewerbsverstöße abmahnen und auch auf die Einhaltung einer etwaigen Unterlassungserklärung achten werden.[232]

Für eine Übertragbarkeit spricht hingegen die vergleichbare Interessenlage. Anders als bei Ansprüchen, die auf eine Handlungspflicht des Schuldners gerichtet sind, erhält der Gläubiger bei Unterlassungsansprüche durch die Leistung des Schuldners gegenständlich nichts. Selbst wenn der Schuldner nach dem ersten Verstoß das inkriminierte Verhalten wieder unterlässt, ist der Gläubiger deshalb nicht vor einem späteren Sinneswandel des Schuldners sicher; der Schuldner kann das inkriminierte Verhalten jederzeit wiederaufnehmen, ohne dafür mit dem Gläubiger interagieren zu müssen. Bei einer Handlungspflicht hingegen müsste der Schuldner den Gläubiger zur Rückgabe der erbrachten Leistung auffordern und gegebenenfalls verklagen. Um den Gläubiger auch bei Unterlassungsansprüchen eine vergleichbare Sicherheit zu verschaffen, bleibt nur die Möglichkeit, zukünftige Verstöße für den Schuldner schmerzhaft zu machen, um diesen dadurch von einer Zuwiderhandlung abzuhalten.[233] Hielte man hingegen auch andere Möglichkeiten für geeignet, die Wiederholungsgefahr auszuräumen, bestünde für den Gläubiger keine vergleichbare Sicherheit; der Schuldner könnte das inkriminierte Verhalten schlicht wieder aufnehmen, ohne unmittelbare negative Konsequenzen fürchten zu müssen. Aufgrund dieser vergleichbaren Interessenlage ist die strafbewehrte Unterlassungserklärung für alle Unterlassungsansprüche gleichermaßen das Mittel der Wahl, um die Wiederholungsgefahr auszuräumen.

III. Ergebnis

Unterlassungsansprüche reagieren auf eine derart konkret drohende Verletzung einer dem Gläubiger zustehenden Rechtsposition, dass bereits daraus ein rechtswidriger Zustand resultiert, den der Gläubiger nicht hinzunehmen braucht. Ausschlaggebend hierfür ist der Verletzungswille des Schuldners. Bei Verletzungsun-

---

[231] Gerade diese Gefahr wird im Immaterialgüterrecht auch zur Rechtfertigung des Vernichtungsanspruchs herangezogen; strafbewehrte Unterlassungserklärung und Ordnungsmittel nach § 890 ZPO könnten hier keinen ausreichenden Schutz der Immaterialgüterechte gewähren, siehe dazu *J. F. Hoffmann*, ZGE 2014, 335, 344 mwN.

[232] Siehe § 8 Abs. 3 Nr. 2, 3, 4 UWG, § 33 Abs. 4 GWB, § 3 UKlaG.

[233] Deutlich *Borck*, WRP 1974, 372, 375.

terlassungsansprüchen wird dieser aufgrund der in der Vergangenheit bereits erfolgten Rechtsverletzung vermutet. Der Schuldner kann diese Wiederholungsgefahr nur dadurch ausräumen, dass er seinen ernsthaften Unterlassungswillen nach außen bekundet. Hierfür muss der Schuldner im Regelfall[234] eine strafbewehrte Unterlassungserklärung abgeben. Aufgrund der dem Schuldner im Falle einer Zuwiderhandlung drohenden Vertragsstrafe ist nicht anzunehmen, dass dieser tatsächlich die inkriminierte Handlung erneut vornehmen werde. Zwar droht die Vertragsstrafe dem Schuldner nur dann, wenn der Gläubiger die strafbewehrte Unterlassungserklärung annimmt und dadurch eine Vereinbarung über die Vertragsstrafe zustande kommt. Allerdings kann der Schuldner insoweit die Wiederholungsgefahr bereits durch den Zugang seines Angebots beim Gläubiger auf Abgabe einer ordnungsgemäßen strafbewehrten Unterlassungserklärung ausräumen, sofern das Angebot unbefristet ist und der Gläubiger dieses auch nach einer ausdrücklichen Ablehnung weiterhin annehmen kann. Die Annahme des Gläubigers entfaltet in diesem Fall Rückwirkung, sodass auch Zuwiderhandlungen des Schuldners, die nach Abgabe seines Angebots aber vor Annahme durch den Gläubiger begangen wurden, die Verpflichtung zur Zahlung der Vertragsstrafe auslösen.

Entgegen der herrschenden Meinung verfolgt der Schuldner mit der Abgabe einer strafbewehrten Unterlassungserklärung regelmäßig allerdings keine weitreichenden Feststellungszwecke. Insbesondere kann dem Schuldner nicht unterstellt werden, die Rechtsposition des Gläubigers anerkennen zu wollen und sich dadurch in gleichem Maße binden zu wollen, als bestünde bereits ein rechtskräftiges Unterlassungsurteil zugunsten des Gläubigers. Hierzu ist der Schuldner ebenso wenig verpflichtet wie bei Ansprüchen, die vom Schuldner eine positive Leistung verlangen. Der Bestand der durch die Vertragsstrafe abgesicherten vertraglichen Unterlassungsverpflichtung des Schuldners ist deshalb vom Bestehen einer verletzten Rechtsposition des Gläubigers abhängig. Dem Schuldner kann auch nicht unter Verweis auf die strafbewehrte Unterlassungserklärung untersagt werden, das inkriminierte Verhalten mit der Behauptung wiederaufzunehmen, tatsächlich verfüge der Gläubiger über keine Rechtsposition, kraft derer er Unterlassung vom Schuldner verlangen könne.

Diese Grundsätze wurden zwar vor allem bei Unterlassungsansprüchen im gewerblichen Rechtsschutz diskutiert. Sie gelten aufgrund der vergleichbaren Interessenlage der Sache nach aber gleichermaßen für Unterlassungsansprüche auf einer anderen gesetzlichen Grundlage oder einer vertraglichen Vereinbarung zwischen Gläubiger und Schuldner.

[234] Zu denkbaren Ausnahmen in Sonderkonstellationen, die hier nicht weiter untersucht wurden, siehe *Büch*, FS Bornkamm, S. 15, 23 f.

E. Fazit

Zusammenfassend lassen sich damit folgende Erkenntnisse festhalten: Bei einer vorprozessualen Leistung kann der Schuldner einen Vorbehalt der Rückforderung erklären, um die Wirkungen der §§ 814, 212 Abs. 1 Nr. 1 BGB auszuschließen. Ein solcher Vorbehalt steht einem Erfüllungseintritt nicht entgegen. Der Schuldner stellt durch diesen lediglich klar, nicht bereit zu sein, für den Gläubiger einen weiteren Behaltensgrund zu schaffen oder auf die Einrede der Verjährung zunächst zu verzichten. Dagegen ist das von der herrschenden Meinung postulierte Erfordernis der Beweislastumkehr keine Voraussetzung für einen Erfüllungseintritt, sondern nur die typische Folge der veränderten Sachlage. Die Beweislastumkehr lässt sich weder schlüssig mit anzuerkennenden Interessen des Gläubigers begründen noch wird mit diesem Erfordernis konsequent Ernst gemacht. Als regelmäßige Folge einer erbachten Leistung liegt der Grund für die Beweislastumkehr im „Angreiferprinzip". Aufgrund der Leistung haben sich die tatsächlichen Umstände dergestalt verändert, dass sich nicht mehr der ursprüngliche Gläubiger in der Position des Angreifers befindet, sondern der vormalige Schuldner. Diese Veränderung führt zu einer Veränderung hinsichtlich der Verteilung der objektiven Beweislast aus übergeordneten Gründen des Bestandsschutzes und des Rechtsfriedens. Dem Schuldner ist es deshalb auch nicht möglich, die Beweislastverteilung durch einen einseitigen Vorbehalt zu seinen Gunsten zu verschieben. Dies ist nur dann möglich, wenn sich der Gläubiger zum Abschluss eines Beweislastvertrags bereit erklärt. Alleine aus der Annahme der Leistung kann jedoch nicht auf einen solchen Beweislastvertrag geschlossen werden.

Diese Grundsätze müssen auch bei der Erfüllung eines Verletzungsunterlassungsanspruchs gelten. Der Schuldner kann einen solchen Anspruch im Regelfall nur durch die Abgabe einer strafbewehrten Unterlassungserklärung erfüllen. Diese ist in ihrem Bestand jedoch vom Bestehen einer geschützten Rechtsposition des Gläubigers abhängig. Dem Gläubiger ist deshalb auch nach Abgabe einer strafbewehrten Unterlassungserklärung der Einwand nicht abgeschnitten, tatsächlich mangels einer Rechtsposition des Gläubigers nicht zur Unterlassung verpflichtet zu sein. Anders als bei Handlungspflichten kommt es hier jedoch mangels einer Änderung der tatsächlichen Lage nicht zu einer Beweislastumkehr zugunsten des Gläubigers. Möchte dieser die vereinbarte Vertragsstrafe geltend machen, trägt der Gläubiger damit die objektive Beweislast für das Bestehen seiner geschützten Rechtsposition.

4. Kapitel

Erfüllung bei Leistungen im laufenden Prozess

Sind damit die Voraussetzungen für einen Erfüllungseintritt aufgrund einer vorprozessualen Vorbehaltsleistung geklärt, ist weiter zu untersuchen, was die Voraussetzungen eines Erfüllungseintritts sind, wenn der Gläubiger bereits ein vorläufig vollstreckbares Urteil gegen den Schuldner erhalten hat. Im Ausgangspunkt liegt es insoweit nahe, dieselben Kriterien wie bei vorprozessualen Leistungen heranzuziehen, weil die Frage der Erfüllung als Frage des materiellen Rechts im Grundsatz unabhängig von der Verfahrenssituation ist. Es ist deshalb zu untersuchen, ob eine Abwendungsleistung des Schuldners mit einem § 814 BGB ausschließenden Vorbehalt vergleichbar ist oder nicht. Neu hinzutreten könnten jedoch spezifisch prozessuale Wertungen, welche die Frage des Erfüllungseintritts beeinflussen könnten. Insoweit ist zum einen das Institut der vorläufigen Vollstreckbarkeit dahingehend zu untersuchen, ob diese dem Gläubiger lediglich den Erhalt einer vorläufigen Leistung ermöglichen solle, die keine Erfüllung herbeiführe. Zum anderen ist zu überprüfen, ob sich möglicherweise § 717 Abs. 2 S. 1 ZPO die Wertung entnehmen lässt, eine Abwendungsleistung führe keinen sofortigen Erfüllungseintritt herbei.

A. Die Irrelevanz der Beweislastumkehr

Nach den Ergebnissen zu vorprozessualen Leistungen ist eine Beweislastumkehr zugunsten des Gläubigers bei diesen keine Erfüllungsvoraussetzung, sondern nur die typische Konsequenz der geänderten tatsächlichen Umstände. Es stellt sich jedoch die Frage, ob eine Beweislastumkehr zugunsten des Gläubigers jedenfalls bei Leistungen nach Erlass eines vorläufig vollstreckbaren Urteils Erfüllungsvoraussetzung ist. Anders als bei einer vorprozessualen Leistung muss der Gläubiger hier im laufenden Rechtsmittelverfahren tatsächlich weiter „um sein Recht kämpfen". Gelingt ihm der Nachweis seiner Rechtsposition nicht, wird das vorläufig vollstreckbare Urteil aufgehoben und die Klage des Gläubigers abgewiesen. Wegen § 717 Abs. 2 S. 1, Abs. 3 S. 2 ZPO müsste er dann zugleich jederzeit damit rechnen, vom Schuldner auf Rückgewähr der Leistung und Schadensersatz in Anspruch genommen zu werden. Es ist deshalb zu untersuchen, ob das Kriterium der Beweislastumkehr zumindest in diesen Fällen eine unumgängliche Voraussetzung für den Eintritt der Erfüllung ist. Dafür ist zum einen zu ermitteln, ob die These von der Beweislastumkehr auch bei sonstigen Leistungen während des Prozesses als Kriterium für den Erfüllungseintritt angesehen wird. Außerdem ist zu hinterfragen, inwieweit gerade die Verteilung der Beweislast den Gläubiger noch in der Rolle des Fordernden hält.

I. Erfüllung ohne Beweislastumkehr

Zunächst wird die Tragfähigkeit der These von der Beweislastumkehr durch eine prozessuale Konstellation in Frage gestellt, in der herrschend Erfüllung angenommen wird, ohne die (nicht eingetretene) Beweislastumkehr auch nur mit einem Wort zu erwähnen: Erhebt der Gläubiger gegen den Schuldner eine zulässige und begründete Leistungsklage und erbringt der Schuldner vor Erlass eines Urteils die im Klageantrag geforderte Leistung vorbehaltslos, wird der Gläubiger den Rechtsstreit regelmäßig für erledigt erklären.[1] Der Schuldner hat nun die Möglichkeit, dieser Erledigungserklärung zuzustimmen oder zu widersprechen. Widerspricht der Schuldner, wird der Rechtsstreit nach der herrschenden „Klageänderungstheorie" als Feststellungsklage fortgesetzt. Diese ist begründet, falls die ursprüngliche Leistungsklage des Gläubigers bis zu dem nach Rechtshängigkeit eingetretenen Erledigungsereignis zulässig und begründet gewesen wäre und erst infolge dieses Ereignisses unzulässig oder unbegründet geworden ist.[2] Entscheidend für den Erfolg der Feststellungsklage wäre damit aus Sicht des Gläubigers, ob die Leistung des Schuldners Erfüllung herbeigeführt hat und damit zur nachträglichen Unbegründetheit der Leistungsklage geführt hat.[3] Nähme man das Kriterium der Beweislastumkehr Ernst, läge es nahe, einen Erfüllungseintritt zu verneinen. Denn auch im Rahmen der Feststellungsklage ist der Gläubiger nach wie vor dafür objektiv beweisbelastet, dass seine ursprüngliche Klage zulässig und begründet war. Zwar wird damit im Rahmen der Feststellungsklage nunmehr lediglich „über die Vergangenheit" gestritten. Es leuchtet deshalb unmittelbar ein, dass eine Leistung des Schuldners die insoweit geltende Verteilung der objektiven Beweislast nicht mehr verändern kann. Dies ändert jedoch nichts an dem Befund, dass der Gläubiger hier in der Sache nicht aus „der Rolle des Fordernden" entlassen wird, sodass auf Basis der herrschenden Meinung an sich ein Erfüllungseintritt zu verneinen wäre. Gleichwohl zweifelt soweit ersichtlich niemand daran, der Schuldner könne durch seine während des erstinstanzlichen Verfahrens erbrachte Leistung erfüllen, und später der Erledigungserklärung widersprechen.[4]

---

[1] Zu den verschiedenen dogmatischen Konstruktionen, was die Konsequenzen einer Erledigungserklärung sind, siehe später unten S. 153 ff. An dieser Stelle genügt es, die herrschende „Klageänderungstheorie" zugrunde zu legen, um die aus dieser Sicht bestehenden Ungereimtheiten aufzuzeigen.

[2] Siehe nur BGHZ 83, 12, 13; BGHZ 106, 359, 366 f.; BGHZ 155, 392, 395.

[3] Für die Erfüllung als erledigendes Ereignis siehe nur BGHZ 94, 268, 274; *Knöringer*, JuS 2010, 569, 573; MüKo/*Schulz*, ZPO, § 91a Rn. 6; Wieczorek/*Smid*/*Hartmann*, § 91a Rn. 56.

[4] Vgl. beispielsweise *Braun*, Zivilprozeßrecht, S. 674, der die besprochene Konstellation als erstes Beispiel im Abschnitt zur einseitigen Erledigungserklärung anführt.

II. Kein Erklärungswert der Beweislastverteilung

Wiederum könnte man jedoch versucht sein, den Fall der einseitigen Erledigungserklärung als bloßen, nicht aussagekräftigen Sonderfall darzustellen, im Übrigen aber an dem Kriterium der Beweislastumkehr als Erfüllungsvoraussetzung festzuhalten. Zu untersuchen ist deshalb weiter, ob der Gläubiger im Falle einer Rechtsmitteleinlegung, wie von den Befürwortern des Kriteriums der Beweislastumkehr unterstellt, tatsächlich gerade *aufgrund* der weiterhin ihn treffenden objektiven Beweislast bezüglich seiner Rechtsposition trotz der Leistung des Schuldners nicht aus seiner Rolle des Angreifenden entlassen wird oder ob dies an der Rechtsmitteleinlegung als solcher liegt.

1. Berufungsbegründung lediglich mit materiellrechtlichen Argumenten

Hierfür sind zunächst die Fälle in den Blick zu nehmen, in denen der Schuldner nach der Abwendungsleistung zwar Berufung einlegt, diese aber bei unstreitigem Sachverhalt lediglich mit rechtlichen Argumenten begründet hat. Die Verteilung der objektiven Beweislast in der Berufungsinstanz wird dann für den Ausgang des Rechtsstreits keine Rolle spielen, weil keinerlei streitige, entscheidungserhebliche Tatsachen in Rede stehen. Es leuchtet in diesem Fall nicht ein, dass aufgrund der Verteilung der objektiven Beweislast keine Erfüllung eingetreten sein soll, obwohl sich diese auf das laufende Verfahren überhaupt nicht auswirkt. In den Worten der herrschenden Meinung müsste man hier konstatieren, dass der Gläubiger nicht aufgrund der Beweislastverteilung um sein Recht kämpfen muss, sondern schlicht deshalb, weil der Schuldner die Rechtsposition des Gläubigers weiterhin in Abrede stellt. Das aber trifft auf vorprozessuale Vorbehaltsleistungen, mit denen der Schuldner sich die Möglichkeit der Kondiktion offenhalten will, ebenfalls zu. Auch hier bringt der Schuldner durch seinen Vorbehalt zum Ausdruck, vom Bestand der Rechtsposition des Gläubigers zumindest nicht überzeugt zu sein und sich deshalb die Möglichkeit einer Kondiktion offenhalten zu wollen. Gleichwohl hindert ein solcher Vorbehalt den Erfüllungseintritt nicht.

2. Abwendungsleistung auf ein vorläufig vollstreckbares Berufungsurteil

Ebenso stellt sich die Lage im Ergebnis dar, wenn der Schuldner aufgrund eines vorläufig vollstreckbaren Berufungsurteils eine Abwendungsleistung erbringt, gleichzeitig aber Revision einlegt oder Nichtzulassungsbeschwerde erhebt. Gemäß § 559 Abs. 2 ZPO ist das Revisionsgericht an die Feststellungen des Berufungsgerichts gebunden, eine bestimmte Tatsache sei wahr oder unwahr: „Der Tatsachenstoff für die sachliche Entscheidung hat in der ersten oder zweiten Instanz seine endgültige und für das Revisionsgericht maßgebende Gestalt erhalten.“[5] Diese Bindung entfällt nur dann, wenn die Feststellungen des Beru-

---

[5] *Rosenberg/Schwab/Gottwald*, Zivilprozessrecht, § 145 Rn. 5.

fungsgerichts mit einer Verfahrensrüge erfolgreich angegriffen wurden.[6] Das Revisionsgericht ist deshalb grundsätzlich auch an eine Beweiswürdigung des Berufungsgerichts oder an das Ergebnis einer erstinstanzlichen Beweisaufnahme gebunden, das vom Berufungsgericht nach § 529 Abs. 1 Nr. 1 ZPO der Berufungsverhandlung zugrunde gelegt wurde. Eine Überprüfung des Beweisergebnisses durch das Revisionsgericht ist nur dahingehend möglich, ob sich das Berufungsgericht mit dem Prozessstoff umfassend und widerspruchsfrei auseinandergesetzt hat und keine Verstöße gegen Denkgesetze oder Erfahrungssätze vorliegen[7] oder wenn die Feststellungen des Berufungsgerichts mit einer zulässigen und begründeten Verfahrensrüge angegriffen wurden, vgl. § 559 Abs. 2 2. Hs. ZPO.[8]

Erbringt der Schuldner nach Erlass eines nach § 708 Nr. 10 ZPO vorläufig vollstreckbaren Berufungsurteils eine Abwendungsleistung, kann die These von der Beweislastumkehr deshalb nicht schlüssig erklären, wieso auch in dieser Situation keine sofortige Erfüllung eintreten soll. Aufgrund der Bindung des Revisionsgerichts an die Beweisergebnisse der Berufungsinstanz ist die Verteilung der objektiven Beweislast für den Ausgang des Revisionsverfahrens jedenfalls im Ausgangspunkt bedeutungslos.[9] Es lässt sich deshalb hier kaum mit einer fehlenden Beweislastumkehr begründen, dass der Gläubiger weiterhin um sein Recht kämpfen müsse. Vielmehr liegt die Fortführung des Rechtsstreits auch hier erneut schlicht an der fortgesetzten Weigerung des Schuldners, seine Leistungspflicht anzuerkennen; die Situation ist insoweit wieder mit derjenigen einer vorprozessualen Vorbehaltsleistung vergleichbar.

---

[6] Stein/Jonas/*Jacobs*, § 559 Rn. 49 ff.

[7] BGHZ 80, 64, 67; BGH, NJW 2000, 3007; BGH, NJW 2014, 71, Rn. 13; Musielak/Voit/*Ball*, § 559 Rn. 21.

[8] Bei einem Fehler in der Form der Beweisaufnahme und in Bezug auf die Anforderungen an die richterliche Überzeugung nach § 286 ZPO siehe BGH, NJW 1994, 801, 802; allgemein Stein/Jonas/*Jacobs*, § 559 Rn. 51.

[9] Daran ändert sich auch nichts durch die Möglichkeit des Revisionsgerichts, den Rechtsstreit nicht selbst zu entscheiden, sondern nach § 563 Abs. 1 ZPO wieder an das Berufungsgericht zurückzuverweisen. Vor dem Berufungsgericht gilt dann zwar wieder die ursprüngliche Beweislastverteilung, sodass der Gläubiger hier wieder „um sein Recht kämpfen" muss. Dies ändert aber nichts daran, dass die Beweislastverteilung für den Ausgang des *Revisionsverfahrens* unerheblich ist. Gänzlich unerheblich ist die Beweislastverteilung außerdem, wenn das Revisionsgericht den Rechtsstreit nach § 563 Abs. 3 ZPO in der Sache selbst entscheidet. Auch die in beschränktem Umfang bestehende Möglichkeit des Revisionsgerichts, neue Tatsachen im Revisionsverfahren zuzulassen, ändert an dieser Einschätzung nichts. Denn hierbei handelt es sich vor allem um Tatsachen, die von Amts wegen zu berücksichtigen sind oder nach dem Ende der letzten mündlichen Verhandlung in der Berufungsinstanz entstanden sind und die prozessuale Situation beeinflussen, siehe hierzu Zöller/*Heßler*, § 559 Rn. 4 ff. Mit der Frage der Beweislastverteilung hat das jedoch nichts zu tun.

III. Ergebnis

Die Beweislastumkehr ist damit auch bei Leistungen während eines bereits laufenden Prozesses nicht als Erfüllungsvoraussetzung anzusehen. Anders als bei vorprozessualen Leistungen ist eine Beweislastumkehr hier nicht einmal die typische Folge einer erbrachten Leistung; durch den begonnenen Prozess sind die Rollen des Angreifers und des Verteidigers bereits festgelegt. Sie werden durch eine während des Prozesses erbrachte Leistung nicht verändert, weil weiterhin der vom Gläubiger geltend gemachte Anspruch in Rede steht und es nicht etwa in Folge der Abwendungsleistung nun um einen Rückforderungsanspruch seitens des Schuldners geht.

B. Verletzung der Rechtsposition durch das Einlegen von Rechtsmitteln

Gegen einen Erfüllungseintritt könnte jedoch das vom Schuldner eingelegte Rechtsmittel selbst sprechen. Durch dieses bringt der Schuldner gerade zum Ausdruck, nicht klein beigeben zu wollen, sondern die Rechtsposition des Gläubigers weiterhin in Abrede zu stellen. Die Lage ähnelt damit auf den ersten Blick der Situation bei einer vorprozessualen Vorbehaltsleistung. Bei diesen steht der erklärte Vorbehalt einem Erfüllungseintritt nicht entgegen, möchte der Schuldner damit lediglich die Wirkungen des § 814 BGB und § 212 Abs. 1 Nr. 1 BGB verhindern, weil der Gläubiger deren Eintritt nicht beanspruchen kann.[10] Zu klären ist deshalb, ob die Einlegung von Rechtsmitteln mit einem solchen Vorbehalt vergleichbar ist oder aber dem Gläubiger tatsächlich etwas vorenthält, was dieser beanspruchen kann.

Kein Argument gegen eine Vergleichbarkeit lässt sich insoweit aus der unterschiedlichen Verteilung der objektiven Beweislast herleiten, weil diese wie gesehen irrelevant für die Frage der Erfüllung ist. Für eine andauernde Rechtsverletzung infolge der Rechtsmitteleinlegung spricht jedoch zunächst erneut, dass dem Gläubiger herrschend die Möglichkeit einer Feststellungsklage zugestanden wird, wenn der Schuldner die Rechtsposition des Gläubigers ernsthaft bestreitet.[11] Jedenfalls sofern man für die Feststellungsklage ein materiellrechtliches Fundament für erforderlich hält,[12] läge es deshalb nahe, das Bestreiten als Rechtsverletzung aufzufassen.

Dies kann jedoch letztlich aus zwei Gründen nicht überzeugen. Zum einen bestehen auch hier zu schützende Interessen des Schuldners. Sofern der Schuld-

---

[10] Siehe dazu oben S. 59 ff.

[11] Siehe statt vieler BGH, NJW 2019, 1002, Rn. 12; MüKo/*Becker-Eberhard*, ZPO, § 256 Rn. 42 mwN; Stein/Jonas/*Roth*, § 256 Rn. 47.

[12] Dafür *Jacobs*, Feststellungsverfahren, passim und besonders S. 215 ff.; *Picker*, Drittwiderspruchsklage, S. 345 ff.

ner kein Rechtsmittel einlegt, erwächst das bislang vorläufig vollstreckbare Urteil in Rechtskraft. Dem Schuldner würde damit nach herrschender Auffassung die Möglichkeit genommen, seine erbrachte Leistung mit dem Argument zu kondizieren, es bestehe mangels Rechtsposition kein Behaltensgrund für den Gläubiger, weil der Schuldner damit die Richtigkeit des stattgebenden Urteils in Frage stellte; dessen Rechtskraft stünde deshalb einer Kondiktion entgegen.[13] Dem Schuldner wird damit die Kondiktion aber auch dann verwehrt, wenn das stattgebende Urteil die materiellrechtliche Rechtslage fehlerhaft wiedergegeben hat. Um eine solche Bindung zu verhindern, ist der Schuldner gezwungen, ein Rechtsmittel einzulegen und damit die Rechtsposition bereits jetzt in Frage zu stellen. Weil der Streit durch das gerichtliche Verfahren bereits aktualisiert wurde, reicht es für den Schuldner anders als bei einer vorprozessualen Vorbehaltsleistung nicht aus, sich die Rückforderung für irgendeinen zukünftigen Zeitpunkt vorzubehalten. Er muss innerhalb der Rechtsmittelfrist gegen das Urteil vorgehen oder seine Verurteilung akzeptieren. Der Schuldner möchte dem Gläubiger durch die Einlegung von Rechtsmitteln nichts vorenthalten, sondern sich selbst nur vor der Gefahr schützen, an ein Fehlurteil gebunden zu werden. Die Situation ist insoweit mit derjenigen einer vorprozessualen, § 814 BGB ausschließenden Leistung vergleichbar.

Daneben spricht aber auch der Zweck der Rechtsmittel dagegen, in der Einlegung von Rechtsmitteln eine Rechtsverletzung des Gläubigers zu erblicken. Allen Rechtsmitteln ist gemeinsam, dass diese zumindest auch im Interesse des bislang im Prozess Unterlegenen bestehen. Diesem soll die Möglichkeit gegeben werden, durch die Anfechtung des für ihn nachteiligen Urteils seine materiellen Rechte doch noch durchzusetzen.[14] Mit diesem Ziel wäre es nur schwer zu vereinbaren, hielte man die Rechtsposition des Gläubigers infolge der Einlegung des Rechtsmittels trotz erbrachter Leistung weiterhin für verletzt. Man stellte den Schuldner dann gewissermaßen vor die Wahl, sich entweder hier und jetzt zu

---

[13] Siehe zum Ausschluss einer Kondiktion nach rechtskräftiger Verurteilung zur Leistung nur BGH, NJW 1995, 967, 968; BGH, NJW 2000, 2022; MüKo/*Gottwald*, ZPO, § 322 Rn. 46; *Piekenbrock/Siegmann*, ZZP 114, 214, 215; *Zeuner*, Grenzen, S. 14; *Gaul*, FS Schilken, S. 275, 282 f. „besteht im Ergebnis Einigkeit". Möglich wäre eine Kondiktion jedoch, wenn der Schuldner diese darauf stützt, der Behaltensgrund sei erst nach dem Schluss der letzten mündlichen Verhandlung des Vorprozesses weggefallen.

[14] Wie sehr der Individualschutz im Vordergrund steht, unterscheidet sich je nach Rechtsmittel. Bei der Berufung spielt dieser eine ganz überragende Rolle, wohingegen er bei der Revision durch Erwägungen der Rechtsfortbildung im Allgemeininteresse in den Hintergrund gedrängt wird, vgl. dazu *M. Stürner*, Anfechtung, S. 38 ff. Entscheidend ist aber, dass bei jedem Rechtsmittel zumindest *auch* der Individualschutz gewährleistet werden soll, siehe dazu *Unberath*, ZZP 120, 323, 331 f., der jedoch für die Revision ebenfalls den Gedanken der Rechtsfortbildung und Vereinheitlichung in der Vordergrund stellt, S. 332 f. Dass die Revision aber auch auf Individualschutz abzielt, betont zu Recht Stein/Jonas/*Jacobs*, Vor. §§ 542–566 Rn. 9.

unterwerfen[15] oder die Rechtsposition des Gläubigers weiterhin zu verletzen. Dem kann auch nicht entgegengehalten werden, die Rechtsmittel sollten dem Schuldner nur die Möglichkeit einer Rechtskontrolle geben, ihn jedoch nicht von dem Risiko nachteiliger Konsequenzen infolge seiner rechtlich unzutreffenden Einschätzung befreien. Anders als in den Fällen, in denen der Schuldner auf seinem Standpunkt beharrt und deshalb auch die Leistung nicht erbringt, hat der Schuldner hier die vom Gläubiger geforderte Vermögensverschiebung zu dessen Gunsten herbeigeführt. Der Gläubiger hat das Leistungssubtrat erhalten und kann mit diesem wirtschaften. Lediglich die Möglichkeit einer Kontrolle durch ein weiteres Gericht möchte sich der Schuldner offenhalten. Das aber darf ihm nicht zum Nachteil gereichen.

Untermauert wird dieser Befund auch durch einen Seitenblick auf die Lage bei Unterlassungsansprüchen. Dort ist zwar die Berühmung des Schuldners, zu einem bestimmten Tun berechtigt zu sein, als einer der Hauptanwendungsfälle für das Bestehen einer Erstbegehungsgefahr anerkannt: Die Berühmung des Schuldners lasse erwarten, dieser werde das angekündigte Verhalten in die Tat umsetzen und dadurch eine Rechtsposition des Gläubigers verletzen. Dem Gläubiger stehe deshalb ein vorbeugender Unterlassungsanspruch zu, um die drohende Rechtsverletzung zu verhindern.[16] Zugleich ist aber mittlerweile geklärt, dass alleine die Behauptungen des Schuldners im Rahmen eines Rechtsstreits mit dem Gläubiger nicht als derartige Rechtsberühmung anzusehen sind und folglich auch keinen vorbeugenden Unterlassungsanspruch des Gläubigers auslösen.[17] Andernfalls beschränke man die Möglichkeiten des Schuldners über Gebühr, sich effektiv gegen die Klage des Gläubigers zu wehren und verletze den Schuldner dadurch in seinem Recht auf rechtliches Gehör.[18] Hier hat sich damit der oben entwickelte Gedanke bereits Bahn gebrochen, dass alleine die Verteidigung des Schuldners im Prozess keine Verletzung einer dem Gläubiger zustehenden Rechtsposition darstellt und damit auch einem Erfüllungseintritt nicht im Wege steht.

---

[15] In der Sache liefe das auf eine Pflicht zur Anerkennung hinaus, die nach ganz herrschender Auffassung aber gerade keine Voraussetzung eines Erfüllungseintritts sein soll.

[16] BGHZ 3, 270, 276 – Constanze I; BGH, GRUR 1987, 125, 126 mwN – Berühmung; *Hofmann*, Unterlassungsanspruch, S. 410; *Fritzsche*, Unterlassungsanspruch, S. 180 ff.; Bacher/Teplitzky/*Kessen*, Wettbewerbsrechtliche Ansprüche, Kap. 12 Rn. 9 ff.; Dreier/Schulze/*Specht-Riemenschneider*, UrhG, § 97 Rn. 65.

[17] Grundlegend BGH, GRUR 2001, 1174, 1175 – Berühmungsaufgabe; BGHZ 191, 19, Rn. 44 – Stiftparfüm; Bacher/Teplitzky/*Kessen*, Wettbewerbsrechtliche Ansprüche, Kap. 12 Rn. 10 mit Nachweisen zu der früheren strengeren Rechtsprechung des BGH; *Fritzsche*, Unterlassungsanspruch, S. 181 f.; *Ullmann*, WRP 1996, 1007, 1010.

[18] BGH, GRUR 2001, 1174, 1175 – Berühmungsaufgabe; *Ullmann*, WRP 1996, 1007, 1010.

C. Vorläufige Vollstreckbarkeit als Ausnahmerecht

Einem sofortigen Erfüllungseintritt infolge einer Abwendungsleistung könnte jedoch der Zweck der vorläufigen Vollstreckbarkeit entgegenstehen. Teilweise wird die vorläufige Vollstreckbarkeit als Ausnahmerecht zugunsten des Gläubigers aufgefasst,[19] das diesem nur ein Recht auf eine vorläufige Leistung des Schuldners gebe.[20] Eng mit dieser Auffassung verwoben ist die Ansicht, die § 717 Abs. 2 S. 1 ZPO ein Erfüllungshindernis entnimmt. § 717 Abs. 2 S. 1 ZPO lasse nach seinem Wortlaut eine Leistung „zur Abwendung der Zwangsvollstreckung" ausdrücklich zu; damit erkenne das Gesetz die Möglichkeit für den Schuldner an, nach Erlass des vorläufig vollstreckbaren Urteils zu leisten, ohne dadurch sofort einen Erfüllungseintritt herbeizuführen.[21] Im folgenden Abschnitt ist deshalb zunächst der Zweck der vorläufigen Vollstreckbarkeit herauszuarbeiten und zu untersuchen, ob dieser bereits einem sofortigen Erfüllungseintritt entgegensteht.[22] Daran anschließend ist zu untersuchen, was die Voraussetzungen für einen Anspruch aus § 717 Abs. 2 S. 1 ZPO sind und inwieweit dieser gegen einen sofortigen Erfüllungseintritt ins Feld geführt werden kann.

I. Zweck der vorläufigen Vollstreckbarkeit

1. Gesetzesgeschichte der vorläufigen Vollstreckbarkeit

a) Bei Schaffung der CPO

Bei Einführung der Zivilprozessordnung im Rahmen der Reichsjustizgesetze war das Institut und insbesondere der Umfang der vorläufigen Vollstreckbarkeit heftig umstritten.[23] Der Entwurf der CPO betrachtete die vorläufige Vollstreckbarkeit als Ausnahmefall.[24] Hauptzweck der vorläufigen Vollstreckbarkeit sei es, „dem Gläubiger die Verfügung über den Streitgegenstand zu verschaffen."[25] Aufgrund des Ausnahmecharakters der vorläufigen Vollstreckbarkeit war diese grundsätzlich nur auf Antrag des Gläubigers anzuordnen, wenn dieser glaubhaft

---

[19] RGZ 63, 330, 332; in der Sache auch BGHZ 136, 199, 205 „Privileg eines vorläufigen Titels"; *Czub*, ZZP 102, 273, 282; *Kerwer*, Erfüllung, S. 129.

[20] BGH, WM 1976, 1069, 1070: „Die Klägerin mußte daher von der Möglichkeit ausgehen, daß der Beklagte mit seiner Zahlung des Urteilsbetrags nur einem vorläufigen, jedoch mit staatlicher Zwangsgewalt durchsetzbaren Leistungsbefehl nachkommen und entsprechend auf diesen *vorläufigen* Vollstreckungstitel nur *vorläufig* zahlen wollte[…]".

[21] Gaul/Schilken/Becker-Eberhard/*Becker-Eberhard*, Zwangsvollstreckungsrecht, § 14 Rn. 70; *Messer*, Freiwillige Leistung, S. 66; ohne Berufung auf den Wortlaut, in der Sache aber ebenso RGZ 63, 330, 331 f.; Wieczorek/Schütze/*Smid*/*Hartmann*, § 91a Rn. 56.

[22] In diese Richtung *Kerwer*, Erfüllung, S. 124 ff.

[23] Siehe dazu die lebhafte Diskussion über die §§ 601 ff. des Entwurfs der CPO im Rahmen der ersten Lesung im Reichstag, abgedruckt bei Hahn, Materialien, Band 2, S. 796 ff.

[24] Hahn, Materialien, Band 2, S. 427.

[25] Hahn, Materialien, Band 2, S. 428.

machte, dass er andernfalls einen schwer zu ersetzenden oder schwer zu ermittelnden Nachteil erleiden würde (§ 602 des Entwurfs). Eine Anordnung von Amts wegen erfolgte daneben nur für bestimmte Urteile, bei denen sich der Grund der Vollstreckbarkeit „ohne Weiteres aus der Sache selbst“[26] ergebe; beispielsweise sei die generelle vorläufige Vollstreckbarkeit amtsgerichtlicher Urteile dadurch gerechtfertigt, dass diese mehrheitlich nicht besonders komplex seien, sodass bereits in der ersten Instanz eine richtige Entscheidung zu erwarten sei.[27] Außerdem wollte man durch die vorläufige Vollstreckbarkeit das Gewicht erstinstanzlicher Urteile aufwerten und der Gefahr begegnen, dass die erste Instanz zu einer bloßen Versuchsstation würde. Der Beklagte solle dazu angehalten werden, alle seine Verteidigungsmittel bereits erstinstanzlich geltend zu machen.[28] Daneben ergebe sich die vorläufige Vollstreckbarkeit bei Urteilen aufgrund eines Urkunden- oder Wechselprozesses (§ 601 Nr. 5 Entwurf CPO) aus dem Zweck dieser besonderen Verfahrensarten und ein Urteil auf Zahlung einer laufenden Alimente (§ 601 Nr. 7 ZPO) müsse von Amts wegen vorläufig vollstreckbar sein, weil andernfalls der Zweck der Verurteilung nicht erreicht würde.[29] Im Ergebnis nahm der Entwurf damit vor allem die Interessen des Gläubigers in den Blick und räumte dem Schuldner nur bei Glaubhaftmachung nicht zu ersetzender Nachteile eine Möglichkeit ein, die vorläufige Vollstreckbarkeit zu verhindern (§ 603 Entwurf CPO).[30]

In der ersten Lesung wurden dann teils grundsätzliche Bedenken an einer amtswegigen Anordnung der vorläufige Vollstreckbarkeit geäußert, weil diese gegen das Prinzip „*ne ultra petita*“ verstieße.[31] Daneben entzündete sich die Kritik vor allem an der generellen vorläufigen Vollstreckbarkeit amtsgerichtlicher Urteile. Diese wurde als zu weitgehend empfunden, weil die Überlegungen der Motive, insbesondere bezüglich der Richtigkeitsgewähr amtsgerichtlicher Urteile nicht zutreffend seien, zumal diese nach dem Entwurf nur durch einen Einzelrich-

---

[26] Hahn, Materialien, Band 2, S. 427.

[27] Hahn, Materialien, Band 2, S. 427.

[28] Hahn, Materialien, Band 2, S. 428 f.

[29] Hahn, Materialien, Band 2, S. 428.

[30] AA. *Vogg*, Einstweiliger Rechtsschutz, S. 31. Die vorläufige Vollstreckbarkeit sei historisch nicht als Maßnahme im Interesse des Gläubigers anzusehen, sondern sei im Interesse der Allgemeinheit an einer funktions- und leistungsfähigen Rechtspflege entstanden. Diese Deutung fokussiert sich jedoch zu einseitig auf die Überlegung in den Motiven, durch die vorläufige Vollstreckbarkeit dem Missbrauch der Berufungsinstanz zur Verfahrensverschleppung vorzubeugen, und lässt die daneben angestellten Überlegungen zum Schutz des Gläubigers außer Betracht. Dies gilt umso mehr vor dem Hintergrund, dass die Verknüpfung zwischen Berufung und vorläufiger Vollstreckbarkeit nur für § 601 Nr. 1 Entwurf CPO relevant war und in den Beratungen sehr umstritten war, siehe Hahn, Materialien, Band 2, S. 797, wo von den Abgeordneten *Bähr* und *Struckmann* ausgeführt wird, dass die Berufungssumme und der in der Berufungsinstanz vorgesehene Anwaltszwang bereits hinreichend vor einer zu großen Anzahl von Berufungen schützten.

[31] Hahn, Materialien, Band 2, S. 798.

ter getroffen werden sollten.[32] Aufgrund dieser Bedenken wurde letztlich § 601 Nr. 1 des Entwurfs gestrichen und ein § 601a CPO eingeführt, der zumindest für einige, als eilig empfundene amtsgerichtliche Rechtsstreitigkeiten die Möglichkeit einer vorläufigen Vollstreckbarkeit vorsah, sofern der Gläubiger einen dahingehenden Antrag stellte.[33] In dieser Form wurden die Regelungen über die vorläufige Vollstreckbarkeit dann letztlich auch in der am 01.10.1879 in Kraft getretenen CPO Gesetz (§§ 647–658 CPO).[34]

b) Weitere Entwicklung

In der Folge wurden an den Vorschriften nur kleinere Änderungen vorgenommen. Insbesondere wurde die Möglichkeit erweitert, Urteile für vorläufig vollstreckbar zu erklären, indem zunächst für immer mehr Urteile das Antragserfordernis wegfiel, sodass diese von Amts wegen ohne Sicherheitsleistung für vorläufig vollstreckbar zu erklären waren. Daneben wurde die Möglichkeit geschaffen, auch alle sonstigen Urteile gegen Sicherheitsleistung für vorläufig vollstreckbar zu erklären, ohne dass der Gläubiger hierfür einen gesonderten Antrag stellen musste.[35] Größere Änderungen wurden erst 1976 mit dem „Gesetz zur Vereinfachung und Beschleunigung gerichtlicher Verfahren (Vereinfachungsnovelle)"[36] eingefügt. Dabei wurde der Gesetzgeber von dem Gedanken geleitet, dass es für den Gläubiger existenziell sein könne, die streitbefangene Sache möglichst schnell nach Erlass des vorläufig vollstreckbaren Urteils zu erhalten, weshalb die Vollstreckung aus vorläufig vollstreckbaren Urteilen erleichtert werden sollte.[37] Außerdem sollte durch die Vereinfachung der vorläufigen Vollstreckbarkeit erneut die Bedeutung der ersten Instanz gesteigert werden, indem dem Schuldner der Anreiz genommen würde, einzig zur Verschleppung der Vollstreckung Rechtsmittel einzulegen.[38] In der Folge wurden lediglich noch kleinere Änderungen vorgenommen, insbesondere die Wertgrenzen des § 708 Nr. 11 ZPO angepasst.[39]

---

[32] Hahn, Materialien, Band 2, S. 796 ff. Vor allem aus den Beiträgen der Abgeordneten *Bähr* ergibt sich die große Skepsis gegenüber der vorläufigen Vollstreckbarkeit amtsgerichtlicher Urteile.

[33] Hahn, Materialien, Band 2, S. 798 (Erläuterung des Abgeordneten *Pfaffenroth*) und S. 799 f.

[34] Ab 1900 dann §§ 708 ff. ZPO, siehe Stein/Jonas/*Münzberg*, 22. Aufl., § 708 Gesetzesgeschichte.

[35] RGBl 1924 I, S. 146 (Nr. 98 § 709; Nr. 99 § 710).

[36] BGBl 1976 I, S. 3281 ff. in Kraft getreten am 01.07.1977.

[37] BT-Drucks. 7/7229, S. 44, 108. Erreicht wurde dies vor allem durch eine Erweiterung der ohne Sicherheitsleistung vorläufig vollstreckbaren Urteile und einer Einschränkung der Möglichkeiten für den Schuldner, die Vollstreckung wegen nicht zu ersetzender Nachteile zu verhindern, BT-Drucks. 7/7229, S. 45; BGBl. 1976 I, S. 3295 f. (Änderungen an §§ 708, 710 ZPO und Einführung des § 712 Abs. 2 ZPO).

[38] BT-Drucks. 7/7229, S. 44 f.

[39] BGBl. 1997 I, S. 3039; BGBl. 2001 I, 1906.

c) Ergebnis

Den Gesetzesmaterialien lässt sich nichts für das vorliegende Problem entnehmen. Der Gesetzgeber hatte vor allem die praktischen Folgen der Vollstreckung vor Augen. Der Gläubiger solle die streitbefangene Sache erhalten, weil er auf diese möglicherweise dringend angewiesen sei. Welche Folgen die Vollstreckung aus einem vorläufig vollstreckbaren Urteil materiellrechtlich haben werde, beschäftigte den Gesetzgeber nicht. Alleine aus der Formulierung, die vorläufige Vollstreckbarkeit sei auf die „Verschaffung des Streitgegenstands" gerichtet, lässt sich deshalb kein Anhaltspunkt dafür ableiten, der Gesetzgeber habe keine Erfüllungswirkung beabsichtigt.[40] Auch eine Berufung darauf, die vorläufige Vollstreckbarkeit stelle eine Ausnahme zum Grundsatz dar, dass nur rechtskräftige Urteile vollstreckbar seien,[41] überzeugt nicht. Die Zulässigkeit der vorläufigen Vollstreckbarkeit war zwar anfangs nach der gesetzlichen Konzeption eine Ausnahme, hat sich aber im Laufe der Zeit durch die immer weitere Zulässigkeit nicht nur zum praktischen, sondern auch zum gesetzlichen Regelfall entwickelt, sodass man sie heute kaum noch als Ausnahme bezeichnen kann.[42]

2. Heutige Sichtweise

Was genau der Zweck der Vorschriften über die vorläufige Vollstreckbarkeit ist, kann auch nach heutigem Erkenntnisstand nicht als geklärt bezeichnet werden.[43] Häufig wird das Interesse des Gläubigers an einem raschen Zugriff auf das Vermögen des Schuldners betont.[44] Weitergehend wird der Sinn der vorläufigen Vollstreckbarkeit dann sogar vor allem in der Prozessbeschleunigung gesehen, indem dem Schuldner ein Anreiz genommen werde, nur zur Prozessverzögerung Rechtsmittel einzulegen.[45] Die vorläufige Vollstreckbarkeit sei insgesamt als „Ausnahmerecht" zugunsten des Gläubigers aufzufassen.[46] Von diesem mache

---

[40] So aber *Kerwer*, Erfüllung, S. 125.

[41] So beispielsweise Gaul/Schilken/Becker-Eberhard/*Gaul*, Zwangsvollstreckungsrecht, § 11 Rn. 3, § 14 Rn. 1, wo (§ 11 Rn. 3 Fn. 1) aber ausgeführt wird, dass dies für arbeitsgerichtliche Urteile nicht gelte, da sich dort die vorläufige Vollstreckbarkeit nach § 62 Abs. 1 S. 1 ArbGG unmittelbar aus dem Gesetz ergebe. Wieso jedoch einzig der formale Unterschied, ob die vorläufige Vollstreckbarkeit noch im Tenor auszusprechen ist oder bereits kraft Gesetzes ohne gesonderten Ausspruch im Tenor gegeben ist, für die Annahme des Regel-Ausnahmeverhältnisses entscheidend sein soll, erschließt sich nicht.

[42] In diese Richtung auch *Vogg*, Einstweiliger Rechtsschutz, S. 89 f.

[43] *Stamm*, Prinzipien, S. 215 meint „die Vorschriften [der §§ 708 ff. ZPO] harren einer dogmatischen Aufarbeitung".

[44] MüKo/*Götz*, ZPO, § 708 Rn. 2; Schuschke/Walker/Kessen/Thole/*Braun*, Vollstreckung, Vor. §§ 708 ff. Rn. 1.

[45] Gaul/Schilken/Becker-Eberhard/*Becker-Eberhard*, Zwangsvollstreckungsrecht, § 14 Rn. 1; Stein/Jonas/*Münzberg*, 22. Aufl., § 708 Rn. 2; *Kerwer*, Erfüllung, S. 130, 133; *Messer*, Freiwillige Leistung, S. 127.

[46] RGZ 63, 330, 332; in der Sache genauso BGHZ 136, 199, 205 „Privileg"; *Czub*, ZZP 102, 273, 282; *Kerwer*, Erfüllung, S. 129, 168, 171; *Schöler*, MDR 2009, 360, 362.

der Gläubiger auf eigene Gefahr Gebrauch, was deshalb nicht zu materiellrechtlichen Nachteilen beim Schuldner führen dürfe.[47] Andere Stimmen sehen den Sinn der vorläufigen Vollstreckbarkeit hingegen vor allem darin, den Gläubiger vor einer später eintretenden Insolvenz des Schuldners zu schützen.[48]

Keiner der Ansätze vermag jedoch vollständig zu überzeugen. Ginge es nur darum, den Gläubiger vor einer späteren Insolvenz des Schuldners zu schützen, wäre es ausreichend gewesen, den Schuldner nach Erlass eines stattgebenden Urteils zu einer Sicherheitsleistung zu verpflichten; die Möglichkeit einer bereits jetzt erfolgten Vollstreckung wäre dann überschießend gewesen.[49] Außerdem unterliegen Zwangsvollstreckungsmaßnahmen in weitem Umfang der Insolvenzanfechtung nach den §§ 129 ff. InsO.[50] Eine Sicherung des Gläubigers vor einer Insolvenz des Schuldners ist damit allenfalls in eingeschränktem Umfang möglich.[51]

---

[47] RGZ 63, 330, 332; BGHZ 136, 199, 205; *Czub*, ZZP 102, 273, 282; *Kerwer*, Erfüllung, S. 129; *Messer*, Freiwillige Leistung, S. 127.

[48] RGZ 39, 105, 108; RGZ 85, 214, 218 f.; *Stamm*, Prinzipien, S. 215.

[49] In Österreich hingegen wird die Möglichkeit einer Exekution zur Sicherstellung gerade mit diesem Gedanken gerechtfertigt. Für den Grundfall einer Sicherstellungsexekution nach § 370 EO muss der Gläubiger dann auch glaubhaft machen, die Erfolgschancen seiner Vollstreckung würden ohne die Sicherstellungsexekution vereitelt oder erheblich erschwert; namentlich bei einer drohenden Insolvenz des Schuldners soll dies der Fall sein, vgl. hierzu *Zechner*, Sicherstellungsexekution, § 370 Rn. 1, 5; *Feil/Marent*, EO, § 370 Rn. 1; *Mini*, Exekutionsverfahren, S. 267. Daneben wird die Sicherstellungsexekution aber auch zugelassen, um zu verhindern, dass der Schuldner lediglich zur Prozessverschleppung trotz fehlender Erfolgsaussichten Rechtsmittel einlege. In diesen Fällen dient die Sicherstellungsexekution dann maßgeblich dazu, dem Gläubiger nach Eintritt der formellen Rechtskraft eine beschleunigte Befriedigung im Wege einer raschen Vollstreckung zu ermöglichen *Mini*, Exekutionsverfahren, S. 266; *Holzhammer*, Österreichisches Zwangsvollstreckungsrecht, S. 409 f.; *Schimik*, Exekution, S. 23 f.; Im Gesetz spiegelt sich dies in den §§ 371, 371a EO wider, die eine Sicherstellungsexekution unter gewissen Voraussetzungen gestatten, ohne dass der Vollstreckungserfolg aufgrund der Vermögensverhältnisse des Schuldners gefährdet sein müsste.

[50] Zur Anfechtung nach den §§ 130, 131 InsO eingehend *J. F. Hoffmann*, Prioritätsgrundsatz, S. 79 f., 123 ff.; zur Anfechtung nach § 133 InsO, sofern eine Rechtshandlung des Schuldners vorliegt, Uhlenbruck/*Borries/Hirte*, § 133 Rn. 14 ff.

[51] Auch in Österreich soll die Insolvenzanfechtung von Maßnahmen der Sicherstellungsexekution möglich sein gemäß § 30 Abs. 1 Nr. 1 IO; der Exekutionstitel gewähre dem Gläubiger lediglich die formelle Möglichkeit einer Sicherstellungsexekution, gebe diesem aber kein materielles Recht hierauf, weshalb die Sicherstellungsexekution der Inkongruenzanfechtung unterliege, *König/Trenker*, Anfechtung, Rn. 10.122; Koller/Lovrek/Spitzer/*Bollenberger/Spitzer*, IO, § 30 Rn. 8, 29. Vor dem Hintergrund, dass die Sicherstellungsexekution im Grundsatz nach § 370 EO erst zulässig ist, wenn es um die Vermögensverhältnisse des Schuldners schlecht bestellt ist, überrascht die Möglichkeit einer Insolvenzanfechtung etwas. Es droht dadurch möglicherweise eine gewisse Entwertung der Sicherungsfunktion einer Sicherstellungsfunktion nach § 370 EO. Allerdings lässt § 30 Abs. 2 IO eine Anfechtung nur zu, wenn die angefochtene Begünstigung innerhalb eines Jahres vor Eröffnung des Insolvenzverfahrens stattgefunden hat, ist also deutlich kürzer als die zehn- beziehungsweise vierjährige Anfechtungsfrist nach § 133 Abs. 1 S. 1, Abs. 2 InsO.

Die These von der Prozessbeschleunigung ist ebenso fragwürdig. Zu einem umfassenderen Vortrag der Parteien in erster Instanz kommt es vor allem, wenn diese befürchten müssen, mit späterem Vortrag präkludiert zu sein. Ist dies nicht der Fall, dürfte auch die Gefahr eines vorläufig vollstreckbaren Urteils kaum zu einem umfassenderen Vortrag des Schuldners in erster Instanz führen. Zum einen erhält dieser im Falle eines späteren Obsiegens etwaige Schäden vom Gläubiger über § 717 Abs. 2 S. 1 ZPO ersetzt; diese drohende Schadensersatzhaftung dürfte viele Gläubiger bereits von einer Vollstreckung abhalten. Zum anderen kann der Schuldner über die §§ 707, 719 ZPO die Vollstreckung regelmäßig verhindern, wenn er im Rechtsmittelverfahren Aussicht auf Erfolg hat.[52] Daneben ist auch die eng mit der These von der Prozessbeschleunigung verwandte Aussage, die vorläufige Vollstreckbarkeit sei auf eine vorläufige Leistung an den Gläubiger gerichtet, nicht überzeugend. Denn in der Sache liefe das darauf hinaus, dass mit der vorläufigen Vollstreckbarkeit Regelungen kodifiziert worden wären, die dem Gläubiger den Zugriff auf das Vermögen des Schuldners ermöglichten, obwohl das Gesetz selbst davon ausginge, dieser Zugriff werde später wieder rückgängig gemacht; nur dann wäre die Vollstreckung vorläufig. Was der Sinn einer solchen Regelung sein sollte, erschließt sich nicht.[53]

Demgegenüber wird teilweise angeführt, die Überlegung hinter den Vorschriften der vorläufigen Vollstreckbarkeit sei eine Vermutung dafür, dass das vorläufig vollstreckbare Urteil die materielle Rechtslage zutreffend wiedergebe, der Gläubiger also tatsächlich eine durchsetzbare Rechtsposition dem Schuldner gegenüber innehabe.[54] Weitergehend hat *Henckel* diesen hinter der vorläufigen

[52] Siehe zu §§ 707, 719 ZPO unten S. 182 ff.

[53] Aus diesem Grund überzeugt auch die Aussage von *Bötticher,* ZZP 85, 1, 10 nicht, die vorläufige Vollstreckbarkeit solle auch dem Nichtgläubiger zugutekommen. Zwar kann von den Regelungen der vorläufigen Vollstreckbarkeit auch der Nichtgläubiger profitieren, dies ist aber nicht die Intention dieser Regelungen, siehe dazu auch *Henckel*, Prozessrecht, S. 256.

[54] *J. Blomeyer*, Rpfleger 1969, 279, 280 f.; *Stamm*, Prinzipien, S. 215 f., der allerdings weitergehend meint, auch die Frage der Sicherheitsleistung nach §§ 708, 709 ZPO beruhe auf dem Gedanken, dass für Urteile nach § 708 ZPO eine höhere Wahrscheinlichkeit dafür bestehe, dass diese nicht aufgehoben würden, als bei Urteilen, die nach § 709 ZPO zu vollstrecken seien. Dies mag zwar für das von *Stamm* primär angeführte Beispiel der Berufungsurteile nach § 708 Nr. 10 ZPO zutreffen. Ob dies jedoch auch für die anderen in § 708 ZPO aufgeführten Urteile zutrifft, erscheint zweifelhaft. Wieso beispielsweise für Versäumnisurteile oder Urteile in einem Urkundenprozess die Wahrscheinlichkeit, nach einem Einspruch oder im Nachverfahren aufgehoben zu werden, geringer sein soll, erschließt sich nicht. Vielmehr spricht auf den ersten Blick einiges dafür, dass es sich dabei um eher unbeständige Urteile handelt, konnten Verteidigungsmittel des Beklagten in diesen Fällen das Urteil doch gerade bislang nicht oder nur eingeschränkt (vgl. §§ 598, 595 Abs. 2 ZPO) beeinflussen; siehe weiter zu den für die einzelnen Ziffern der §§ 708 ff. ZPO maßgebenden Überlegungen *Maurer*, Anordnungen, S. 34 ff. und ausführlich *Baur/Stürner/Bruns*, Zwangsvollstreckungsrecht, Rn. 15.9 ff.; für eine allgemeine Vermutung der Richtigkeit richterlicher Entscheidungen auch *Gilles*, FS Schiedermair, S. 183, 199 ff., der versucht, damit die Wirksamkeit von Fehlurteilen zu rechtfertigen.

Vollstreckbarkeit stehenden Gedanken überzeugend herausgearbeitet:[55] Der Schuldner verletzt eine Rechtsposition des Gläubigers dadurch, dass er trotz Fälligkeit und Durchsetzbarkeit nicht leistet. Die Vorschriften der §§ 708 ff. ZPO gestatten dem Gläubiger die Vollstreckung bereits vor formeller Rechtskraft, um dieser Rechtsverletzung in zumutbarer Zeit Abhilfe zu schaffen. Die Legitimation der vorläufigen Vollstreckbarkeit liegt also darin, eine effektive Rechtsdurchsetzung zu gewährleisten.[56] Die vorläufige Vollstreckbarkeit ist damit ein Mittel, um denjenigen Gläubiger zu schützen, der tatsächlich eine materiellrechtlich durchsetzbare Rechtsposition inne hat. Aufgrund des bis zum Erlass eines vorläufig vollstreckbaren Urteils zu durchlaufenden Verfahrens kommt auch einem vorläufig vollstreckbaren Urteil eine gewisse Gewähr für seine Richtigkeit zu.[57] Es ist deshalb davon auszugehen, dass auch noch nicht rechtskräftige Urteile in der Mehrzahl zutreffend sind, sodass es sachlich gerechtfertigt ist, diese für vorläufig vollstreckbar zu erklären.[58] Dies gilt umso mehr vor dem Hintergrund, dass mit der Haftung nach § 717 Abs. 2, Abs. 3 ZPO spezielle Vorsorge für den Fall getroffen wurde, dass ein Gläubiger ohne materiellrechtliche Rechtsposition sich die vorläufige Vollstreckbarkeit zunutze macht und ohne materiellrechtliche

---

[55] *Henckel*, Prozessrecht, S. 255 f., 286 ff.

[56] *Henckel*, Prozessrecht, S. 255 f., 286.

[57] Freilich gilt das vor allem für kontradiktorische vorläufig vollstreckbare Urteile. Aber auch die vorläufige Vollstreckbarkeit eines Versäumnisurteils lässt sich auf diesen Gedanken zurückführen. Die Säumnis des Beklagten wurde als „affirmative Litiskontestation" (Hahn, Materialien, Band 2, S. 295) aufgefasst; der Beklagte gestehe durch seine Säumnis konkludent ein, der Vortrag des Klägers sei in tatsächlicher Hinsicht zutreffend. Zusammen mit der vom Gericht vorzunehmenden Schlüssigkeitsprüfung besteht deshalb auch bei einem Versäumnisurteil eine gewisse Richtigkeitsgewähr. Gleiches galt im Ausgangspunkt für den Vollstreckungsbescheid. Das Mahnverfahren beruht auf dem Gedanken, „einfache, weil unbestrittene Verhältnisse einfach zu behandeln", Hahn, Materialien, Band 2, S. 412; vgl. auch *Braun*, Zivilprozeßrecht, S. 1114. Aufgrund der im Zuge der Reform 1977 abgeschafften Schlüssigkeitsprüfung, siehe dazu BT-Drucks. 7/2729, S. 47 f., wo allerdings von einer „beschränkten Schlüssigkeitsprüfung" die Rede ist, ist hier die Richtigkeitsgewähr inzwischen noch einmal weniger ausgeprägt, weshalb gerade die Möglichkeit eines später in Rechtskraft erwachsenden Vollstreckungstitels kritisiert wird, *Braun*, Zivilprozeßrecht, S. 1121 ff. Gleichwohl dürfte der Gedanke der Richtigkeitsvermutung auch für den Vollstreckungsbescheid bestimmend sein. Wäre davon auszugehen, dass die überwiegende Zahl von Vollstreckungsbescheiden die materielle Rechtslage unzutreffend wiedergibt, müsste man das Mahnverfahren abschaffen, vgl. dazu *Henckel*, Prozessrecht, S. 286.

[58] *Henckel*, Prozessrecht, S. 286. Ähnliche Überlegungen, wenn auch unter umgekehrten Vorzeichen, finden sich in der Schweiz. Stellt ein Gläubiger gemäß Art. 315 Abs. 2 S. 1 sZPO einen Antrag auf Bewilligung der vorzeitigen Vollstreckbarkeit eines erstinstanzlichen Urteils, sollen Entscheidungskriterien insoweit vor allem sein, ob von einer Bestätigung des Urteils im Rechtsmittelverfahren auszugehen ist. Eine Bewilligung komme deshalb vor allem bei klaren Fällen nach Art. 257 ZPO in Betracht, siehe dazu Sutter-Somm/Hasenböhler/Leuenberger/*Reetz*/*Hilber*, sZPO, Art. 315 Rn. 24 ff.; Oberhammer/Domej/Haas/*Brunner*/*Vischer*, sZPO, Art. 315 Rn. 5; Botschaft zur Schweizerischen Zivilprozessordnung vom 28. Juni 2006, S. 7374.

Legitimation auf das Vermögen des Schuldners zugreift.[59] Die intendierte Beständigkeit eines vorläufig vollstreckbaren Urteils betont zu Recht auch *Pecher*, wenn er ausführt:

„Auch eine noch anfechtbare Streitendscheidung [versteht] sich als abschließende und vollwertige Rechtserkenntnis und [ist] dementsprechend dazu bestimmt, mit dem Ablauf der Rechtsmittelfristen endgültig und für die Parteien verbindlich zu werden."[60]

Legt man dieses Verständnis der vorläufigen Vollstreckbarkeit zugrunde, kann aus dem Wesen der vorläufigen Vollstreckbarkeit kein Argument gegen einen sofortigen Erfüllungseintritt hergeleitet werden. Im Gegenteil rechtfertigt sich die vorläufige Vollstreckbarkeit gerade durch den Gedanken, dem Gläubiger die Möglichkeit zu geben, die Verletzung seiner Rechtsposition möglichst schnell zu beenden und nicht den Abschluss des Instanzenzugs abwarten zu müssen. Das aber spricht eher für als gegen einen sofortigen Erfüllungseintritt.

II. § 717 ZPO als Erfüllungshindernis

Gemäß § 717 Abs. 2 S. 1 ZPO ist der Gläubiger dem Schuldner[61] zum Ersatz des Schadens verpflichtet, der dem Schuldner durch die Vollstreckung entstanden ist, wenn das vorläufig vollstreckbare Urteil aufgehoben oder abgeändert wird. Erfolgte die Vollstreckung aus einem gemäß § 708 Nr. 10 ZPO ohne Sicherheitsleistung vorläufig vollstreckbaren Berufungsurteil, das kein Versäumnisurteil ist, ist der Gläubiger bei Aufhebung oder Abänderung dieses Urteils zwar nicht zum Schadensersatz jedoch zur Herausgabe des durch die Vollstreckung Erlangten nach den Vorschriften über die ungerechtfertigte Bereicherung verpflichtet, § 717 Abs. 3 S. 2 ZPO. Ob sich aus dieser Norm ein Argument gegen einen sofortigen Erfüllungseintritt ergibt,[62] ist im folgenden Abschnitt zu ermitteln. Dabei wird es entscheidend darauf ankommen, ob § 717 Abs. 2 S. 1 ZPO als primär prozessu-

---

[59] *Henckel*, Prozessrecht, S. 255 f.; im Anschluss daran betont *Götz*, Ersatzansprüche, S. 71 f., dass die Vollstreckungsvoraussetzungen alleine eine Vollstreckung im Verhältnis Gläubiger-Schuldner nicht legitimieren können.

[60] *Pecher*, Schadensersatzansprüche, S. 142.

[61] § 717 Abs. 2 S. 1 ZPO spricht von Kläger und Beklagtem, weil die Kommission bei der Schaffung des § 717 ZPO die Begriffe Gläubiger und Schuldner ablehnte; § 717 ZPO sei eine Vorschrift, die das Erkenntnisverfahren betreffe, Hahn/Mugdan, Materialien, Band 8, S. 395. Gleichwohl trifft die Haftung aus § 717 Abs. 2 S. 1, Abs. 3 S. 2 ZPO den Vollstreckungsgläubiger, auch wenn dies einmal der Beklagte sein sollte, der bezüglich der Kostenentscheidung die Vollstreckung betrieben hat. Hier wird deshalb weiter an der Terminologie Gläubiger und Schuldner festgehalten, so auch Stein/Jonas/*Heinze*, § 717 Rn. 17. Die folgenden Betrachtungen haben weiterhin immer den Grundfall vor Augen, dass der Kläger zugleich der Gläubiger ist und der Beklagte der Schuldner.

[62] So Gaul/Schilken/Becker-Eberhard/*Becker-Eberhard*, Zwangsvollstreckungsrecht, § 14 Rn. 70; *Messer*, Freiwillige Leistung, S. 66 jeweils unter Verweis auf den Wortlaut des § 717 Abs. 2 S. 1 ZPO „zur Abwendung der Zwangsvollstreckung"; in der Sache auch RGZ 63, 330, 331 f.; Wieczorek/Schütze/*Smid*/*Hartmann*, § 91a Rn. 56.

ales Gebilde zu begreifen ist, das sich alleine aus der Sondersituation der vorläufigen Vollstreckbarkeit rechtfertigt. Sollte sich § 717 Abs. 2 S. 1 ZPO hingegen im Kern als eine materiellrechtliche Vorschrift entpuppen, die eine materiellrechtlich nicht gerechtfertigte Vermögensverschiebung rückgängig machen möchte, könnte § 717 Abs. 2 S. 1 ZPO für die Lösung des hiesigen Problems nichts beitragen; § 717 Abs. 2 S. 1 ZPO wäre dann gerade auf die Fälle zugeschnitten, in denen das Urteil aufgehoben wurde, weil die vom – dann nur vermeintlichen – Gläubiger erhobene Klage mangels einer ihm zustehenden materiellrechtlichen Rechtsposition unbegründet war.

1. Entstehungsgeschichte

Die ursprüngliche, 1879 in Kraft getretene Fassung der CPO kannte noch keinen Schadensersatzanspruch bei Aufhebung eines vorläufig vollstreckbaren Urteils. Normiert war in § 655 Abs. 2 CPO lediglich ein Erstattungsanspruch gerichtet auf Erstattung desjenigen, was der Schuldner aufgrund des vorläufig vollstreckbaren Urteils gezahlt oder geleistet hatte. In den Beratungen war die Notwendigkeit dieses Anspruchs umstritten. Letztlich erfolgte die Einführung jedoch, um dem Schuldner zu ermöglichen, die erbrachte Leistung zurückfordern zu können, ohne auf eine neue Klage angewiesen zu sein.[63] Dieser Erstattungsanspruch wurde in der Folge von der herrschenden Meinung als prozessualer Anspruch aufgefasst, der keinen neuen Streitgegenstand umfasse, sondern lediglich eine prozessuale Maßnahme rückgängig mache.[64] Der Gläubiger könne sich gegen den Erstattungsanspruch deshalb auch nicht mit materiellrechtlichen Einwendungen wehren.[65] Der Anspruch entfalle wieder, wenn der Gläubiger letztlich doch obsiege.[66]

Nachdem die zweite Kommission zur Schaffung des BGB einen verschuldensunabhängigen Schadensersatzanspruch favorisiert hatte, nahm die mit der Überarbeitung der CPO betraute Kommission diesen Gedanken auf und schuf den heutigen § 717 Abs. 2 S. 1 ZPO. Maßgebend war die Überzeugung, es entspreche der Billigkeit, den Gläubiger verschuldensunabhängig auf Schadensersatz haften zu lassen, wenn sich das ehemals vorläufig vollstreckbare Urteil später als „sachlich unbegründet“ erweise.[67] 1910 wurde diese rigorose Schadensersatzregelung

[63] Hahn, Materialien, Band 2, S. 803 f. Daneben war man auch bestrebt, einen Gleichlauf zum Urkundenprozess herzustellen, für den man einen solchen Erstattungsanspruch ebenfalls normiert hatte. Um die gewünschte Vereinfachung des Verfahrens zu erreichen, wurde der Erstattungsanspruch nicht als Widerklage eingeordnet, sodass er auch noch in der Revisionsinstanz geltend gemacht werden konnte, RGZ 34, 384, 385.

[64] RGZ 9, 410, 412.

[65] RG, JW 1895, 201 Nr. 13.

[66] RG, JW 1902, 254 Nr. 19; eingehend zur Entstehungsgeschichte und dem früheren Verständnis des § 655 Abs. 2 CPO *Pecher*, Schadensersatzansprüche, S. 29 ff.

[67] Hahn/Mugdan, Materialien, Band 8, S. 135. Im Zuge der Beratungen wurde dieser Entwurf als zu weitgehend kritisiert. Man befürchtete, die vorläufige Vollstreckbarkeit, „eine der

durch die Einführung des § 717 Abs. 3 S. 1 ZPO für die Vollstreckung aus einem Berufungsurteil aufgegeben, womit man einer angenommenen erhöhten Richtigkeitsgewähr kontradiktorischer oberlandesgerichtlicher[68] Urteile Rechnung tragen wollte und zugleich eine Reduzierung der Revisionen und damit eine Entlastung des Reichsgerichts anstrebte.[69]

2. Heutiges Verständnis des § 717 Abs. 2 S. 1 ZPO

In der Folge traten vor allem bezüglich § 717 Abs. 2 S. 1 ZPO viele Fragen auf, deren Beantwortung je nach Verständnis dieses Anspruchs sehr unterschiedlich ausfiel.

a) Rechtsprechung

Die Rechtsprechung verstand zunächst auch § 717 Abs. 2 S. 1 ZPO wie seine Vorgängerregelung prozessual; alleine die Aufhebung des Urteils löse den Anspruch aus, ohne dass es darauf ankomme, ob durch die Aufhebung sachlich über die vom Gläubiger geltend gemachte materiellrechtliche Rechtsposition entschieden worden war.[70] Später wurde jedoch eine Aufrechnung gegen den Anspruch aus § 717 Abs. 2 S. 1 ZPO zugelassen, weil dieser an die Stelle des früheren prozessualen Erstattungsanspruchs getreten sei, selbst aber ein materiellrechtlicher Anspruch sei.[71] Dies gelte allerdings nicht für den Erstattungsanspruch nach § 717 Abs. 3 S. 2 ZPO; dieser sei ebenso zu behandeln wie der ursprüngliche prozessuale Erstattungsanspruch nach § 655 Abs. 2 CPO.[72] Außerdem entfalle der Anspruch aus § 717 Abs. 2 S. 1 ZPO wieder, wenn der Gläubiger letztlich obsiege und sich dadurch ergebe, dass seine eingeklagte materiellrechtliche Rechtsposition bestehe.[73]

---

zweckmäßigsten Einrichtungen der CPO", werde durch die verschuldensunabhängige Schadensersatzpflicht des Gläubigers entwertet (S. 392 ff.). Letztlich konnten sich diese Bedenken aber nicht durchsetzen und der Entwurf wurde angenommen (S. 395).

[68] § 717 Abs. 3 ZPO erstreckte sich ursprünglich nur auf oberlandesgerichtliche Berufungsurteile und wurde erst 2004 auf Berufungsurteile der Landgerichte ausgedehnt, BGBl. I 2004, S. 2200. Ob § 717 Abs. 3 ZPO auch nach dieser Reform noch auf die erhöhte Richtigkeitsgewähr eines Berufungsurteils gestützt werden kann, wird teilweise bestritten, siehe *Pieckenbrock*, JR 2005, 446, 447 f.

[69] Siehe dazu *Pecher*, Schadensersatzansprüche, S. 39; *Häsemeyer*, Schadenshaftung, S. 84. Es sollte verhindert werden, dass ein Schuldner Revision nur in der Hoffnung einlegte, der Gläubiger werde aus Furcht vor der Schadenersatzpflicht bei Aufhebung des Urteils bis zur Entscheidung des Revisionsgerichts nicht vollstrecken.

[70] RGZ 64, 278, 281 f.

[71] RGZ 76, 406, 407 f.

[72] RGZ 103, 352, 353.

[73] RGZ 145, 328, 332 f.

Auch der BGH hielt eine Aufrechnung gegen einen Anspruch aus § 717 Abs. 2 S. 1 ZPO zunächst für möglich,[74] bevor er hinsichtlich des Erstattungsanspruchs eine Kehrtwende machte.[75] Der Anspruch aus § 717 Abs. 2 S. 1 ZPO sei in zwei Teile aufzuspalten: einmal in einen Anspruch auf Erstattung des durch die Vollstreckung Geleisteten, der Ausdruck einer „innerprozessuale[n] Waffengleichheit"[76] sei. Gegen diesen Teil des Anspruchs könne der Gläubiger materiellrechtliche Gegenrechte nur geltend machen, „wenn sie mit dem Sinn und Zweck der Vorschrift, dem Vollstreckungsschuldner bezüglich dieses Teils seines Schadens sofortigen Ersatz zu sichern, vereinbar sind."[77] Denn der Anspruch sei gerade darauf gerichtet, dem Schuldner den im Wege der Vollstreckung verlorenen Leistungsgegenstand unverzüglich wiederzuverschaffen, wenn der Gläubiger nicht mehr über das Privileg eines vorläufig vollstreckbaren Urteils verfüge. Andernfalls könne der Schuldner in Liquiditätsengpässe geraten, wenn er die Leistung erst zurückverlangen könne, nachdem über die vom Gläubiger geltend gemachte Rechtsposition entschieden worden sei.[78]

Daneben beinhalte § 717 Abs. 2 ZPO aber noch einen weitergehenden Schadensersatzanspruch auf Ersatz von über das durch die Vollstreckung Verlorene hinausgehenden Schäden. Bei diesem Teil des Anspruchs handele es sich um einen materiellrechtlichen Schadensersatzanspruch. Der Gläubiger könne deshalb alle materiellrechtlichen Gegenrechte geltend machen, insbesondere mit dem eingeklagten Anspruch selbst aufrechnen.[79] Der Anspruch aus § 717 Abs. 2 S. 1 ZPO bleibe ferner auch bestehen, wenn der Gläubiger seinerseits wieder ein vorläufig vollstreckbares, auf die Leistung gerichtetes Urteil erhalte. Erst wenn dieses Urteil rechtskräftig werde, entfalle der Anspruch aus § 717 Abs. 2 S. 1 ZPO.[80] Insgesamt beruhe § 717 Abs. 2 S. 1 ZPO auf zwei Gedanken: Zum einen sei der Gläubiger nicht schutzwürdig, wenn dieser die formelle Rechtskraft des Urteils nicht abwarte; der Gläubiger handele hier „auf eigene Gefahr".[81] Umgekehrt

---

[74] BGH, NJW 1980, 2527, 2528.

[75] BGHZ 136, 199 ff.

[76] BGHZ 136, 199, 207.

[77] BGHZ 136, 199, 204; Stein/Jonas/*Heinze*, § 717 Rn. 33, geht davon aus, dass danach jedenfalls Gegenrechte zulässig sein müssten, deren Geltendmachung den Rechtsstreit nicht verzögern.

[78] BGHZ 136, 199, 205 ff.

[79] BGHZ 136, 199, 207 ff.

[80] BGHZ 136, 199, 209 ff. unter Aufgabe der bis dahin entgegenstehenden Rechtsprechung aus BGH, III ZR 218/68, juris Rn. 16 (insoweit in MDR 1972, 765 nicht abgedruckt). Bei diesen Ausführungen unterscheidet der BGH nicht mehr zwischen dem Erstattungsanspruch und dem weitergehenden Schadensersatzanspruch, sodass diese Ausführungen wohl für beide Teile gleichermaßen Geltung beanspruchen; sehr deutlich gegen diese Rechtsprechung des BGH Wieczorek/Schütze/*Hess*, § 717 Rn. 14.

[81] BGHZ 136, 199, 205; BGHZ 189, 320, Rn. 10.

sei der Schuldner jedoch schutzwürdig, weil dieser sich gegen die Vollstreckung aus einem vorläufig vollstreckbaren Urteil nicht wehren könne.[82]

b) Literatur

Auch in der Literatur wird über die richtige Deutung des § 717 Abs. 2 S. 1 ZPO gestritten, insbesondere darüber, ob die materielle Rechtslage den Bestand des Anspruchs aus § 717 Abs. 2 S. 1 ZPO beeinflusst.[83] Die Befürworter eines prozessualen Verständnisses verneinen das und postulieren, der Schuldner könne nach § 717 Abs. 2 S. 1 ZPO vom Gläubiger Ersatz des durch die vorzeitige Vollstreckung entstandenen Schadens sogar dann verlangen, wenn der Gläubiger letztlich obsiege.[84] Umgekehrt plädieren namhafte Stimmen aber auch dafür, im Rahmen eines Anspruchs die materielle Rechtslage zu berücksichtigen. Insbesondere *Pecher* hat sich eingehend dafür ausgesprochen, bei § 717 Abs. 2 S. 1 ZPO die materielle Rechtslage nicht außen vor zu lassen, soweit der Schuldner einen über die Erstattung des im Wege der Vollstreckung Beigetriebenen hinausgehenden Schadensersatzanspruch geltend macht.[85] Soweit der Schuldner einzig die Erstattung des durch die Vollstreckung Verlorenen fordere, komme es hingegen auf die materielle Rechtslage nicht an; in der Sache lebe hier in § 717 Abs. 2 S. 1 ZPO der ursprüngliche prozessuale Erstattungsanspruch aus § 655 Abs. 2 CPO fort. Dieser sei durch die Gesetzesänderungen nicht abgeschafft worden, weil die

[82] BGHZ 211, 88, Rn. 52. Die zweite Aussage ist bereits auf den ersten Blick äußerst fragwürdig. Dem Beklagten stehen gegen die Vollstreckung aus einem vorläufig vollstreckbaren Urteil durchaus vollstreckungsrechtliche Rechtsbehelfe zur Verfügung, mit denen er jedenfalls eine einstweilige Einstellung der Zwangsvollstreckung erreichen kann, vgl. §§ 707, 719 ZPO, § 712 ZPO und § 769 ZPO.

[83] Auswirken kann sich die Berücksichtigung der materiellen Rechtslage potentiell auf zwei Arten: Zum einen könnte man dem Gläubiger gestatten, sich gegen die Inanspruchnahme aus § 717 Abs. 2 S. 1 ZPO mittels einer Aufrechnung mit dem eingeklagten Anspruch zu verteidigen. Sofern man einen sofortigen Erfüllungseintritt infolge der Beitreibung annimmt, kommt eine Aufrechnung freilich nicht in Betracht. Konstruktiv müsste der Gläubiger dann einwenden, es fehle an einem Schaden beim Schuldner, weil diesem durch die Vollstreckung nur das abgezwungen wurde, wozu dieser nach materiellem Recht verpflichtet war.

Daneben ist denkbar, dass der Gläubiger weitere Gegenrechte gegen den Anspruch geltend machen möchte, beispielsweise mit einer sonstigen, ihm gegen den Schuldner zustehenden Forderung aufrechnen möchte.

[84] *Saenger*, JZ 1997, 222, 228 f., der dieses Ergebnis vor allem aus einem Vergleich mit § 945 ZPO gewinnt; wohl auch *Bötticher*, ZZP 85, 1, 10; für eine rein prozessuale Deutung des § 717 Abs. 2 ZPO auch *Häsemeyer*, Schadenshaftung, S. 81 ff. Das Schadensersatzurteil klammere die Frage nach der materiellrechtlichen Berechtigung „wie ein Vorbehaltsurteil" aus, S. 83; in diese Richtung auch *Gaul*, ZZP 110, 1, 9, der § 717 Abs. 2 S. 1 ZPO als „Risikohaftung aus prozessualer Veranlassung" einordnet, für die einzig die Aufhebung des vorläufig vollstreckbaren Urteils entscheidend sei; *Stein*, Grundfragen, S. 19 f.

[85] *Pecher*, Schadensersatzansprüche, S. 131 ff., vor allem S. 162 f. und S. 174 f.; *derselbe*, ZZP 94, 446 ff.

Rechtsstellung des Schuldners nur erweitert nicht aber verschlechtert werden sollte.[86] Diese Aufspaltung hat ebenso wie das materiellrechtliche Verständnis von § 717 Abs. 2 S. 1 ZPO verbreitet Zustimmung erfahren.[87]

3. Stellungnahme zu § 717 Abs. 2 S. 1 ZPO

Um den Zweck des § 717 Abs. 2 S. 1 ZPO bestimmen zu können, ist es zunächst notwendig zu klären, ob § 717 Abs. 2 S. 1 ZPO als einheitlicher Schadensersatzanspruch aufzufassen ist oder ob die These *Pechers* zutrifft, dass § 717 Abs. 2 S. 1 ZPO in der Sache einen prozessualen Erstattungsanspruch und einen materiellrechtlichen Schadensersatzanspruch vereint.

a) Prozessualer Erstattungsanspruch

Für die These des prozessualen Erstattungsanspruchs,[88] gegen den sich der Gläubiger keinesfalls mit materiellrechtlichen Gegenrechte wehren könne, wird vor allem die Gesetzeshistorie angeführt. Der Gesetzgeber habe bei der Schaffung des § 717 Abs. 2 S. 1 ZPO die Rechtslage für den Schuldner nicht verschlechtern wollen und deshalb auch den Erstattungsanspruch aus § 655 Abs. 2 CPO nicht abschaffen, sondern nur um einen Schadensersatzanspruch ergänzen wollen.[89] In der Tat lässt sich den Diskussionen rund um § 717 Abs. 2 S. 1 ZPO kein Anhaltspunkt entnehmen, der für eine Abschaffung des Erstattungsanspruchs spräche. Es stellt sich jedoch die Frage, ob die bis dato herrschende Annahme überzeugend ist, § 655 Abs. 2 CPO stelle einen rein prozessualen Erstattungsanspruch dar. Hiergegen spricht, dass maßgeblicher Beweggrund für die Einführung des § 655 Abs. 2 CPO nicht etwa war, dass man dem Schuldner einen neuen, bis dato nicht existierenden Anspruch zusprechen wollte. Vielmehr ging es darum, dem Schuldner die Geltendmachung seines – offensichtlich als bestehend vorausge-

---

[86] *Pecher*, Schadensersatzansprüche, S. 195 ff.; *derselbe*, ZZP 94, 446, 449 dort auch mit scharfer Kritik an der Zusammenfassung dieser zwei unterschiedlichen Regelungen in einer Norm. In der Sache ist die Ansicht von *Pecher* damit der mittlerweile vom BGH vertretenen Ansicht sehr ähnlich, der sich auch maßgeblich auf die Arbeiten *Pechers* stützte, siehe BGHZ 136, 199, 202, 211.

[87] Bezüglich der Aufspaltung und dem materiellrechtlichen Verständnis Stein/Jonas/*Münzberg*, 22. Aufl., § 717 Rn. 8, 12 ff., 33 ff.; für ein materiellrechtliches Verständnis *Baur*, Studien, S. 114 f.; MüKo/*Götz*, ZPO, § 717 Rn. 9; *Vockenberg*, Schadensersatzpflicht, S. 106 ff.; *Baur/Stürner/Bruns*, Zwangsvollstreckungsrecht, Rn. 15. 44, die jedoch die vom BGH und *Pecher* vorgenommen Aufspaltung explizit ablehnen, Rn. 15.56; für eine materiellrechtliche Deutung unter Ablehnung der reinen Erstattungsregel als historisch überholtes Relikt auch *Henckel*, Prozessrecht, S. 257 ff., v.a. S. 258 f.; gegen die Erstattungsregel auch *Stolz*, Schadensersatzpflicht, S. 38.

[88] Entweder in der von *Pecher* vorgeschlagenen Form als völlig eigenständiger Anspruch oder nach dem vom BGH wohl zugrunde gelegten Verständnis als Teil des Schadensersatzanspruchs.

[89] BGHZ 136, 199, 204 f.; *Pecher*, Schadensersatzansprüche, S. 196 f.

setzten – Anspruchs gegen den Gläubiger zu ermöglichen, ohne auf eine gesonderte Klage angewiesen zu sein.[90] Der entscheidende Punkt war die Möglichkeit des prozessualen Inzidentantrags und nicht die Schaffung eines originär prozessualen Anspruchs. Gegen ein rein prozessuales Verständnis spricht ferner, dass bei den Beratungen zur Einführung des § 717 Abs. 2 ZPO vor allem der Gedanke leitend war, dem Schuldner müsse der aus der Vollstreckung resultierende Schaden ersetzt werden, wenn das Urteil „sachlich unbegründet" sei.[91] Es ging nicht darum, die Vollstreckung an sich rückgängig zu machen, sondern eine durch das materielle Recht nicht gedeckte Vermögenseinbuße auszugleichen.

Pecher versucht darüber hinaus, den Erstattungsanspruch über eine Parallele zu der Rechtslage bei Ansprüchen aus §§ 861 Abs. 1, 862 Abs. 1 BGB zu begründen. Auch hier sei es dem Anspruchsgegner gemäß § 863 BGB verwehrt, seinen petitorischen Anspruch geltend zu machen und damit den possessorischen Anspruch zu Fall zu bringen.[92] Allerdings ist sehr zweifelhaft, ob dieser Vergleich tatsächlich einen prozessualen Erstattungsanspruch rechtfertigen kann. Zum einen wird demjenigen, der sich possessorischen Ansprüchen ausgesetzt sieht, herrschend die Möglichkeit eingeräumt, über § 864 Abs. 2 BGB analog seinen petitorischen Anspruch im Wege der Widerklage auch gegenüber dem possessorischen Anspruch geltend zu machen.[93] Zum anderen beruht die grundsätzliche Irrelevanz eines petitorischen Rechts im Verfahren über einen possessorischen Anspruch auf dem generalpräventiven Gedanken, die verbotene Eigenmacht möglichst unattraktiv zu machen. Es soll verhindert werden, dass derjenige, der ein petitorisches Recht auf eine Sache hat, diese dem gegenwärtigen Besitzer im Wege der Selbsthilfe wegnimmt und dadurch das staatliche Gewaltmonopol unterläuft, anstatt auf Herausgabe der Sache zu klagen.[94] Dieser Gedanke ist auf die Situation nach Erlass eines vorläufig vollstreckbaren Urteils nicht übertragbar. Hier hat sich der Gläubiger gerade des staatlich vorgesehenen Verfahrens bedient und wird deshalb von Gesetzes wegen dazu ermächtigt, sich die eingeklagte Leis-

---

[90] Hahn, Materialien, Band 2, S. 803 f.; auch Wieczorek/Schütze/*Hess*, § 717 Rn. 14 sieht hierin den maßgebenden Grund für den Erstattungsanspruch.

[91] Hahn/Mugdan, Materialien, Band 8, S. 135.

[92] *Pecher*, ZZP 94, 446, 456 f. und diesen Gedanken aufgreifend BGHZ 136, 199, 204.

[93] BGHZ 53, 166, 168 ff.; BGHZ 73, 355, 357; BeckOGK/*Götz*, BGB, § 863 Rn. 29 ff.; *Hager*, KTS, 1989, 515, 520; aA. jedoch Staudinger/*Gutzeit*, § 863 Rn. 8 mwN; *Sosnitza*, Besitz, S. 159 ff., weil dadurch ein Anreiz geschaffen würde, sein petitorisches Recht im Wege der Selbsthilfe durchzusetzen. Auch wenn man die petitorische Widerklage mit der herrschenden Meinung für zulässig hält, profitiert der Widerkläger davon nur, wenn die petitorische Widerklage gleichzeitig mit der Klage aufgrund des possessorischen Anspruchs entscheidungsreif ist. Nur dann muss der Widerkläger die im Wege der verbotenen Eigenmacht erlangte Sache im Ergebnis nicht wieder herausgeben (zu den im Einzelnen umstrittenen Rechtsfolgen bei gleichzeitiger Entscheidungsreife siehe BGHZ 73, 355, 358 f. und BeckOGK/*Götz*, BGB, § 863 Rn. 39).

[94] *Sosnitza*, Besitz, S. 159 f.; BeckOGK/*Götz*, BGB, § 863 Rn. 3; Staudinger/*Gutzeit*, § 863 Rn. 1.

tung nun notfalls im Wege der Zwangsvollstreckung zu verschaffen. Ein Ausschluss materiellrechtlicher Gegenrechte des Gläubigers kann deshalb nicht damit gerechtfertigt werden, die Vollstreckung aus einem vorläufig vollstreckbaren Urteil müsse aus generalpräventiven Erwägungen verhindert werden.[95]

Zudem leuchtet es auch sachlich nicht ein, wieso dem Schuldner ein von der materiellen Rechtslage völlig unabhängiger Erstattungsanspruch gegen den Gläubiger zustehen sollte. Verweise darauf, der Erstattungsanspruch bilde ein „Gegengewicht"[96] zur vorläufigen Vollstreckbarkeit oder sei Ausdruck der „Waffengleichheit"[97] zwischen Gläubiger und Schuldner, führen nicht weiter. Damit ließe sich lediglich begründen, dass ein Urteil über den Erstattungsanspruch des Schuldners seinerseits vorläufig vollstreckbar sein muss, was soweit ersichtlich aber auch nirgendwo bestritten wird. Über die Voraussetzungen, unter denen ein solcher Erstattungsanspruch besteht, kann der Gedanke der „Waffengleichheit" hingegen nichts aussagen.[98] Im Gegenteil wird die „Waffengleichheit" gerade verletzt, untersagt man es dem Gläubiger, gegen den Anspruch des Schuldners aus §717 Abs. 2 S. 1 ZPO aufgrund seiner Natur als prozessualer Erstattungsanspruch materiellrechtliche Gegenrechte geltend zu machen; denn der Schuldner konnte sich seinerseits gegen den ursprünglich vom Gläubiger eingeklagten Anspruch durchaus auf etwaige Gegenrechte berufen.

Auch der Verweis auf mögliche Liquiditätsengpässe des Schuldners, die es erforderlich machten, dass dieser die Leistung nach Aufhebung des Urteils sofort zurückerhielte, kann die Notwendigkeit eines prozessualen Erstattungsanspruchs nicht begründen.[99] Wurde das vorläufig vollstreckbare Urteil aufgehoben, steht zunächst genauso wenig fest, dass dem Schuldner der Leistungsgegenstand gebührt, wie feststeht, dass sie dem Gläubiger gebührt. Es liegt eine „Nichtentscheidung des Streits"[100] vor. Ob nun der Schuldner vor ihm drohenden Liquiditätsengpässen zu schützen ist oder der Gläubiger, dem möglicherweise gleichermaßen Liquiditätsengpässe drohen, ist eine Frage der materiellen Rechtslage. Solange diese umstritten ist und noch nicht rechtskräftig geklärt wurde, kann ein Verweis auf etwaige finanzielle Nachteile einer Partei nicht dazu führen, der anderen Seite die Berufung auf die materielle Rechtslage zu versagen. Daneben führt die Annahme eines prozessualen Erstattungsanspruchs zu einem

---

[95] Im Gegenteil, wäre dieser Gedanke sogar widersprüchlich. Der Gesetzgeber hat das Institut der vorläufigen Vollstreckbarkeit gerade geschaffen, *damit* der Gläubiger sich die Leistung bereits vor Rechtskraft des stattgebenden Urteils verschaffen kann.

[96] *Pecher*, Schadensersatzansprüche, S. 184, 218 f.; auch *Stolz*, Schadensersatzpflicht, S. 45 verwendet diesen Ausdruck.

[97] BGHZ 136, 199, 207.

[98] Daneben weist Stein/Jonas/*Heinze*, §717 Rn. 15 Fn. 75 zu Recht darauf hin, dass der BGH die postulierte „Waffengleichheit" letztlich auch dadurch selbst nicht durchhält, dass er den Anspruch des Schuldners aus §717 Abs. 2 S. 1 ZPO erst entfallen lässt, wenn der Anspruch des Gläubigers rechtskräftig festgestellt wurde.

[99] So aber BGHZ 136, 199, 206 f.

[100] *Häsemeyer*, Schadenshaftung, S. 108.

überflüssigen „Hin- und Herzahlen", falls der Gläubiger letztlich obsiegt, sodass der Schuldner diesem die Leistung erneut herausgeben muss.[101]

b) Schadensersatzanspruch

Eine Deutung des § 717 Abs. 2 S. 1 ZPO als rein prozessualer Erstattungsanspruch ist somit abzulehnen. Nicht beantwortet ist damit jedoch die Frage, ob und wenn ja inwieweit der Gläubiger gegenüber dem Schadensersatzanspruch aus § 717 Abs. 2 S. 1 ZPO geltend machen kann, materiellrechtlich sei er zur Leistung berechtigt und seine ursprüngliche Klage deshalb begründet gewesen. Für die Untersuchung dieser Frage ist zwischen einer Urteilsaufhebung mittels Sachurteil und einer Aufhebung mittels Prozessurteil zu unterscheiden.

aa) Aufhebung durch Sachurteil

Erfolgte die Aufhebung des vorläufig vollstreckbaren Urteils durch ein Urteil, das die vom Gläubiger geltend gemachte Rechtsposition in der Sache verneint, ist zwischen zwei Konstellationen zu differenzieren.

(1) Geltendmachung des Schadensersatzanspruchs im anhängigen Verfahren

Macht der Schuldner seinen Schadensersatzanspruch im anhängigen Verfahren entweder durch einen Inzidentantrag nach § 717 Abs. 2 S. 2 ZPO oder im Wege der Widerklage geltend,[102] kann sich der Gläubiger bereits wegen § 318 ZPO nicht darauf berufen, eine materiellrechtliche Rechtsposition gegenüber dem Schuldner zu haben, die ihn zur Leistung berechtige. Nach § 318 ZPO ist das Gericht an seine getroffenen Entscheidungen gebunden. Es kann deshalb nicht das vorläufig vollstreckbare Urteil mit dem Argument aufheben, es bestehe keine materiellrechtliche Rechtsposition des Gläubigers, zugleich aber den Schadensersatzanspruch des Schuldners verneinen, weil eine materiellrechtliche Rechtsposition des Gläubigers bestehe.[103] Unbenommen bleibt es dem Gläubiger dagegen, sich gegen den Schadensersatzanspruch mithilfe materiellrechtlicher Gegenrechte zu wehren, die ihm aus anderen Gründen zustehen.[104] Es kann dem Gläubiger deshalb beispielsweise nicht versagt werden, den Schadensersatzanspruch des

---

[101] *Baur*, Studien, S. 115 möchte dieses „Wechselspiel" *de lege ferenda* dadurch verhindern, dass der Anspruch aus § 717 Abs. 2 S. 1 ZPO an die rechtskräftige Aufhebung des vorläufig vollstreckbaren Urteils anknüpfen soll.

[102] Zu diesen Möglichkeiten der Geltendmachung siehe MüKo/*Götz*, ZPO, § 717 Rn. 22 f. Aufgrund der Möglichkeit des Inzidentantrags habe die Widerklage kaum Bedeutung.

[103] *Stolz*, Schadensersatzpflicht, S. 22; im Ergebnis ebenso, allerdings ohne Rückgriff auf § 318 ZPO, MüKo/*Götz*, ZPO, § 717 Rn. 20; Stein/Jonas/*Heinze*, § 717 Rn. 34; *Pecher*, Schadensersatzansprüche, S. 209.

[104] *Baur/Stürner/Bruns*, Zwangsvollstreckungsrecht, Rn. 15.54 ff.; MüKo/*Götz*, ZPO, § 717 Rn. 19; Stein/Jonas/*Heinze*, § 717 Rn. 33 ff.; *Vockenberg*, Schadensersatzpflicht, S. 108 f.

Schuldners durch eine Aufrechnung mit einer Forderung zu Fall zu bringen, die aus einem anderen Rechtsverhältnis mit dem Schuldner herrührt.

(2) Geltendmachung des Schadensersatzanspruchs in einem gesonderten Verfahren

Macht der Schuldner den Schadensersatzanspruch hingegen in einem gesonderten Verfahren geltend, kann der Gläubiger sich zunächst auch auf die materiellrechtlichen Gegenrechte berufen, die ihm bei Geltendmachung des Schadensersatzanspruchs im anhängigen Verfahren zur Verfügung stünden. Fraglich ist jedoch, ob der Gläubiger insoweit auch einwenden kann, materiellrechtlich zur Leistung berechtigt zu sein, sodass dem Schuldner durch die Vollstreckung kein Schaden entstanden sei beziehungsweise der Gläubiger mit dem eingeklagten Anspruch aufrechnen kann. Klar sind insoweit zunächst zwei Dinge: Ist das aufhebende Sachurteil rechtskräftig geworden, ist dem Gläubiger der Einwand aufgrund der entgegenstehenden materiellen Rechtskraft abgeschnitten; denn die Aufhebung erfolgte gerade, weil dem Gläubiger keine durchsetzbare materiellrechtliche Rechtsposition zustand. Beriefe sich der Gläubiger nun auf das Bestehen dieser materiellrechtlichen Rechtsposition zu seinen Gunsten, machte er das kontradiktorische Gegenteil des aufhebenden Urteils geltend. Ist das aufhebende Urteil dagegen noch nicht rechtskräftig geworden, steht dem Einwand des Gläubigers jedenfalls nicht § 318 ZPO entgegen; über den Schadensersatzanspruch entscheidet gerade nicht das Gericht, welches das aufhebende Urteil erlassen hat.

Dem Einwand des Gläubigers, materiellrechtlich zur Leistung berechtigt zu sein, könnte aber dennoch ein Vergleich mit der Situation entgegenstehen, in welcher der Schuldner seinen Schadensersatzanspruch im anhängigen Verfahren geltend gemacht hat. Auf den ersten Zugriff erscheint es merkwürdig, sollte der Gläubiger nur aufgrund der zwei getrennten Verfahren die Möglichkeit haben, weitergehende Einwendungen geltend zu machen als bei Geltendmachung im anhängigen Verfahren; zumal dadurch die Gefahr widersprüchlicher Entscheidungen geschaffen würde. Allerdings kann das Gericht dieser Gefahr durch eine Aussetzung nach § 148 Abs. 1 ZPO bis zu dem Zeitpunkt begegnen, in dem rechtskräftig über die vom Gläubiger eingeklagte Rechtposition entschieden wurde.[105] Es besteht deshalb kein Grund, dem Gläubiger irgendwelche Verteidigungsmöglichkeiten zu versagen, zumal der Schuldner nicht schutzwürdig ist;[106] er kann seinen Schadensersatzanspruch ohne Weiteres im anhängigen Verfahren

[105] Freilich wird durch § 148 ZPO die Gefahr einander widersprechender Entscheidungen nicht völlig ausgeschlossen, weil für das Gericht keine Pflicht besteht, von der Möglichkeit der Aussetzung Gebrauch zu machen, MüKo/*Fritsche*, ZPO, § 148 Rn. 1.

[106] AA. aber *Baur/Stürner/Bruns*, Zwangsvollstreckungsrecht, Rn. 15.56; Schuschke/Walker/Kessen/Thole/*Braun*, Vollstreckung, § 717 Rn. 15; Wieczorek/Schütze/*Hess*, § 717 Rn. 34. Die Aufrechnung mit dem eingeklagten Anspruch widerspreche dem Zweck des § 717 Abs. 2 S. 1 ZPO.

geltend machen und dadurch der Gefahr widersprechender Entscheidungen vorbeugen.

bb) Aufhebung durch Prozessurteil[107]

Bei einer Aufhebung des vorläufig vollstreckbaren Urteils durch ein Prozessurteil ist es im Ausgangspunkt naheliegend, dem Gläubiger eine Berufung auf die materielle Rechtslage zu gestatten. Denn die aufhebende Entscheidung erging gerade ohne Rücksicht auf die materielle Rechtslage, sodass auch § 318 ZPO beziehungsweise eine etwaige Rechtskraft der aufhebenden Entscheidung der Geltendmachung materiellrechtlicher Gegenrechte nicht entgegenstehen. Teilweise werden dagegen jedoch Bedenken erhoben. So meint *Henckel*, der Gläubiger dürfe sich auf seine materiellrechtliche Rechtsposition erst berufen, wenn diese durch eine gerichtliche Entscheidung festgestellt sei. Dies sei aufgrund der Aufhebung aber gerade nicht mehr der Fall; die Aufhebung des Urteils führe zu einer Vermutung, dass die Rechtsposition des Gläubigers nicht bestehe. Diese Vermutung könne der Gläubiger aber nur durch eine neue, stattgebende Sachentscheidung über seine Rechtsposition widerlegen.[108]

Auch *Häsemeyer* spricht sich gegen eine Berücksichtigung der materiellen Rechtslage aus.[109] Andernfalls bestehe die Gefahr, dass der Gläubiger seine Stellung im Verfahren durch die Vollstreckung verbessere. Werde das vorläufig vollstreckbare Urteil nur durch ein Prozessurteil aufgehoben, treffe den Gläubiger nach wie vor die „Feststellungslast"[110] für seine geltend gemachte Rechtsposition. Nehme man jedoch an, der Schadensersatzanspruch des Schuldners aus § 717 Abs. 2 S. 1 ZPO bestehe nur, wenn dem Gläubiger materiellrechtlich keine zur Leistung berechtigende Rechtsposition zustehe, sei der Schuldner gezwungen, dies nachzuweisen, wenn er den Anspruch aus § 717 Abs. 2 S. 1 ZPO geltend mache. Im Ergebnis verbessere sich die Rechtsstellung des Gläubigers im Verfahren damit einzig durch die Vollstreckung, was nicht hinzunehmen sei.[111]

---

[107] Gleich liegt die Situation, wenn das Berufungsgericht das erstinstanzliche Urteil aufhebt und den Rechtsstreit nach § 538 ZPO zurückverweist. Auch in diesem Fall hat das Berufungsgericht keine sachliche Entscheidung über die eingeklagte Rechtsposition getroffen.

[108] *Henckel*, Prozessrecht, S. 264.

[109] *Häsemeyer*, Schadenshaftung, S. 81 ff. Das Schadensersatzurteil klammere die Frage nach der materiellrechtlichen Berechtigung „wie ein Vorbehaltsurteil" aus, S. 83; in diese Richtung auch *Gaul*, ZZP 110, 1, 9, der § 717 Abs. 2 S. 1 ZPO als „Risikohaftung aus prozessualer Veranlassung" einordnet, für die einzig die Aufhebung des vorläufig vollstreckbaren Urteils entscheidend sei.

[110] Der Begriff der Feststellungslast wird von *Häsemeyer* in einem über die objektive Beweislast hinausgehenden Sinn verstanden. Die Feststellungslast nach *Häsemeyer* umfasst gerade auch die Frage, welche Partei eine richterliche Entscheidung herbeiführen muss, Schadenshaftung S. 110.

[111] *Häsemeyer*, Schadenshaftung, S. 109 f.; sich anschließend *Stolz*, Schadensersatzpflicht, S. 45 ff.

In das gleiche Horn stößt auch *Stolz*, der dem Gläubiger die Berufung auf seine materiellrechtliche Rechtsposition aufgrund der Funktion des § 717 Abs. 1 S. 1 ZPO versagen möchte. Dieser bilde ein „Gegengewicht“[112] zur vorläufigen Vollstreckbarkeit, woraus folge, dass für den Schadensersatzanspruch der Streitstand in der Hauptsache maßgeblich sei. Bestehe in dieser kein vorläufig vollstreckbares Urteil zugunsten des Gläubigers, dürfe dieser sich auch in dem Schadensersatzprozess nicht auf seine Rechtsposition berufen. Andernfalls käme es zu einer doppelten Prüfung der Rechtsposition des Gläubigers, was dem Rechtsmittelsystem widerspräche.[113]

Letztlich überzeugen diese Bedenken jedoch nicht. Zwar ist die These *Henckels* einleuchtend, durch die Aufhebung des vorläufig vollstreckbaren Urteils entfalle die für die Schaffung der vorläufigen Vollstreckbarkeit maßgebende Vermutung, dass der Gläubiger materiellrechtlich zur Leistung berechtigt sei und fortan werde das Gegenteil vermutet. Damit lässt sich jedoch nicht erklären, wieso es dem Gläubiger versagt sein soll, im Rahmen des Schadensersatzprozesses diese Vermutung durch den Nachweis seiner Rechtsposition zu widerlegen. Auch der Einwand von *Stolz*, es sei widersprüchlich, wenn dasselbe Gericht aufgrund der Unzulässigkeit der Klage zunächst eine inhaltliche Prüfung der vom Gläubiger geltend gemachten Rechtsposition ablehne, dann aber im Rahmen des Schadensersatzanspruchs doch darüber entscheide,[114] überzeugt nicht. Diese vermeintlich widersprüchliche Situation kann auch ansonsten auftreten, wenn etwa eine unzulässige Klage, aber eine zulässige Widerklage erhoben wird, und es in beiden Klagen letztlich um dieselben Sachfragen geht.[115] Hier käme wohl niemand auf den Gedanken, daran Anstoß zu nehmen, wenn das Gericht über die Widerklage in der Sache entscheidet, obwohl es eine solche Sachprüfung bei der Klage aufgrund deren Unzulässigkeit noch abgelehnt hatte.

Dagegen trifft die Erkenntnis zu, durch die Vollstreckung dürfe die Verteilung der objektiven Beweislast nicht zugunsten des Gläubigers verändert werden. Dieser Gefahr ist jedoch nicht dadurch zu begegnen, dass der Gläubiger seine materiellrechtliche Rechtsposition im Rahmen des Schadensersatzanspruchs überhaupt nicht mehr geltend machen kann. Vielmehr kann er sie geltend machen, trägt aber aufgrund der mit der Aufhebung des Urteils verbundenen Vermutung zugunsten des Schuldners auch im Rahmen des Verfahrens über den Schadensersatzanspruch die objektive Beweislast für das Bestehen seiner Rechtsposition.[116] Kann er die dieser zugrundeliegenden Tatsachen nicht beweisen, verbleibt

[112] *Stolz*, Schadensersatzpflicht, S. 42.

[113] *Stolz*, Schadensersatzpflicht, S. 42 f.; ähnlich auch Stein/Jonas/*Münzberg*, 22. Aufl., § 717 Rn. 28.

[114] *Stolz*, Schadensersatzpflicht, S. 38 f.; ebenso MüKo/*Götz*, ZPO, § 717 Rn. 20.

[115] Voraussetzung einer Widerklage ist nur eine rechtshängige, nicht aber eine zulässige Hauptklage, siehe dazu MüKo/*Patzina*, ZPO, § 33 Rn. 12.

[116] *Pecher*, Schadensersatzansprüche, S. 209 f.; *Vockenberg*, Schadensersatzpflicht, S. 130 f.

es bei der durch die Aufhebung des Urteils ausgelösten Vermutung, dass die Rechtsposition nicht besteht, und der Gläubiger schuldet Schadensersatz. Wird dieses Urteil rechtskräftig, ist es dem Gläubiger dann auch versagt, seine vermeintliche Rechtsposition gesondert einzuklagen, weil über diese bereits im Rahmen des Schadensersatzanspruchs entschieden wurde.[117]

c) Ergebnis

Der Anspruch aus § 717 Abs. 2 S. 1 ZPO hängt damit entscheidend von der Begründetheit der ursprünglichen Klage ab.[118] Die Aufhebung des stattgebenden Urteils ist nur der äußere Anlass für die Schadensersatzhaftung. Der innere Grund liegt in der infolge der Vollstreckung eingetretenen Vermögensverschiebung, die nicht durch das materielle Recht gerechtfertigt ist.[119] Der Gläubiger hat deshalb die Möglichkeit, seiner äußerlich bestehenden Haftung aus § 717 Abs. 2 S. 1 ZPO seine materiellrechtliche Berechtigung zum Behaltendürfen der Leistung entgegenzuhalten, solange er mit diesem Einwand nicht aus prozessualen Gründen ausgeschlossen ist. Ist § 717 Abs. 2 S. 1 ZPO damit aber gerade für die Situation gedacht, in der dem Gläubiger *keine* materiellrechtliche Rechtsposition zusteht, kann § 717 Abs. 2 S. 1 ZPO umgekehrt nichts darüber aussagen, was die Rechtsfolgen einer Abwendungsleistung sind, wenn dem Gläubiger eine solche Rechtsposition zusteht. Zur Lösung des hier untersuchten Problems kann § 717 Abs. 2 S. 1 ZPO deshalb nichts beitragen. Daran ändert auch eine Berufung auf den Wortlaut des § 717 Abs. 2 S. 1 ZPO nichts, der Leistungen zur „Abwendung der Zwangsvollstreckung" explizit zulässt.[120] Dieser bringt lediglich zum Ausdruck, dass eine Haftung nach § 717 Abs. 2 S. 1 ZPO – anders als unter Geltung des § 655 Abs. 2 CPO[121] – nicht bei jeder Leistung des Schuldners in Betracht kommt, sondern nur wenn der Schuldner aufgrund eines vom Gläubiger ausgeübten Vollstreckungsdrucks leistet.[122]

Freilich könnte man versucht sein, dem hier entwickelten Verständnis des § 717 Abs. 2 S. 1 ZPO entgegenzuhalten, dieses entwerte die Schadensersatzhaf-

[117] *Pecher*, Schadensersatzansprüche, S. 210.

[118] Für den auf Schadensersatz gerichteten Teil des § 717 Abs. 2 S. 1 ZPO im Ergebnis auch *Pecher*, Schadensersatzansprüche, S. 174 ff.

[119] *Pecher*, Schadensersatzansprüche, S. 162 f.

[120] Anders aber Gaul/Schilken/Becker-Eberhard/*Becker-Eberhard*, Zwangsvollstreckungsrecht, § 15 Rn. 70; *Messer*, Freiwillige Leistung, S. 66.

[121] Insoweit war auch der Wortlaut unterschiedlich. § 655 Abs. 2 CPO erlaubte die Erstattung „des aufgrund des Urteils Geleisteten oder Gezahlten", stellte also keinen Konnex zu der Zwangsvollstreckung aus dem vorläufig vollstreckbaren Urteil her.

[122] BGHZ 131, 233, 234 f.; BGH, NJW-RR 2011, 338, Rn. 19; *Baur/Stürner/Bruns*, Zwangsvollstreckungsrecht, § 15 Rn. 15.45; MüKo/*Götz*, ZPO, § 717 Rn. 15; Wieczorek/Schütze/*Hess*, § 717 Rn. 16; Stein/Jonas/*Heinze*, § 717 Rn. 31 mit umfangreichen Nachweisen zu der im Einzelnen sehr umstrittenen Frage, was genau die Voraussetzungen für die Annahme eines „Vollstreckungsdrucks" sind.

tung; steht dem Gläubiger die Leistung materiellrechtlich nicht zu, gewähre dem Schuldner bereits das materielle Recht Ansprüche auf Rückgängigmachung der Vollstreckung und gegebenenfalls Schadensersatz. Dieser Einwand würde jedoch verkennen, dass § 717 Abs. 2 S. 1 ZPO auch aus hiesiger Sicht für den Schuldner zwei große Vorteile bietet: Zum einen besteht der Anspruch aus § 717 Abs. 2 S. 1 ZPO bereits mit Aufhebung des stattgebenden Urteils, sodass der Schuldner als anspruchsbegründende Tatsachen nur die Aufhebung des Urteils und seinen Schaden nachweisen muss. Möchte der Gläubiger der Haftung aus § 717 Abs. 2 S. 1 ZPO unter Hinweis auf seine materiellrechtliche Rechtsposition entgehen, trägt er für deren Bestehen die objektive Beweislast. Anders als im Fall einer Kondiktion oder einer Inanspruchnahme aus unerlaubter Handlung muss hier also nicht der Schuldner (als Gläubiger des Kondiktionsanspruchs) nachweisen, dass kein Rechtsgrund zum Behaltendürfen der Leistung besteht beziehungsweise der Gläubiger in ein deliktsrechtlich geschütztes Rechtsgut des Schuldners eingegriffen hat. Gerade bei einer Aufhebung des Urteils ohne Entscheidung in der Sache wirkt sich diese Beweislastverteilung für den Schuldner positiv aus. Der zweite Vorteil für den Schuldner besteht darin, dass der Gläubiger verschuldensunabhängig auf Schadensersatz haftet. Dem Gläubiger ist also der Einwand versagt, er habe auf den Bestand des Urteils vertrauen dürfen, sodass der Eingriff in das Vermögen des Schuldners nicht rechtswidrig sei beziehungsweise ihn kein Verschulden an dem beim Schuldner eingetretenen Schäden treffe. Vor dem Hintergrund der ansonsten sehr umstrittenen Voraussetzungen, unter denen ein Schadensersatzanspruch wegen materiellrechtlich ungerechtfertigter Vollstreckung in Betracht kommt,[123] ist dieser Vorteil für den Schuldner nicht zu unterschätzen.

4. § 717 Abs. 3 ZPO

Auch aus dem 1910 Gesetz gewordenen Erstattungsanspruch infolge der Aufhebung eines kontradiktorischen Berufungsurteils § 717 Abs. 3 S. 2 ZPO kann nichts für die Lösung des hiesigen Problems hergeleitet werden. Ebenso wie § 717 Abs. 2 S. 1 ZPO ist auch für den Anspruch aus § 717 Abs. 3 S. 2 ZPO die Aufhebung des Berufungsurteils nur der äußere, die Haftung auslösende Umstand. Der Grund für diese Haftung besteht hingegen abermals darin, dem Schuldner einen erleichterten Ausgleich für eine nicht durch das materielle Recht gedeckte Vollstreckung oder eine Leistung nach Erlass des Berufungsurteils zu ermöglichen.[124] Der Gläubiger kann also auch hier materiellrechtliche Gegenrechte gegen die Inanspruchnahme aus § 717 Abs. 3 S. 2 ZPO aus denselben Gründen und unter denselben Voraussetzungen wie bei § 717 Abs. 2 S. 1 ZPO geltend machen.[125] Ist

[123] Siehe dazu *Götz*, Ersatzansprüche, S. 66 ff. mwN; Stein/Jonas/*Heinze*, Vor. § 704 Rn. 24; bei Schaffung des § 717 Abs. 2 S. 1 ZPO wurde gerade der Ausschluss des Verschuldenserfordernisses hervorgehoben, siehe Mugdan/Hahn, Materialien, Band 8, S. 135.

[124] *Pecher*, Schadenersatzansprüche, S. 191.

[125] *Pecher*, Schadenersatzansprüche, S. 191; Wieczorek/Schütze/*Hess*, § 717 Rn. 30, der

§717 Abs. 3 S. 2 ZPO aber ebenfalls auf die Situation zugeschnitten, in der es an einer Rechtsposition des Gläubigers und damit auch an einem erfüllbaren Anspruch fehlt, kann auch aus diesem nichts für die Frage des Erfüllungseintritts hergeleitet werden.

III. Fazit

Aus dem Wesen der vorläufigen Vollstreckbarkeit als Ausnahmerecht etwas gegen einen sofortigen Erfüllungseintritt herleiten zu wollen, ist nicht überzeugend. Die Entstehungsgeschichte der vorläufigen Vollstreckbarkeit liefert insoweit keine Anhaltspunkte, weil der Gesetzgeber damals lediglich die tatsächlichen Wirkungen der Vollstreckung aus einem vorläufig vollstreckbaren Urteil vor Augen hatte, sich mit den materiellrechtlichen Auswirkungen hingegen nicht auseinandergesetzt hat. Erkennt man, dass die vorläufige Vollstreckbarkeit maßgeblich auf dem Gedanken fußt, dem Gläubiger, der die Leistung materiellrechtlich vom Schuldner verlangen kann, solle eine möglichst schnelle Durchsetzung seines Rechts ermöglicht werden, spricht dies eher für als gegen einen sofortigen Erfüllungseintritt. Denn in diesen Fällen ist gerade nicht zu erwarten, dass die Leistung des Schuldners noch einmal rückgängig gemacht wird, entspricht sie doch der materiellen Rechtslage.

Aus diesem Grund kann letztlich auch aus §717 Abs. 2 S. 1 ZPO kein Argument gegen einen sofortigen Erfüllungseintritt hergeleitet werden. Entgegen verbreiteter Ansicht gewährt dieser dem Schuldner keinen von der materiellen Rechtslage unabhängigen prozessualen Erstattungsanspruch. Vielmehr ist §717 Abs. 2 S. 1 ZPO gerade auf den Fall zugeschnitten, dass dem Gläubiger tatsächlich *keine* materiellrechtliche Rechtsposition zustand, aufgrund derer er die Leistung vom Schuldner verlangen konnte. Das vorläufig vollstreckbare Urteil und die folgende Abwendungsleistung waren dann nicht durch die materielle Rechtslage gedeckt. Infolge der Aufhebung des vorläufig vollstreckbaren Urteils wird lediglich vermutet, dass der Gläubiger nach materiellem Recht vom Schuldner keine Leistung verlangen konnte, weshalb die Haftung aus §717 Abs. 2 S. 1 ZPO äußerlich alleine an die Urteilsaufhebung anknüpfen kann. Der innere Grund besteht jedoch darin, die Folgen einer nicht durch das materielle Recht gedeckten Vollstreckung auszugleichen. Es bleibt dem Gläubiger vorbehaltlich prozessualer Ausschlussgründe deshalb unbenommen, diese Vermutung durch den Nachweis seiner materiellrechtlichen Rechtsposition zu widerlegen. Gleiches gilt für §717 Abs. 3 S. 2 ZPO.

---

allerdings wieder eine Aufrechnung mit dem ursprünglich eingeklagten Anspruch nicht für möglich hält, Rn. 34.

5. Kapitel

Interessenlage

Die bisherigen Untersuchungen haben ergeben, dass ein sofortiger Erfüllungseintritt aufgrund einer Abwendungsleistung nicht bereits aus systematischen Gründen ausscheidet, im Gegenteil eher naheliegt. Weder kann der Schuldner den Erfüllungseintritt durch einseitige Tilgungsbestimmungen verhindern noch scheitert ein Erfüllungseintritt an den Besonderheiten der vorläufigen Vollstreckbarkeit oder einer notwendigen Beweislastumkehr. Nicht beantwortet ist damit jedoch die Frage, ob anzuerkennende Interessen des Schuldners oder des Gläubigers es möglicherweise gebieten, dennoch nicht von einem sofortigen Erfüllungseintritt auszugehen. Insoweit werden vor allem die Interessen des Schuldners ins Feld geführt. Dieser habe ein rechtliches Interesse daran, dass keine sofortige Erfüllung eintrete.[1] In erster Linie wird das auf den Erhalt möglicher Gegenrechte für den Schuldner gestützt.[2] Außerdem führe ein sofortiger Erfüllungseintritt zur Erledigung des Rechtsstreits, woran dem Schuldner, der ja gerade weiter um sein Recht „kämpfen" wolle, nicht gelegen sei.[3] Womöglich könnte ein sofortiger Erfüllungseintritt sogar zum Wegfall der Beschwer durch das erstinstanzliche Urteil und damit zur Unzulässigkeit des vom Schuldner eingelegten Rechtsmittels führen, was den Interessen des Schuldners geradezu konträr entgegenliefe.[4] In der Sache laufen diese Bedenken darauf hinaus, dem Schuldner durch Konstruktionen im materiellen Recht einen besonderen Voll-

---

[1] Siehe nur RGZ 63, 330, 331 f.; *A. Blomeyer*, JR 1979, 490, 491 f.; *Braun*, AcP 184, 152, 153 f., 159 f.; *Kreutz*, Abwendung, S. 33, 61; *Krüger*, NJW 1990, 1208, 1209 f.; differenzierter *Kerwer*, Erfüllung, bei dem diese Überlegung zwar ebenfalls anklingt S. 127 ff., der aber später (S. 249 f.) darlegt, dass der Schuldner jedenfalls in Fällen der Abwendungsleistung auch an einem sofortigen Erfüllungseintritt interessiert sein könne, um den Schuldnerverzug zu beenden.

[2] RGZ 63, 330, 331 f.; *A. Blomeyer*, JR 1979, 490, 491 f.; *Braun*, AcP 184, 152, 158 f.; *Kreutz*, Abwendung, S. 57 f., 61; *Krüger*, NJW 1990, 1208, 1209 f.; *Messer*, Freiwillige Leistung, S. 127; *Czub*, ZZP 102, 273, 281 f., der zwar einen sofortigen Erfüllungseintritt annimmt, diesen aber unter die auflösende Bedingung stellt, dass der Schuldner eine prozessual zulässige und materiellrechtlich begründete Einrede erhebt, 284.

[3] BGH, NJW 2014, 2199, Rn. 12; *Baur/Stürner/Bruns*, Zwangsvollstreckungsrecht, Rn. 15.39; *Kreutz*, Abwendung, S. 61; *Münch*, Vollstreckbare Urkunde, S. 399; jüngst auch BGH, BeckRS 2020, 16689, Rn. 18, eine Erledigung sei mit dem Zweck der vorläufigen Vollstreckbarkeit nicht vereinbar.

[4] *Krüger*, NJW 1990, 1208, 1209 „Es ist offensichtlich, daß eine solche Rechtsfolge der Interessenlage nicht gerecht wird."

streckungsschutz angedeihen zu lassen. Zwar wird der Schuldner nicht vor der Vollstreckung selbst bewahrt. Ihm sollen aber die durch eine Vollstreckung an sich drohenden rechtlichen Konsequenzen erspart bleiben.

Im folgenden Abschnitt ist deshalb zu hinterfragen, ob für diese Art des besonderen Vollstreckungsschutzes durch Konstruktionen im materiellen Recht ein Bedürfnis besteht. Dafür ist die Interessenlage genauer zu beleuchten. Es ist danach zu fragen, ob und in welchem Umfang ein sofortiger Erfüllungseintritt für den Schuldner oder aber den Gläubiger tatsächlich zu nicht hinnehmbaren nachteiligen Konsequenzen führte. Hierfür ist zwischen zwei Konstellationen zu unterscheiden: Zum einen dem Fall, dass dem Gläubiger tatsächlich keine materiellrechtlich durchsetzbare Rechtsposition zusteht, und zum anderen der Konstellation, in welcher der Gläubiger eine materiellrechtlich durchsetzbare Rechtsposition innehat. Für beide Konstellationen ist jeweils zu ermitteln, ob die Annahme eines bis zur Rechtskraft des Urteils aufgeschobener Erfüllungseintritt oder ein sofortiger Erfüllungseintritt den Interessen des Schuldners und des Gläubigers besser gerecht wird.

A. Perspektive des Schuldners

I. Verhinderung der Vollstreckung durch die Abwendungsleistung

Unabhängig vom Bestehen einer materiellrechtlich durchsetzbaren Rechtsposition des Gläubigers möchte der Schuldner durch die Abwendungsleistung in erster Linie eine Vollstreckung des Gläubigers verhindern, um die mit einer Vollstreckung regelmäßig einhergehenden, außerrechtlichen Nachteile wie eine Rufschädigung, den Verlust der Kreditwürdigkeit, einer Versteigerung seiner Vermögensgegenstände unter Wert oder im Falle eines Unterlassungsanspruchs sogar die drohende Ordnungshaft zu vermeiden. Wie genau der Schuldner dieses Ziel erreichen kann, wird bei der Diskussion um die materiellrechtlichen Wirkungen einer Abwendungsleistung jedoch kaum untersucht.[5] Auf den ersten Blick scheint darin kein großes Versäumnis zu liegen, leuchtet es doch unmittelbar ein, dass der Gläubiger nicht mehr vollstrecken kann, wenn der Schuldner gerade zur Abwendung der Zwangsvollstreckung geleistet hat. Allerdings ändert alleine die Abwendungsleistung des Schuldners nichts daran, dass das vorläufig vollstreckbare Urteil zugunsten des Gläubigers weiterhin besteht und der Gläubiger unter Umständen sogar weiterhin eine vollstreckbare Ausfertigung in sei-

[5] *Kerwer*, Erfüllung, S. 263 meint apodiktisch, der Schuldner könne durch die Abwendungsleistung „die Vornahme von Zwangsmaßnahmen verhindern". An anderer Stelle geht *Kerwer* davon aus, der Gläubiger verhalte sich treuwidrig, wenn er eine Abwendungsleistung des Schuldners ablehne, dann aber vollstrecke, Erfüllung, S. 255 f. Aus dieser Warte müsste man dem Gläubiger erst recht Treuwidrigkeit vorwerfen, wenn er die Abwendungsleistung sogar annimmt und dann dennoch vollstrecken möchte.

nen Händen hält. Vor diesem Hintergrund überrascht das weitgehende Schweigen in Literatur und Rechtsprechung doch ein wenig; vor allem, weil ansonsten die Interessen des Schuldners im Rahmen der Abwendungsleistung eine große Rolle spielen, wie die Diskussionen um den Erhalt der Gegenrechte oder die fortbestehende Beschwer belegen. Ein etwas genauerer Blick darauf, ob und wie der Schuldner die Vollstreckung unter Berufung auf seine Abwendungsleistung abwenden kann, erscheint deshalb angezeigt, zumal die Verhinderung der Vollstreckung regelmäßig das primäre Interesse des Schuldners sein wird. Hierzu werden zunächst verschiedene denkbare Schutzmechanismen beleuchtet. Im Anschluss daran werden Abwendungsleistungen bei Unterlassungsansprüchen gesondert untersucht, weil dort aufgrund der Besonderheiten des § 890 ZPO eine abweichende Beurteilung erforderlich ist.

1. Schutz durch § 757 ZPO

Einigermaßen unproblematisch stellt sich die Situation dar, wenn der Gerichtsvollzieher den in dem vorläufig vollstreckbaren Urteil titulierten Anspruch vollstreckt oder der Schuldner seine Abwendungsleistung an den Gerichtsvollzieher erbringt. In diesem Fall hat der Gerichtsvollzieher dem Schuldner die vollstreckbare Ausfertigung nach § 757 Abs. 1 ZPO herauszugeben, sodass der Schuldner vor einer erneuten beziehungsweise erstmaligen Vollstreckung des Gläubigers geschützt ist.[6] Ob die Abwendungsleistung des Schuldners materiellrechtlich bereits zum Erfüllungseintritt geführt hat, ist insoweit unerheblich. Der Gerichtsvollzieher hat keine Möglichkeit, die materiellrechtlichen Wirkungen der Leistungen zu beurteilen, sondern soll nach dem das Zwangsvollstreckungsrecht prägenden Formalisierungsgrundsatz lediglich prüfen, ob die vom Schuldner erbrachte Leistung mit der in der vollstreckbaren Ausfertigung festgelegten Leistung übereinstimmt. Auch bei Annahme eines erst mit Rechtskraft des Urteils eintretenden Erfüllungseintritts ist der Schuldner damit im Anwendungsbereich von § 757 Abs. 1 ZPO geschützt.[7] Allerdings greift § 757 ZPO weder bei einer Abwendungsleistung direkt an den Gläubiger noch in Fällen ein, in denen das Vollstreckungsorgan nicht der Gerichtsvollzieher ist. Ein umfassender Schutz wird deshalb durch § 757 ZPO nicht gewährleistet.

2. Schutz durch § 775 Nr. 4, 5 ZPO

Erbringt der Schuldner die Abwendungsleistung hingegen direkt an den Gläubiger, könnte der Schuldner versuchen, einer vom Gläubiger dennoch eingeleiteten Zwangsvollstreckung über § 775 Nr. 4, 5 ZPO entgegenzutreten. Gemäß § 775 Nr. 4 ZPO muss der Schuldner dem Vollstreckungsorgan eine öffentliche

[6] Dafür, dass § 757 Abs. 1 ZPO auch bei freiwilligen Leistungen des Schuldners an den Gerichtsvollzieher gilt, siehe MüKo/*Heßler*, ZPO, § 757 Rn. 6.
[7] So ausdrücklich Stein/Jonas/*Münzberg*, 22. Aufl., § 757 Rn. 1 Fn. 4.

Urkunde oder eine vom Gläubiger ausgestellte Privaturkunde vorlegen können, aus der sich die Befriedigung des Gläubigers ergibt. Über § 775 Nr. 5 ZPO kann der Schuldner die Einstellung der Zwangsvollstreckung verlangen, wenn er dem Vollstreckungsorgan einen Einzahlungs- oder Überweisungsnachweis einer Bank oder Sparkasse vorlegen kann, aus dem sich ergibt, dass der Gläubiger den zu seiner Befriedigung erforderlichen Betrag erhalten hat.

In beiden Fällen stellt sich die Frage, was genau unter dem Begriff der „Befriedigung" des Gläubigers zu verstehen ist. In Betracht käme hier, von einem formellen Befriedigungsbegriff auszugehen.[8] Befriedigung würde dann lediglich bedeuten, dass der Gläubiger die im vorläufig vollstreckbaren Urteil festgesetzte Leistung vom Schuldner erhalten hat, ohne dass es auf die materiellrechtlichen Rechtsfolgen dieser Leistung ankäme.[9] Verbreitet setzt man den Begriff der Befriedigung in § 775 Nr. 4, 5 ZPO jedoch in erster Linie[10] mit dem materiellrechtlichen Erfüllungseintritt gleich.[11] Das Vollstreckungsorgan müsse deshalb die Vollstreckung fortsetzen, wenn der Gläubiger bestreite, dass infolge der Leistung des Schuldners Erfüllung eingetreten sei.[12] In der Sache überzeugt dies, könnte der Schuldner doch ansonsten zunächst die Vollstreckung gegen den Willen des Gläubigers unter Berufung auf Änderungen der materiellen Rechtslage verhindern, ohne dass dem eine richterliche Entscheidung zugrunde läge. Geht man davon aus, die Abwendungsleistung des Schuldners führe erst mit Rechtskrafteintritt einen Erfüllungseintritt herbei, wäre dann jedoch nicht ersichtlich, wie der Schuldner über § 775 Nr. 4, 5 ZPO eine Einstellung der Zwangsvollstreckung erreichen sollte. Nimmt man hingegen einen sofortigen Erfüllungseintritt an, wären § 774 Nr. 4, 5 ZPO einschlägig, böten dem Schuldner allerdings nur Schutz, solange der Gläubiger den Erfüllungseintritt infolge der Leistung nicht bestreitet.

---

[8] Zur Unterscheidung zwischen formellem und materiellem Befriedigungsbegriff siehe *Kerwer*, Erfüllung, S. 47 f.; Gaul/Schilken/Becker-Eberhard/*Gaul*, Zwangsvollstreckungsrecht, § 1 Rn. 6.

[9] So wohl Stein/Jonas/*Münzberg*, 22. Aufl., § 775 Rn. 20, der Befriedigung als die titelgemäße Leistung des Schuldners definiert und ausführt, das Vollstreckungsorgan habe nicht zu prüfen, ob tatsächlich Erfüllung eingetreten sei.

[10] Daneben soll Befriedigung des Gläubigers auch dann vorliegen, wenn Gläubiger und Schuldner einen Erlassvertrag schließen oder eine Vereinbarung schließen, nach welcher der Gläubiger nicht mehr vollstrecken darf, MüKo/*K. Schmidt/Brinkmann*, ZPO, § 775 Rn. 19.

[11] Gaul/Schilken/Becker-Eberhard/*Gaul*, Zwangsvollstreckungsrecht, § 1 Rn. 5 f.; MüKo/*K. Schmidt/Brinkmann*, ZPO, § 775 Rn. 19; Schuschke/Walker/Kessen/Thole/*Thole*, Vollstreckung, § 775 Rn. 10.

[12] *Baur/Stürner/Bruns*, Zwangsvollstreckungsrecht, Rn. 45.1 mwN; *Brehm*, ZIP 1983, 1420, 1424.

3. Schutz durch § 767 ZPO

Als weitergehendes Schutzinstrument für den Schuldner kommt jedoch eine Vollstreckungsabwehrklage in Betracht. Mit dieser könnte das Prozessgericht des ersten Rechtszugs die Vollstreckung aus dem vorläufig vollstreckbaren Urteil durch den Gläubiger im Wege eines prozessualen Gestaltungsurteils für unzulässig erklären, wodurch der Schuldner über § 775 Nr. 1 ZPO mittels Vorlage dieses Urteils auch gegenüber dem Vollstreckungsorgan eine Einstellung der Zwangsvollstreckung erreichen könnte.

Allerdings ist insoweit bereits die Zulässigkeit der Vollstreckungsabwehrklage problematisch. Regelmäßig wird einer Vollstreckungsabwehrklage das Rechtsschutzbedürfnis abgesprochen, wenn der Schuldner bereits Rechtsmittel gegen das Urteil eingelegt hat, aus dem vollstreckt werden soll.[13] Gerechtfertigt ist dies jedoch nur, soweit dem Rechtsmittelverfahren dieselben sachlichen Punkte zugrunde liegen, die auch im Rahmen der Vollstreckungsabwehrklage entscheidungserheblich sind.[14] Nur insoweit führt die Unzulässigkeit der Vollstreckungsabwehrklage neben dem eingelegten Rechtsmittel zu keiner Rechtsschutzverkürzung für den Schuldner. In der hiesigen Konstellation machte der Schuldner im Rechtsmittelverfahren jedoch geltend, das vorläufig vollstreckbare Urteil sei mangels einer durchsetzbaren Rechtsposition des Gläubigers aufzuheben. Die Vollstreckungsabwehrklage hingegen müsste der Schuldner damit begründen, dass im Falle des Bestehens einer durchsetzbaren Rechtsposition der daraus resultierende rechtsverwirklichende Anspruch des Gläubigers durch die erbrachte Abwendungsleistung erloschen sei. Den Verfahren liegen mithin völlig unterschiedliche Gesichtspunkte zugrunde, sodass einer Vollstreckungsabwehrklage hier auch nach einem bereits eingelegten Rechtsmittel nicht das Rechtsschutzbedürfnis fehlt.

Begründet wäre die Vollstreckungsabwehrklage des Schuldners, wenn die Vollstreckung in das Vermögen des Schuldners aus materiellrechtlichen Gründen nicht gerechtfertigt wäre;[15] dem Schuldner müssten also materiellrechtliche Einwendungen gegen den materiellrechtlichen Anspruch des Gläubigers zur Verfü-

---

[13] Siehe dazu statt vieler *Baur/Stürner/Bruns*, Zwangsvollstreckungsrecht, Rn. 45.13.

[14] Ähnlich *Hellwig*, Anspruch, S. 497; MüKo/*K. Schmidt/Brinkmann*, ZPO, 767 Rn. 14.

[15] Systematisch wird das Fundament der Vollstreckungsabwehrklage verbreitet in negatorischen Abwehransprüchen des Schuldners gesehen, die der Schuldner allerdings prozessual nicht im Wege einer Leistungsklage auf Unterlassung der Zwangsvollstreckung geltend machen könne, sondern nur über die Vollstreckungsabwehrklage als prozessuale Gestaltungsklage, siehe dazu *Kainz*, Vollstreckungsabwehrklage, S. 124 ff.; *K. Schmidt*, Festgabe BGH, Band 3, S. 491, 492; Gaul/Schilken/Becker-Eberhard/*Gaul*, Zwangsvollstreckungsrecht, § 40 Rn. 19 ff., der allerdings zu Recht darauf hinweist, alleine ein Rückgriff auf § 1004 BGB zur Begründung der Vollstreckungsabwehrklage sei schwierig, da diese das Vermögen des Schuldners insgesamt und nicht nur das Eigentum an einzelnen Gegenständen schütze. Aus diesem Grund erblickt *D. Schmidt*, ZZP 132, 463, 474 ff. das materiellrechtliche Fundament der Vollstreckungsabwehrklage in § 241 Abs. 2 BGB.

gung stehen.[16] Insbesondere der Einwand der inzwischen eingetretenen Erfüllung führt zur Begründetheit einer Vollstreckungsabwehrklage.[17] Nimmt man einen sofortigen Erfüllungseintritt infolge der Abwendungsleistung an, ist die Begründetheit der Vollstreckungsabwehrklage damit ohne Weiteres gegeben. Geht man jedoch von einem bis zur Rechtskraft des stattgebenden Urteils aufgeschobenen Erfüllungseintritt aus, stellt sich die Frage, ob sich der Schuldner im Rahmen der Vollstreckungsabwehrklage bereits auf diesen erst in der Zukunft liegenden, gegenwärtig noch unsicheren Erfüllungseintritt berufen kann. Die Vertreter der Lehre vom aufschiebend bedingten Erfüllungseintritt äußern sich hierzu nicht. Teilweise wird jedoch im Kontext von § 767 ZPO explizit darauf hingewiesen, eine Abwendungsleistung führe keinen Erfüllungseintritt herbei.[18] Dies legt den Schluss nahe, eine Abwendungsleistung könne eine Vollstreckungsabwehrklage nicht begründen. Der Schuldner würde damit sein primär mit der Abwendungsleistung verfolgtes Ziel aufgrund der Annahme eines aufschiebend bedingten Erfüllungseintritts verfehlen – ein kaum haltbares Ergebnis.

Vermeiden lässt sich dieses Ergebnis auch nicht alleine durch einen Hinweis auf § 717 Abs. 2 S. 1 ZPO, der Leistungen „zur Abwendung der Vollstreckung" explizit vorsieht. Wie gesehen, soll hierdurch lediglich klargestellt werden, dass von § 717 Abs. 2 S. 1 ZPO nur unter „Vollstreckungsdruck" erbrachte Leistungen des Schuldners erfasst werden.[19] Eine Aussage über die Rechtsfolgen einer solchen Leistung lässt sich § 717 Abs. 2 S. 1 ZPO dagegen nicht entnehmen. Nicht weiterführend ist es daneben zu behaupten, die Vollstreckungsabwehrklage sei unabhängig vom Erfüllungseintritt bereits deshalb begründet, weil der Gläubiger bereits alles erhalten habe, was er im Wege der Vollstreckung beanspruchen könne.[20] Denn auch dabei bleibt offen, was die materiellrechtliche Einwendung sein soll, auf die sich der Schuldner im Rahmen des § 767 ZPO berufen könnte.

Letztlich bleibt damit nur, auch den aufschiebend bedingten Erfüllungseintritt als materiellrechtliche Einwendung im Sinne des § 767 Abs. 1 ZPO anzusehen. Auf den ersten Blick leuchtet das freilich nicht ein; der Eintritt der Erfüllungswirkung wurde maßgeblich damit abgelehnt, der Gläubiger sei noch nicht

---

[16] Siehe nur BGHZ 100, 211, 212; BGH, NJW-RR 1999, 1080, 1081; Gaul/Schilken/Becker-Eberhard/*Gaul*, Zwangsvollstreckungsrecht, § 40 Rn. 30; MüKo/*K. Schmidt/Brinkmann*, ZPO, 767 Rn. 58.

[17] Siehe statt vieler *Baur/Stürner/Bruns*, Zwangsvollstreckungsrecht, Rn. 45.15; Stein/Jonas/*Kern*, § 767 Rn. 16; MüKo/*K. Schmidt/Brinkmann*, ZPO, § 767 Rn. 61. Gleiches gilt auch für eine Klage des Schuldners gegen den Gläubiger auf Herausgabe der vollstreckbaren Ausfertigung analog § 371 BGB. Auch hierfür muss der materiellrechtliche Anspruch des Gläubigers erloschen sein, BGHZ 127, 124, 149 f., zu einem Titel nach § 794 ZPO; MüKo/*Fetzer*, BGB, § 371 Rn. 8.

[18] MüKo/*K. Schmidt/Brinkmann*, ZPO, § 767 Rn. 61.

[19] Siehe dazu oben S. 137 f.

[20] So Stein/Jonas/*Münzberg*, 22. Aufl., § 708 Rn. 8 mit Fn. 25. *Münzberg* selbst ist freilich auf diesen Ausweg gar nicht angewiesen, geht er doch von einem sofortigen Erfüllungseintritt aus.

aus der Rolle des Fordernden entlassen worden, sodass es ungereimt erscheint, ihn im Rahmen des § 767 Abs. 1 ZPO dennoch auf diese Leistung zu verweisen. Unter teleologischen Gesichtspunkten überzeugt dieser Weg jedoch. Denn es bestehen insoweit nur zwei Möglichkeiten: Entweder wird das vorläufig vollstreckbare Urteil im Rechtsmittelverfahren aufgehoben, sodass auch die Vollstreckbarkeit nach § 717 Abs. 1 ZPO außer Kraft tritt und die Folgen einer Vollstreckung über § 717 Abs. 2 ZPO rückgängig zu machen sind. In diesem Fall geschieht dem Gläubiger damit kein Unrecht, wenn ihm die Vollstreckung bereits jetzt über § 767 ZPO versagt wird. Wird das vorläufig vollstreckbare Urteil im Rechtsmittelverfahren hingegen bestätigt und damit rechtskräftig, tritt spätestens mit dem Eintritt der Rechtskraft infolge der Abwendungsleistung des Schuldners Erfüllung ein. Auch in diesem Fall wäre eine Vollstreckung des Gläubigers nicht mehr durch das materielle Recht gedeckt. Darf der Gläubiger materiellrechtlich[21] aber unabhängig vom Ausgang des Rechtsmittelverfahrens den Vollstreckungserlös nicht behalten, besteht kein Grund, den Schuldner einer bereits vor Abschluss des Rechtsmittelverfahrens betriebenen Vollstreckung schutzlos auszusetzen.[22]

4. Abwendungsleistung bei Unterlassungsansprüchen

Erging gegen den Schuldner ein vorläufig vollstreckbares Unterlassungsurteil, liegen die Dinge noch etwas verwickelter. Hat der Schuldner der im Urteil ausgesprochenen Unterlassungsverpflichtung bislang nicht zuwidergehandelt, droht ihm noch keine Vollstreckung.[23] Denn Voraussetzung für die Festsetzung der Ordnungsmittel ist gemäß § 890 Abs. 1 S. 1 ZPO die Zuwiderhandlung des Schuldners. Anders als bei sonstigen vorläufig vollstreckbaren Urteilen kann der

---

[21] Aus prozessualer Perspektive ist die Vollstreckung dagegen weiterhin zulässig, solange die formalisierten Vollstreckungsvoraussetzungen vorliegen.

[22] Grundsätzlich denkbar wäre es daneben, den Schuldner auch über § 732 ZPO vor einer Vollstreckung zu schützen. Ausgangspunkt hierfür wäre die Überlegung, dass die vollstreckbare Ausfertigung des Gläubigers „verbraucht“ ist, sobald dieser die Leistung erhalten hat. Sofern man zugleich davon ausgeht, § 732 ZPO solle eine Kontrolle im Zeitpunkt der Erinnerungsentscheidung ermöglichen, ob der Gläubiger die vollstreckbare Ausfertigung noch zu Recht in Händen halte, wäre § 732 ZPO zu bejahen, so *Brehm*, ZIP 1983, 1420, 1425 f.; und allerdings nur für den Fall einer bereits erfolgten Vollstreckung auch *Lehr*, Vollstreckbarkeit, 210 f. mit S. 163 ff. Eine Abwendungsleistung des Schuldners an den Gläubiger habe lediglich Konsequenzen für den materiellrechtlichen Anspruch des Gläubigers gegen den Schuldner, nicht aber für den Vollstreckungsanspruch gegenüber dem Staat. Die „materielle Vollstreckbarkeit“ des der vollstreckbaren Ausfertigung zugrundeliegenden Titels bestehe deswegen weiterhin, sodass der Gläubiger diese zu Recht in Händen halte, S. 182 f.

[23] Sofern man bereits die Androhung des Ordnungsmittels als Vollstreckung auffasst, dafür beispielsweise *Borck*, WRP 1980, 670, 672; *derselbe*, WRP 1994, 656, 661, könnte der Schuldner diese nie durch eine Abwendungsleistung nach Erlass des vorläufig vollstreckbaren Unterlassungsurteils abwenden, sofern die Androhung nach § 890 Abs. 2 ZPO bereits im Urteil erfolgte.

Schuldner hier damit auch nach Erlass des stattgebenden Urteils alleine durch sein Verhalten eine Vollstreckung verhindern, ohne hierfür auf ein gerichtliches Verfahren angewiesen zu sein.

Hat der Schuldner hingegen der im Urteil ausgesprochenen Unterlassungsverpflichtung bereits zuwidergehandelt, ist fraglich, ob er nun durch eine Abwendungsleistung die Festsetzung eines Ordnungsmittels noch vermeiden kann.[24] Im Falle eines Verletzungsunterlassungsanspruchs würde der Schuldner nach der Zuwiderhandlung also eine strafbewehrte Unterlassungserklärung abgeben, um dadurch das Ordnungsmittel aufgrund seines Verstoßes zu vermeiden.[25] Ob dieses Vorgehen des Schuldners erfolgsversprechend wäre, ist heftig umstritten. Verbreitet diskutiert wird dieses Problem unter dem Stichwort „Titelwegfall". Dem liegt die Vorstellung zugrunde, die Abgabe der strafbewehrten Unterlassungserklärung sei als erledigendes Ereignis zu werten, weshalb der Gläubiger den Rechtsstreit für erledigt erklären werde. Stimme der Schuldner der Erledigungserklärung zu, führe dies zum Wegfall des vorläufig vollstreckbaren Unterlassungsurteils, sodass fortan kein Titel mehr für eine Vollstreckung bestehe. Widerspreche der Schuldner der Erledigungserklärung, führe dies zu einer Klageänderung hin zu einer Feststellungsklage. Das daraus im Falle einer Klagestattgabe resultierende Feststellungsurteil könne aber ebenfalls keine Grundlage für die Vollstreckung sein, sodass es auch hier insoweit an einem Titel fehle.[26]

Da man verbreitet aber die Möglichkeit einer Vollstreckung auch in diesen Fällen für notwendig hält, wurden insoweit verschiedene Hilfskonstruktionen erwogen wie der Wegfall des Titels lediglich „*ex-nunc*", was die Festsetzung von Ordnungsmitteln für vor dem Titelwegfall begangene Verstöße ermöglichen sollte. Im Anschluss an äußerst kritische Stellungnahmen aus der Literatur[27] verwarf der BGH jedoch diesen Weg,[28] räumte aber zugleich im Anschluss an Vorarbeiten aus der Literatur[29] den Parteien die Möglichkeit ein, den Rechtsstreit nur für den Zeitpunkt ab Abgabe der strafbewehrten Unterlassungserklärung für

[24] Voraussetzung ist immer, dass die Androhung des Ordnungsmittels vor der Zuwiderhandlung erfolgt ist. Dies wird aber wegen der Möglichkeit nach § 890 Abs. 2 ZPO, die Androhung bereits im Urteilstenor vorzunehmen, regelmäßig der Fall sein.

[25] Im Falle eines vorbeugenden Unterlassungsanspruchs müsste der Schuldner nach herrschender Auffassung lediglich den *actus contrarius* vornehmen. Die Sachfragen stellen sich jedoch gleichermaßen. Zur besseren Lesbarkeit wird deshalb im Folgenden auch hier lediglich der Verletzungsunterlassungsanspruch untersucht.

[26] *Jestaedt*, WRP 1981, 433, 434 meint dagegen, der Titel müsse nur im Zeitpunkt der Androhung, nicht aber bei der Festsetzung des Ordnungsmittels vorliegen; Explizit dagegen aber BGHZ 156, 335, 343 – Euro-Einführungsrabatt; Schuschke/Walker/Kessen/Thole/*Sturhahn*, Vollstreckung, § 890 Rn. 13.

[27] *Münzberg*, WRP 1990, 425 ff.

[28] BGHZ 156, 335, 344 ff. – Euro-Einführungsrabatt; BGH, WRP 2012, 829, Rn. 9 ff.

[29] Beispielsweise *Münzberg*, WRP 1990, 425 ff., der wohl den Grundstein für diese Auffassung in seiner damaligen Kommentierung zu § 890 ZPO in der 19. und 20. Auflage des Stein/Jonas legte; *Ulrich*, WRP 1992, 147, 150 ff.

erledigt zu erklären. Dies ermögliche die Festsetzung von Ordnungsmitteln für zuvor begangene Verstöße.[30] Im Falle einer einseitigen Erledigungserklärung komme hingegen dem Gericht die Kompetenz zu, den zeitlichen Umfang der Erledigung zu bestimmen,[31] sodass auch in diesem Fall die Festsetzung von Ordnungsmitteln für vor der Erledigung begangene Verstöße möglich bleibe. Die Literatur ist dem weitgehend gefolgt.[32]

In der Sache führt die Diskussion um den Titelwegfall jedoch etwas von der letztlich entscheidenden Frage weg; es ist schließlich auch denkbar, dass der Gläubiger den Rechtsstreit trotz Abgabe der strafbewehrten Unterlassungserklärung nicht für erledigt erklärt, sodass kein Fall des Titelwegfalls vorliegt, solange das vorläufig vollstreckbare Urteil nicht aufgehoben wurde. Gleichwohl stellt sich auch in diesem Fall gleichermaßen die Frage, ob der Schuldner die Vollstreckung unter Berufung auf seine Abwendungsleistung über § 767 Abs. 1 ZPO verhindern kann.[33] Verbreitet wird diese Frage unter Rückgriff auf den Zweck des § 890 Abs. 1 ZPO beantwortet. Sofern man diesem zumindest auch repressive, strafähnliche Zwecke zuspricht, ist die Festsetzung der Ordnungsmittel für Verstöße gerechtfertigt, die der Schuldner vor der Abgabe der strafbewehrten Unterlassungserklärung begangen hat.[34] Sieht man in § 890 ZPO hingegen lediglich ein Mittel, das den Willen des Schuldners beugen und diesen damit von zukünftigen Zuwiderhandlungen abhalten soll, scheint eine Festsetzung von Ordnungsmitteln nicht möglich zu sein.[35] Tatsächlich lässt sich eine Festsetzung der Ordnungsmittel aber auch auf dieser Basis rechtfertigen. Die Androhung der Ordnungsmittel kann den Willen des Schuldners nur dann beeinflussen, wenn dieser im Falle der Zuwiderhandlung mit einer Festsetzung der Ordnungsmittel rechnen muss. Kann der Schuldner hingegen bereits vor der ersten Zuwiderhandlung absehen, dass er im Falle einer Zuwiderhandlung das Ordnungsmittel durch sein eigenes Verhalten in Form der Abgabe einer straf-

[30] BGHZ 156, 335, 344 ff. – Euro-Einführungsrabatt; vorher bereits OLG Hamm, WRP 1990, 423, 424 f.

[31] BGH, WRP 2012, 829, Rn. 9; warum hier nicht schlicht auf den Willen des Gläubigers abgestellt wird, der die Erledigungserklärung abgibt, bleibt schleierhaft. Schuschke/Walker/Kessen/Thole/*Sturhahn*, Vollstreckung, § 890 Rn. 14 Fn. 77 hält dieses Vorgehen deshalb zu Recht für nicht haltbar.

[32] Siehe nur Stein/Jonas/*Bartels*, § 890, Rn. 29; Musielak/Voit/*Lackmann*, § 890 Rn. 16; *Ruess*, NJW 2004, 485 ff., der die Rechtsprechung des BGH als Lösung eines über 40 Jahre lang ungelösten Rechtsproblems feiert und es sogar mit dem Ende des zweiten Weltkriegs vergleicht, S. 486 Fn. 10; kritisch Schuschke/Walker/Kessen/Thole/*Sturhahn*, Vollstreckung, § 890 Rn. 14.

[33] Stein/Jonas/*Bartels*, § 890, Rn. 32 f.

[34] BGHZ 156, 335, 345 f. – Euro-Einführungsrabatt; *Borck*, WRP 1980, 670, 673 ff.; *derselbe*, WRP 1994, 656, 660 f.; *Jestaedt*, WRP 1981, 433, 434 f.; *Münzberg*, WRP 1990, 425 unterstellt diesen Zweck lediglich, ohne sich selbst inhaltlich zu positionieren.

[35] So ausdrücklich OLG Hamm, NJW 1980, 1399 f.; *Pastor*, Unterlassungsvollstreckung, S. 84.

bewehrten Unterlassungserklärung vermeiden kann, ist die Androhung letztlich aus Sicht des Schuldners eine leere Drohung. Diese wäre nicht geeignet, den Willen des Schuldners zu beeinflussen. Die Notwendigkeit, trotz der Abgabe einer strafbewehrten Unterlassungserklärung Ordnungsmittel für vorherige Verstöße festzusetzen, lässt sich damit auch unter einem rein präventiven Verständnis des § 890 ZPO begründen.[36]

Im Ergebnis kann der Schuldner damit unabhängig davon, welches Verständnis von § 890 ZPO zutrifft, die Festsetzung von Ordnungsmitteln aufgrund einer begangenen Zuwiderhandlung nicht verhindern. Das Hauptziel einer Abwendungsleistung ist für den Schuldner bei Unterlassungsansprüchen damit in diesen Fällen nicht erreichbar. Dies erhellt zugleich, wieso Unterlassungsansprüche in der bisherigen Diskussion um die Erfüllungswirkung einer Abwendungsleistung keine Rolle gespielt haben. Eine gewisse vollstreckungsabwendende Wirkung kann die Abgabe einer strafbewehrten Unterlassungserklärung hier allenfalls entfalten, wenn der Schuldner diese vor einer Zuwiderhandlung gegen das vorläufig vollstreckbare Unterlassungsurteil abgibt und anschließend das inkriminierte Verhalten vornimmt. Durch die Abgabe der strafbewehrten Unterlassungserklärung hat der Schuldner die Rechtsverletzung des Gläubigers zunächst beseitigt.[37] Verlangt der Gläubiger hier dennoch die Festsetzung von Ordnungsmitteln, kann sich der Schuldner dagegen über § 767 Abs. 1 ZPO wehren.[38] Anders als im Falle einer erst nachträglich abgegebenen strafbewehrten Unterlassungserklärung ist der Verstoß für den Schuldner hier aber nicht kostenlos, weil er nun die vereinbarte Vertragsstrafe schuldet.

5. Ergebnis

Erbringt der Schuldner eine Abwendungsleistung an den Gläubiger, kann er eine vom Gläubiger dennoch eingeleitete Zwangsvollstreckung über § 767 ZPO für unzulässig erklären lassen, sofern das Urteil auf eine positive Handlung des Schuldners gerichtet ist. Dies gilt unabhängig davon, ob man von einem durch die Abwendungsleistung herbeigeführten sofortigen Erfüllungseintritt ausgeht oder diesen erst mit Rechtskraft des stattgebenden Urteils bejaht. Das Hauptinteresse des Schuldners wird damit von allen Ansichten gleichermaßen berücksichtigt, sodass die Interessengerechtigkeit der verschiedenen Ansätze anhand weiterer Punkte zu überprüfen ist. Bei Unterlassungsansprüchen droht dem Schuldner vor einer Zuwiderhandlung gegen die im vorläufig vollstreckbaren

---

[36] Ähnlich *Lindacher*, ZZP 85, 239, 243; vgl. weiter *derselbe*, Phänomenologie, S. 65 f. zur parallelen Überlegung bei der Vertragsstrafe.

[37] Siehe dazu oben S. 91 ff.

[38] Sollte der Gläubiger daraufhin den Rechtsstreit für erledigt erklärt haben, läge ein Fall des Titelwegfalls vor Zuwiderhandlung vor, der eine Zwangsvollstreckung nach ganz herrschender Meinung mangels Titel ausschließt, Stein/Jonas/*Bartels*, § 890 Rn. 27; *Fritzsche*, Unterlassungsanspruch, S. 666 f.; MüKo/*Gruber*, ZPO, § 890 Rn. 18; Schuschke/Walker/Kessen/Thole/*Sturhahn*, Vollstreckung, § 890 Rn. 13.

Unterlassungsurteil ausgesprochenen Unterlassungspflicht keine Vollstreckung. Handelt der Schuldner dem Urteil aber zuwider, kann er die Festsetzung von Ordnungsmitteln nicht mehr durch die nachträgliche Abgabe einer strafbewehrten Unterlassungserklärung abwenden. Auch insoweit ist die Frage des Erfüllungseintritts nicht entscheidend.

II. Keine materiellrechtlich durchsetzbare Rechtsposition des Gläubigers

Es sind zwei Fälle denkbar, in denen materiellrechtlich keine mittels eines rechtsverwirklichenden Anspruchs durchsetzbare Rechtsposition des Gläubigers besteht: Zum einen, wenn materiellrechtlich überhaupt keine Rechtsposition zugunsten des Gläubigers besteht. Denkbar ist das beispielsweise, wenn der Gläubiger tatsächlich nicht Eigentümer der nach § 985 BGB herausverlangten Sache ist, wenn tatsächlich kein wirksamer Vertragsschluss vorliegt oder ein Vertrag infolge einer wirksamen Anfechtung rechtlich von Anfang an unwirksam war. Besteht hingegen eine Rechtsposition des Gläubigers, kann aber auch der rechtsverwirklichende Anspruch unabhängig von einem Erfüllungseintritt nicht bestehen, beispielsweise wenn bei einer auf § 985 BGB gestützten Klage dem Besitzer ein Recht zum Besitz zusteht, wenn bezüglich des geltend gemachten Anspruchs Unmöglichkeit eingetreten ist,[39] oder wenn im Falle eines Kondiktionsanspruchs des Gläubigers der Schuldner nach § 818 Abs. 3 BGB entreichert ist.[40] Hat das erstinstanzliche Gericht in diesen Fällen der Klage des Gläubigers dennoch stattgegeben, handelt es sich materiellrechtlich um ein Fehlurteil. Das vorliegende Problem stellt sich dann nicht, weil es bereits an einem rechtsverwirklichenden Anspruch fehlt, der durch die Abwendungsleistung erfüllt werden könnte.

Daneben kann aber auch eine Rechtsposition für den Gläubiger bestehen, die durch einen rechtsverwirklichenden Anspruch des Gläubigers geschützt ist, gegen welchen dem Schuldner jedoch Gegenrechte zustehen. Denkbar sind hier vor allem Einreden wie beispielsweise die Verjährung, die dem rechtsverwirklichenden Anspruch seine Durchsetzbarkeit nehmen.[41] Für den Schuldner kann aber auch die Möglichkeit bestehen, aufgrund einer ihm gegen den Gläubiger zustehenden Forderung die Aufrechnung zu erklären und dadurch den rechtsverwirklichenden Anspruch des Gläubigers zu Fall zu bringen.[42] In diesen Konstellationen stellt sich die Frage, ob ein sofortiger Erfüllungseintritt diese Rechte des

---

[39] Zum rechtsverwirklichenden Anspruch als Bezugspunkt der Unmöglichkeit siehe oben S. 31 f.

[40] Siehe zur Einordnung des § 818 Abs. 3 BGB als rechtsvernichtende Einwendung BGHZ 118, 383, 387 f.; MüKo/*Schwab*, BGB, § 818 Rn. 134.

[41] Zum rechtsverwirklichenden Anspruch als Bezugspunkt der Verjährung siehe *J. F. Hoffmann*, Zession, S. 123 f.

[42] Zum rechtsverwirklichenden Anspruch als Bezugspunkt der Aufrechnung siehe oben S. 73.

Schuldners möglicherweise beschneiden würde, wenn er im Zeitpunkt des Erfüllungseintritts das ihm zustehende Gegenrecht noch nicht ausgeübt hat. Der Schuldner könnte dann infolge eines sofortigen Erfüllungseintritts gehindert sein, die ihm zustehenden Gegenrechte[43] noch effektiv geltend zu machen.

1. Prozessuale Konsequenzen

Solche Nachteile könnten dem Schuldner zunächst durch prozessuale Konsequenzen drohen. Verbreitet wird insoweit vor allem die Besorgnis geäußert, infolge eines sofortigen Erfüllungseintritts trete eine Erledigung des Rechtsstreits ein, die den Schuldner an einer sachlichen Fortsetzung des Rechtsstreits hindere, obwohl es dem Schuldner gerade hierauf ankomme.[44] Daneben werden aber auch Bedenken geltend gemacht, ein sofortiger Erfüllungseintritt könne die Beschwer entfallen lassen und damit zur Unzulässigkeit eines vom Schuldner eingelegten Rechtsmittels führen.[45] Träfen diese Bedenken zu, spräche dies sehr stark gegen

---

[43] Soweit der Begriff Gegenrechte im Folgenden gebraucht wird, sind davon rechtshemmende Einreden sowie die Möglichkeit zur Aufrechnung erfasst.

[44] *Baur/Stürner/Bruns*, Zwangsvollstreckungsrecht, Rn. 15.39; *Braun*, AcP 184, 152, 154 f., der diese Problematik jedoch nur sieht, wenn der Schuldner eine Abwendungsleistung erbringt. Bei einer Vollstreckung aufgrund eines vorläufig vollstreckbaren Urteils gehe der Rechtsstreit dagegen schlicht unverändert weiter; sich anschließend *Kreutz*, Abwendung, S. 61; *Schöler*, MDR 2009, 360, 361; vgl. weiter *Krüger*, NJW 1990, 1208, 1209 f., der dies aber vor allem am drohenden Verlust etwaiger Gegenrechte des Schuldners festmacht; *Kerwer*, Erfüllung, S. 125 meint, „die Vorstellung, daß sich die Hauptsache erledigen soll, läßt sich nur schwer mit der Tatsache vereinbaren, daß der Streit um das Bestehen des Anspruchs weitergeht." Später hält *Kerwer* die Annahme eines erledigenden Ereignisses wegen der Möglichkeit für den Schuldner, der Erledigungserklärung zu widersprechen und darüber eine sachliche Entscheidung zu erzwingen für „nicht völlig unhaltbar" (S. 126; ähnlich auch S. 250); in diese Richtung ebenfalls *Becker-Eberhard*, JuS 1998, 884, 885; für die Annahme eines erledigenden Ereignisses aber OLG Schleswig, BeckRS 2002, 30272771. Dort hatte der Schuldner nach erstinstanzlicher Verurteilung (im Verfügungsverfahren) eine strafbewehrte Unterlassungserklärung abgegeben, gleichwohl aber Berufung eingelegt. Das OLG erblickte hierhin zwar keine vorbehaltslose Erfüllung des Unterlassungsanspruchs, nahm aber dennoch ein erledigendes Ereignis an. Insgesamt wird die Abgabe einer strafbewehrten Unterlassungserklärung unabhängig vom konkreten Verfahrensstand ganz herrschend als erledigendes Ereignis eingeordnet, siehe nur Köhler/Bornkamm/Feddersen/*Bornkamm/Feddersen*, UWG, § 13 Rn. 150 ff.; Bacher/Teplitzky/*Schwippert*, Wettbewerbsrechtliche Ansprüche, Kap. 46 Rn. 35; BeckOK/*Scholz*, UWG, § 12 Rn. 236 ff. Überlegungen, ob die Abgabe einer strafbewehrten Unterlassungserklärung nach Erlass eines vorläufig vollstreckbaren Unterlassungsurteils nicht als erledigendes Ereignis einzuordnen sein könnte, wenn der Schuldner zugleich Rechtsmittel eingelegt hat, werden soweit ersichtlich nicht angestellt. In der Sache dürfte dies damit zu erklären sein, dass Abwendungsleistungen bei Unterlassungsansprüchen lediglich eine untergeordnete Bedeutung zukommt, siehe dazu oben S. 147 ff.

[45] Vgl. BGH, WM 1976, 1069; BGH, NJW 1981, 2244; BGH, NJOZ 2022, 156, Rn. 13 f., wo jeweils betont wird, dass Abwendungsleistungen nicht zum sofortigen Erfüllungseintritt und auch nicht zum Wegfall der Beschwer führen würden. Dies legt den Schluss nahe, dass der BGH im Falle eines sofortigen Erfüllungseintritts den Wegfall einer Beschwer erblicken

die Annahme eines sofortigen Erfüllungseintritts. Man würde dem Schuldner dann aufgrund materiellrechtlicher Konstruktionen bereits die Möglichkeit nehmen, den Rechtsstreit in der Sache weiter zu betreiben. Vor dem Hintergrund, dass das Interesse des Schuldners, seine Rechtsauffassung weiter zu verfolgen, nach den obigen Erkenntnissen sogar materiellrechtlich anerkannt wird,[46] erschiene ein solches Ergebnis geradezu paradox.

a) Erledigung des Rechtsstreits

Als erledigendes Ereignis wird es herrschend angesehen, wenn eine ehemals zulässige und begründete Klage durch den Eintritt eines Umstands nach Rechtshängigkeit[47] (das sog. erledigende Ereignis) unzulässig oder unbegründet wird.[48] Bei Annahme eines sofortigen Erfüllungseintritts liegt deshalb die Annahme nahe, der Rechtsstreit erledige sich infolgedessen, woraufhin der Gläubiger zweckmäßigerweise eine Erledigungserklärung abgeben würde,[49] die auch im Rechtsmittelverfahren grundsätzlich zulässig ist.[50] In der Folge hätte dann der

---

würde; für den Wegfall der Beschwer aufgrund eines Erfüllungseintritts dann auch ausdrücklich BGH, JR 1953, 385; BGH, MDR 1976, 473, 474; Wieczorek/Schütze/*Gerken*, Vor §§ 511–541 Rn. 43.

[46] Dazu, dass ein Vorbehalt des Schuldners, mit dem dieser sich lediglich die Möglichkeit einer Kondiktion erhalten möchte, weder bei vorprozessualen Leistungen noch bei Leistungen während des Prozesses ein Erfüllungshindernis darstellt, siehe oben S. 59 ff. und S. 111 ff.

[47] Bei einem Wegfall des Klagegrundes vor Rechtshängigkeit greift § 269 Abs. 3 S. 3 ZPO. Ob man diese Fälle auch als Erledigung bezeichnen möchte, kann an dieser Stelle dahinstehen, ist § 269 Abs. 3 S. 3 ZPO in den hier interessierenden Fällen doch ohnehin nicht einschlägig.

[48] Siehe nur BGHZ 155, 392, 395; BGH, NJW 1986, 588, 589; BGH, NJW 1992, 2235, 2236; *Westermeier*, Erledigung, S. 127 ff., vor allem S. 173 f.; *Rosenberg/Schwab/Gottwald*, Zivilprozessrecht, § 132 Rn. 1; Wieczorek/Schütze/*Smid/Hartmann*, § 91a Rn. 56; aA. aber *El-Gayar*, Erledigungserklärung, S. 115 ff., 164 ff., der einen weiten Erledigungsbegriff befürwortet, für den die ursprüngliche Zulässigkeit und Begründetheit der Klage bedeutungslos sind.

[49] Die Erfüllung wird ganz herrschend als erledigendes Ereignis eingeordnet, siehe nur BGHZ 94, 268, 274; *Baur/Stürner/Bruns*, Zwangsvollstreckungsrecht, Rn. 15.39; Musielak/Voit/*Flockenhaus*, § 91a Rn. 10; MüKo/*Schulz*, ZPO, § 91a Rn. 6; anders aber Stein/Jonas/*Münzberg*, 22. Aufl., § 708 Rn. 10, der trotz Annahme eines sofortigen Erfüllungseintritts ein erledigendes Ereignis verneint; der Gläubiger müsse sein Prozessverhalten auf die Unsicherheit einstellen können, die durch die Rechtsmitteleinlegung des Schuldners entstanden sei.

[50] Für die Berufung entspricht dies der allgemeinen Meinung, siehe nur *Bergerfurth*, NJW 1992, 1655, 1656; *Rosenberg/Schwab/Gottwald*, Zivilprozessrecht, § 132 Rn. 34; MüKo/*Schulz*, ZPO, § 91a Rn. 97. In der Revisionsinstanz wird die Erledigungserklärung teilweise nur dann für möglich gehalten, wenn das erledigende Ereignis zwischen den Parteien unstreitig ist, BGHZ 106, 359, 368; BGHZ 197, 335, Rn. 5; *Rosenberg/Schwab/Gottwald*, Zivilprozessrecht, § 132 Rn. 34; weitergehend aber *Bergerfurth*, NJW 1992, 1655, 1656. Im hiesigen Rahmen wird die Abwendungsleistung des Schuldners freilich regelmäßig unstreitig sein, sodass eine Erledigungserklärung auch nach der engeren Ansicht in der Revisionsinstanz möglich wäre.

Schuldner zwei Reaktionsmöglichkeiten: Er könnte der Erledigungserklärung zustimmen. Dies beendete die Rechtshängigkeit der Klage und es erginge lediglich ein Beschluss über die Kosten des Rechtsstreits nach § 91a Abs. 1 S. 1 ZPO. In diesem Fall hätte der Schuldner damit tatsächlich keine Möglichkeit mehr, im Rahmen der ursprünglichen Klage um sein Recht zu streiten.[51]

Der Schuldner kann der Erledigungserklärung des Gläubigers aber auch widersprechen. Was die Folgen eines solchen Widerspruchs sind, ist für die Praxis infolge der vom BGH in ständiger Rechtsprechung vertretenen „Klageänderungstheorie" geklärt,[52] in der Wissenschaft jedoch lebhaft umstritten.[53] Eine Entscheidung für eine dieser unterschiedlichen Ansichten des weit verzweigten, kaum noch überblickbaren Meinungsspektrums ist an dieser Stelle nicht erforderlich, weil sich die Kritik an der Klageänderungstheorie vor allem auf kostenrechtliche Erwägungen stützt.[54] Es steht demgegenüber nicht zu erwarten, dass diese Ansichten dem Schuldner eine sachliche Fortsetzung des Rechtsstreits nach Eintritt eines „erledigenden Ereignisses" verwehren würden. Im Folgenden kann

---

[51] Allenfalls könnten die Einwendungen des Schuldners im Rahmen des billigen Ermessens bei der Kostenentscheidung nach § 91a ZPO berücksichtigt werden. Dadurch kommt es jedoch in keinem Fall zu einer rechtskraftfähigen Entscheidung über die vom Gläubiger ursprünglich eingeklagte Rechtsposition, sodass dem Schuldner letztlich nicht geholfen ist.

[52] Siehe nur BGHZ 83, 12, 13; BGHZ 135, 58, 62; BGHZ 155, 392, 395; BGH, NJW 1965, 537; BGH, NJW 1969, 237; BGH, NJW 1992, 2235, 2236; BGH, NJW 2006, 544, 545; BGH, NJW 2014, 2199, Rn. 7.

[53] Siehe beispielsweise *El-Gayar*, Erledigungserklärung, passim und *Westermeier*, Erledigung, passim, die sich nach eingehender Darstellung anderer Ansätze jeweils dezidiert gegen die Klageänderungstheorie aussprechen und (mit Unterschieden in den Details) für eine „Zwischenstreitlösung" plädieren; jüngst gegen die Klageänderungstheorie auch explizit *J. F. Hoffmann*, ZZP 125, 345, 368 ff.; *derselbe*, FS Becker-Eberhard, S. 213 ff.; *Fervers*, Jahrbuch 2017, S. 89, 94 ff.; *Gaschler*, ZZP 134, 93, 120; kritisch (nur) zur Kostenentscheidung auf Basis der Klageänderungstheorie *Foerste*, FS Stürner, S. 273, 274 ff.; für die Klageänderungstheorie aber *Becker-Eberhard*, Festgabe BGH, Band 3, S. 273, 306 f.; *Knöringer*, JuS 2010, 569 ff.; *Lüke*, FS Weber, 323, 330 ff.; Wieczorek/Schütze/*Smid*/*Hartmann*, § 91a Rn. 44; wohl auch MüKo/*Schulz*, ZPO, § 91a Rn. 79; abweichend *Braun*, Zivilprozeßrecht, S. 674 f., der keine Klageänderung, sondern eine nachträgliche Klagehäufung annimmt.

[54] *J. F. Hoffmann*, ZZP 125, 345, 368 ff.; *derselbe*, FS Becker-Eberhard, S. 213 ff.; *Foerste*, FS Stürner, S. 273, 274 ff.; *Gaschler*, ZZP 134, 93, 120; die früher vereinzelt vertretene Einordnung als privilegierte Klagerücknahme (*A. Blomeyer*, JuS 1962, 212, 213) muss dagegen von vornherein ausscheiden. Sie ist nicht mit § 269 Abs. 1, Abs. 2 ZPO vereinbar, der eine Klagerücknahme nach mündlicher Verhandlung von der Zustimmung des Beklagten abhängig macht und dem Kläger die Kosten des Rechtsstreits auferlegt. Die zur Begründung angeführte Behauptung, § 269 Abs. 1, Abs. 2 BGB hätten nur den Fall der Rücknahme einer von Beginn an unzulässigen oder unbegründeten Klage vor Augen, bleibt letztlich unbelegt und vermag deshalb nicht als Rechtfertigung zu dienen. Zudem spricht inzwischen auch § 269 Abs. 3 S. 3 ZPO deutlich gegen die Einordnung als privilegierte Klagerücknahme; es wäre dann kaum zu erklären, warum nur im Falle einer Erledigung vor Rechtshängigkeit eine von § 269 Abs. 2 ZPO zugunsten des Klägers abweichende Kostenentscheidung zulässig sein sollte. Ablehnend auch *Rosenberg*/*Schwab*/*Gottwald*, Zivilprozessrecht, § 132 Rn. 22; Zöller/*Althammer*, § 91a Rn. 34.

deshalb die „Klageänderungstheorie“ zugrunde gelegt werden. Auf deren Basis ergibt sich die Möglichkeit des Schuldners, den Rechtsstreit in der Sache fortzusetzen, zwanglos daraus, dass die Erledigungserklärung des Gläubigers aufgrund des Widerspruchs des Schuldners als gemäß § 264 Nr. 2, 3 ZPO zulässige Klageänderung hin zu einer Feststellungsklage verstanden wird, in deren Rahmen zunächst die Zulässigkeit und Begründetheit der ursprünglichen Leistungsklage zum Zeitpunkt des erledigenden Ereignisses geprüft wird. Der Schuldner könnte hier also alle Gegenrechte gegen die eingeklagte Rechtsposition des Gläubigers geltend machen, die er bereits vor der Abwendungsleistung erhoben hatte.[55] Eine sachliche Fortsetzung des Rechtsstreits wäre dem Schuldner damit möglich.[56]

Der Eintritt eines erledigenden Ereignisses beeinträchtigt den Schuldner deshalb nicht in seiner Möglichkeit, den Rechtsstreit in der Sache weiterzubetreiben. Daneben kann der Eintritt eines erledigenden Ereignisses auch nicht mit einem Vergleich zur Situation einer Eventualaufrechnung verneint werden.[57] Denn unabhängig davon, ob man in der Eventualaufrechnung ein erledigendes Ereignis erblickt,[58] sind die Konstellationen nicht vergleichbar. Anders als im Falle einer Abwendungsleistung ist bei der Eventualaufrechnung noch unklar, ob der Gläubiger überhaupt etwas erhalten hat. Sollte das Gericht die Aufrechnungslage mangels Anspruch des Gläubigers gegen den Schuldner oder mangels Aktivforderung des Schuldners verneinen, hätte die Aufrechnung des Schuldners materiellrechtlich keinerlei Wirkungen herbeigeführt und der Gläubiger wäre weiterhin dem vom Schuldner zur Aufrechnung gestellten Anspruch ausgesetzt. Im Falle der Abwendungsleistung hat hingegen in jedem Fall eine Vermögensverschiebung zugunsten des Gläubigers stattgefunden. Außerdem wird dem Schuld-

[55] Dass dem Schuldner unter Umständen die Möglichkeit genommen wird, Einreden geltend zu machen, die er bis zur Abwendungsleistung noch nicht erhoben hatte, liegt nicht an einer mangelnden Fortsetzung des Rechtsstreits, sondern an etwaigen materiellrechtlichen Wirkungen der Erfüllung.

[56] So auch *Kerwer*, Erfüllung, S. 126; nimmt man dagegen mit *J. F. Hoffmann*, ZZP 125, 345, 368 ff. an, auch nach Eintritt des „erledigenden Ereignisses“ werde der Rechtsstreit in der Hauptsache fortgesetzt, müsste man darüber nachdenken, dem Schuldner die Möglichkeit einer Zwischenfeststellungswiderklage zu gewähren. Mit dieser könnte der Schuldner dann die Feststellung beantragen, dass die Klage des Gläubigers mangels materiellrechtlich durchsetzbarer Rechtsposition unbegründet war. Das Feststellungsinteresse des Schuldners ergäbe sich daraus, dass dieser andernfalls befürchten müsste, das Gericht werde die Klage einzig aufgrund des Erfüllungseintritts abweisen, ohne sich mit den sonstigen Einwänden des Schuldners auseinanderzusetzen, ist das Gericht doch nach herrschender Auffassung in der Auswahl der klageabweisenden Gründe völlig frei, siehe dazu jüngst *Vollkommer*, FS Becker-Eberhard, S. 625, 630 f. Eine genauere Analyse muss an dieser Stelle unterbleiben, würde sie doch zwangsläufig in das verminte Gebiet nach der Grundlage der Feststellungsklage und dem Rechtskraftumfang klageabweisender Urteile führen, auch dazu *Vollkommer*, FS Becker-Eberhard, S. 625 ff.

[57] So aber Stein/Jonas/*Münzberg*, 22. Aufl., § 708 Rn. 10.

[58] Siehe dazu Zöller/*Althammer*, § 91a Rn. 58.6; *Wolf/S. Lange*, JZ 2004, 416, 418.

ner herrschend die Möglichkeit eingeräumt, die Eventualaufrechnung ohne Zustimmung des Gläubigers wieder fallen zu lassen.[59] Eine einmal erbrachte Leistung kann der Schuldner dagegen nicht mehr ohne Mithilfe des Gläubigers rückgängig machen.

Aber auch in der Sache überzeugt die Annahme eines erledigenden Ereignisses. Ohne den Eintritt eines erledigenden Ereignisses müsste der Gläubiger auch nach Erhalt der Abwendungsleistung vom Schuldner seinen Leistungsantrag aufrechterhalten. Gibt das Gericht der Klage statt, würde damit auch das erstinstanzliche Leistungsurteil aufrechterhalten gerichtet auf die Leistung, die der Schuldner durch die Abwendungsleistung bereits erbracht hat. Gegen eine Vollstreckung aus diesem Urteil könnte sich der Schuldner freilich aufgrund der bereits erbrachten Abwendungsleistung immer über eine Vollstreckungsabwehrklage nach § 767 ZPO zur Wehr setzen und dann gemäß § 775 Nr. 1 ZPO vom Vollstreckungsorgan die Einstellung der Zwangsvollstreckung erreichen. Hierfür müsste der Schuldner aber immer selbst aktiv werden und einen Rechtsstreit anstrengen.[60] Im Ergebnis erhielte das Gericht damit sehenden Auges ein Leistungsurteil aufrecht, aus dem die Vollstreckung niemals gegen den Willen des Schuldners betrieben werden könnte – ein kaum sinnvolles Ergebnis.[61]

Umgekehrt bleiben auch die Interessen des Gläubigers durch die Annahme eines erledigenden Ereignisses gewahrt. Zwar wird das Gericht im Rechtsmittelverfahren das vorläufig vollstreckbare Urteil aufgrund der eingetretenen Erledigung abändern beziehungsweise bei einem Versäumnisurteil nach § 343 ZPO sogar aufheben, sodass nach dem Gesetzeswortlaut eine Haftung des Gläubigers nach § 717 Abs. 2 S. 1 ZPO in Betracht käme. Nach der oben entwickelten Teleologie ist § 717 Abs. 2 S. 1 ZPO in diesen Fällen jedoch nicht einschlägig. Über § 717 Abs. 2 S. 1 ZPO soll nur derjenige Gläubiger zum Schadensersatz verpflichtet sein, der ohne materiellrechtliche Berechtigung aus dem vorläufig vollstreckbaren Urteil gegen den Schuldner vorgeht.[62] Damit ist die hiesige Konstellation jedoch nicht vergleichbar; der Gläubiger verfügt hier gerade über eine Rechtsposition, aufgrund derer er die Leistung vom Schuldner verlangen durfte. Die Abänderung des Urteilstenors beruht lediglich auf der infolge der Erfüllung eingetretenen Erledigung des Rechtsstreits und nicht auf einer fehlenden materiellrechtlichen Rechtsposition des Gläubigers.

---

[59] Siehe statt vieler BGHZ 179, 1, Rn. 12; *Leichsenring*, NJW 2013, 2155 ff.; *Rosenberg/Schwab/Gottwald*, Zivilprozessrecht, § 104 Rn. 6.

[60] Siehe zur Möglichkeit einer Vollstreckungsabwehrklage nach Erbringung der Abwendungsleistung oben S. 145 ff.

[61] Der Hinweis von Stein/Jonas/*Münzberg*, 22. Aufl., § 708 Rn. 10 das Berufungsurteil bestätige nur das erstinstanzliche Urteil, schaffe in der Hauptsache aber keinen eigenen Vollstreckungstitel, ist zwar zutreffend. Es stellt sich aber die Frage, ob der daraus gezogene Schluss zutrifft, eine Umstellung auf einen Feststellungsantrag sei nicht notwendig. Worin soll das Interesse bestehen, ein Leistungsurteil zu bestätigen, gegen dessen Vollstreckung der Schuldner immer nach § 767 ZPO vorgehen könnte?

[62] Siehe dazu oben S. 130 ff.

b) Wegfall der Beschwer

Auch ein Wegfall der Beschwer infolge eines sofortigen Erfüllungseintritts ist zu verneinen, weshalb sich auch die diesbezüglichen Bedenken[63] als unbegründet herausstellen. Die Beschwer ist als „vertypter Fall des Rechtsschutzbedürfnisses"[64] Zulässigkeitsvoraussetzung eines Rechtsmittels.[65] Maßgeblich für den noch nicht rechtskräftig verurteilten Schuldner ist dabei nach herrschender Ansicht eine materielle Beschwer; entscheidend ist also, ob die Entscheidung für den Schuldner in irgendeiner Form nachteilig ist, ohne dass es auf sein Prozessverhalten ankommt.[66] Vor diesem Hintergrund erschließt sich nicht, wieso die Erfüllung für den Schuldner zum Wegfall der Beschwer führen sollte. Denn das stattgebende Urteil, das den Schuldner zur Leistung verurteilt, bleibt auch nach der Abwendungsleistung bestehen. Zwar kann sich der Schuldner jetzt gegen eine (erneute) Vollstreckung nach §767 ZPO wehren. Alleine das kann für die Beschwer aber schon deshalb nicht maßgeblich sein, weil dem Schuldner ganz herrschend ein Wahlrecht zwischen Berufung und Vollstreckungsabwehrklage eingeräumt wird.[67] Ebenso wenig kann die Beschwer des Schuldners mit dem Argument verneint werden, im Falle einer vorbehaltslosen Zahlung könne der Schuldner die Leistung keinesfalls mehr zurückfordern, sodass das Ergebnis des Rechtsstreits für ihn ohne Belang sei und die Beschwer des stattgebenden Urteils entfalle.[68] Materiellrechtlich kann der Schuldner auch eine vorprozessuale vorbehaltlose Leistung grundsätzlich kondizieren, wenn kein Behaltensgrund des Gläubigers besteht.[69] Wieso das nun bei einer vorbehaltslosen Leistung während

---

[63] BGH, WM 1976, 1069; BGH, NJW 1981, 2244; BGH, NJOZ 2022, 156, Rn. 13 f.

[64] MüKo/*Rimmelspacher*, ZPO, Vor. §511 Rn. 14; für die Einordnung der Beschwer als Fall des Rechtsschutzbedürfnisses auch BGHZ 24, 369, 370 f.; *Bettermann*, ZZP 82, 24, 27.

[65] Für die Berufung: MüKo/*Rimmelspacher*, ZPO, Vor. §511 Rn. 14 mwN; für die Revision MüKo/*Krüger*, ZPO, §542 Rn. 18.

[66] BGH, NJW-RR 2007, 765, Rn. 6; BGH, NJW-RR 2014, 1279, Rn. 7; Wieczorek/Schütze/*Gerken*, Vor §§511–541 Rn. 37; für eine formelle Beschwer auch des Beklagten aber *Baur*, FS Lent, S. 1, 10 ff., auf eine materielle Beschwer komme es nur an, wenn ein Dritter von dem Urteil betroffen sei, S. 14; MüKo/*Rimmelspacher*, ZPO, Vor. §511 Rn. 15 ff.; *Ohndorf*, Beschwer, S. 97 ff., vor allem S. 108 ff. hält dagegen sowohl für den Kläger als auch den Beklagten alleine eine materielle Beschwer für entscheidend; nach *Bettermann*, ZZP 82, 24, 44 ff. ist für beide Parteien entweder die materielle oder die formelle Beschwer ausreichend.

[67] Die Berufung soll sogar dann noch zulässig sein, wenn bereits Vollstreckungsabwehrklage erhoben wurde Gaul/Schilken/Becker-Eberhard/*Gaul*, Zwangsvollstreckungsrecht, §40 Rn. 85; MüKo/*K. Schmidt/Brinkmann*, ZPO, §767 Rn. 14; Stein/Jonas/*Kern*, §767 Rn. 74; zweifelnd aber *Bettermann*, ZZP 82, 24, 28; auch auf Basis einer formellen Beschwer ergäbe sich kein anderes Ergebnis. Durch die Erfüllung ändert sich nichts daran, ob das Urteil dem Antrag des Beklagten entspricht.

[68] So BAG, NJW 2012, 3327, Rn. 14.

[69] Scheitern könnte eine Kondiktion allenfalls an § 814 BGB. Sieht man den Grund für § 814 BGB aber wie hier (oben S. 60 ff.) in der widerleglichen Vermutung, dass der Leistende dem Leistungsempfänger die Leistung schenkweise zuwenden wolle, wird § 814 BGB regelmäßig nicht entgegenstehen, wenn der Schuldner zur Erfüllung einer in Wahrheit nicht bestehenden Verbindlichkeit geleistet hat; der Schuldner wollte dann erfüllen, nicht schenken.

eines laufenden Prozesses nicht der Fall sein sollte, erschließt sich nicht. Man müsste dem Schuldner unterstellen, durch die Leistung seine Schuld endgültig anerkennen zu wollen und sich auch der Möglichkeit einer nachträglichen Kondiktion zu begeben. Wieso der Schuldner das aber tun sollte, obwohl er dazu materiellrechtlich nicht verpflichtet ist, bleibt völlig unklar. Im Gegenteil spricht das eingelegte Rechtsmittel gerade gegen einen solchen Willen des Schuldners.[70]

Außerdem ist sehr zweifelhaft, ob der BGH tatsächlich alleine aus dem Erfüllungseintritt den Wegfall der Beschwer herleiten würde. Zwar führt der BGH aus: „Vielmehr genügt bereits die Erfüllung des Klageanspruchs in Höhe des im Berufungsurteil festgesetzten Betrags, da mit dem Erlöschen des Schuldverhältnisses jede Beschwer des Kl. in Wegfall gebracht war."[71] Allerdings lag dieser Entscheidung eine Konstellation zugrunde, in der ein Dritter den Betrag für den Beklagten gezahlt hatte, obwohl dieser Revision eingelegt hatte. Der Kläger hatte daraufhin den Rechtsstreit für erledigt erklärt und der Beklagte hatte dieser Erledigungserklärung zugestimmt.[72] Vor diesem Hintergrund leuchtet der Wegfall der Beschwer unmittelbar ein; infolge der übereinstimmenden Erledigungserklärung wurde die Rechtshängigkeit der Klage beendet und das stattgebende erstinstanzliche Urteil auch ohne richterliche Aufhebung wirkungslos.[73] Es gab damit rechtlich schlicht kein Urteil mehr, das den Beklagten beschweren konnte. Auch die weiteren Entscheidungen des BGH und die (vereinzelten) Stimmen in der Literatur liefern keine neuen Gesichtspunkte, sondern rekurrieren letztlich auf diese Ausgangsentscheidung, ohne die dortige prozessuale Besonderheit der übereinstimmenden Erledigungserklärung zu erwähnen. Im Ergebnis führte damit auch ein sofortiger Erfüllungseintritt nicht zum Wegfall der Beschwer.

---

[70] Zu einem anderen Ergebnis könnte man hingegen auf Basis der herrschenden Meinung im Falle eines Unterlassungsanspruchs gelangen, den der Schuldner durch die Abgabe einer strafbewehrten Unterlassungserklärung erfüllt hat. Diese bindet den Schuldner nach herrschender Auffassung in gleicher Weise wie ein rechtskräftiges Urteil, siehe dazu oben S. 94 f. Besteht für den Schuldner aber damit im Grundsatz keine Möglichkeit mehr, von der strafbewehrte Unterlassungserklärung loszukommen, könnte man sich überlegen, ob der Schuldner dann auch durch ein zuvor ergangenes Unterlassungsurteil nicht mehr beschwert ist. Das OLG Schleswig, BeckRS 2002, 30272771 ging diesen Weg jedoch nicht, und nahm eine Beschwer des Schuldners weiterhin an. Die strafbewehrte Unterlassungserklärung habe den Unterlassungsanspruch nicht erfüllt, sondern „nur" die Wiederholungsgefahr entfallen lassen und ein erledigendes Ereignis herbeigeführt. Mit einer vorbehaltslosen Erfüllung sei das jedoch nicht vergleichbar. Eine Auseinandersetzung mit den herrschend angenommenen, umfassenden Feststellungswirkungen einer strafbewehrten Unterlassungserklärung erfolgte jedoch nicht.

[71] BGH, JR 1953, 385.

[72] BGH, JR 1953, 385, dort ist allerdings der Tatbestand des Urteils nicht abgedruckt. Dieser findet sich auf juris unter dem Aktenzeichen BGH, Urteil vom 24.06.1953 – II ZR 200/52.

[73] Allg. Meinung siehe nur BayVerfGH, NJW 1990, 1783, 1784; Musielak/Voit/*Flockenhaus*, § 91a Rn. 17 f.; MüKo/*Schulz*, ZPO, § 91a Rn. 37.

c) Ergebnis

Eine sachliche Fortsetzung des Rechtsstreits ist für den Schuldner auch bei Annahme eines sofortigen Erfüllungseintritts möglich. Die insoweit geltend gemachten Bedenken haben sich als unbegründet erwiesen.

2. Erhalt von Gegenrechten

Vielfach wird gegen einen sofortigen Erfüllungseintritt angeführt, durch diesen bestehe für den Schuldner die Gefahr, etwaige ihm zustehende, aber noch nicht ausgeübte Gegenrechte für die Berufungsinstanz zu verlieren;[74] insbesondere auf den Verlust einer Aufrechnungslage infolge eines sofortigen Erfüllungseintritts wird insoweit abgestellt.[75] Aber auch das Interesse des Schuldners daran, sich auch nach der Abwendungsleistung noch auf den Eintritt der Verjährung berufen zu können, wird verbreitet angeführt. Letztendlich steht hinter diesen Einwänden die Befürchtung, bei Annahme eines sofortigen Erfüllungseintritts habe es der Gläubiger in der Hand, durch eine möglichst rasche Vollstreckung die Erfolgsaussichten des vom Schuldner eingelegten Rechtsmittels zu dessen Lasten zu verändern.[76]

---

[74] RGZ 63, 330, 331 f.; *A. Blomeyer*, JR 1979, 490, 491 f.; *Braun*, AcP 184, 152, 158 f.; *Kreutz*, Abwendung, S. 57 f., 61; *Krüger*, NJW 1990, 1208, 1209 f.; *Messer*, Freiwillige Leistung, S. 127; *Czub*, ZZP 102, 273, 281 f., der zwar einen sofortigen Erfüllungseintritt annimmt, diesen aber unter die auflösende Bedingung stellt, dass der Schuldner eine prozessual zulässige und materiellrechtlich begründete Einrede erhebt, 284; für den Fall der Vollstreckung sieht auch *Kerwer*, Erfüllung, S. 130, es spreche viel dafür, dass der Schuldner seine Einreden für die höhere Instanz nicht verlieren dürfe; einschränkend aber bei einer Abwendungsleistung des Schuldners, da nicht sicher sei, ob dem Schuldner überhaupt Einreden zustünden, S. 249; selbst Vertreter eines sofortigen Erfüllungseintritts wollen dem Schuldner in gewissem Umfang die Geltendmachung von Einreden noch gestatten, Stein/Jonas/*Münzberg*, 22. Aufl., § 708 Rn. 11 f.; auch für *Häsemeyer* ist der Erhalt schuldnerischer Einreden bedeutsam, ZZP 118, 265, 279 f.

[75] Besonders deutlich *A. Blomeyer*, JR 1979, 490, 491: „Angenommen, der Beklagte entdeckt nach der Vollstreckung, daß ihn der Kläger zuvor in einer anderen Angelegenheit betrogen hatte: Soll denn seine Aufrechnung mit dem Schadensersatzanspruch im Berufungsverfahren entfallen, weil der Klaganspruch schon erfüllt sei, und soll er auf die Widerklage nach § 530 ZPO verwiesen werden?"; dies zu bejahen sei „unhaltbar".

[76] *Kerwer*, Erfüllung, S. 129 f.; zum Ausdruck kommt diese Befürchtung auch in BGH, WuM 2009, 57, Rn. 5 f. Der Schuldner hatte nach erstinstanzlicher Verurteilung eine Abwendungsleistung erbracht, in der Berufung wurde das Urteil wegen Verjährung des eingeklagten Anspruchs aufgehoben. Der Schuldner forderte nun die Abwendungsleistung über § 813 BGB zurück. Nachdem das erstinstanzliche Gericht die Klage noch unter Verweis auf § 214 Abs. 2 S. 1 BGB für unbegründet gehalten hatte, hielt der BGH im Einklang mit dem Berufungsgericht die Klage für begründet; § 214 Abs. 2 S. 1 BGB sei nur einschlägig, wenn die Leistung des Schuldners Erfüllung herbeigeführt habe, was bei einer Abwendungsleistung jedoch regelmäßig nicht der Fall sei. Anhaltspunkte für eine erfüllungstaugliche, bedingungslose Leistung des Schuldners lägen nicht vor. Freilich kann § 214 Abs. 2 S. 1 BGB seiner Teleologie nach bei einer Abwendungsleistung unabhängig von der Frage der Erfüllung ohnehin zur Anwendung kommen, siehe dazu unten S. 192 f.

Relevant werden kann dieses Argument in erster Linie bei einer Abwendungsleistung aufgrund eines *erstinstanzlichen* vorläufig vollstreckbaren Urteils.[77] Liegt hingegen ein vorläufig vollstreckbares Berufungsurteil vor, gegen das Revision eingelegt wurde, ist das Revisionsgericht gemäß § 559 Abs. 1 ZPO an die Feststellungen des Berufungsgerichts gebunden. Neuer Tatsachenvortrag, zu dem auch die erstmalige Geltendmachung eines materiellrechtlich von einer Erklärung abhängigen Gegenrechts zu zählen ist, ist in der Revisionsinstanz allenfalls sehr eingeschränkt möglich.[78] Aber auch bei einem vorläufig vollstreckbaren erstinstanzlichen Urteil hängt die Überzeugungskraft dieses Arguments davon ab, in welchem Umfang der Schuldner in der Rechtsmittelinstanz neue Gegenrechte noch geltend machen kann. Scheitert er damit bereits aus prozessualen Gründen, werden seine Erfolgsaussichten nicht beschnitten, wenn er die Gegenrechte daneben auch aus materiellrechtlichen Gründen nicht mehr geltend machen könnte. In der Literatur wird dieser Gesichtspunkt kaum thematisiert.[79] Die nachfolgenden Überlegungen versuchen, dies ein Stück weit nachzuholen. Dabei wird zunächst die Konstellation beleuchtet, in welcher der Schuldner gegen ein kontradiktorisches erstinstanzliches Urteil Berufung eingelegt hat. Aufgrund der unzähligen Fallgestaltungen werden sich die Überlegungen hierzu auf die Verjährungseinrede und die Aufrechnung beschränken. Die Aufrechnung ist im hiesigen Zusammenhang das am meisten diskutierte Gegenrecht, weshalb eine genauere Untersuchung insoweit trotz des auf Zahlungsansprüche eingeschränkten sachlichen Anwendungsbereichs gerechtfertigt erscheint. Die Verjährung bietet sich neben ihrer praktischen Relevanz vor allem auch deshalb an, weil nicht nur schuldrechtliche, sondern gerade auch eine Vielzahl negatorischer Ansprüche verjähren können.[80] Diese Beispiele werden bereits zeigen, dass der Schuldner

---

[77] *Kerwer*, Erfüllung, S. 131.

[78] BGHZ 213, 349, Rn. 20 stellt insoweit die Voraussetzung auf, die neuen Tatsachen dürften erst nach dem Schluss der letzten mündlichen Verhandlung in der Berufungsinstanz entstanden sein, müssten unstreitig sein und dürften schützenswerte Belange der anderen Partei nicht beeinträchtigen; dem folgend Wieczorek/Schütze/*Prütting*/*T. Winter*, § 559 Rn. 60 f. Denkbar ist allerdings, dass das Revisionsgericht die Sache zurückverweist, sodass in der dann neu zu eröffnenden Berufungsverhandlung neue Verteidigungsmittel wieder unter den Voraussetzungen der §§ 529 ff. ZPO zulässig sind. In diesen Fällen ist es damit theoretisch denkbar, dass der Zeitpunkt des Erfüllungseintritts auch nach Erlass eines Berufungsurteils für die Verteidigungsmöglichkeiten des Schuldners noch relevant wird.

[79] Siehe jedoch für die Aufrechnung auf Basis des alten Berufungsrechts *A. Blomeyer*, JR 1979, 490, 491 und weiter *Czub*, ZZP 102, 273, 281; *Kreutz*, Abwendung, S. 57 f. Unter Geltung des alten Berufungsrechts stellte sich diese Frage allerdings auch nicht in derselben Schärfe, weil dort neuer Tatsachenvortrag in der Berufungsinstanz noch in weiterem Umfang möglich war als nach der Berufungsreform aus dem Jahr 2002, vgl. §§ 525 ff. ZPO idF. bis zum 31.12.2001.

[80] Siehe zur Verjährung eines Verletzungsunterlassungsanspruchs BGH, NJW-RR 2010, 807, Rn. 23; BGH, NJW-RR 2015, 781, Rn. 6 ff.; Bacher/Teplitzky/*Bacher*, Wettbewerbsrechtliche Ansprüche, Kap. 16 Rn. 1 ff. mwN; Dreier/Schulze/*Dreier*, UrhG, § 102 Rn. 4; *Fritzsche*, Unterlassungsanspruch, S. 473 ff.; BeckOK/*Fritzsche*, BGB, § 1004 Rn. 124; *Köh-*

jedenfalls bei zwischen den Parteien streitigen Tatsachen vielfach an den berufungsrechtlichen Präklusionsvorschriften scheitern wird. Anschließend erfolgt eine Betrachtung der Situation nach Erlass eines vorläufig vollstreckbaren Versäumnisurteils beziehungsweise eines Vollstreckungsbescheids. Mangels besonderer Präklusionsvorschriften im Verfahren nach einem Einspruch besteht hier das Risiko eines Verlusts von Gegenrechten für den Schuldner in deutlich weiterem Umfang.[81]

Anschließend wird der Blick auf bereits bestehende Schutzmöglichkeiten zugunsten des Schuldners gerichtet werden. Es wird zu untersuchen sein, inwieweit der Schuldner unabhängig von der Frage des Erfüllungseintritts über profunde, gerade auch prozessuale Schutzinstrumente verfügt, mit denen er selbst den Verlust etwaiger Gegenrechte verhindern kann. Sollten sich diese Schutzinstrumente als tauglich herausstellen, ließe das die so vielfach beschworene Gefahr des Verlusts der Gegenrechte in einem deutlich milderen Licht erscheinen.

a) Schutzwürdigkeit des Schuldners

Zuvor ist jedoch auf eine von der herrschenden Meinung vorausgesetzte, aber nicht ausgesprochene Prämisse hinzuweisen: All diejenigen, die den Schuldner vor dem Verlust seiner etwaigen Gegenrechte schützen wollen, setzen insoweit stillschweigend voraus, das Interesse des Schuldners am Erhalt seines Gegenrechts sei rechtlich anzuerkennen. Mit anderen Worten gehen sie davon aus, der Schuldner habe ein Recht darauf, seine Gegenrechte nicht durch Änderungen des materiellen Rechts zu verlieren. Ob diese unausgesprochene These zutrifft, ist dabei allerdings keinesfalls ausgemacht. Anders als bei der ebenfalls umstrittenen Frage, inwieweit das Prozessrecht durch Präklusionsvorschriften die Ausübung

ler, JZ 2005, 489; BeckOGK/*Spohnheimer*, BGB, § 1004, Rn. 282; für § 1004 Abs. 1 S. 2 BGB aber aA. *Henckel*, AcP 174, 97, 126; die Verjährung eines vorbeugenden Unterlassungsanspruchs ist dagegen sehr umstritten, siehe dazu bejahend *Fritzsche*, Unterlassungsanspruch, S. 471 ff.; *Köhler*, JZ 2005, 489, 490; Bacher/Teplitzky/*Bacher*, Wettbewerbsrechtliche Ansprüche, Kap. 16 Rn. 4 f. jeweils mwN zum Streitstand; ein Unterlassungsanspruch nach § 862 Abs. 1 S. 2 BGB unterliegt hingegen nicht der Verjährung, sondern erlischt nach § 864 Abs. 1 BGB mit Ablauf der einjährigen Ausschlussfrist. Es fehlt ab diesem Zeitpunkt dann bereits an einem erfüllbaren, rechtsverwirklichenden Anspruch, sodass sich das hier untersuchte Problem nicht stellt; siehe zur Verjährung eines Anspruchs aus § 985 BGB die gesetzliche Anordnung in § 197 Abs. 1 Nr. 2 BGB und weiter MüKo/*Baldus*, BGB, § 985 Rn. 104 ff.

[81] Denkbar ist daneben, dass der Schuldner gegen ein vorläufig vollstreckbares Urteil Vollstreckungsabwehrklage erhebt, anstatt Berufung einzulegen. Ein sofortiger Erfüllungseintritt könnte auch hier die Erfolgsaussichten der Vollstreckungsabwehrklage beschneiden, wenn dem Schuldner sein Gegenrecht aufgrund eines sofortigen Erfüllungseintritts genommen würde. Aufgrund der gegenüber der Berufung strengeren Präklusionsregel in § 767 Abs. 2 ZPO ist eine gesonderte Untersuchung der Vollstreckungsabwehrklage hier jedoch entbehrlich; konnte der Schuldner sein Gegenrecht nicht in erster Instanz geltend machen, sodass er nicht nach § 767 Abs. 2 ZPO präkludiert ist, wird auch keine Nachlässigkeit nach § 531 Abs. 2 S. 1 Nr. 3 ZPO vorliegen.

materieller Gegenrechte vor Ablauf einer materiellrechtlichen Ausübungsfrist verhindern darf,[82] geht es hier gerade um die Reichweite der Gegenrechte nach materiellem Recht. Es ist deshalb zu untersuchen, inwieweit der Schuldner tatsächlich vor dem Verlust seiner Gegenrechte zu schützen ist.

aa) Vertrauensschutz durch prozessuale Präklusionsvorschriften

Teilweise wird der Versuch unternommen, einen Vertrauensschutz des Schuldners auf den Bestand seiner noch nicht ausgeübten Gegenrechte aus den prozessualen Präklusionsvorschriften abzuleiten; es sei nicht verständlich, wenn der Schuldner über diese hinaus einen Verlust seiner Gegenrechte hinnehmen müsse.[83] Dieser Ansatz verkennt jedoch den Zweck prozessualer Präklusionsvorschriften. Diese dienen einer Beschleunigung des Prozesses, um einer tatsächlichen Rechtsschutzverweigerung infolge einer überlangen Verfahrensdauer vorzubeugen,[84] beziehungsweise wollen im Falle der §§ 529 ff. ZPO eine Stofferweiterung in der Berufungsinstanz verhindern.[85] Den Präklusionsvorschriften liegt damit nur der Gedanke zugrunde, die präkludierte Partei mit der Geltendmachung materiellrechtlich *bestehender* Gegenrechte auszuschließen. Man kann ihnen jedoch nicht umgekehrt entnehmen, ein prozessual noch zulässiges Gegenrecht müsse zwangsläufig auch nach materiellem Recht noch bestehen.[86]

Die gegenteilige Ansicht offenbart letztlich ein durchaus bemerkenswertes Verständnis bezüglich des Verhältnisses von materiellem Recht zum Verfahrensrecht. Trifft das Prozessrecht beispielsweise in den §§ 263 ff. ZPO ansonsten Vorkehrungen, um auf während des Verfahrens eingetretene Veränderungen der ma-

[82] Siehe dazu beispielsweise für die sehr umstrittene Frage, inwieweit materiellrechtlich nicht ausgeübte Gestaltungsrechte durch § 767 Abs. 2 ZPO präkludiert werden, *Gaul*, GS Knobbe-Keuk, S. 135 ff. und monographisch *Weinzierl*, Präklusion, passim. Diese Frage ist jedoch sehr durch das jeweilige Verständnis geprägt, wieweit der Umfang der Rechtskraft reicht, weshalb sich Anhänger beider Lager auf die Rechtskraft zur Unterstützung ihrer Ansicht berufen; schöne Gegenüberstellung insoweit bei *Thole*, ZZP 124, 45, 53 f. Zugleich kommt dann jedenfalls an Ort und Stelle eine argumentative Begründung des für richtig erachteten Rechtskraftumfangs zu kurz und der Gegenseite wird schlicht bescheinigt, sie würde diesen verkennen; symptomatisch insoweit *Gaul*, GS Knobbe-Keuk, S. 135, 141 ff., der sich gegen eine Präklusion ausspricht, und für eine Präklusion *Ernst*, NJW 1986, 401, 403. Die dortige Diskussion kann deswegen trotz einer gewissen Ähnlichkeit nicht für die Lösung des hiesigen Problems fruchtbar gemacht werden. Bemerkenswert ist allerdings dennoch, dass im Rahmen von § 767 Abs. 2 ZPO gerade die Aufrechnungsmöglichkeit dem Schuldner weit verbreitet rigoros genommen wird (beispielsweise RGZ 64, 228 ff.; BGHZ 24, 97, 98; BGHZ 34, 274, 279; *Ernst*, NJW 1986, 401 ff.; *Hellwig*, Zivilprozeßrecht, S. 799; MüKo/*K. Schmidt/Brinkmann*, ZPO, § 767 Rn. 86), im Kontext des vorliegenden Problems die Aufrechnungsmöglichkeit des Schuldners hingegen einhellig für schützenswert befunden wird.

[83] *Czub*, ZZP 102, 273, 281; in diese Richtung auch *A. Blomeyer*, JR 1979, 490, 491; *Böckmann/Kluth*, MDR 2002, 1042, 1045.

[84] BT-Drucks. 7/2729, S. 33; *Kallweit*, Prozeßförderungspflicht, S. 9 ff.

[85] BT-Drucks. 14/4722, S. 102; *Baumann*, Berufungsverfahren, S. 127 ff.

[86] *Kerwer*, Erfüllung, S. 128.

teriellen Rechtslage zu reagieren, sollen hier nun prozessuale Vorschriften zu einem Veränderungsverbot der materiellen Rechtslage führen. Dies kann jedoch kaum überzeugen vor dem Hintergrund des dem Verfahrensrecht zukommenden Zwecks, die materielle Rechtslage durchzusetzen; primär hat sich nicht das materielle Recht am Verfahrensrecht auszurichten, sondern das Verfahrensrecht hat auf Veränderungen der materiellen Rechtslage zu reagieren.

bb) Nach der Abwendungsleistung entstandenes Gegenrecht

Kein schützenswertes Interesse des Schuldners ist zu erkennen, wenn das Gegenrecht des Schuldners erst nach der Abwendungsleistung entsteht. Denkbar ist dieser Fall praktisch vor allem bei der Aufrechnung, wenn der Schuldner nach der Abwendungsleistung Inhaber einer Forderung gegen den Gläubiger wird.[87] Wieso der Schuldner aber darauf vertrauen dürfen sollte, die Aufrechnung noch nach der Abwendungsleistung zu erklären, erschließt sich nicht; zum Zeitpunkt der Abwendungsleistung war der Schuldner nach materiellem Recht zur Leistung verpflichtet und hatte nicht einmal die Möglichkeit, diese Verpflichtung durch eine Aufrechnungserklärung abzuwenden. Gestattete man dem Schuldner nun die nachträgliche Aufrechnung, um seine Erfolgsaussichten im Rechtsmittelverfahren nicht zu verschlechtern, prämierte man letztlich den renitenten Schuldner; nur weil dieser nicht bereit war, seiner Leistungsverpflichtung auch ohne den Druck eines vollstreckbaren Urteils nachzukommen, wäre es ihm möglich, nun noch aufzurechnen.[88] Wäre der Schuldner dagegen seiner Verpflichtung aus dem materiellen Recht nachgekommen und hätte vorprozessual geleistet, käme vermutlich niemand auf die Idee, dem Schuldner die nachträgliche Aufrechnung zu gestatten.[89] Wieso das nun anders sein soll, nur weil der Schuldner es auf einen Rechtsstreit hat ankommen lassen, erschließt sich nicht.[90]

[87] Theoretisch denkbar ist es bei ungleichartigen Ansprüchen daneben, dass der Schuldner einen solchen nach der Abwendungsleistung erhält und dadurch bei gegebener Konnexität zur Zurückbehaltung nach §273 Abs. 1 BGB berechtigt wäre. Freilich ist bei einem Zurückbehaltungsrecht problematisch, dass aufgrund der Abwendungsleistung unabhängig von der rechtlichen Einordnung tatsächlich keine Zurückbehaltungslage besteht; der Schuldner hat gegenständlich nichts mehr, was er zurückbehalten könnte.

[88] *Braun*, AcP 184, 152, 158 Fn. 17; *Gernhuber*, Erfüllung, S. 293 im Kontext von §406 BGB.

[89] Im Gegenteil wird mittlerweile ganz herrschend eine nachträgliche Aufrechnung und eine damit verbundene analoge Anwendung des §813 Abs. 1 S. 1 BGB sogar dann abgelehnt, wenn die Aufrechnungslage zum Zeitpunkt des Erfüllungseintritts bereits bestand, Mugdan, Materialien, Band 2, S. 465 = Motive, Band 2, S. 832; RGZ 120, 280, 281 ff.; *Jahr*, JuS 1964, 293, 300 Fn. 23; Staudinger/*Lorenz*, §813 Rn. 11; *Reuter/Martinek*, Ungerechtfertigte Bereicherung, S. 173 f. mit Nachweisen zur früher vertretenen Gegenansicht.

[90] Siehe auch *Pecher*, Schadensersatzansprüche, S. 176 „Der Schuldner, der […] es auf einen Prozeß ankommen läßt, anstatt zu leisten, kann daher aus der Fortdauer des Erkenntnisverfahrens keine materiellrechtlichen Vorteile für sich herleiten, die er nicht hätte, wenn er zum Zeitpunkt der Vollstreckung seiner materiellrechtlichen Verpflichtung freiwillig nachge-

cc) Gegenrecht bestand zum Zeitpunkt der Abwendungsleistung bereits

Bestand das Gegenrecht des Schuldners hingegen bereits im Zeitpunkt der Abwendungsleistung, fällt eine Beurteilung des schützenswerten Interesses des Schuldners deutlich schwerer. Gerade bezüglich der Aufrechnung wird insoweit postuliert, der Schuldner sei in seinem Vertrauen auf eine einmal entstandene Aufrechnungslage zu schützen;[91] dies soll es beispielsweise rechtfertigen, dem Schuldner die Aufrechnungsmöglichkeit nach Maßgabe des § 94 InsO auch in der Insolvenz des Gläubigers zu erhalten.[92] Nicht weiterführend ist es insoweit, wenn gegen eine Berücksichtigung alleine der Aufrechnungslage eingewandt wird, der Schuldner sei bis zur Erklärung der Aufrechnung zur Leistung verpflichtet gewesen, sodass die Vollstreckung durch das materielle Recht gedeckt war.[93] Denn es ist gerade die zu klärende Frage, ob die Aufrechnungslage alleine rechtlich unbeachtlich ist oder dem Schuldner bereits einen gewissen Vertrauensschutz vermittelt.

In der Sache ist allerdings äußerst zweifelhaft, ob der Schuldner tatsächlich zu schützen ist.[94] Insbesondere den Gesetzesmaterialien kann nichts dafür entnommen werden, der Schuldner dürfe in jedem Fall auf das Bestehenbleiben der Aufrechnungslage vertrauen.[95] Zwar gehen diese im Rahmen der Diskussion um die Möglichkeit einer Aufrechnung mit einer bereits verjährten Forderung davon aus, ein Schuldner dürfe sich auf die Aufrechnungslage verlassen und habe deswegen keinen Grund, die Aktivforderung eigenständig geltend zu machen oder die Aufrechnung zu erklären. Dies ändere sich jedoch, sobald der Gläubiger seinerseits seine Forderung geltend mache; nun bestehe für den Schuldner Anlass, die Aufrechnung zu erklären.[96] Gegen einen Schutz des Schuldners alleine aufgrund der einmal bestehenden Aufrechnungslage spricht außerdem § 813 Abs. 1 S. 1 BGB, der die spätere Aufrechnung gerade nicht erfasst.

---

kommen wäre." Allerdings geht *Pecher* davon aus, manche Gegenrechte wie die Verjährung könnten dazu führen, dass der materiellrechtliche Anspruch auch ohne Ausübung der Gegenrechte bereits im Zeitpunkt der Vollstreckung mit einem „Mangel" behaftet gewesen sei. Solche Gegenrechte könne der Schuldner deshalb auch nach der Vollstreckung noch erstmals geltend machen. Für die Aufrechnung gelte das jedoch nicht; alleine die Aufrechnungslage führe keinen „Mangel" des materiellrechtlichen Anspruchs herbei, S. 178.

[91] *Thomale*, AcP 212, 920, 937 f.

[92] BGHZ 177, 1, Rn. 20; MüKo/*Lohmann*/*Reichelt*, InsO, § 94 Rn. 1; *Thomale*, AcP 212, 920, 938.

[93] So aber beispielsweise *Pecher*, Schadensersatzansprüche, S. 161 ff., 169.

[94] Kritisch insoweit auch *Gernhuber*, Erfüllung, S. 286 ff.; *J. F. Hoffmann*, Prioritätsgrundsatz, S. 371; *Häsemeyer*, FS Weber, S. 215, 228.

[95] Mit diesen argumentiert jedoch *Thomale*, AcP 212, 920, 938.

[96] Mugdan, Materialien, Band 2, S. 561 = Protokolle, Band 2, S. 729; an anderer Stelle wird ausgeführt, die gegenseitigen Ansprüche stünden sich bis zur Aufrechnung „unabhängig und unbeeinflusst" gegenüber, Materialien, Band 2, S. 60 = Motive, Band 2, S. 109. Dies legt es eher nahe, davon auszugehen, dass alleine aus der Aufrechnungslage keinerlei Rechtswirkungen und damit auch kein Vertrauensschutz erwachsen.

Bei anderen Gegenrechten wird kaum erörtert, ob der Schuldner auf deren Bestand auch vor der Ausübung vertrauen darf.[97] Alleine einer Lektüre des Gesetzes ist insoweit keine eindeutige Antwort zu entnehmen. Zwar sehen einige gesetzliche Regelungen wie §§ 813 Abs. 1 S. 1, 352, 543 Abs. 2 S. 3, 218 Abs. 1 S. 1 BGB die Möglichkeit einer nachträglichen Geltendmachung des Gegenrechts vor. Man könnte versuchen, diese Normen als Ausdruck des Grundsatzes zu verstehen, ein einmal entstandenes Gegenrecht dürfe nicht durch Änderungen der materiellen Rechtslage beeinträchtigt werden. Umgekehrt könnte man jedoch auch versuchen, diesen Normen zu entnehmen, dass eine Beeinträchtigung des Gegenrechts durch Änderungen der materiellen Rechtslage grundsätzlich möglich sei und nur ausnahmsweise bei manchen Gegenrechten die Möglichkeit einer nachträglichen Geltendmachung bestehe. Letztlich kann diese Frage wohl kaum allgemeingültig beantwortet werden. Vielmehr wäre es dafür notwendig, das jeweilige Gegenrecht näher zu untersuchen und dabei zu ermitteln, ob das Ausübungserfordernis nur „ein bloß technisches Mittel"[98] ist oder ob durch dieses bereits Vertrauensschutz gewährt werden sollte, sodass der Schuldner das Gegenrecht unbeeinflusst von Änderungen der materiellen Rechtslage ausüben können sollte.[99] Für die vorliegenden Zwecke notwendig wäre diese Untersuchung jedoch nur, falls sich herausstellen sollte, dass dem Schuldner in relevantem Ausmaß der Verlust seiner Gegenrechte infolge eines sofortigen Erfüllungseintritts drohte. Sollte dies nicht der Fall sein, weil der Schuldner entweder an der Geltendmachung seiner Gegenrechte bereits aus prozessualen Gründen gehindert ist oder über hinreichende eigene Schutzmöglichkeiten verfügt, könnte die Frage nach dem schützenswerten Interesse letztlich offenbleiben.

b) Prozessuale Zulässigkeit

Zunächst ist damit anhand der §§ 529 ff. ZPO zu untersuchen, inwieweit der Schuldner im Berufungsverfahren in der Lage ist, erstmals die Einrede der Verjährung zu erheben oder die Aufrechnung zu erklären. Im Anschluss daran ist der Blick auf die Situation nach erhobenem Einspruch gegen ein Versäumnisurteil oder einen Vollstreckungsbescheid zu richten.

aa) Verjährungseinrede im Berufungsverfahren

Möchte der Schuldner im Berufungsverfahren die Einrede der Verjährung prozessual erstmals geltend machen, richtet sich die prozessuale Zulässigkeit nach

---

[97] *Böckmann/Kluth*, MDR 2002, 1042, 1044 verneinen ein schützenswertes Interesse implizit für ein Zurückbehaltungsrecht.

[98] *J. F. Hoffmann*, Zession, S. 188.

[99] Argumentieren ließe sich insoweit möglicherweise damit, das Erfordernis einer besonderen Geltendmachung des Gegenrechts solle den Berechtigten gerade besserstellen als eine Berücksichtigung *ex lege*. Diese beabsichtigte Privilegierung dürfe sich nun nicht in ihr Gegenteil verkehren, indem dem Berechtigten die nachträgliche Geltendmachung versagt werde.

§ 531 ZPO. Danach sind neue Angriffs- und Verteidigungsmittel, wovon gemäß § 282 Abs. 1 ZPO auch die Erhebung materiellrechtlicher Einreden erfasst wird,[100] nur unter den einschränkenden Voraussetzungen des § 531 Abs. 2 ZPO zulässig. Neu ist das Angriffs- oder Verteidigungsmittel dabei immer dann, wenn es bis zum Zeitpunkt der letzten mündlichen Verhandlung erster Instanz – gleich aus welchem Grund – noch nicht vorgebracht wurde.[101] Die Einführung einer Einrede als Verteidigungsmittel setzt regelmäßig Tatsachenvortrag zu zwei unterschiedlichen Punkten voraus. Zum einen ist Vortrag dazu erforderlich, dass die tatbestandlichen Voraussetzungen der Einrede vorliegen, vorliegend also die Verjährungsfrist abgelaufen ist. Zum anderen muss vorgetragen werden, dass die Einrede erhoben wurde.[102] Letzteres kann mit der Geltendmachung der Einrede im Prozess zusammenfallen oder dadurch geschehen, dass vorgetragen wird, außerprozessual sei zu einem bestimmten Zeitpunkt die Einrede erhoben worden.[103] Um zu ermitteln, inwieweit die erstmalige Erhebung der Verjährungseinrede in der Berufungsinstanz trotz § 531 Abs. 2 ZPO zulässig ist, ist zunächst der gemeinsame Zweck dieser Präklusionsvorschrift herauszuarbeiten, bevor kurz auf die einzelnen Ziffern einzugehen ist.

(1) Zweck der grundsätzlichen Präklusion neuer Angriffs- und Verteidigungsmittel in der Berufungsinstanz

Der aus § 531 Abs. 2 ZPO folgende grundsätzliche Ausschluss neuen Vortrags in der Berufungsinstanz beruht auf der durch die Zivilprozessreform aus dem Jahr 2002 geänderten Funktion der Berufungsinstanz.[104] Das Berufungsgericht soll seitdem nicht mehr als zweite Tatsacheninstanz fungieren, sondern primär zuständig für eine Kontrolle des erstinstanzlichen Urteils auf Fehler und deren Beseitigung sein. Hiervon erhoffte man sich maßgeblich eine effektivere und ökonomischere Berufungsinstanz.[105] Aus diesem Grund wird das Berufungsgericht nach § 529 Abs. 1 ZPO an die vom erstinstanzlichen Gericht festgestellten Tatsachen grundsätzlich gebunden und soll sich nur ausnahmsweise mit Ge-

---

[100] Wieczorek/Schütze/*Gerken*, § 530 Rn. 4, § 531 Rn. 20; MüKo/*Rimmelspacher*, ZPO, § 520 Rn. 65, § 531 Rn. 18; *Lechner*, WM 2019, 765, 767.

[101] BGH, NJW 2004, 2382; Stein/Jonas/*Althammer*, § 531 Rn. 2; Wieczorek/Schütze/*Gerken*, § 531 Rn. 20.

[102] *Meller-Hannich*, NJW 2006, 3385, 3386 für die Verjährungseinrede; in der Sache auch BGHZ 177, 212, Rn. 11 zum Verbraucherwiderruf.

[103] Siehe auch BGHZ 220, 77, Rn. 24 ff. und Rn. 31 ff. bezüglich der Ausübung eines Verbraucherwiderrufrechts in der Berufungsinstanz und dem zugrundeliegenden Tatsachenvortrag. Dagegen aber *Lechner*, WM 2019, 765, 769, der diese Unterscheidung für „künstlich" hält.

[104] Siehe ausführlich zu den Änderungen im Rahmen der damaligen Reform *Rimmelspacher*, Zivilprozessreform, passim.

[105] BT-Drucks. 14/4722, S. 61, 64, 101; *Baumann*, Berufungsverfahren, S. 55 f.; MüKo/*Rimmelspacher*, ZPO, § 531 Rn. 18, vor § 511 Rn. 4.

sichtspunkten auseinandersetzen müssen, die in erster Instanz noch nicht zur Sprache gekommen sind. Zugleich sollen die Präklusionsvorschriften zu einer Konzentration des Streitstoffs in erster Instanz führen, sodass der Rechtsstreit bereits dort möglichst umfassend entschieden werden kann.[106] Zulässig ist neues Vorbringen nach dem die § 531 Abs. 2 S. 1 Nr. 1–3 ZPO verbindenden Gedanken deshalb nur noch, wenn die Partei unverschuldet in erster Instanz nicht vorgetragen hat;[107] sei es, dass sie aufgrund der erstinstanzlichen Verhandlung nicht gehalten war, zu diesem Punkt bereits vorzutragen (§§ 531 Abs. 2 S. 1 Nr. 1, 2 ZPO), oder dass sie den Vortrag ohne Nachlässigkeit unterlassen hat (§ 531 Abs. 2 S. 1 Nr. 3 ZPO).[108]

Unabhängig von den Voraussetzungen des § 531 Abs. 2 ZPO ist die erstmalige Erhebung einer Einrede in der Berufungsinstanz hingegen zuzulassen, wenn die der Einrede zugrundeliegenden Tatsachen unstreitig sind.[109] Auch in der Berufungsinstanz gilt der Beibringungsgrundsatz. Es wäre deshalb mit dem Recht auf rechtliches Gehör der Parteien nicht zu vereinbaren, entschiede das Berufungsgericht auf Basis eines anderen tatsächlichen Sachverhalts, als er sich nach dem übereinstimmenden Vortrag beider Parteien darstellte.[110] Dem lässt sich auch nicht entgegenhalten, die Nichtberücksichtigung unstreitigen Vorbringens sei zur Sicherung der Funktion des Berufungsgerichts als Instanz der Fehlerkontrolle und Fehlerbeseitigung notwendig.[111] Denn zum einen kann sich keine Partei sicher sein, ihr Vortrag in der Berufungsinstanz werde nicht bestritten werden. Es steht deshalb nicht generell zu erwarten, die Parteien würden Vortrag bewusst zurückhalten.[112] Zum anderen ist die Fehlerkontrolle und -beseitigung nicht die

[106] BT-Drucks. 14/4722, S. 102; *Baumann*, Berufungsverfahren, S. 127 f.; MüKo/*Rimmelspacher*, ZPO, § 531 Rn. 1; *Roth*, JZ 2005, 174, 176.

[107] Wieczorek/Schütze/*Gerken*, § 531 Rn. 18; ähnlich MüKo/*Rimmelspacher*, ZPO, § 531 Rn. 2.

[108] Siehe zur Begründung der einzelnen Fallgruppen auch BT-Drucks. 14/4722, S. 101 f.

[109] BGHZ 177, 212, Rn. 11 ff.; BGH, NJW 2009, 2532, Rn. 15; *Kramer*, Berufung, Rn. 476; *Meller-Hannich*, JZ 2005, 656, 665; *dieselbe*, NJW 2006, 3385, 3386 f.; *Noethen*, MDR 2006, 1024, 1026 f.; *Rixecker*, NJW 2004, 705, 707; *Roth*, JZ 2005, 174, 175; aA. aber BGH, GRUR 2006, 401, Rn. 26 f., allerdings überholt durch die Entscheidung des Großen Senats in BGHZ 177, 212; *Ostermeier*, ZZP 120, 219, 220 ff.; kritisch auch Wieczorek/Schütze/*Gerken*, § 531 Rn. 27, die Einrede sei jedenfalls dann unzulässig, sofern ihretwegen erstmals über Folgetatschen Beweis erhoben werden müsste.

[110] BGHZ 161, 138, 142 f. hinsichtlich der generellen Zulässigkeit unstreitiger Tatsachen in der Berufungsinstanz. Nicht stichhaltig ist dagegen der Einwand von *Noethen*, MDR 2006, 1024, 1025, es dürfe nicht sein, dass das Berufungsgericht auf einer falschen tatsächlichen Grundlage entscheiden müsse. Dazu kann es aufgrund des Beibringungsgrundsatzes durchaus kommen, wenn die Parteien in tatsächlicher Hinsicht nur unzureichend vorgetragen haben, ohne dass dies grundsätzlich problematisch wäre. Entscheidend ist jedoch, dass das Gericht nicht gegen den *übereinstimmenden* Vortrag beider Parteien auf einer falschen Tatsachengrundlage entscheiden darf.

[111] Wieczorek/Schütze/*Gerken*, § 531 Rn. 26.

[112] Nicht ganz von der Hand zu weisen ist insoweit jedoch der Einwand von Wieczorek/

einzige Daseinsberechtigung der Berufungsinstanz. Auch in der Berufungsinstanz besteht ein Interesse an einer materiellrechtlich zutreffenden Entscheidung, die nicht zwangsläufig, aber im Einzelfall eben doch auch eigene Tatsachenfeststellungen des Berufungsgerichts gebieten kann.[113]

(a) § 531 Abs. 2 S. 1 Nr. 1 ZPO

§ 531 Abs. 2 S. 1 Nr. 1 ZPO liegt der Gedanke zugrunde, dass den Parteien neuer Vortrag möglich sein soll, wenn das Berufungsgericht die Rechtslage anders beurteilt als das erstinstanzliche Gericht. Die Parteien sollen nicht dazu gezwungen werden, bereits erstinstanzlich zu Tatsachen vorzutragen, die aus der Sicht des erstinstanzlichen Gerichts völlig unerheblich sind, nur weil diese möglicherweise im späteren Verfahrensverlauf einmal relevant werden könnten.[114] Einschlägig ist § 531 Abs. 2 S. 1 Nr. ZPO deshalb nur, wenn die Rechtsauffassung des erstinstanzlichen Gerichts den Sachvortrag der Parteien beeinflusst hat. Dies soll insbesondere dann nicht der Fall sein, wenn die Parteien erstmals aus den Urteilsgründen erfahren, dass aus Sicht des erstinstanzlichen Gerichts ein bestimmter Gesichtspunkt unerheblich war.[115] Durch diesen Zulässigkeitsgrund wird damit vor allem auf eine Verletzung der Hinweispflicht des erstinstanzlichen Gerichts aus § 139 Abs. 2 ZPO reagiert und daneben die erstinstanzlich obsiegende Partei in die Lage versetzt, auf eine abweichende Rechtsansicht des Berufungsgerichts durch neuen Vortrag zu reagieren.

(b) § 531 Abs. 2 S. 1 Nr. 2 ZPO

Die Regelung des § 531 Abs. 2 S. 1 Nr. 2 ZPO beruht auf einer ähnlichen Überlegung wie § 531 Abs. 2 S. 1 Nr. 1 ZPO. Danach ist neuer Vortrag zulässig, wenn eine Partei aufgrund einer erstinstanzlich fehlerhaften Prozessleitung davon abgehalten wurde, zu bestimmten Tatsachen vorzutragen. Insbesondere der Verletzung einer richterlichen Hinweispflicht nach § 139 Abs. 2 ZPO kommt auch insoweit große Bedeutung zu.[116]

Schütze/*Gerken*, § 531 Rn. 26 infolge der prozessualen Wahrheitspflicht sei den Parteien bei zutreffendem Vortrag ein Bestreiten nicht ohne Weiteres möglich.

[113] BGHZ 161, 18, 143; *Meller-Hannich*, JZ 2005, 656, 665; *Noethen*, MDR 2006, 1024, 1027, der zu Recht betont, der Ausschluss auch unstreitiger Tatsachen führte zu einer Sanktion für fahrlässiges Prozessverhalten, ohne dass dafür ein einleuchtender Grund ersichtlich sei. Im Entwurf des reformierten Berufungsrechts wurde das Interesse an einer materiellrechtlich richtigen Entscheidung ebenfalls betont, BT-Drucks. 14/6036, S. 124.

[114] BT-Drucks. 14/4722, S. 101; Stein/Jonas/*Althammer*, § 531 Rn. 14; Wieczorek/Schütze/*Gerken*, § 531 Rn. 29; *Kramer*, Berufung, Rn. 470.

[115] BGH, MDR 2004, 678, Rn. 19; BGH, NJW-RR 2012, 341, Rn. 19; BGH, NJW-RR 2006, 1292, Rn. 17 mwN; Stein/Jonas/*Althammer*, § 531 Rn. 14; *Kramer*, Berufung, Rn. 470; äußerst kritisch zu dieser Voraussetzung und zu den Voraussetzungen des § 531 Abs. 2 ZPO insgesamt, *Wächter*, ZZP 119, 393, 411 f.

[116] BGH, NJW-RR 2018, 128, Rn. 21; BGH, NJW 2004, 2152, 2153; BGH, MDR 2005,

(c) § 531 Abs. 2 S. 1 Nr. 3 ZPO

Gemäß § 531 Abs. 2 S. 1 Nr. 3 ZPO ist neues Vorbringen in der Berufungsinstanz ferner zulässig, wenn der Vortrag in erster Instanz nicht erfolgte, ohne dass die nun vortragende Partei insoweit nachlässig gehandelt hat. Nachlässigkeit liegt dabei vor, wenn der Partei, die sich auf das Verteidigungsmittel beruft, die Relevanz des Verteidigungsmittels bei Anwendung der gebotenen Sorgfalt bereits während des erstinstanzlichen Verfahrens hätte bekannt sein müssen und sie den ihr dort möglichen Vortrag dennoch unterließ.[117]

(2) Zulässigkeit der Verjährungseinrede

Eine Zulässigkeit nach § 531 Abs. 1 Nr. 1 ZPO wird regelmäßig ausscheiden, weil die Erhebung der Verjährungseinrede auch für die erste Instanz bereits relevant gewesen wäre, hätte sie doch die Verurteilung des Schuldners verhindert. Eine Zulässigkeit nach § 531 Abs. 2 Nr. 2 ZPO ist dagegen grundsätzlich denkbar. Sofern die Tatsachen, aus denen sich der Ablauf der Verjährungsfrist ergibt, von den Parteien vorgetragen wurden, zur Ausübung der Einrede selbst aber noch nichts vorgetragen wurde,[118] ist das Gericht nach § 139 Abs. 1, Abs. 2 ZPO verpflichtet, den Schuldner auf die Verjährungseinrede hinzuweisen;[119] denn die richterliche Hinweispflicht besteht gerade, um versehentlich unklaren oder lückenhaften Vortrag einer Partei zu korrigieren und dadurch eine sachdienliche Prozessführung zu gewährleisten.[120] Diesem Zweck widerspräche es, ignorierte das Gericht den Vortrag zum Ablauf der Verjährungsfrist.[121] Andernfalls käme es zu Unterschieden zwischen von einer Gestaltungserklärung unabhängigen Einwen-

---

161; BT-Drucks. 14/4722, S. 101; Stein/Jonas/*Althammer*, § 531 Rn. 16; *Heiderhoff*, JZ 2003, 490, 495; MüKo/*Rimmelspacher*, ZPO, § 531 Rn. 23.

[117] BT-Drucks. 14/4722, S. 101; Stein/Jonas/*Althammer*, § 531 Rn. 17; MüKo/*Rimmelspacher*, ZPO, § 531 Rn. 28 f.

[118] Häufig wird sich dem Vortrag der Parteien die Erhebung der Einrede freilich im Wege der Auslegung nach §§ 133, 157 BGB entnehmen lassen, *Stürner*, Aufklärung, S. 60 und S. 59 bezogen auf Einwendungen, die einer Gestaltungserklärung bedürfen; im Anschluss daran *Peters*, Hinweispflichten, S. 135 f.

[119] Dafür beispielsweise *Laumen*, Rechtsgespräch, S. 219 ff.; *Peters*, Hinweispflichten, S. 135 ff.; *Roth*, Einrede, S. 284 ff.; *E. Schneider*, NJW 1986, 1316; in diese Richtung auch jüngst *Kern*, ZZP 136, 201, 217; letztlich unentschieden *Stürner*, Aufklärung, S. 60; aA. *Gröschler*, AcP 201, 48, 63; MüKo/*Fritsche*, ZPO, § 139 Rn. 39. Der BGH verneinte eine Hinweispflicht ebenfalls in BGHZ 156, 269, 272 ff. Dort hatte sich der Schuldner selbst allerdings noch gar nicht zur Sache geäußert. Zugleich betonte der BGH aber, die Frage damit nicht abschließend entscheiden zu wollen; dem BGH zustimmend *Meller-Hannich*, JZ 2005, 656, 662.

[120] *Peters*, Hinweispflichten, S. 114; *Kern*, ZZP 136, 201, 211 f.

[121] *Peters*, Hinweispflichten, S. 137.

dungen wie beispielsweise § 125 S. 1 BGB und von einer Gestaltungserklärung abhängigen Gegenrechten, die zumindest rechtfertigungsbedürftig wären.[122] Fehlt hingegen erstinstanzlicher Vortrag zu den für den Ablauf der Verjährungsfrist maßgeblichen Tatsachen, besteht mangels ersichtlich unvollständigen Vortrags keine richterliche Hinweispflicht, sodass auch § 531 Abs. 2 S. 1 Nr. 2 ZPO in der Berufungsinstanz nicht einschlägig sein kann.

Bezüglich § 531 Abs. 2 Nr. 3 ZPO ist fraglich, ob der Schuldner dadurch nachlässig gehandelt, dass er die Verjährungseinrede nicht bereits erstinstanzlich erhoben hat.[123] Teilweise wird dies aufgrund zweier Erwägungen verneint: Zum einen wird geltend gemacht, die Erhebung der Verjährungseinrede sei nach materiellem Recht nicht fristgebunden; auch das Prozessrecht dürfe dies nicht dadurch umgehen, dass durch eine prozessuale Präklusion die Verjährungseinrede im Prozess nur bei Geltendmachung in der ersten Instanz berücksichtigt werde.[124] Außerdem könne der Schuldner nichts zur Verjährung vortragen, bevor er die Einrede materiellrechtlich ausgeübt habe.[125]

Diese formalistische Betrachtung übersieht jedoch, dass der Schuldner die Möglichkeit hatte, erstinstanzlich die Einrede zu erheben und dann zu den zugrundeliegenden Tatsachen vorzutragen.[126] Nur darauf kann es nach dem obigen Maßstab für die Nachlässigkeit ankommen. Andernfalls stünde der Schuldner bezüglich der Erhebung einer Einrede besser als bei einer Einwendung, für die keine materiellrechtliche Erklärung des Schuldners erforderlich ist, was erneut zumindest merkwürdig anmutete.[127]

---

[122] Dies betont *Laumen*, Rechtsgespräch, S. 223; in diese Richtung auch *Roth*, Einrede, S. 286.

[123] Dies gilt nur für den Fall, dass der Schuldner die Verjährungseinrede bislang auch außerprozessual noch nicht erhoben hat. Hat er sich außerprozessual bereits auf die Verjährungseinrede berufen, handelt der Schuldner unstreitig nachlässig iSd. § 531 Abs. 2 Nr. 3 ZPO, wenn er die Erhebung der Einrede im erstinstanzlichen Verfahren nicht vorträgt.

[124] *Meller-Hannich*, JZ 2005, 656, 664 f.; *dieselbe*, NJW 2006, 3385, 3388; der BGH verwendet diese Argumentation bezüglich der erstmaligen Ausübung eines Verbraucherwiderrufs in der Berufungsinstanz, BGHZ 220, 77, Rn. 24 ff.

[125] *Meller-Hannich*, JZ 2005, 656, 664 f.; *dieselbe*, NJW 2006, 3385, 3387 f.; auch diese Überlegung stellt der BGH in BGHZ 220, 77, Rn. 31 ff. hinsichtlich eines Verbraucherwiderrufrechts an; ähnlich *Weinzierl*, Präklusion, S. 110 ff. für Gestaltungsrechte, die nur eine „einfache Gestaltungslage" (S. 103) voraussetzen. Bei diesen spiele die Gestaltungslage nur eine untergeordnete Rolle, sodass einzig die Abgabe der Gestaltungserklärung entscheidend sei. Diese könnten innerprozessual deshalb nicht infolge einer verspäteten Ausübung präkludiert werden.

[126] *Ostermeier*, ZZP 120, 219, 225.

[127] Weitergehend noch MüKo/*Rimmelspacher*, ZPO, § 531 Rn. 27. Erstaunlich ist allerdings, dass *Rimmelspacher* in Rn. 26 die Rechtsprechung des BGH zur Ausübung des Verbraucherwidderrufrechts in der Berufungsinstanz explizit billigt, weil bei einem Gestaltungsrecht erst die Gestaltungerklärung das Verteidigungsmittel sei. Vor Abgabe der Gestaltungserklärung habe das Verteidigungsmittel nicht bestanden, sodass auch kein Vortrag dazu habe erfolgen können. Wieso das jetzt bei der Verjährungseinrede anders sein soll, obwohl auch dort erst die Erhebung der Verjährungseinrede materiellrechtliche Wirkungen herbeiführt

Daneben überzeugt auch der Hinweis darauf, das materielle Recht sehe für die Verjährung keine Frist zur Ausübung vor und durch das Prozessrecht dürfe deshalb ebenfalls keine solche Frist gesetzt werden, in dieser Pauschalität nicht. Es ist gerade das Wesen jeder prozessualen Präklusionsvorschrift, materielle Rechte im Interesse der Rechtssicherheit und des Rechtsfriedens oder aus sonstigen verfahrenstechnischen Gründen prozessual nur innerhalb einer bestimmten Frist zuzulassen.[128] Hielte man eine Beschränkung materieller Rechte durch prozessuale Präklusionsvorschriften für nicht hinnehmbar, müsste man konsequenterweise insgesamt für deren Abschaffung plädieren. Dies führte letztlich jedoch zu dauernder Rechtsunsicherheit[129] und könnte die Prozesse derart in die Länge ziehen, dass die Rechte des Gläubigers nicht mehr effektiv durchgesetzt werden könnten; statt zu einer Rechtsverkürzung auf Seiten des von der Präklusion Betroffenen käme es damit zu einer Rechtsverkürzung der anderen Partei.[130] Daneben unterstellt diese Argumentation, es gäbe in jedem Fall sachliche Gründe dafür, ob ein Recht von einer materiellrechtlichen Ausübungserklärung abhängig gemacht wird oder kraft Gesetzes wirkt. Ob dies zutrifft, ist jedoch unklar, weil gerade Gestaltungsrechte zumindest teilweise als „bloß technisches Mittel“[131] vom Gesetzgeber eingesetzt werden.[132]

Für gegebene Nachlässigkeit spricht außerdem, dass kein sachliches Interesse des Schuldners erkennbar ist, die Verjährungseinrede in erster Instanz zurückzuhalten. Insbesondere kann ein solches Interesse nicht daraus hergeleitet werden, der Schuldner wolle die Klageabweisung unabhängig von der Verjährung erreichen.[133] Zum einen könnte man sich auf den Standpunkt stellen, es sei ausschließlich Sache des Gerichts, aus welchem Grund es die Klage abweist.[134] So-

(was auch *Rimmelspacher* konzediert; siehe dazu auch *Thomale*, AcP 212, 920, passim, der Einreden ebenfalls als Gestaltungsrechte ansieht; *Larenz*, Schuldrecht AT, S. 350; auch *Stürner*, Aufklärung, S. 60 und *Gaschler*, ZZP 134, 93, 101 f. betonen die Ähnlichkeit in der Wirkungsweise), erschließt sich aus diesem Blickwinkel nicht.

[128] *Ostermeier*, ZZP 120, 219, 226; *Roth*, JZ 2005, 174, 176; im Ergebnis ebenso MüKo/*Rimmelspacher*, ZPO, § 531 Rn. 29; eingehend zu der Frage, inwieweit materiellrechtliche Fristen durch eine (infolge der materiellen Rechtskraft eingetretenen) prozessuale Präklusion verkürzt werden dürfen *Weinzierl*, Präklusion, S. 100–140.

[129] *Ostermeier*, ZZP 120, 219, 226. Im Ergebnis stellte man mit dieser Argumentation auch das Institut der Rechtskraft in Frage. Zu dem durch Präklusionsvorschriften ausgelösten Widerstreit zwischen materiellem Recht und Prozessrecht siehe *Weinzierl*, Präklusion, S. 65 ff.

[130] Zu diesem Gedanken ausdrücklich BT-Drucks. 7/2729, S. 33; *Weinzierl*, Präklusion, S. 111; *Götz*, Ersatzansprüche, S. 91 f.

[131] *J. F. Hoffmann*, Zession, S. 188.

[132] Siehe auch *Weinzierl*, Präklusion, S. 100 ff. die den Versuch unternimmt, die Gestaltungsrechte in Gestaltungsrechte mit „einfacher Gestaltungslage“ und solche mit „qualifizierter Gestaltungslage“ einzuteilen. Für Erstere sei die Gestaltungserklärung entscheidend, bei Letzteren sei sie hingegen ein bloß formelles Kriterium ohne eigenständigen rechtlichen Wert.

[133] So aber *Meller-Hannich*, NJW 2006, 3385.

[134] *Ostermeier*, ZZP 120, 219, 225.

fern man das anders sieht, müsste man dem Schuldner gestatten, die Einrede der Verjährung lediglich hilfsweise zu erheben.[135] Der Vorwurf der Nachlässigkeit knüpfte dann daran an, die hilfsweise Geltendmachung unterlassen zu haben, obwohl diese mit keinerlei Nachteilen für den Schuldner verbunden gewesen wäre.

(3) Zwischenfazit

Sofern der Verjährungseintritt auf zwischen den Parteien streitigen Tatsachen beruht, was zumindest in Fällen der regelmäßigen Verjährungsfrist aufgrund der subjektiven Voraussetzungen beim Beginn der Verjährungsfrist nach § 199 Abs. 1 Nr. 2 BGB häufig der Fall sein dürfte, ist die Erhebung der Verjährungseinrede für den Schuldner erstmalig in der Berufungsinstanz regelmäßig präkludiert. In diesen Fällen werden die Erfolgsaussichten der Berufung für den Schuldner nicht beeinträchtigt, wenn er infolge eines sofortigen Erfüllungseintritts auch materiellrechtlich nicht mehr zur Erhebung der Verjährungseinrede berechtigt ist. Beruht die Verjährungseinrede dagegen auf unstreitigen Tatsachen, kann der Schuldner diese auch in der Berufungsinstanz erstmalig geltend machen. In diesem Fall wäre es für den Schuldner folglich nachteilig, sollte er die Verjährungseinrede infolge eines durch die Abwendungsleistung ausgelösten sofortigen Erfüllungseintritts nicht mehr erheben können.

bb) Aufrechnung im Berufungsverfahren

Möchte der Schuldner erstmals in der Berufungsinstanz die Aufrechnung aufgrund einer ihm gegen den Gläubiger zustehenden Forderung erklären, richtet sich die prozessuale Zulässigkeit der Aufrechnung nach § 533 ZPO.[136] Danach ist die Aufrechnung nur dann zulässig, wenn der Gegner mit der Aufrechnung einverstanden ist oder das Gericht diese für sachdienlich hält (§ 533 Nr. 1 ZPO) *und* die Aufrechnung auf Tatsachen gestützt werden kann, die das Berufungsgericht

---

[135] Dies hält *Meller-Hannich*, NJW 2006, 3385 allerdings ausdrücklich nicht für möglich.

[136] Außen vor bleibt dabei der Fall, dass der Schuldner die Aufrechnung bereits außerprozessual erklärt hat, diese aber dennoch im erstinstanzlichen Verfahren nicht geltend gemacht hat. Denn in diesem Fall ist zumindest materiellrechtlich der rechtsverwirklichende Anspruch des Gläubigers gemäß § 389 BGB erloschen, sodass ein Erfüllungseintritt infolge einer Abwendungsleistung nicht mehr möglich wäre. Sollte die Geltendmachung der Aufrechnung in der Berufungsinstanz jedoch an § 533 ZPO scheitern, stellte sich wie auch in anderen Fällen einer prozessual unzulässigen, materiellrechtlich aber wirksamen Aufrechnung die Frage, ob der Schuldner seine Aktivforderung dann zumindest noch gesondert einklagen kann, siehe dazu *A. Blomeyer*, ZZP 88, 439 ff.; *Foerste*, ZZP 133, 319, 331 ff.; *Häsemeyer*, FS Weber, S. 215 ff.; *derselbe*, ZZP 118, 265, 280 ff.; *Henckel*, ZZP 74, 165, 169; *Musielak*, JuS 1994, 817, 821 f.

seiner Entscheidung über die Berufung gemäß § 529 ZPO ohnehin zugrunde zu legen hat (§ 533 Nr. 2 ZPO).

(1) Zweck des § 533 ZPO

Grundgedanke des ebenfalls im Zuge der Rechtsmittelreform der ZPO eingefügten und zum 01.01.2002 in Kraft getretenen § 533 ZPO ist es, der durch die Reform veränderten Funktion der Berufungsinstanz hin zu einer primär der Fehlerkontrolle und –beseitigung dienenden Instanz Rechnung zu tragen, was grundsätzlich eine Beschränkung auf den erstinstanzlichen Prozessstoff erforderlich machte.[137] Abweichend von dem bis dato geltenden § 530 ZPO aF., der eine Aufrechnung bereits bei Einwilligung des Gegners oder bei Sachdienlichkeit der Aufrechnung zuließ, wurden nun durch § 533 Nr. 2 ZPO höhere Voraussetzungen aufgestellt. Durch diese sollte verhindert werden, dass Tatsachen, die eigentlich nach § 531 Abs. 2 ZPO präkludiert wären, einer Aufrechnung, einer Widerklage oder einer Klageänderung zugrunde gelegt würden, für die § 531 Abs. 2 ZPO mangels Eigenschaft als Angriffs- oder Verteidigungsmittel nicht zur Anwendung kommt.[138]

(a) § 533 Nr. 2 ZPO

Gemäß § 533 Nr. 2 ZPO ist die Aufrechnungserklärung deshalb nur zulässig, wenn sie auf Tatsachen gestützt wird, die das Berufungsgericht seiner Entscheidung ohnehin nach § 529 ZPO zugrunde zu legen hat. Teilweise wird diese Einschränkung sehr großzügig verstanden; die Aufrechnung könne auch mit neuen, für die Klage nicht relevanten Tatsachen begründet werden, sofern diese gemäß §§ 529 Abs. 1 Nr. 2, 531 Abs. 2 ZPO in der Berufungsinstanz nicht präkludiert sind.[139] Soweit zugleich postuliert wird, die Erklärung der Aufrechnung erst in zweiter Instanz sei nicht als nachlässig im Sinne des § 531 Abs. 2 Nr. 3 ZPO an-

---

[137] BT-Drucks. 14/4722, S. 102; *Baumann*, Berufungsverfahren, S. 171 f.

[138] BT-Drucks. 14/4722, S. 102; *Baumann*, Berufungsverfahren, S. 172 f.; *T. Lange*, Prüfungsumfang, S. 102. Dass die Aufrechnung nicht direkt der allgemeinen Präklusionsregel nach § 531 Abs. 2 ZPO unterworfen wurde, liegt darin begründet, dass über die Aktivforderung gemäß § 322 Abs. 2 ZPO rechtskräftig entschieden wird, sodass die Aufrechnung systematisch der Widerklage nahesteht. Die Aufrechnung wird deshalb nicht als Angriffs- oder Verteidigungsmittel iSd. § 531 Abs. 1 ZPO angesehen, sondern als der Angriff selbst, siehe dazu *Kramer*, Berufung, Rn. 478; MüKo/*Rimmelspacher*, ZPO, § 533 Rn. 4.

[139] *Kramer*, Berufung, Rn. 482; Stein/Jonas/*Althammer*, § 533 Rn. 30, 17.

zusehen,[140] führte dies letztlich zu einer in sehr weitem Umfang zulässigen Aufrechnung in der Berufungsinstanz.[141]

Vor dem Hintergrund des oben aufgezeigten Zwecks des § 533 ZPO kann aber nur eine deutlich restriktivere Handhabung des § 533 ZPO überzeugen. Die Aufrechnung ist nur zulässig, wenn sie als „Nebenprodukt“[142] der Berufungsentscheidung auf Tatsachen gestützt wird, die das Berufungsgericht seiner Entscheidung auch ohne die Aufrechnung nach § 529 Abs. 1 Nr. 1 ZPO oder §§ 529 Abs. 1 Nr. 2, 531 Abs. 2 ZPO hätte zugrunde legen müssen.[143] Dies entspricht zum einen dem Wortlaut des § 533 Nr. 2 ZPO, nach dem die Aufrechnung nur dann zulässig ist, wenn sie auf Tatsachen gestützt werden kann, die das Berufungsgericht seiner Entscheidung *ohnehin* zugrunde zu legen hat.[144] Daneben folgt dieses Ergebnis aber auch aus dem ausdrücklichen Willen des Gesetzgebers. Um der geänderten Funktion der Berufungsinstanz weg von einer zweiten Tatsacheninstanz hin zu einer primär der Fehlerkontrolle und -beseitigung dienenden Instanz Rechnung zu tragen, wollte der Gesetzgeber durch die Einführung des § 533 Nr. 2 ZPO gerade verhindern, dass durch die Aufrechnung neue Tatsachen betreffender Prozessstoff in die Berufungsinstanz eingeführt werde.[145] Ließe man dies mit

[140] *Kramer*, Berufung, Rn. 482. In der Sache ist dieses Postulat zweifelhaft. Jedenfalls eine Eventualaufrechnung in erster Instanz wird man dem Aufrechnenden ohne Weiteres zumuten können, weil dieser dadurch nur bei einer Entscheidung über die Aufrechnung ein Kostenrisiko trägt (vgl. § 45 Abs. 3 GKG). Auch eine mögliche Beweisnot bezüglich der Aktivforderung spricht nicht gegen eine erstinstanzliche Eventualaufrechnung, in diese Richtung aber Stein/Jonas/*Münzberg*, 22. Aufl., § 767 Rn. 37. Denn dem Aufrechnenden wird ganz herrschend die Möglichkeit eingeräumt, die Aufrechnung wieder fallenzulassen, ohne dafür nach § 269 Abs. 1 BGB auf die Zustimmung des Aufrechnungsgegners angewiesen zu sein, BGHZ 57, 242, 243 f.; BGHZ 179, 1, Rn. 12; *Leichsenring*, NJW 2013, 2155, 2156 f.; *Musielak*, FS Leipold, S. 85, 89 ff.; *Rosenberg/Schwab/Gottwald*, Zivilprozessrecht, § 104 Rn. 23.

[141] Sofern auch die Sachdienlichkeit nach § 533 Nr. 1 ZPO bejaht wird, dazu sogleich.

[142] *Baumann*, Berufungsverfahren, S. 176.

[143] *Baumann*, Berufungsverfahren, S. 175 ff.; *T. Lange*, Prüfungsumfang, S. 119 f.; Wieczorek/Schütze/*Gerken*, § 533 Rn. 35; Musielak/Voit/*Ball*, § 533 Rn. 22; *Rosenberg/Schwab/Gottwald*, Zivilprozessrecht, § 139 Rn. 29; MüKo/*Rimmelspacher*, ZPO, § 533 Rn. 14 (zur von § 533 Nr. 2 ZPO ebenfalls erfassten Klageänderung); in diese Richtung auch BGH, NJW-RR 2005, 437, wo die Frage aber letztlich nicht entscheidungserheblich war. Die der Widerklage zugrundeliegenden Tatsachen waren unstreitig, sodass es nach Ansicht des BGH nicht auf die Voraussetzung des § 533 Nr. 2 ZPO ankam, weil unstreitige Tatsachen in jedem Fall zu berücksichtigen seien.

[144] Deswegen überzeugt auch das Argument von *Kramer*, Berufung, Rn. 482 nicht, neue Tatsachen seien zuzulassen, weil § 533 Nr. 2 ZPO auf § 529 ZPO insgesamt und damit auch auf §§ 529 Abs. 1 Nr. 2, 531 Abs. 2 ZPO verweise. Die Frage ist nicht, ob neue Tatsachen unter den Voraussetzungen des § 531 Abs. 2 ZPO zuzulassen sind, sondern worauf sich diese Tatsachen beziehen müssen.

[145] BT-Drucks. 14/4722, S. 102.

der obigen Gegenauffassung dennoch zu, liefe das diesem Normzweck des § 533 ZPO zuwider.[146,147]

(b) § 533 Nr. 1 ZPO

Weitere Voraussetzung für die Zulässigkeit einer Aufrechnung in der Berufungsinstanz ist gemäß § 533 Nr. 1 ZPO, dass der Aufrechnungsgegner in die Aufrechnungserklärung einwilligt[148] oder das Berufungsgericht die Aufrechnung für sachdienlich erachtet. Dieses Kriterium stellte bis zur Berufungsreform die einzige Hürde für die Zulässigkeit einer Aufrechnung in der Berufungsinstanz dar. Nach der Reform ist jedoch nicht mehr erkennbar, inwiefern es bei der Aufrechnung noch Konstellation geben sollte, in denen die Voraussetzungen des § 533 Nr. 2 ZPO vorliegen, die Aufrechnung aber dennoch nicht sachdienlich ist und deshalb an § 533 Nr. 1 ZPO scheitert.[149] Hat das Berufungsgericht für die Entscheidung über die Aufrechnung nur den Prozessstoff zugrunde zu legen, den es für die Entscheidung über die Klage ohnehin zu prüfen hätte, erscheint es kaum denkbar, die Aufrechnung mangels Sachdienlichkeit zu verneinen. Die als Rechtfertigung für den Gedanken der Sachdienlichkeit herangezogene Prozesswirtschaftlichkeit[150] gebietet dann vielmehr zwangsläufig eine Entscheidung über die

[146] MüKo/*Rimmelspacher*, § 533 Rn. 14; *T. Lange*, Prüfungsumfang, S. 119. Teilweise wird daneben postuliert, § 533 ZPO verfolge vor allem den Zweck, dem Aufrechnungsgegner keine Instanz abzuschneiden, so *Thomale*, ZZP 132, 139, 170 und wortgleich ZZP 135, 29, 51. Ob dies tatsächlich der entscheidende, hinter § 533 Nr. 2 ZPO stehende Gedanke ist, ist jedoch äußerst fraglich. Es erschlösse sich dann nicht, wieso eine Aufrechnung nach § 533 Nr. 2 ZPO sogar dann unzulässig sein kann, wenn der Aufrechnungsgegner in die Aufrechnungserklärung eingewilligt hat (aber möglicherweise sachliche Einwendungen gegen die Aufrechnung vorgebracht hat); dagegen auch BGH, IV ZR 137/08, Rn. 9 – juris; Musielak/Voit/*Ball*, § 533 Rn. 20, der Verlust der Tatsacheninstanz sei „unerheblich".

[147] Die Gegenansicht bekommt außerdem Probleme, wenn die Aufrechnung auf eine Tatsache gestützt werden soll, die auch bezüglich der Klage relevant ist, insoweit aber mangels Vorliegens der Voraussetzungen des § 531 Abs. 2 ZPO präkludiert ist. Hier müsste man mit der Gegenansicht an sich zu dem Ergebnis gelangen, dass das Berufungsgericht diese Tatsache bezüglich der Klage nicht berücksichtigen darf, hinsichtlich der Aufrechnung allerdings schon. Möchte man dieses Ergebnis wie *Kramer*, Berufung, Rn. 482 vermeiden und berücksichtigt die Tatsache auch bezüglich der Aufrechnung nicht, entscheidet aber dennoch sachlich über die Berufung, droht dem Aufrechnenden die rechtskräftige Aberkennung seiner Forderung nach § 322 Abs. 2 ZPO, ohne dass eine sachliche Auseinandersetzung mit den der Aufrechnung zugrundeliegenden Tatsachen stattgefunden hätte. Gerade um dieses Szenario zu verhindern, koppelte der Gesetzgeber die prozessuale Zulässigkeit der Aufrechnung aber an die der Klage ohnehin zugrunde zu legenden Tatsachen, BT-Drucks. 14/4722, S. 102.

[148] Diese kann insbesondere gemäß §§ 525, 267 ZPO durch eine rügelose Einlassung erklärt werden, siehe BGH, NJW-RR 2005, 437.

[149] In diese Richtung auch *T. Lange*, Prüfungsumfang, S. 118; aA. BGH, NJW 2007, 2414, Rn. 10 f.

[150] BGH, NJW 2007, 2414, Rn. 10; BGH, NJW 2009, 2286, Rn. 4; Musielak/Voit/*Ball*, § 533 Rn. 13, 20; Wieczorek/Schütze/*Gerken*, § 533 Rn. 32; *Kramer*, Berufung, Rn. 481.

Aufrechnung. Dieser Befund wird auch dadurch erhärtet, dass es bislang nicht gelungen ist, allgemeine Kriterien dafür herauszuarbeiten, was Sachdienlichkeit bedeutet. Vielmehr erschöpfen sich die einschlägigen Darstellungen zu großen Teilen in einer Aufzählung verschiedener Einzelfälle, in denen die Sachdienlichkeit zu bejahen oder zu verneinen sei.[151]

Verneint wird die Sachdienlichkeit danach beispielsweise, wenn durch die Aufrechnung neuer Prozessstoff in den Prozess eingeführt werde, für deren Beurteilung die Ergebnisse des bisherigen Verfahrens nicht verwertbar wären.[152] Dieses Kriterium ist für die Ermittlung der Sachdienlichkeit jedoch nicht geeignet, weil die Begrenzung des Prozessstoffs genau der Umstand ist, der bereits durch § 533 Nr. 2 ZPO geregelt wird.[153] Weiter soll Sachdienlichkeit dann zu verneinen sein, wenn die Aufrechnungslage erst durch eine nach Abschluss der ersten Instanz erfolgte Abtretung herbeigeführt wurde.[154] Auch in dieser Konstellation scheitert die Aufrechnung aber bereits an § 533 Nr. 2 ZPO. Wenn die Aufrechnungslage erst infolge einer nach Erlass des erstinstanzlichen Urteils vorgenommenen Abtretung entstanden ist, stellt bereits der Vortrag der Abtretung neuen Prozessstoff dar, mit dem sich das erstinstanzliche Gericht ohne die Aufrechnung nicht auseinandersetzten müsste. Bejaht wird die Sachdienlichkeit hingegen, wenn die Aufrechnung geeignet sei, einen andernfalls drohenden Folgeprozess über die Aufrechnung zu vermeiden.[155] Sofern daraus der Schluss zu ziehen sein sollte, wo das nicht der Fall sei, müsse die Sachdienlichkeit verneint werden, überzeugt auch das nicht. Zum einen wird die Aufrechnung häufig einen weiteren Prozess über die Aktivforderung vermeiden, weil über diese nach § 322 Abs. 2 ZPO rechtskräftig entschieden wird. Außerdem erschließt sich auch grundsätzlich nicht, warum es nicht sachdienlich sein sollte, jetzt zumindest über den zur Aufrechnung gestellten Teil des Anspruchs zu entscheiden. Ist die Aufrechnung nach § 533 Nr. 2 ZPO zulässig, muss sich das Berufungsgericht bereits für die Prüfung der Klage mit den der Aufrechnung zugrundeliegenden Tatsachen auseinandersetzen, sodass die Aufrechnung einen allenfalls geringen Mehraufwand verursachen wird.

---

[151] Siehe beispielsweise Stein/Jonas/*Althammer*, § 533 Rn. 29; MüKo/*Rimmelspacher*, ZPO, § 533 Rn. 30; Wieczorek/Schütze/*Gerken*, § 533 Rn. 32.

[152] BGH, NJW 2007, 2414, Rn. 10; BGH, IV ZR 137/08, Rn. 9 – juris; Wieczorek/Schütze/*Gerken*, § 533 Rn. 32.

[153] Dies erkennt auch Wieczorek/Schütze/*Gerken*, § 533 Rn. 32, der meint, in diesen Fällen scheitere die Aufrechnung auch an § 533 Nr. 2 ZPO.

[154] Wieczorek/Schütze/*Gerken*, § 533 Rn. 32; Stein/Jonas/*Althammer*, § 533 Rn. 29, falls durch die Aufrechnung ein „völlig neuer Prozessstoff eingeführt“ werde.

[155] BGH, NJW 1977, 49; BGH, NJW 2015, 1608, Rn. 20; Stein/Jonas/*Althammer*, § 533 Rn. 29; Musielak/Voit/*Ball*, § 533 Rn. 13, 20; Wieczorek/Schütze/*Gerken*, § 533 Rn. 32.

(2) Zulässigkeit der Aufrechnung

Gemessen an diesen Maßstäben wird eine erstmalige Aufrechnung, die auf zwischen den Parteien streitigen Tatsachen beruht, nur äußerst selten zulässig sein.[156] Gerade der Fall, dass der Schuldner aufgrund einer ihm aus einem völlig anderen Rechtsverhältnis zustehenden Forderung gegen den Gläubiger aufrechnen möchte, wird durch § 533 Nr. 2 ZPO die Zulässigkeit genommen. Die Gefahr für den Schuldner, dass er durch einen sofortigen Erfüllungseintritt tatsächlich seine Möglichkeit zur Aufrechnung in der Berufungsinstanz verliert, besteht damit nur in eingeschränktem Maße. Anderes gilt jedoch für eine Aufrechnung, die auf unstreitigen Tatsachen beruht. In diesem Fall ist die Aufrechnung unabhängig von den Voraussetzungen des § 533 ZPO zulässig. Andernfalls müsste das Gericht möglicherweise über einen übereinstimmenden Tatsachenvortrag der Parteien nicht entscheiden, was erneut mit dem Beibringungsgrundsatz nicht vereinbar wäre.[157]

cc) Versäumnisurteil/Vollstreckungsbescheid[158]

Besteht das vorläufig vollstreckbare Urteil in einem Versäumnisurteil kann der Schuldner dagegen gemäß § 338 ZPO (ggf. iVm. § 700 Abs. 1 ZPO) Einspruch einlegen. Durch den zulässigen Einspruch wird der Rechtsstreit gemäß § 342 ZPO in die Lage zurückversetzt, in der er sich vor Eintritt der Säumnis befand. Der Rechtsstreit wird damit fortgesetzt, ohne dass dem Schuldner die Geltendmachung etwaiger Einreden durch besondere Präklusionsvorschriften erschwert wird. Erbringt der Schuldner nach Erlass des vorläufig vollstreckbaren Versäumnisurteils eine Abwendungsleistung an den Gläubiger und nimmt man einen sofortigen Erfüllungseintritt an, ist es hier deshalb in weitem Umfang möglich, dass dem Schuldner die Möglichkeit genommen wird, jetzt noch die Aufrechnung zu erklären oder sonstige Einreden geltend zu machen.[159]

---

[156] Abgesichert wird die Präklusion nach § 533 ZPO durch die Rechtsprechung weiter, indem dem Schuldner auch nach Eintritt der Rechtskraft eine Aufrechnung, die im Berufungsverfahren nach § 533 ZPO präkludiert gewesen wäre, im Wege der Vollstreckungsabwehrklage verwehrt wird; die Aufrechnung scheitere an der Präklusion nach § 767 Abs. 2 ZPO, BGHZ 125, 351, 352 ff.; zustimmend MüKo/*K. Schmidt/Brinkmann*, ZPO, § 767 Rn. 84.

[157] Im Ergebnis auch BGH, NJW-RR 2005, 437 betreffend die Zulässigkeit einer Widerklage, für die ebenfalls § 533 ZPO gilt; im Grundsatz auch *Baumann*, Berufungsverfahren, S. 181 f., der allerdings auch hier einschränkend fordert, durch die unstreitige Aufrechnung dürfe kein neuer Verhandlungsaufwand entstehen; im Kontext von § 531 ZPO siehe bereits oben S. 166 ff.

[158] Zur besseren Lesbarkeit wird im folgenden Text nur vom Versäumnisurteil gesprochen. Der Vollstreckungsbescheid ist jedoch immer miterfasst.

[159] Entscheidend auf diese Konstellation stellt vor allem *Braun*, AcP 184, 152, 159 ab. Seine Aussage, der Schuldner habe in diesen Fällen gar keine Möglichkeit gehabt, seine Einreden geltend zu machen, ist jedoch zweifelhaft. Der Schuldner hätte schlicht in der mündlichen Verhandlung erscheinen und verhandeln und damit den Erlass eines Versäumnisurteils ver-

dd) Zwischenergebnis

Bei einem vorläufig vollstreckbaren Urteil, gegen das der Schuldner Berufung eingelegt hat, hat die exemplarische Betrachtung der Verjährungseinrede und der Aufrechnung gezeigt, dass der Schuldner bei zugrundliegenden streitigen Tatsachen häufig an den Präklusionsvorschriften der §§ 531, 533 ZPO scheitern wird. In diesen Fällen würden die dem Schuldner in der Berufungsinstanz zur Verfügung stehenden Verteidigungsmöglichkeiten durch einen sofortigen Erfüllungseintritt nicht eingeschränkt. Anderes gilt jedoch, wenn der Schuldner die Einrede oder die Aufrechnung auf unstreitige Tatsachen stützen kann oder Einspruch gegen ein Versäumnisurteil respektive einen Vollstreckungsbescheid eingelegt hat. Hier ist der Schuldner mit der Erhebung seiner Gegenrechte nicht präkludiert, sodass es seine Erfolgsaussichten schmälern würde, sollten ihm diese Gegenrechte aufgrund eines sofortigen Erfüllungseintritts materiellrechtlich nicht mehr zur Verfügung stehen.

c) Schutzmöglichkeiten des Schuldners

Besteht für den Schuldner damit in gewissem Umfang das Risiko, dass ihm durch einen sofortigen Erfüllungseintritt infolge einer Abwendungsleistung materiellrechtliche Gegenrechte genommen würden, stellt sich die Frage, ob der Schuldner seinerseits über Möglichkeiten verfügt, dies zu verhindern. Nicht weiterführend ist insoweit der denkbare Hinweis, der Schuldner solle schlicht die Abwendungsleistung nicht erbringen. Denn in diesem Fall drohte dem Schuldner die Zwangsvollstreckung durch den Gläubiger, für deren Durchführung es nicht mehr auf den Willen des Schuldners ankommt und die der Schuldner gerade verhindern möchte. Deutlich wertvoller für den Schuldner könnten jedoch zum einen Möglichkeiten sein, sein Gegenrecht selbst vor der Vollstreckung auszuüben, und zum anderen Instrumente sein, mit deren Hilfe der Schuldner eine Vollstreckung durch den Gläubiger bis zu einer Entscheidung über das vom Schuldner eingelegte Rechtsmittel verhindern könnte. Inwieweit diese Optionen für den Schuldner bestehen, ist deshalb im Folgenden zu untersuchen.

aa) Schutz durch materiellrechtliche Rechtsausübung

Bevor auf etwaige prozessuale Schutzinstrumente des Schuldners einzugehen ist, ist zunächst zu überprüfen, inwieweit sich der Schuldner auf andere Weise vor dem Verlust seiner Gegenrechte schützen kann.

hindern können oder gegen den Mahnbescheid rechtzeitig Widerspruch einlegen und dadurch die Entstehung eines Vollstreckungsbescheids verhindern können.

(1) Isolierte Geltendmachung der Aktivforderung

Bezüglich des drohenden Verlusts der Aufrechnungsmöglichkeit könnte man versuchen, den Schuldner schlicht darauf zu verweisen, seine Aktivforderung nach der Vollstreckung in einem gesonderten Prozess oder während des Rechtsmittelverfahrens im Wege der Widerklage[160] einzuklagen und dadurch zu realisieren. Allerdings ist diese Vorgehensweise zum einen umständlicher, weil zur Geltendmachung der Aktivforderung ein zweiter Prozess nötig wird, den der Schuldner zudem grundsätzlich am allgemeinen Gerichtsstand des Gläubigers führen müsste. Im Falle einer gesonderten Klage führt diese Vorgehensweise daneben auch zu einer höheren Kostenbelastung des Schuldners als im Falle einer Aufrechnung.[161] Deutlich problematischer wird es für den Schuldner noch, wenn seine Aktivforderung verjährt ist, eine Aufrechnung nach Maßgabe des §215 BGB jedoch möglich gewesen wäre, weil sich die Ansprüche bereits in unverjährter Zeit gegenüber standen.[162] In diesem Fall ist es für den Schuldner entscheidend, ob er seine Aufrechnungsmöglichkeit trotz der Abwendungsleistung behält oder ob er diese infolge eines sofortigen Erfüllungseintritts verloren hat. Außerdem ist eine gesonderte Klage für den Schuldner dann ungünstig, wenn der Gläubiger insolvent ist, eine Aufrechnung für den Schuldner aber nach Maßgabe der §§94 ff. InsO noch möglich gewesen wäre; im Falle der Aufrechnung würde der Schuldner voll befriedigt, bei einer eigenständigen Leistungsklage erhielte er dagegen lediglich die Insolvenzquote. Ein Verweis des Schuldners auf die Möglichkeit einer klageweisen Geltendmachung seiner Aktivforderung schützt diesen damit nicht hinreichend.[163]

---

[160] In der Berufung ist auch die Widerklage allerdings nur unter den restriktiven Voraussetzungen des §533 ZPO möglich, sodass dieser Weg hier häufig aus prozessualen Gründen verschlossen bleiben wird. In der Revisionsinstanz ist eine Widerklage wegen §559 Abs. 1 S. 1 ZPO unzulässig, BGH, MDR 2021, 225, Rn. 7; Musielak/Voit/*Heinrich*, §33 Rn. 6.

[161] Ein Kostennachteil für den Schuldner entsteht vor allem im Fall einer unbedingten Aufrechnung. Hier geht die herrschende Meinung zu Recht davon aus, der Schuldner obsiege voll, sodass der Gläubiger die gesamten Kosten des Rechtsstreits zu tragen hat, vgl. Musielak/Voit/*Flockenhaus*, §91 Rn. 5; Im Falle einer streitwerterhöhenden, hilfsweisen Aufrechnung, vgl. §45 Abs. 3 GKG, geht man aufgrund der Streitwerterhöhung jedoch richtigerweise von einem Teilunterliegen des Schuldners aus, sodass es zu einer Kostenteilung nach §92 Abs. 1 ZPO kommt, Musielak/Voit/*Flockenhaus*, §92 Rn. 2; MüKo/*Schulz*, ZPO, §91 Rn. 15. Aufgrund der regressiven Gebührenstaffelung nach §34 Abs. 1 S. 2 GKG kann es für den Schuldner aber auch hier teurer sein, seine Forderung gesondert einzuklagen und deshalb die Kosten des ersten Rechtsstreits voll und die Kosten des zweiten Rechtsstreits gar nicht tragen zu müssen, als eine hilfsweise Aufrechnung zu erklären. Bei der Widerklage unterscheidet sich die Kostenbelastung hingegen nicht von derjenigen infolge einer hilfsweisen Aufrechnung. Gemäß §45 Abs. 1 S. 1 GKG werden auch die Ansprüche der Klage und der Widerklage für die Kostenentscheidung zusammengerechnet.

[162] Auf diesen Gesichtspunkt weisen *Braun*, AcP 184, 152, 157 und *Kreutz*, Abwendung, S. 21 zutreffend hin.

[163] Dies gilt umso mehr, weil die Möglichkeit einer isolierten Geltendmachung der Aktivforderung nach Rechtskraft des stattgebenden Urteils bestritten wird, wenn Aktiv- und Pas-

(2) Ausübung der Gegenrechte vor der Abwendungsleistung

Eine weitere Schutzmöglichkeit des Schuldners könnte darin bestehen, dass dieser das ihm zustehende Gegenrecht schlicht ausübt, bevor er die Abwendungsleistung erbringt beziehungsweise die Vollstreckung erfolgt. Besonders plastisch zeigt sich dies erneut im Falle einer Aufrechnungsmöglichkeit für den Schuldner. Besteht die Aufrechnungslage bereits vor der Abwendungsleistung des Schuldners, kann der Schuldner die Aufrechnung auch außerprozessual erklären. Gemäß § 389 BGB führt dies materiellrechtlich zum Erlöschen des rechtsverwirklichenden Anspruchs des Gläubigers. Einer zeitlich späteren Abwendungsleistung des Schuldners kann dann keinesfalls Erfüllungswirkung zukommen; es besteht schlicht kein Anspruch mehr, der erfüllt werden könnte.[164] Beruft sich der Schuldner im fortgesetzten Prozess dann auf die erklärte Aufrechnung, wird das Gericht dies – vorbehaltlich einer prozessualen Präklusion – berücksichtigen müssen, ohne dass es insoweit auf einen etwaigen Erfüllungseintritt aufgrund der Abwendungsleistung ankäme. Der Schuldner kann sich in dieser Situation die Berücksichtigung seiner Aufrechnungsmöglichkeit damit durch die schlichte außerprozessuale Aufrechnungserklärung sichern. Dies reduziert das Schutzbedürfnis des Schuldners bezüglich der Aufrechnung in erheblichem Umfang. Sofern der Schuldner vor der Vollstreckung um seine Aufrechnungsmöglichkeit weiß, ist es ihm zuzumuten, die Aufrechnung dann auch zu erklären.

Aber auch bei anderen, rechtshemmenden Gegenrechten greift diese Überlegung gleichermaßen. Auch diese kann der Schuldner außerprozessual vor der Abwendungsleistung ausüben. Zwar hindert dies die Vollstreckung als solche nicht, der Schuldner kann sich jedoch auf das ausgeübte Gegenrecht im Rahmen des Rechtsmittelverfahrens berufen. Erklärt der Gläubiger in diesem den Rechtsstreit infolge der eingetretenen Erfüllung für erledigt, wird das Rechtsmittelgericht prüfen, ob die Klage zum Zeitpunkt des erledigenden Ereignisses noch zulässig und begründet war.[165] Hierbei wird es feststellen, dass die Klage in diesem Fall aufgrund des vom Schuldner zuvor ausgeübten Gegenrechts bereits unbegründet war. Die Berücksichtigung des Gegenrechts für den Schuldner ist damit gesichert.[166] Auch diese Schutzmöglichkeit greift allerdings naturgemäß

---

sivforderung aus demselben „geltend gemachten Interesse“ stammen, siehe dazu *Althammer*, Streitgegenstand, S. 587 f.

[164] Stein/Jonas/*Münzberg*, 22. Aufl., § 708 Rn. 9.

[165] Zur Behandlung der einseitigen Erledigung auf Basis der „Klageänderungstheorie“ oben S. 153 ff.

[166] Hat der Gläubiger beispielsweise ein auf § 985 BGB gestütztes vorläufig vollstreckbares Urteil erhalten, gegen das der Schuldner Berufung eingelegt hat, kann der Schuldner in der Berufungsinstanz ein ihm – aus welchen Gründen auch immer – nun zustehendes Besitzrecht geltend machen. Erlangt der Gläubiger nun infolge der Vollstreckung den unmittelbaren Besitz an der Sache und erklärt den Rechtsstreit für erledigt, kann der Schuldner dieser Erledigungserklärung widersprechen. Das Berufungsgericht müsste dann die Zulässigkeit und Begründetheit der Klage im Zeitpunkt der Vollstreckung prüfen und letztere verneinen,

nur ein, wenn der Schuldner bereits vor der Vollstreckung um sein Gegenrecht wusste.

bb) Prozessuale Schutzmöglichkeiten vor der Vollstreckung

Möglicherweise stehen dem Schuldner zudem prozessuale Rechtsbehelfe zur Verfügung, mit deren Hilfe er eine Vollstreckung durch den Gläubiger verhindern kann, bis eine Entscheidung im Rechtsmittelverfahren ergangen ist. Erbringt der Schuldner in diesem Fall zweckmäßigerweise keine Abwendungsleistung, wäre es ihm dann möglich, im Rechtsmittelverfahren alle bestehenden Gegenrechte geltend zu machen, ohne deren Verlust infolge einer bereits erfolgten Vollstreckung und eines damit verbundenen sofortigen Erfüllungseintritts fürchten zu müssen.

(1) Vollstreckungsschutzantrag nach § 712 Abs. 1 ZPO

Gemäß §§712 Abs. 1, 714 ZPO kann der Schuldner bis zum Schluss der letzten mündlichen Verhandlung erster Instanz einen Vollstreckungsschutzantrag stellen, falls er glaubhaft macht, ihm werde die Vollstreckung einen nicht zu ersetzenden Nachteil bringen. Keine Rolle spielen dafür die Erfolgsaussichten des vom Schuldner eingelegten Rechtsmittels.[167] Häufig werden dem Schuldner jedoch bereits keine unersetzbaren Nachteile drohen, weil der Gläubiger bei Aufhebung des vorläufig vollstreckbaren Urteils den Vollstreckungsschaden regelmäßig nach §717 Abs. 2 S. 1 ZPO zu ersetzen haben wird.[168] Ein Antrag nach §712 Abs. 1 ZPO wird deshalb nur in Sonderkonstellationen Erfolg haben, beispielsweise wenn durch die Vollstreckung die wirtschaftliche Existenz des Schuldners vernichtet würde.[169] Selbst bei Vorliegen dieser Voraussetzungen hat das Gericht nach §712 Abs. 2 S. 1 ZPO den Antrag des Schuldners aber abzulehnen, wenn überwiegende Interessen des Gläubigers entgegenstehen, insbesondere dieser also seinerseits auf die Vollstreckung dringend angewiesen ist.[170]

Insgesamt ist §712 Abs. 1 ZPO damit als Ausnahmevorschrift zu verstehen. Sie beruht auf dem Gedanken, dass bei jedem vorläufig vollstreckbaren Urteil die abstrakte Möglichkeit der späteren Aufhebung besteht und zwar unabhängig davon, wie die Erfolgsaussichten eines vom Schuldner eingelegten Rechtsmittels gegenwärtig beurteilt werden. Der Schuldner muss deshalb davor geschützt wer-

---

wenn das Besitzrecht des Schuldners tatsächlich bestand und keiner prozessualen Präklusion unterliegt. Das Berufungsgericht müsste deshalb das vorläufig vollstreckbare Urteil aufheben und die Klage abweisen. Über §717 Abs. 2 S. 1 ZPO könnte der Schuldner sodann die Herausgabe der Sache und einen etwaigen weiteren Schaden ersetzt verlangen.

[167] Stein/Jonas/*Heinze*, §712 Rn. 2.

[168] MüKo/*Götz*, ZPO, §712 Rn. 3; ähnlich auch Stein/Jonas/*Heinze*, §712 Rn. 2 mit §707 Rn. 14f.

[169] BGHZ 18, 219 (zu §719 Abs. 2 ZPO); Musielak/Voit/*Lackmann*, §712 Rn. 1a; Stein/Jonas/*Heinze*, §712 Rn. 2 mit §707 Rn. 15 mit weiteren Beispielen.

[170] Musielak/Voit/*Lackmann*, §712 Rn. 2 mit §710 Rn. 2.

den, dass er später mit seinem Rechtsmittel doch noch durchdringt, dieses faktisch aber durch den vorherigen Eintritt irreversibler Nachteile für ihn entwertet wurde. Ein umfassender Schutz des Schuldners vor dem Verlust etwaiger Gegenrechte ist von § 712 ZPO hingegen weder intendiert noch gewährleistet. Gleiches gilt für § 765a ZPO, der einen Vollstreckungsschutz ebenfalls nur in Ausnahmefällen vorsieht, in denen die Vollstreckung eine mit den guten Sitten nicht vereinbare Härte gegen den Schuldner bedeuten würde.[171]

(2) Einstweilige Einstellung der Zwangsvollstreckung nach §§ 707, 719 Abs. 1 ZPO

Möchte der Schuldner einer Vollstreckung durch den Gläubiger zuvorkommen, hat er die Möglichkeit, nach eingelegter Berufung oder einem erhobenen Einspruch[172] über §§ 719 Abs. 1, 707 Abs. 1 ZPO beim Berufungsgericht die einstweilige Einstellung der Zwangsvollstreckung oder sogar die Aufhebung bereits erfolgter Zwangsvollstreckungsmaßnahmen zu beantragen. Sofern dem Antrag stattgegeben wird und die Vollstreckung gegen oder ohne Sicherheitsleistung einstweilen eingestellt wird, kann der Schuldner durch Vorlage des Einstellungsbeschlusses beim Vollstreckungsorgan nach § 775 Nr. 2 ZPO eine Einstellung der Vollstreckungsmaßnahmen erreichen; der Schuldner wäre dann vor dem Verlust etwaiger Gegenrechte geschützt und könnte diese vorbehaltlich ihrer prozessualen Zulässigkeit in der Berufungsinstanz vorbringen.

Nahezu einhellig wird die Entscheidung, ob und in welcher Form die Vollstreckung einstweilen eingestellt wird, als Ermessensentscheidung des Gerichts angesehen.[173] Anhand welcher Kriterien das Gericht sein Ermessen auszuüben hat, ist dabei jedoch nicht zufriedenstellend geklärt. Zwar ist man sich im Ausgangspunkt noch weitgehend einig, die Erfolgsaussichten der eingelegten Berufung zu berücksichtigen.[174] Außerdem sei eine Interessenabwägung vorzunehmen

[171] Eingehend zur Rechtfertigung des § 765a ZPO vertretenen Begründungsansätzen *Stamm*, Prinzipien, S. 639 ff., der diesen selbst letztlich für obsolet hält und für eine Streichung plädiert, S. 651 f.

[172] Im Folgenden wird zur besseren Lesbarkeit im Text die Rede nur von der einstweiligen Einstellung nach Berufungseinlegung sein. Wo sich Abweichungen für das Verfahren nach einem Einspruch gegen ein Versäumnisurteil ergeben, werden diese deutlich gemacht.

[173] *Hellhake*, Einstellung, S. 35 mit eingehender Herleitung ab S. 22; MüKo/*Götz*, ZPO, § 707 Rn. 11; Musielak/Voit/*Lackmann*, § 719 Rn. 3 mit § 707 Rn. 6; *Maurer*, Anordnungen, S. 32 ff.; Stein/Jonas/*Heinze*, § 719 Rn. 3 mit § 707 Rn. 6; Schuschke/Walker/Kessen/Thole/*Braun*, Vollstreckung, § 707 Rn. 8; siehe weiter aus der Rechtsprechung OLG Frankfurt, NJW 1975, 2137, 2138; OLG Celle, NJW-RR 1987, 190; OLG Köln, NJW-RR 1987, 189; OLG Düsseldorf, GRUR-RS 2016, 01680, Rn. 2; OLG Düsseldorf, GRUR 2021, 1498, Rn. 2; OLG Karlsruhe, GRUR 2022, 1735, Rn. 7; ohne ausdrückliche Einordnung als Ermessensentscheidung aber BGH, GRUR 2019, 1215; dezidiert aA. *Hertel*, Urkundenprozeß, S. 143 ff., dagegen wiederum ausführlich *Hellhake*, Einstellung, S. 27 ff.

[174] Hahn, Materialien, Band 2, S. 427; BGH, NJW 1967, 566; BGH, GRUR 2019, 215, Rn. 6, 16; OLG Frankfurt, NJW 1976, 2137, 2138; OLG Köln NJW-RR 1987, 189; *Hellhake*,

zwischen den Interessen des Gläubigers an einer möglichst raschen Vollstreckung und den Interessen des Schuldners, keine Nachteile durch die Vollstreckung zu erleiden.[175] Zu berücksichtigen sei hier die Entscheidung des Gesetzgebers zur Einführung der vorläufigen Vollstreckbarkeit, aus der sich ein grundsätzlicher Vorrang der Gläubigerinteressen ergebe.[176] Insgesamt seien im Rahmen einer Gesamtwürdigung alle Umstände des Einzelfalls insbesondere alle etwaigen Nachteile zu berücksichtigen, die den Parteien durch die Vollstreckung beziehungsweise deren einstweilige Einstellung drohten.[177]

Unklarheit herrscht allerdings bereits bei der Frage, ob die Erfolgsaussichten zunächst isoliert zu prüfen sind, bevor nach deren Bejahung die Interessenabwägung vorzunehmen ist,[178] oder ob die Erfolgsprognose lediglich ein Bestandteil der vorzunehmenden Interessenabwägung ist.[179] Die Unterschiede können gravierend sein: In der Instanzrechtsprechung wird insoweit verbreitet ausgesprochen, die Einstellung komme *unabhängig* von der Erfolgsprognose in Betracht, wenn der Schuldner Tatsachen glaubhaft mache, aus denen sich ergebe, dass ihm durch die Vollstreckung ein besonders hoher, „über die allgemeinen Vollstreckungswirkungen hinaus[gehender]" Schaden drohe.[180] Weiter ist unklar, wie es sich auf die Interessenabwägung auswirkt, wenn das Urteil nur gegen Sicherheitsleistung durch den Gläubiger vollstreckbar ist. Von einer pauschalen Unzulässigkeit des Einstellungsantrags mangels Rechtsschutzbedürfnisses[181] über die Möglichkeit, dem Einstellungsantrag trotz der Sicherheitsleistung ausnahms-

---

Einstellung, S. 31, 36 ff.; *Maurer*, Anordnungen, S. 40 ff.; MüKo/*Götz*, ZPO, § 719 Rn. 5; Stein/Jonas/*Heinze*, § 707 Rn. 6; *Stackmann*, JuS 2006, 980, 981 f.; aA. OLG Celle, NJW 1962, 2356, 2357; *Baur*, Studien, S. 20 f.; *Henckel*, Prozessrecht, S. 284, die materielle Rechtslage sei für die Einstellungsentscheidung unerheblich.

[175] BGH, GRUR 2019, 1215, Rn. 6; OLG Celle, NJW-RR 1987, 190; OLG Düsseldorf, GRUR 2021, 1498, Rn. 2; OLG Karlsruhe, GRUR 2022, 1735, Rn. 7; *Hellhake*, Einstellung, S. 50 ff.; MüKo/*Götz*, ZPO, § 707 Rn. 1, 11; Schuschke/Walker/Kessen/Thole/*Braun*, Vollstreckung, § 707 Rn. 8.

[176] BGH, GRUR 2019, 215, Rn. 6; OLG Düsseldorf, GRUR 2021, 1498, Rn. 2; OLG Karlsruhe, GRUR 2022, 1735, Rn. 7; Schuschke/Walker/Kessen/Thole/*Braun*, Vollstreckung, § 707 Rn. 8, die Ausführungen dort beziehen sich auch auf ein nur vorläufig vollstreckbares Urteil.

[177] BGH, GRUR 2019, 215, Rn. 6; Schuschke/Walker/Kessen/Thole/*Braun*, Vollstreckung, § 719 Rn. 3.

[178] So beispielsweise *Hellhake*, Einstellung, S. 50, die aber zugleich betont, eine Abgrenzung zwischen der Erfolgsprognose und der Interessenabwägung sei schwierig; MüKo/*Götz*, ZPO, § 719 Rn. 5; Wieczorek/Schütze/*Hess*, § 707 Rn. 22.

[179] Dafür beispielsweise BGH, GRUR 2019, 1215, Rn. 6; OLG Düsseldorf, GRUR 2021, 1498, Rn. 2; OLG Karlsruhe, GRUR 2022, 1735, Rn. 7; Schuschke/Walker/Kessen/Thole/*Schuschke*/*Braun*, Vollstreckung, § 719 Rn. 3.

[180] OLG Karlsruhe, GRUR 2022, 1735, Rn. 9 mwN; siehe weiter OLG Düsseldorf, GRUR 2021, 1498, Rn. 4 mwN; OLG Düsseldorf, GRUR-RS 2016, 01680, Rn. 4.

[181] OLG Bamberg, NJW-RR 1989, 576; OLG Oldenburg, NJW 1958, 426 f. mit abl. Anm. *Furtner*; *E. Schneider*, MDR 1973, 356, 358.

weise beim Vorliegen „besonderer Umstände" stattzugeben,[182] bis zu einer grundsätzlichen Unbeachtlichkeit der Sicherheitsleistung für die Einstellung[183] wird hier alles vertreten. Ebenso unklar sind die Auswirkungen eines in erster Instanz unterlassenen Vollstreckungsschutzantrags nach §§ 712, 714 ZPO, hätte der Schuldner diesen bereits dort stellen können, weil die dafür relevanten Umstände bereits zum Zeitpunkt der letzten mündlichen Verhandlung erster Instanz vorlagen. Teilweise wird einem späteren Antrag nach §§ 707, 719 ZPO dann pauschal der Erfolg versagt.[184] Andere Stimmen wollen die unterlassene Antragsstellung hingegen nur im Rahmen der Interessenabwägung berücksichtigen[185] oder plädieren gar für eine Unbeachtlichkeit, weil § 712 ZPO ein anderer Gedanke zugrunde liege als §§ 707, 719 ZPO.[186] Aufgrund des dargestellten, einigermaßen unübersichtlichen Meinungsstands soll im Folgenden der Versuch unternommen werden, die Kriterien, an denen sich die Entscheidung über eine einstweilige Einstellung auszurichten hat, so weit wie möglich zu präzisieren, um den Schutzumfang der §§ 707, 719 ZPO genauer auszuleuchten.

(a) Erfolgsprognose

Anzusetzen ist dafür beim Zweck der §§ 707, 719 ZPO. Diese sollen als „Mittel der Schadensprävention"[187] den Schuldner vor einer materiellrechtlich ungerechtfertigten Vollstreckung schützen.[188] Es soll verhindert werden, dass der

[182] *Baur/Stürner/Bruns*, Zwangsvollstreckungsrecht, Rn. 14.21; OLG Karlsruhe, GRUR 2022, 1735, Rn. 7; OLG Düsseldorf, GRUR 2021, 1498, Rn. 4.

[183] OLG Celle, MDR 1987, 505; Wieczorek/Schütze/*Hess*, § 707 Rn. 19.

[184] OLG Frankfurt, NJW 1984, 2955; OLG Frankfurt NJW-RR 1986, 486, 487 für eine Unbegründetheit des Antrags; ebenso *Baur/Stürner/Bruns*, Zwangsvollstreckungsrecht, Rn. 15.35, wobei dort nicht ganz klar wird, ob die Zulässigkeit oder die Begründetheit des Antrags verneint wird.

[185] Schuschke/Walker/Kessen/Thole/*Braun*, Vollstreckung, § 707 Rn. 8.

[186] OLG Düsseldorf, NJW-RR 1987, 102; OLG Hamburg, MDR 2013, 674 (Ls.), 3 U 96/12 –, juris Rn. 4 ff.; *Hellhake*, Einstellung, S. 62 ff.; Gaul/Schilken/Becker-Eberhard/*Becker-Eberhard*, Zwangsvollstreckungsrecht, § 14 Rn. 94; MüKo/*Götz*, ZPO, § 719 Rn. 6, der die Möglichkeit eines Antrags nach § 712 ZPO aber in der vorherigen Rn. noch als Aspekt der Interessenabwägung erwähnt.

[187] *Hellhake*, Einstellung, S. 7.

[188] Wieczorek/Schütze/*Hess*, § 707 Rn. 1; *Maurer*, Anordnungen, S. 4; ähnlich Gaul/Schilken/Becker-Eberhard/*Gaul*, Zwangsvollstreckungsrecht, § 11 Rn. 25. Eine gänzlich andere Deutung der §§ 707, 719 ZPO stellt *Köpf*, Zwangsvollstreckungsmoratorien, S. 229 f. an. §§ 707, 719 ZPO gäben dem Gericht die Möglichkeit, die privatautonome Vereinbarung zwischen Schuldner und Gläubiger zu ersetzen, die diese andernfalls aufgrund des ungewissen Bestands eines vorläufig vollstreckbaren Urteils getroffen hätten. Diese Deutung überzeugt allerdings nicht. Es ist äußerst zweifelhaft, ob ein Gläubiger, der nach einer erfolgreichen ersten Instanz nun (endlich) über einen Titel verfügt, sich ohne Weiteres auf ein solches Zwangsvollstreckungsmoratorium einlassen würde. Es ist deshalb fernliegend, dass dem Gericht gerade aus dieser Erwägung heraus die Möglichkeit der einstweiligen Einstellung eingeräumt werden sollte. Außerdem ist unklar, warum es bei dieser Deutung der gerichtlichen

Schuldner die Vollstreckung dulden muss, obwohl das erstinstanzliche Gericht die materielle Rechtslage fehlerhaft beurteilt hat. Entscheidend für den Antrag nach §§ 707, 719 ZPO muss deshalb im Ausgangspunkt sein, ob die eingelegte Berufung Aussicht auf Erfolg hat. Nur wenn das Berufungsgericht das bejaht, ist es dem Schuldner gelungen, die dem vorläufig vollstreckbaren Urteil zukommende Richtigkeitsvermutung zu erschüttern.[189]

(aa) Rechtliche Prüfung

Bei der hierfür vorzunehmenden rechtlichen Prüfung ist das Gericht nicht von vornherein im Wege einer summarischen Prüfung auf die Kontrolle evidenter oder offensichtlicher Fehler beschränkt.[190] Vielmehr muss die Prüfungsdichte alleine vom Zweck der §§ 707, 719 ZPO abhängen, dem Schuldner Schutz vor einer drohenden, materiell unberechtigten Zwangsvollstreckung zu gewähren. Steht diese unmittelbar bevor, weil der Gläubiger bereits eine vollstreckbare Ausfertigung erhalten hat oder sind gar bereits vorbereitende Vollstreckungsmaßnahmen wie etwa Pfändungen erfolgt, ist Eile geboten. In diesen Fällen muss sich das Gericht mit einer weniger detaillierten Prüfung zufriedengeben, um die Erfolgsaussichten der Berufung zu beurteilen, weil es den Einstellungsantrag des Schuldners sonst faktisch entwertete. Besteht allerdings kein solcher Zeitdruck, ist auch kein Grund dafür ersichtlich, wieso das Gericht auf eine Prüfung offensichtlicher Fehler beschränkt sein sollte. Vielmehr hat es den Sachverhalt rechtlich bereits umfassend zu prüfen.[191] Eine solch umfassende Prüfung führt auch nicht zu einem

---

Einstellungsmöglichkeit überhaupt bedarf. Wenn die Parteien eine Einstellung der Zwangsvollstreckung vereinbaren wollen, steht ihnen das frei, ohne dass sie dafür auf eine gerichtliche Entscheidung angewiesen wären.

[189] Siehe zu dieser bereits oben S. 121 ff. und im hiesigen Zusammenhang auch OLG Düsseldorf, GRUR-RS 2016, 01680, Rn. 5. Dies gilt auch, wenn das Berufungsgericht die Erfolgsaussichten der Berufung nur aufgrund eines erstinstanzlichen Verfahrensfehlers bejaht und deshalb eine Rückverweisung nach § 538 ZPO möglich ist. Denn auch ein verfahrensfehlerhaft zustande gekommenes Urteil weist keine Richtigkeitsgewähr mehr auf, die eine Vollstreckung daraus rechtfertigen könnte. Wird Einspruch gegen ein Versäumnisurteil eingelegt, kann es allerdings nicht nur auf die „Erfolgsaussichten" des Einspruchs ankommen. Entscheidend ist vielmehr, ob letztlich eine Aufhebung des Versäumnisurteils zu erwarten ist, dazu ausführlich *Hellhake*, Einstellung, S. 39 ff. und *Maurer*, Anordnungen, S. 43 ff.

[190] So aber OLG Düsseldorf, GRUR 2021, 1498, Rn. 5; OLG Karlsruhe, GRUR 2022, 1735, Rn. 8; für eine summarische Prüfung auch die ganz herrschende Meinung siehe nur Schuschke/Walker/Kessen/Thole/*Braun*, Vollstreckung, § 707 Rn. 8; MüKo/*Götz*, ZPO, § 707 Rn. 12; *Hellhake*, Einstellung, S. 49; grundsätzlich kritisch zum Begriff der summarischen Prüfung aber *Schoch*, Vorläufiger Rechtsschutz, S. 1374. Das Gesetz kenne diesen Begriff nicht.

[191] In diese Richtung auch *E. Schneider*, MDR 1973, 356. Der Umfang einiger Entscheidungen der Berufungsgerichte legt außerdem die Annahme nahe, dass eine solch umfassende rechtliche Prüfung auch heute bereits vorgenommen wird, siehe nur OLG Karlsruhe, GRUR 2022, 1735, Rn. 8 ff., das zwar betont, nur bezüglich offensichtlicher Fehler kontrollieren zu wollen, sich dann aber auf knapp 40 Randnummern auf die Suche nach vermeintlich offen-

doppelten Arbeitsaufwand des Berufungsgerichts, sondern ist vielmehr unter prozessökonomischen Gesichtspunkten sinnvoll, weil es den Parteien bereits die aus Sicht des Gerichts wesentlichen Aspekte mitteilt und dadurch eine Beschränkung der Berufungsverhandlung auf diese Punkte fördert.[192]

(bb) Tatsachenprüfung

Bezüglich der entscheidungserheblichen Tatsachen hingegen wird sich das Gericht häufig mit einer unsichereren Grundlage begnügen müssen, weil es gemäß §§ 719 Abs. 3, 128 Abs. 4 ZPO ohne mündliche Verhandlung entscheiden kann und dies aufgrund des Zeitdrucks wohl auch in aller Regel tun wird. Als Entscheidungsgrundlage bleiben dem Gericht aber die erstinstanzlichen Akten,[193] der Vortrag des Schuldners, warum die Berufung begründet sei,[194] und eine zur Wahrung seines rechtlichen Gehörs notwendige Stellungnahme des Gläubigers.[195] Um die Entscheidungsgrundlage des Gerichts daneben noch ein Stück weit zu verbessern, ist in analoger Anwendung des § 769 Abs. 1 S. 3 ZPO zu fordern, dass der Schuldner die tatsächlichen Behauptungen glaubhaft macht, auf die er seinen Einstellungsantrag stützt. Die Vergleichbarkeit der Interessenlage besteht, weil § 769 ZPO im Falle einer vom Schuldner erhobenen Vollstreckungsabwehrklage genau wie die §§ 707, 719 ZPO vor einer materiell nicht legitimierten Vollstreckung schützen soll, weshalb es auch im Rahmen des § 769 Abs. 1 ZPO primär auf die Erfolgsaussichten der Vollstreckungsabwehrklage an-

---

sichtlichen Fehlern begibt. OLG Düsseldorf, GRUR-RS 2016, 01680, Rn. 13 ff. bejahte einen evidenten Rechtsfehler des erstinstanzlichen Gerichts dagegen nach eingehender Würdigung eines Urteils des EUGH. Auch hier drängt sich die Frage auf, wie evident dieser Fehler wirklich war.

[192] *E. Schneider*, MDR 1973, 356.

[193] Eine Entscheidung vor Vorlage der Akten wird sich jedenfalls im Regelfall verbieten, *E. Schneider*, MDR 1973, 356, 358. Gemäß § 541 Abs. 1 S. 1 ZPO wird das Berufungsgericht die Akten aber unverzüglich nach Eingang der Berufungsschrift anfordern und das erstinstanzliche Gericht hat diese unverzüglich zu übersenden, § 541 Abs. 1 S. 2 ZPO.

[194] Zweckmäßigerweise wird der Schuldner hierfür auf die Berufungsbegründung verweisen. Sofern er diese aber noch nicht fertig gestellt hat, muss dem Schuldner auch gestattet werden, den Einstellungsantrag separat zu begründen.

[195] *E. Schneider*, MDR 1973, 356, 357; Schuschke/Walker/Kessen/Thole/*Braun*, Vollstreckung, § 719 Rn. 3. Sollte aufgrund bereits begonnener Zwangsvollstreckungsmaßnahmen einmal eine sofortige Entscheidung notwendig sein, ohne dass der Gläubiger vorher gehört werde kann, ist diesem zumindest später die Gelegenheit zur Äußerung zu geben. Die Entscheidung über die einstweilige Einstellung ist dann ggf. aufgrund dieser Stellungnahme des Gläubigers zu korrigieren, Gaul/Schilken/Becker-Eberhard/*Gaul*, Zwangsvollstreckungsrecht, § 11 Rn. 41.

kommen dürfte.[196] Planwidrig ist die Regelungslücke, weil kein sachlicher Grund dafür ersichtlich ist, wieso bei §§ 707, 719 ZPO keine Glaubhaftmachung erforderlich sein sollte und auch die Gesetzeshistorie insoweit keine Aufschlüsse liefert.[197]

(cc) Entscheidung

Verneint das Gericht aufgrund der vorzunehmenden Prüfung die Erfolgsaussichten des Rechtsmittels oder beurteilt es diese als offen, hat das Gericht danach den Einstellungsantrag abzulehnen. Die dem vorläufig vollstreckbaren Urteil zukommende Richtigkeitsvermutung ist dann nicht erschüttert. Bejaht es die Erfolgsaussichten hingegen, hat es dem Antrag grundsätzlich[198] stattzugeben und die Vollstreckung gegen Sicherheitsleistung durch den Schuldner einstweilen einzustellen und bereits erfolgte Zwangsvollstreckungsmaßnahmen aufzuheben. Ermessen kommt dem Gericht insoweit nicht zu.

(b) Abgrenzung zu § 712 ZPO

Die Einstellung nach §§ 707, 719 ZPO unterscheidet sich damit strukturell von einem Vollstreckungsschutzantrag nach § 712 ZPO, der den Schuldner vor nicht zu ersetzenden Nachteilen aufgrund der Vollstreckung aus einem vorläufig vollstreckbaren Urteil gerade unabhängig von der gegenwärtigen Beurteilung der materiellen Rechtslage schützen möchte.[199] Es ist für die Einstellungsentscheidung nach §§ 707, 719 ZPO deshalb irrelevant, wenn der Schuldner es unterlassen hat, in erster Instanz einen Antrag nach § 712 ZPO zu stellen.[200]

---

[196] In diese Richtung OLG Karlsruhe, NJWE-FER 1999, 159, Rn. 14; Gaul/Schilken/Becker-Eberhard/*Gaul*, Zwangsvollstreckungsrecht, § 40 Rn. 123; Kindl/Meller-Hannich/*Schneiders*, Zwangsvollstreckung, ZPO, § 769 Rn. 19 ff.; Die Parallelität von § 769 ZPO und §§ 707, 719 Abs. 1 ZPO betont ausdrücklich *Stackmann*, JuS 2006, 980, 981 und auch der Gesetzgeber sah diese, BT-Drucks. 16/9821, S. 18.

[197] Nicht überzeugen kann es hingegen, das Erfordernis der Glaubhaftmachung direkt § 714 Abs. 2 ZPO zu entnehmen, wie es Schuschke/Walker/Kessen/Thole/*Braun*, Vollstreckung, § 719 Rn. 2 tut. Direkt ist § 714 Abs. 2 ZPO nur auf Anträge nach 710, 711 S. 3, 712 ZPO anwendbar. Eine analoge Anwendung scheitert daran, dass es für §§ 710, 711 S. 3, 712 ZPO auf etwaige dem Gläubiger oder Schuldner drohende Nachteile ankommt, nicht aber auf die Erfolgsaussichten der Berufung.

[198] Zu einer Ausnahme aufgrund überwiegender Interessen des Gläubigers siehe sogleich.

[199] Für die im Rahmen des § 712 ZPO vorzunehmende Interessenabwägung sind deshalb die Erfolgsaussichten eines eingelegten Rechtsmittels irrelevant, Stein/Jonas/*Heinze*, § 712 Rn. 2.

[200] OLG Düsseldorf, NJW-RR 1987, 102; OLG Hamburg, MDR 2013, 674 (Ls.), 3 U 96/12 –, juris Rn. 4 ff.; *Hellhake*, Einstellung, S. 62 ff.; MüKo/*Götz*, ZPO, § 719 Rn. 6; Gaul/Schilken/Becker-Eberhard/*Becker-Eberhard*, Zwangsvollstreckungsrecht, § 14 Rn. 94.

(c) Interessenabwägung

Eine isolierte Interessenabwägung ist neben der Prüfung der Erfolgsaussichten grundsätzlich nicht vorzunehmen. Bereits im Ausgangspunkt ist eine Interessenabwägung in der vorliegenden Konstellation problematisch, weil dabei nur rechtlich geschützte Interessen des Gläubigers und des Schuldners berücksichtigt werden könnten; ermittelt werden könnten diese aber nur unter Rückgriff auf die materielle Rechtslage,[201] sodass letztlich kein Unterschied zu der Prüfung der Erfolgsaussichten ersichtlich ist. Drohen dem Schuldner durch die Vollstreckung beispielsweise gravierende Nachteile, weil er auf den Leistungsgegenstand dringend angewiesen ist, ist das für den Schuldner misslich. Schützenswert ist der Schuldner vor diesen Nachteilen aber nur dann, wenn der Gläubiger den Leistungsgegenstand von ihm nach materiellem Recht nicht verlangen kann. Kann der Gläubiger hingegen den Leistungsgegenstand vom Schuldner beanspruchen, besteht im Ausgangspunkt kein Grund dafür, den Schuldner vor einer Vollstreckung zu schützen. Auf etwaige besondere, dem Schuldner durch die Vollstreckung drohende Nachteile abzustellen,[202] verbietet sich aber noch aus einem weiteren Grund. In der Sache ist das genau der Umstand, den bereits § 712 ZPO adressiert, aber nur bei drohenden „nicht zu ersetzenden Nachteil[en]" für relevant erklärt. Möchte man diese strengeren Voraussetzungen nicht mittels §§ 707, 719 ZPO umgehen, dürfen die dem Schuldner aus der Vollstreckung drohenden Nachteile für die Einstellungsentscheidung keine Rolle spielen.[203] Daneben zeigt auch § 707 Abs. 1 S. 2 ZPO, dass die Auswirkungen der Vollstreckung für den Schuldner allenfalls bei der Frage zu berücksichtigen sind, ob sogar eine Einstellung der Zwangsvollstreckung ohne Sicherheitsleistung des Schuldners in Betracht kommt.[204] Systematisch gewinnt dieser Punkt damit nur Relevanz, wenn das „Ob" der Einstellung bereits bejaht wurde.

Auch eine etwaige Sicherheitsleistung des Gläubigers ist kein Grund, der bei bejahter Erfolgsaussicht gegen eine einstweilige Einstellung sprechen kann. Zum einen läuft es für den Schuldner bei nicht auf Zahlung gerichteten Urteilen nicht

---

[201] Das betont im Kontext von § 123 VwGO zu Recht *Schoch*, Vorläufiger Rechtsschutz, S. 1572 f. Bei der Frage nach den Voraussetzungen, unter denen ein Verwaltungsgericht die aufschiebende Wirkung eines Widerspruchs respektive einer Anfechtungsklage gegen einen Verwaltungsakt wiederherstellen beziehungsweise erstmals anordnen kann, tauchen bemerkenswert viele Parallelen zu der Diskussion im Rahmen des §§ 707, 719 ZPO auf. Auch bei § 80 Abs. 5 VwGO ist sehr fraglich, ob es alleine auf die Erfolgsaussichten in der Hauptsache ankommt oder ob kumulativ oder alternativ dazu noch eine Abwägung zwischen dem öffentlichen Interesse an einer sofortigen Vollziehung und dem privaten Aussetzungsinteresse stattzufinden hat, siehe dazu eingehend *Schoch*, Vorläufiger Rechtsschutz, S. 1573 ff.

[202] OLG Düsseldorf, GRUR-RS 2016, 01680, Rn. 4; OLG Düsseldorf, GRUR 2021, 1498, Rn. 4; OLG Karlsruhe, GRUR 2022, 1735, Rn. 9.

[203] Auch der historische Gesetzgeber war bereits der Auffassung, für einen Antrag nach §§ 707, 719 ZPO komme es nicht auf etwaige dem Schuldner drohende Nachteile an, Hahn, Materialien, Band 2, S. 427.

[204] *Maurer*, Anordnungen, S. 62.

auf dasselbe hinaus, ob er die Leistung erbringt, und später möglicherweise auf die Sicherheitsleistung des Gläubigers zugreifen darf oder ob die Zwangsvollstreckung einstweilen eingestellt wird. Beispielsweise macht die Sicherheitsleistung des Gläubigers eine vom Schuldner erteilte Auskunft nicht ungeschehen. Außerdem muss der Schuldner seinen Ausgleichsanspruch gerichtlich gegen den Gläubiger durchsetzen, sollte dieser nicht freiwillig leisten. Selbst wenn dem Schuldner dafür eine verschuldensunabhängige Anspruchsgrundlage zur Verfügung steht wie beispielsweise § 717 Abs. 2 S. 1 ZPO, trägt der Schuldner im Rahmen eines Prozesses die objektive Beweislast für die Höhe des durch die Vollstreckung entstandenen Schadens. Sofern er diese nicht beziffern kann, besteht für den Schuldner damit das Risiko, jedenfalls einen Teil seines Schadens nicht ersetzt zu bekommen.[205]

Relevant werden kann eine Interessenabwägung allerdings dennoch in einer Konstellation. Bejaht das Gericht die Erfolgsaussichten der Berufung, müsste es infolgedessen an sich dem Einstellungsantrag stattgeben. Dem Gläubiger muss es jedoch möglich sein darzulegen, wieso ihm aus der einstweiligen Einstellung der Zwangsvollstreckung besondere Nachteile erwachsen würden. Freilich sind auch diese Nachteile an sich nur für den Fall relevant, dass der Gläubiger materiellrechtlich den Leistungsgegenstand verlangen kann, weil es andernfalls an einer Legitimation für die beabsichtigte Vollstreckung fehlt. Allerdings ist jeder summarischen Entscheidung ein gewisses, erhöhtes Fehlentscheidungsrisiko immanent. Das Gericht wird sich deshalb nun die Frage zu stellen haben, ob trotz der bejahten Erfolgsaussichten der Berufung das Risiko für den Gläubiger, durch die Einstellung ungerechtfertigte Nachteile zu erleiden, so gravierend ist, dass die einstweilige Einstellung abzulehnen ist. Dies wird umso eher der Fall sein, je unsicherer die Erfolgsaussichten beispielsweise aufgrund in tatsächlicher Hinsicht noch umstrittener Punkte oder bislang ungeklärter Rechtsfragen erscheinen und je einschneidender die Nachteile sind, die der Gläubiger geltend macht. Hält das Gericht deshalb die Interessen des Gläubigers für überwiegend, hat es trotz der bejahten Erfolgsaussichten die Zwangsvollstreckung nicht einstweilen einzustellen, sondern anzuordnen, dass die Zwangsvollstreckung nur gegen Sicherheitsleistung durch den Gläubiger stattfinde, §§ 707 Abs. 1 S. 1 3. Var., 719 Abs. 1 ZPO.[206]

---

[205] Wird die Vollstreckung dagegen gegen Sicherheitsleistung des Schuldners einstweilen eingestellt, erhält der Schuldner seine Sicherheit nach Maßgabe des § 109 Abs. 1 ZPO zurück. Dies ist für den Schuldner jedenfalls nach Erlass eines rechtskräftigen klageabweisenden Urteils sehr viel günstiger, weil der Gläubiger dann die Rückgabe der Sicherheit nicht mehr in die Länge ziehen kann, siehe auch MüKo/*Schulz*, ZPO, § 109 Rn. 1 „im Vergleich zu einer klageweisen Geltendmachung des Rückgabeanspruchs wenig aufwendig".

[206] Dies gilt auch, wenn das Urteil selbst nur gegen Sicherheitsleistung vorläufig vollstreckbar ist. Denn durch die Anordnung nach §§ 707 Abs. 1 S. 1 3. Var., 719 Abs. 1 ZPO wird dem Gläubiger auch die Möglichkeit einer Sicherungsvollstreckung nach § 720a ZPO ohne Sicherheitsleistung genommen und es besteht die Möglichkeit, die Höhe der Sicherheitsleistung zu erhöhen, falls diese zunächst zu niedrig angesetzt worden war, siehe dazu Stein/Jonas/*Heinze*, § 707 Rn. 10 mwN.

(d) Ergebnis

Die Einstellungsentscheidung nach §§ 707, 719 ZPO ist keine Ermessensentscheidung des Gerichts. Entscheidend sind die Erfolgsaussichten des eingelegten Rechtsmittels. Eine davon unabhängige Interessenabwägung ist im Grundsatz nicht vorzunehmen. Gelangt das Gericht nicht zur Bejahung der Erfolgsaussichten, hat es den Antrag abzulehnen. Bejaht es hingegen die Erfolgsaussichten, ist die Zwangsvollstreckung gegen Sicherheitsleistung des Schuldners einstweilen einzustellen, §§ 707 Abs. 1 S. 1 1. Var., 719 Abs. 1 ZPO. Eine Einstellung ohne Sicherheitsleistung des Schuldners ist gemäß §§ 707 Abs. 1 S. 2, 719 Abs. 1 ZPO nur möglich, wenn der Schuldner bei gegebener Erfolgsaussicht des Rechtsmittels glaubhaft macht, die Sicherheitsleistung nicht erbringen zu können und durch die Vollstreckung einen nicht zu ersetzenden Nachteil zu erleiden.[207] Liegen diese Voraussetzungen vor, hat das Gericht ohne Sicherheitsleistung einzustellen, sodass auch insoweit kein Ermessen besteht. Eine Ausnahme von der Pflicht zur Einstellung bei bejahter Erfolgsaussicht des Rechtsmittels besteht nur, wenn der Gläubiger seinerseits darlegen kann, dass ihm durch die einstweilige Einstellung der Zwangsvollstreckung besondere Nachteile drohen. Zwar sind diese Nachteile grundsätzlich rechtlich nur dann erheblich, wenn die Vollstreckung des Gläubigers durch das materielle Recht gedeckt ist. Aufgrund des jeder Eilentscheidung innewohnenden erhöhten Fehlentscheidungsrisiko hat das Gericht hier jedoch die Zwangsvollstreckung nicht einzustellen, sondern gegen Sicherheitsleistung durch den Gläubiger weiterhin zu gestatten.

(3) Einstweilige Einstellung nach § 719 Abs. 2 ZPO

Im Falle eines vorläufig vollstreckbaren Berufungsurteils droht dem Schuldner ein Verlust etwaiger Einreden durch einen sofortigen Erfüllungseintritt nicht für die Revisionsinstanz wegen der dort grundsätzlichen Unzulässigkeit neuen Vortrags. Falls das Revisionsgericht das vorläufig vollstreckbare Urteil jedoch aufhebt und die Sache zur neuen Verhandlung an das Berufungsgericht zurückverweist, kann sich ein sofortiger Erfüllungseintritt auch hier grundsätzlich nachteilig für den Schuldner auswirken; neuer Vortrag wäre für ihn in der nun neu durchzuführenden Berufungsverhandlung in den Grenzen der §§ 529 ff. ZPO zulässig. Möchte der Schuldner diesem Risiko vorbeugen, kann er über § 719 Abs. 2 ZPO (ggf. iVm. § 544 Abs. 7 S. 2 ZPO) eine einstweilige Einstellung der Zwangs-

---

[207] Gemäß § 719 Abs. 1 S. 2 ZPO muss bei einem Versäumnisurteil noch hinzukommen, dass dieses nicht in gesetzlicher Weise ergangen ist oder die säumige Partei glaubhaft macht, die Säumnis sei unverschuldet gewesen. § 719 Abs. 1 S. 2 ZPO sollte nach dem ausdrücklichen Willen des Gesetzgebers eine Verschärfung und nicht nur eine Spezialregelung für Versäumnisurteile sein, BT-Drucks. 7/2729, S. 109. Die Voraussetzungen von § 707 Abs. 1 S. 2 ZPO und § 719 Abs. 1 S. 2 ZPO müssen deshalb kumulativ vorliegen, wenn das Gericht ohne Sicherheitsleistung des Schuldners einstweilen einstellen möchte, OLG Köln, NJW-RR 2002 428; Stein/Jonas/*Heinze*, § 719 Rn. 5 mwN; aA. aber OLG Stuttgart, NJW-RR 2003, 713, 714 f.; Musielak/Voit/*Lackmann*, § 719 Rn. 6.

vollstreckung erreichen, wenn er Revision eingelegt beziehungsweise eine Nichtzulassungsbeschwerde erhoben hat.

Entscheidend für den Antrag nach § 719 Abs. 2 ZPO sind zunächst die Erfolgsaussichten der Revision. Daneben muss dem Schuldner aber durch die drohende Vollstreckung ein nicht zu ersetzender Nachteil drohen und der Einstellung darf kein überwiegendes Interesse des Gläubigers entgegenstehen.[208] Der Grund dieser im Vergleich zu §§ 707, 719 Abs. 1 ZPO verschärften Anforderungen für eine einstweilige Einstellung liegt in der regelmäßig[209] bereits in zwei Instanzen erfolgten Prüfung des vom Gläubiger geltend gemachten Anspruchs. Die aus dem stattgebenden Berufungsurteil resultierende Vermutung ist hier stärker ausgeprägt als in Fällen eines erstinstanzlichen Urteils. Auch wenn das Revisionsgericht die Erfolgsaussichten im Rahmen des Einstellungsverfahrens bejaht, kann das die Vermutung nicht restlos beseitigen, sodass eine einstweilige Einstellung alleine aufgrund der bejahten Erfolgsaussichten nicht in Frage kommt. Die Voraussetzungen eines nicht zu ersetzenden Nachteils sind dieselben wie im Rahmen des § 712 Abs. 1 S. 1 ZPO und § 707 Abs. 1 S. 2 ZPO. Eine Einstellung nach § 719 Abs. 2 ZPO wird deshalb nur ausnahmsweise in Betracht kommen.[210]

cc) Schutzmöglichkeiten nach der Vollstreckung

Zwar ist der Schuldner nach den eben gewonnenen Erkenntnissen bereits in weitem Umfang mit Möglichkeiten ausgestattet, eine Vollstreckung zunächst zu verhindern, sofern er Gegenrechte gegen den Anspruch des Gläubigers geltend machen kann. Um die Schutzmöglichkeiten des Schuldners aber möglichst umfassend auszuleuchten, ist im Folgenden noch ein Blick auf nachträgliche Kompensationsmöglichkeiten des Schuldners zu werfen. Interessant sind diese vor allem auch deshalb, weil der gesamte präventive Vollstreckungsschutz nur greift, wenn der Schuldner vor der Vollstreckung selbst tätig wird. Unterlässt er dies, können seine Interessen allenfalls durch nachträgliche Mechanismen gewahrt werden.

(1) Nachträglicher Schutz über § 717 Abs. 2 ZPO

Keinen Schutz erhält der Schuldner in den hier interessierenden Fällen durch § 717 Abs. 2 S. 1 ZPO. Danach kann der Schuldner vom Gläubiger Schadensersatz für den aus der Vollstreckung beziehungsweise einer unter Vollstreckungsdruck erbrachten Abwendungsleistung verlangen, wenn das vorläufig vollstreckbare Urteil in der Berufungsinstanz aufgehoben wird.[211] Zu einer solchen Auf-

---

[208] Schuschke/Walker/Kessen/Thole/*Braun*, Vollstreckung, § 719 Rn. 10, 18; MüKo/*Götz*, ZPO, § 719 Rn. 11.

[209] In den Fällen der Sprungrevision nach § 566 ZPO wurde das Urteil nur von einer Instanz geprüft.

[210] MüKo/*Götz*, ZPO § 719 Rn. 11 f.

[211] Ausführlich zu den Voraussetzungen, unter denen ein Anspruch aus § 717 Abs. 2 S. 1 ZPO besteht, oben S. 125 ff.

hebung des erstinstanzlichen Urteils kommt es aber gerade nicht, wenn der Schuldner in der Berufungsinstanz seine Gegenrechte infolge des sofortigen Erfüllungseintritts nicht mehr geltend machen kann. Erbringt der Schuldner nach Erlass des vorläufig vollstreckbaren Urteils eine Abwendungsleistung und bejaht man den sofortigen Erfüllungseintritt, fehlt es beispielsweise materiellrechtlich an einer Aufrechnungslage, sodass der Schuldner in der Berufungsinstanz die Aufrechnung nicht mehr erklären kann. Infolgedessen kommt es auch nicht zur Aufhebung des erstinstanzlichen Urteils, sodass §717 Abs. 2 S. 1 ZPO nicht einschlägig ist.[212] Gleiches gilt bei vor der Abwendungsleistung nicht ausgeübten rechtshemmenden Einreden, weil auch ein einredebehafteter Anspruch erfüllbar ist. Ein sofortiger Erfüllungseintritt verhindert deshalb eine Auseinandersetzung mit den rechtshemmenden Einreden des Schuldners; infolge der Erfüllung interessiert es für den Rechtsstreit in der Hauptsache nicht mehr, ob der Anspruch einmal einredebehaftet war oder nicht.

(2) Ansprüche aus ungerechtfertigter Bereicherung

Möglicherweise ist der Schuldner aber über §813 Abs. 1 S. 1 BGB geschützt. Danach kann der Schuldner eine Leistung zurückfordern, die er auf einen mit einer peremptorischen Einrede behafteten Anspruch erbracht hat. Gerechtfertigt wurde dies mit dem Gedanken, ein Anspruch, dem eine peremptorische Einrede entgegenstehe, sei als rechtlich nicht bestehend anzusehen, falls die Einrede geltend gemacht werde.[213] Nicht möglich ist jedoch gemäß §§813 Abs. 1 S. 2, 214 Abs. 2 S. 1 BGB die Kondiktion einer auf einen verjährten Anspruch erbrachten Leistung. Dieser Ausschluss wurde mit zwei Erwägungen begründet: Zum einen bleibe für das „natürliche Rechtsgefühl" auch ein verjährter Anspruch immer noch ein Anspruch.[214] Außerdem sei es der Zweck der Verjährung, Rechtsfrieden

---

[212] Stein/Jonas/*Münzberg*, 22. Aufl., §717 Rn. 28.

[213] Mugdan, Materialien, Band 2, S. 465 = Motive, Band 2, S. 832. Teilweise wird aus dieser Formulierung der Schluss gezogen, §813 Abs. 1 S. 1 BGB sei nur anwendbar, wenn die Einrede ausgeübt werde. Nicht erforderlich sei jedoch eine Ausübung der Einrede vor der Leistung. Vielmehr könne diese auch erst danach erklärt werden und wirke dann zurück, *Jahr*, JuS 1964, 293, 300 f.; *Thomale*, AcP 212, 920, 948 f.; MüKo/*Schwab*, BGB, §813 Rn. 15. Dies führt freilich zu demselben Ergebnis, wie wenn man alleine das Bestehen der Einrede genügen ließe, zumal in der Geltendmachung des Rückforderungsanspruchs jedenfalls die konkludente Ausübung der Einrede zu sehen sein wird, *Thomale*, AcP 212, 920, 949.

[214] Mugdan, Materialien, Band 1, S. 541 = Motive, Band 1, S. 343; in diese Richtung auch MüKo/*Grothe*, BGB, §214 Rn. 9, der ausführt, §214 Abs. 2 S. 1 BGB ziehe nur die Konsequenz aus der Behandlung der Verjährung als materiellrechtliche Einrede, durch die der Anspruch nicht erlösche, sondern lediglich in seiner Durchsetzbarkeit gehemmt werde. In der Sache überzeugt diese Überlegung jedoch nicht, weil sie gleichermaßen für alle peremptorischen Einreden gilt, sodass die Rückforderung einer Leistung auf einen mit einer peremptorischen Einrede behafteten Anspruch niemals möglich sein dürfte. Das widerspricht jedoch der eindeutigen Anordnung in §813 Abs. 1 S. 1 BGB. *Braun*, AcP 184, 152, 156 f. postuliert hingegen, §§813 Abs. 1 S. 2, 214 Abs. 2 S. 1 BGB sei auf alle Einreden analog anwendbar. Es

zu erzeugen; dem widerspreche es, wenn die Verjährung zu einem Rückforderungsprozess führe.[215] Vor diesem Hintergrund erklärt sich auch die herrschend zu Recht angenommene Ausnahme von §§ 813 Abs. 1 S. 2, 214 Abs. 2 S. 1 BGB in Fällen, in denen der Schuldner nicht „freiwillig" geleistet hat, insbesondere also durch eine Vollstreckung oder deren Androhung zur Leistung gezwungen worden ist.[216] In diesen Fällen kann dem Schuldner kein Vorwurf gemacht werden, wenn er den Streit trotz der bereits erfolgten Leistung erneut aufrollt, indem er gestützt auf die Verjährung die Erstattung des Geleisteten fordert; der Schuldner hatte in diesem Fall die Leistungserbringung nicht mehr in der eigenen Hand.[217]

Allerdings hat auch der nachträgliche Schutz über § 813 Abs. 1 S. 1 BGB für den Schuldner Schwächen. Zum einen erfasst dieser nur peremptorische Einreden, sodass der Schuldner auch über § 813 Abs. 1 S. 1 BGB keine Rückerstattung fordern kann, wenn er infolge der Vollstreckung lediglich eine dilatorische Einrede oder die Möglichkeit zur Aufrechnung[218] verloren hat. Zum anderen ist der Schuldner der Gefahr ausgesetzt, dass sich der Gläubiger (=Bereicherungsschuldner) auf Entreicherung nach § 818 Abs. 3 BGB beruft, falls sich der Leistungsgegenstand nicht einmal mehr wertmäßig in seinem Vermögen befindet. Zudem versagt der Schutz über § 813 Abs. 1 S. 1 BGB aber auch in der Insolvenz des Gläubigers, weil der Schuldner hier als Insolvenzgläubiger lediglich die Insolvenzquote erhielte.[219]

Darüber hinaus ist problematisch, inwieweit der Schuldner in der Lage ist, seinen Anspruch aus § 813 Abs. 1 S. 1 BGB prozessual geltend zu machen. Eine Widerklage in der Berufungsinstanz nach Maßgabe des § 533 ZPO wird regelmäßig an § 533 Nr. 2 ZPO scheitern. Das Berufungsgericht müsste die Tatsachen, auf die der Schuldner seine Einrede stützt, bei prozessualer Unzulässigkeit der Einrede im Regelfall nicht bereits aus anderen Gründen berücksichtigen, sodass

---

ist jedoch unklar, was die Grundlage für eine solche analoge Anwendung sein soll. Aufgrund der ausführlichen Überlegungen des Gesetzgebers fehlt es bereits an einer planwidrigen Regelungslücke. Die Differenzierung zwischen Verjährung und sonstigen peremptorischen Einreden wurde bewusst gewählt.

[215] Mugdan, Materialien, Band 1, S. 541 = Motive, Band 1, S. 343; Mugdan, Materialien, Band 1, S. 795 = Protokolle, Band 1, S. 470.

[216] BGH, NJW 1993, 3318, 3320; BGH, NJW 2013, 3243, Rn. 10; BeckOGK/*Bach*, BGB, § 214 Rn. 111; MüKo/*Grothe*, BGB, § 214 Rn. 9; Staudinger/*Peters/Jacoby*, § 214 Rn. 37; MüKo/*Schwab*, BGB, § 813 Rn. 6, allerdings allesamt ohne Begründung in der Sache.

[217] Daran ändert sich auch dadurch nichts, dass der Schuldner die Vollstreckung möglicherweise über §§ 707, 719 Abs. 1 ZPO oder § 769 ZPO hätte verhindern können. Es besteht insoweit kein Vorrang der vollstreckungsrechtlichen Rechtsbehelfe, die einen Bereicherungsanspruch ausschlössen.

[218] Gegen eine analoge Anwendung des § 813 BGB auf die Aufrechnung bereits der historische Gesetzgeber Mugdan, Materialien, Band 2, S. 465 = Motive, Band 2, S. 832 und später RGZ 120, 280, 281 ff.; *Jahr*, JuS 1964, 293, 300 (Fn. 23); Staudinger/*Lorenz*, § 813 Rn. 11; *Reuter/Martinek*, Ungerechtfertigte Bereicherung, S. 174.

[219] Nachteilig ist das für den Schuldner freilich nur, sofern seine Einrede insolvenzfest gewesen wäre.

die Widerklage deshalb unzulässig wäre.[220] Eine Geltendmachung in einer vom Erstprozess unabhängigen Klage müsste nach herrschender Auffassung nach Rechtskraft des der Klage des Gläubigers stattgebenden Urteils an dessen Präjudizwirkung scheitern, sofern die Einrede bereits im Zeitpunkt der letzten mündlichen Tatsachenverhandlung über diese Klage bestand.[221] Eine auf § 813 Abs. 1 S. 1 BGB gestützte Klage wäre damit nur in dem Ausnahmefall denkbar, in dem die der peremptorischen Einrede zugrundliegenden Tatsachen erst nach der letzten mündlichen Verhandlung, aber noch vor der Abwendungsleistung entstanden sind.[222]

Maßgebliche Bedeutung hat die Kompensationsmöglichkeit über § 813 Abs. 1 S. 1 BGB aber in den Fällen eines Versäumnisurteils. Hier kann der Schuldner eine auf § 813 Abs. 1 S. 1 BGB gestützte Widerklage nach einem zulässigen Einspruch geltend machen, ohne mit den prozessualen Einschränkungen des § 533 ZPO konfrontiert zu sein. Die Voraussetzungen des § 33 ZPO werden vorliegen, weil zwischen Klage und Widerklage notwendigerweise ein inhaltlicher Zusammenhang besteht. Die Anwendbarkeit des § 813 Abs. 1 S. 1 BGB in diesen Fällen ist gerade vor dem Hintergrund wichtig, dass ein sofortiger Erfüllungseintritt aufgrund eines Versäumnisurteils dem Schuldner prozessual zulässige Gegenrechte in weiterem Umfang nehmen kann als bei einem kontradiktorischen vorläufig vollstreckbaren Urteil.

3. Ergebnis

Entgegen verbreiteter Annahmen gebieten es die Interessen des Schuldners nicht zwingend, einen sofortigen Erfüllungseintritt zu verneinen. Der Schuldner kann bei Annahme eines sofortigen Erfüllungseintritts zwar in einigen Konstellationen Nachteile erleiden, ist im Regelfall aber hinreichend geschützt.

Auch bei Annahme eines sofortigen Erfüllungseintritts ist dem Schuldner eine sachliche Fortsetzung des Rechtsstreits möglich. Seine bis dato erhobenen Gegenrechte kann er nun nach einer Erledigungserklärung des Gläubigers im Rahmen der dadurch entstandenen Feststellungsklage geltend machen. Die Beschwer des Schuldners, die er für ein zulässiges Rechtsmittel benötigt, entfällt nicht infolge des Erfüllungseintritts. Die insoweit zitierte Rechtsprechung hatte die Sonderkonstellation einer beiderseitigen Erledigungserklärung zu entscheiden; eine allgemeine Schlussfolgerung, der Eintritt der Erfüllung führe zwangsläufig zum Wegfall der Beschwer, lässt sich daraus nicht ableiten.

---

[220] Siehe zu § 533 ZPO im Rahmen der Aufrechnung ausführlich oben S. 173 ff.

[221] Vgl. hierzu BGHZ 210, 348, Rn. 19; BGH, NJW 2006, 63, 64; Stein/Jonas/*Althammer*, § 322 Rn. 86.

[222] Ist die Einrede erst nach der Abwendungsleistung entstanden, liegt bereits kein Fall von § 813 Abs. 1 S. 1 BGB vor. Der Schuldner hat dann auf einen im Zeitpunkt der Leistung nicht einredebehafteten Anspruch geleistet.

Die vielfach beschworene Gefahr für den Schuldner, durch einen sofortigen Erfüllungseintritt etwaige Gegenrechte für die Berufungsinstanz zu verlieren, besteht bei einem kontradiktorischen erstinstanzlichen Urteil aufgrund der Präklusionsvorschriften der §§ 529 ff. ZPO nur in eingeschränktem Umfang. Vor allem eine erstmalige Aufrechnung in der Berufungsinstanz wird wegen des äußerst restriktiven § 533 Nr. 2 ZPO nur sehr selten möglich sein, sofern die der Aufrechnung zugrundliegenden Tatsachen zwischen den Parteien streitig sind. Besteht das vorläufig vollstreckbare Urteil dagegen in einem Versäumnisurteil, kann der Schuldner nach einem zulässigen Einspruch alle Gegenrechte geltend machen, ohne besonderen Präklusionsvorschriften ausgesetzt zu sein. In diesen Fällen besteht damit tatsächlich das Risiko, dass der Schuldner bei Annahme eines sofortigen Erfüllungseintritts diese aufgrund des materiellen Rechts nicht mehr geltend machen kann.

Der Schuldner verfügt jedoch über Schutzmechanismen vor und nach der Vollstreckung, die dieses Risiko deutlich einschränken. Vor der Vollstreckung kann der Schuldner sich seine Aufrechnungsmöglichkeit vor allem durch die schlichte außerprozessuale Aufrechnungserklärung erhalten, die einem etwaigen Erfüllungseintritt durch die Abwendungsleistung dann zuvorkommt. Gleiches gilt auch für sonstige Gegenrechte, die der Schuldner ebenfalls vor der Vollstreckung noch außerprozessual ausüben und dann später im Rechtsmittelverfahren geltend machen kann.

Zudem kann er über einen Antrag nach §§ 707, 719 ZPO die einstweilige Einstellung der Zwangsvollstreckung erreichen und dadurch verhindern, dass der Gläubiger die begehrte Leistung erhält. Ein Erfüllungseintritt ist dann zunächst ausgeschlossen. Erfolg haben wird der Schuldner mit einem Antrag nach §§ 707, 719 ZPO im Regelfall, wenn das von ihm eingelegte Rechtsmittel Aussicht auf Erfolg hat. Ob dem Schuldner durch die Vollstreckung besonders gravierende Nachteile drohen, ist hingegen für einen Antrag nach §§ 707, 719 ZPO irrelevant. Zwar besteht für den Schuldner aufgrund der Ausgestaltung der §§ 707, 719 ZPO als Eilrechtsschutz ein erhöhtes Risiko einer fehlerhaften Beurteilung der Erfolgsaussicht durch das Berufungsgericht. Ein solches Fehlentscheidungsrisiko ist jedoch einem Rechtsstreit zwangsläufig immanent und trifft jede Partei eines Rechtsstreits. Alleine hieraus kann deshalb keine Schutzbedürftigkeit des Schuldners abgeleitet werden, die es rechtfertigen würde, ihn vor etwaigen materiellrechtlich nachteiligen Konsequenzen der Vollstreckung freizustellen.

Daneben verfügt der Schuldner auch über nachträgliche Schutzmechanismen. Bei der infolge des Erfüllungseintritts nicht mehr möglichen Aufrechnung ist dies die spätere klageweise Geltendmachung seiner Aktivforderung. Außer in den Fällen des § 215 BGB oder der Insolvenz des Gläubigers kann der Schuldner damit bereits die Realisierung seiner Aktivforderung erreichen, allerdings nur um den Preis einer höheren Kostenbelastung als im Falle einer Aufrechnung. Bei peremptorischen Einreden steht dem Schuldner ein Anspruch aus § 813 Abs. 1 S. 1 BGB zu. Diesen kann der Schuldner vor allem bei einem gegen ihn ergangenem Versäumnisurteil im Wege der Widerklage geltend machen, weil der

Schuldner hier nicht an die Beschränkungen des § 533 ZPO gebunden ist. Damit verfügt der Schuldner gerade in dem Fall, in dem ihm am ehesten ein Verlust etwaiger Einreden infolge eines sofortigen Erfüllungseintritts droht, über ein profundes nachträgliches Schutzinstrument.

Aufgrund dieser sehr weitgehenden Schutzmechanismen zugunsten des Schuldners besteht damit unabhängig von der Frage, inwieweit der Schuldner materiellrechtlich vor dem Verlust seiner Gegenrechte überhaupt zu schützen ist, aus Sicht des Schuldners letztlich kein echtes Bedürfnis für die Annahme eines aufschiebend bedingten Erfüllungseintritts.

III. Bestehen einer materiellrechtlich durchsetzbaren Rechtsposition

Verfügt der Gläubiger über eine Rechtsposition gegenüber dem Schuldner, die er materiellrechtlich mittels eines durchsetzbaren rechtsverwirklichenden Anspruchs durchsetzen kann, ist ebenfalls zu untersuchen, ob in dieser Konstellation die Interessen des Schuldners für oder gegen einen sofortigen Erfüllungseintritt streiten. In den Blick zu nehmen sind hierfür die materiellrechtlichen Konsequenzen, die sich aus der Annahme eines sofortigen oder bis zur Rechtskraft des Urteils aufgeschobenen Erfüllungseintritt ergeben.

1. Schuldnerverzug

Ein erster für den Schuldner wirtschaftlich unter Umständen sehr bedeutender Punkt ist der Schuldnerverzug. Nimmt man an, eine Abwendungsleistung des Schuldners führe keinen sofortigen Erfüllungseintritt herbei, weil der Gläubiger die geschuldete Leistung noch nicht endgültig behalten dürfe, scheint es auf den ersten Blick unausweichlich, einen Schuldnerverzug zu bejahen. Sogleich bereitet dieses Ergebnis jedoch Unbehagen, hat der Gläubiger infolge der Abwendungsleistung doch den Leistungsgegenstand erhalten und kann mit diesem wirtschaften.

a) Rechtsprechung

Die Rechtsprechung sah sich bereits früh mit dieser Frage konfrontiert und bejahte zunächst den Schuldnerverzug nach einer Abwendungsleistung, weil diese keine Erfüllung herbeigeführt habe.[223] Einige Jahre später erfolgte – ohne Bezugnahme auf die bis dato entgegengesetzte Rechtsprechung – jedoch die Kehrtwende; der Schuldnerverzug ende trotz nicht eingetretener Erfüllung.[224] Begründet wurde dies mit der Überlegung, man könne es dem Schuldner nicht verwehren, sich durch eine Abwendungsleistung genauso zu stellen, wie er nach einer

---

[223] BGH, WM 1964, 1168, 1169.

[224] BGH, NJW 1981, 2244; dem folgend BGH, WM 1983, 21, 22; BGH, NJW 2012, 1717, Rn. 11; kritisch, letztlich aber offenlassend BGH, ZZP 102, 366, 367 f.

erfolgten Zwangsvollstreckung stünde. Für letzteren Fall sei jedoch unumstritten, dass der Schuldnerverzug ende, sodass er auch im Falle einer Abwendungsleistung enden müsse.[225] Wiederum einige Jahre später tauchte dann die Frage auf, ob der Gläubiger verpflichtet sei, eine Abwendungsleistung des Schuldners anzunehmen. Nach der bisherigen Rechtsprechung schien dies nahezu zwingend. Gleichwohl urteilte der BGH anders. Der Gläubiger habe aufgrund der Gefahr, die Leistung nach §717 Abs. 2 S. 1, 717 Abs. 3 S. 2, 3 ZPO zurückgewähren zu müssen, ein schutzwürdiges Interesse daran, die Abwendungsleistung des Schuldners abzulehnen.[226] Er gerate deshalb nicht in Annahmeverzug, wenn er die Leistung ablehne; man könne dem Gläubiger das Recht nicht nehmen, die Leistung erst dann entgegenzunehmen, wenn er diese „bedingungslos behalten darf."[227]

Diese Entwicklung zeigt eindrücklich, was für Probleme durch die Ablehnung eines sofortigen Erfüllungseintritts entstehen. Bereits die Ausgangsthese des BGH, eine Abwendungsleistung des Schuldners müsse den Verzug beenden, weil dies die zwangsläufige Konsequenz einer Zwangsvollstreckung sei, ist in dieser Pauschalität äußerst zweifelhaft. Bezeichnenderweise begründet der BGH dies außer mit einem knappen Hinweis auf §815 Abs. 3 ZPO auch nicht. Unabhängig davon, ob man §815 Abs. 3 ZPO als Regelung der Gefahrtragung etwas für die Beendigung des Schuldnerverzugs entnehmen kann,[228] übersieht diese These die Fälle einer Vollstreckung nach §§888, 890 ZPO vollständig. Hier findet alleine durch die Vollstreckung keine Vermögensverschiebung zugunsten des Gläubigers statt. Dieser kann lediglich Zwangsmittel gegen den Schuldner anwenden, die diesen zur Leistungsvornahme anhalten sollen. Solange der Schuldner dies trotz der gegen ihn festgesetzten Zwangsmittel nicht tut, hat der Gläubiger die Leistung noch nicht erhalten. Es lässt sich in diesen Fällen deshalb kaum behaupten, alleine die Festsetzung der Zwangsmittel beende den Schuldnerverzug bereits.

Überdies ist die Rechtsprechung auch in sich widersprüchlich. Auf der einen Seite räumt sie dem Schuldner das Recht ein, sich durch eine Abwendungsleistung vom Schuldnerverzug zu befreien. Zugleich gibt sie dem Gläubiger aber die Möglichkeit an die Hand, diese Leistung abzulehnen und den Schuldner dadurch im Verzug zu halten.[229] Von einem Recht des Schuldners kann dann aber kaum

---

[225] BGH, NJW 1981, 2244.

[226] Kritisch zu dieser Überlegung *Schwab*, JuS 2012, 937, 940.

[227] BGH, NJW 2012, 1717, Rn. 12.

[228] Ablehnend insoweit *Braun*, AcP 184, 156, 163f.; *Krüger*, NJW 1990, 1208, 1211; bei einer Abwendungsleistung auf ein vorläufig vollstreckbares Urteil ebenso kritisch *Kerwer*, Erfüllung, S. 172f., 163ff. §§815 Abs. 3, 819 ZPO könnten nur bei Leistungen auf rechtskräftige Urteile den Schuldnerverzug beenden, weil nur dann die Leistung erfüllungstauglich sei. Dies entspreche letztlich dem Gedanken des §243 Abs. 2 BGB, bei dem Konkretisierung nur eintrete, wenn der Schuldner eine erfüllungstaugliche Sache ausgewählt habe, S. 97; JurisPK/*derselbe*, BGB, §362 Rn. 55.

[229] Daneben widerspricht die These vom Recht des Gläubigers, die Leistung erst dann anzunehmen, wenn er sie „bedingungslos behalten darf", auch den Erfüllungsvoraussetzun-

noch die Rede sein. Auch sachlich führt die Rechtsprechung letztlich zu kaum sinnvollen Ergebnissen. Obwohl der Schuldner an sich leistungsbereit ist und sich lediglich die weitere gerichtliche Überprüfung seiner Leistungsverpflichtung vorbehalten möchte, wird dem Gläubiger gestattet, den Schuldner im Verzug zu halten. Dadurch entsteht letztlich eine überaus unbefriedigende Situation. Der Gläubiger erhält die Leistung nicht, die er doch eigentlich haben möchte und mit der er folglich auch nicht wirtschaften kann. Dadurch entstehen dem Gläubiger potentiell höhere Schäden als im Falle einer Leistungsannahme. Gleichwohl wird der Gläubiger die Leistung des Schuldners aber ablehnen, erhält er seine Schäden durch den Schuldner doch nur nach §§ 286, 288 BGB ersetzt, solange dieser sich noch in Verzug befindet. Nimmt er die Leistung dagegen an, wirtschaftet mit dieser aufgrund seiner potentiellen Herausgabeverpflichtung aber nur zurückhaltend, erhält er etwaige dadurch entstehende Schäden nicht ersetzt, weil der Schuldnerverzug nun beendet ist. Letztlich besteht für den Gläubiger damit ein Anreiz, es lieber zu einem höheren Schaden kommen zu lassen, als für eine möglichst geringe Schadensentstehung zu sorgen.

b) Literatur

Auch denjenigen Stimmen in der Literatur, die einen sofortigen Erfüllungseintritt verneinen, bereitet die Frage des Schuldnerverzugs Schwierigkeiten. Einige Stimmen konzedieren insoweit, dass die Voraussetzungen des Schuldnerverzugs mangels Erfüllungseintritts auch nach der Abwendungsleistung vorliegen.[230] Weil sich die Lage nach einer Abwendungsleistung aber wesentlich von der typischen Situation des Schuldnerverzugs unterscheide, in welcher der Gläubiger den Leistungsgegenstand noch nicht erhalten habe, seien die einzelnen Verzugsfolgen auf ihre Anwendungsmöglichkeit hin zu überprüfen.[231] Auch diese Rettungsversuche sind in der Sache jedoch sehr fragwürdig. Zwar werden einzelne Verzugsfolgen wie § 287 BGB im Regelfall tatsächlich ausscheiden, wenn der Gläubiger den Leistungsgegenstand erhalten hat. Dies liegt aber weniger daran, dass der Schuldner dann keinen Einfluss auf die Existenz des Leistungsgegenstands mehr nehmen konnte;[232] § 287 BGB erfasst gerade die Fälle des *zufälligen* Untergangs,

---

gen bei vorprozessualen Leistungen. Bei diesen ist anerkannt, dass Erfüllung auch bei einer Vorbehaltsleistung des Schuldners eintritt, mit der sich der Schuldner eine Kondiktion offenhalten möchte. Der Gläubiger könnte eine solche Leistung deshalb nicht ablehnen, ohne in Annahmeverzug zu geraten. Hier wird der Gläubiger also zu Annahme eine Leistung verpflichtet, die er keinesfalls bedingungslos behalten darf. Siehe zu vorprozessualen Vorbehaltsleistungen ausführlich oben S. 57 ff.

[230] Deutlich *Braun*, AcP 184, 156, 170: „Rechtlich vertretbar ist daher nur die Annahme, daß der Leistungsverzug nicht endet, sondern vorerst andauert"; siehe weiter *Kerwer*, Erfüllung, S. 168, 249; *Krüger*, NJW 1990, 1208, 1212.

[231] *Braun*, AcP 184, 156, 170 ff.; *Kerwer*, Erfüllung, S. 168 ff.; *Krüger*, NJW 1990, 1208, 1212; Gaul/Schilken/Becker-Eberhard/*Becker-Eberhard*, Zwangsvollstreckungsrecht, § 14 Rn. 71.

[232] So aber *Krüger*, NJW 1990, 1208, 1212; Gaul/Schilken/Becker-Eberhard/*Becker-Eber-*

die typischerweise keine Seite beeinflussen konnte. Allerdings dürfte im Regelfall § 287 S. 2. Hs. 2 BGB eingreifen; der Erfüllungseintritt ist für die Frage des zufälligen Untergangs belanglos.[233] Bei anderen Verzugsfolgen wie §§ 286, 288 BGB lässt sich ein pauschaler Ausschluss hingegen kaum begründen, wenn man einen sofortigen Erfüllungseintritt ablehnt. Zwar spricht hier viel für eine Begrenzung des Anspruchs auf die Schäden, die dem Gläubiger trotz Erhalt des Leistungsgegenstands entstanden sind.[234] Aber auch diese können zu einer Belastung des Schuldners führen, die vermieden würde, bejahte man einen sofortigen Erfüllungseintritt. Daneben ist es auch methodisch wenig überzeugend, die Anwendbarkeit eines Instituts zu bejahen, nur um dieses Ergebnis sogleich mit dem Hinweis einer gänzlich anderen Lage als im normalen Anwendungsbereich wieder in Frage zu stellen.

Andere Stimmen halten den Schuldnerverzug dagegen vollständig für beendet, wenn der Schuldner eine Abwendungsleistung erbracht hat.[235] Soweit dies jedoch mit dem Wesen der vorläufigen Vollstreckbarkeit als Ausnahmerecht begründet wird,[236] verkennt dies den Geltungsgrund der Vorschriften über die vorläufige Vollstreckbarkeit und kann deshalb nicht überzeugen. Kein Problem damit, das Ende des Schuldnerverzugs infolge der Abwendungsleistung zu begründen, haben hingegen diejenigen Stimmen, die von einem sofortigen Erfüllungseintritt ausgehen; aus ihrer Sicht hat der Schuldner getan, was er tun musste, sodass kein Grund für die Annahme des Schuldnerverzugs mehr besteht.[237]

c) Ergebnis

Bereits an der Frage des Schuldnerverzugs wird deutlich, dass in der Sache zwar zu großen Teilen Einigkeit herrscht, den Schuldner nach einer Abwendungsleistung nicht mehr den Verzugsfolgen der §§ 286 ff. BGB auszusetzen. Scheut man sich jedoch, einen sofortigen Erfüllungseinritt infolge der Abwendungsleistung anzunehmen, ist bis dato keine überzeugende Begründung für dieses Ergebnis gelungen. Bejaht man hingegen den sofortigen Erfüllungseintritt, erklärt sich das Ende des Schuldnerverzugs gleichsam von selbst.

---

hard, Zwangsvollstreckungsrecht, § 14 Rn. 71; in diese Richtung auch, allerdings vorsichtiger, *Braun*, AcP 184, 156, 170.

[233] So auch *Kerwer*, Erfüllung, S. 169.

[234] *Braun*, AcP 184, 156, 175 f.; Gaul/Schilken/Becker-Eberhard/*Becker-Eberhard*, Zwangsvollstreckungsrecht, § 14 Rn. 71.

[235] Lediglich mit pauschalem Verweis auf § 815 Abs. 3 ZPO als Begründung Musielak/Voit/*Flockenhaus*, § 815 Rn. 5; MüKo/*Ernst*, BGB, § 286 Rn. 120. Ob dieser insoweit tragfähig ist, ist jedoch sehr zweifelhaft, siehe dazu ausführlich *Kerwer*, Erfüllung, S. 81 ff. insbesondere S. 94 ff. und später S. 166.

[236] *Schöler*, MDR 2009, 360, 362.

[237] *Häsemeyer*, ZZP 118, 265, 276; Stein/Jonas/*Münzberg*, 22. Aufl., § 708 Rn. 7; Staudinger/*Kern*, § 362 Rn. 49. Soweit dieser jedoch meint, das Ende des Schuldnerverzugs werde auch von der Gegenansicht nicht bestritten, ist dem nach den obigen Ausführungen zu widersprechen.

2. *Rücktritt/Kündigung*

Weitere missliche Konsequenzen bei der Annahme eines aufgeschobenen Erfüllungseintritts drohen dem Schuldner aus etwaigen Rücktritts- oder Kündigungsrechten des Gläubigers. Lehnt man den Erfüllungseintritt ab, weil der Schuldner noch nicht die geschuldete Leistung erbracht habe, lässt sich kaum begründen, wieso der Gläubiger nicht zurücktreten oder kündigen können sollte. Dies gestehen die Stimmen in der Literatur teilweise auch explizit ein.[238] Diese Gefahr ließe sich aus Sicht des Schuldners mit der Annahme eines sofortigen Erfüllungseintritts ebenfalls problemlos vermeiden.

3. *Zwischenfazit*

Lehnt man einen sofortigen Erfüllungseintritt infolge einer Abwendungsleistung des Schuldners ab, lässt sich kaum begründen, wieso der Schuldner sich dann nicht weiterhin im Schuldnerverzug befindet oder der Gläubiger trotz der Leistung zurücktreten oder kündigen kann. Diese für den Schuldner nachteiligen Konsequenzen ließen sich jedoch vermeiden, hielte man die Abwendungsleistung des Schuldners für erfüllungstauglich. Aus Sicht des Schuldners ist ein sofortiger Erfüllungseintritt deshalb deutlich günstiger, wenn der Gläubiger tatsächlich über eine materiellrechtlich durchsetzbare Rechtsposition verfügt.

B. Perspektive des Gläubigers

Läuft es den Interessen des Schuldners damit nicht zuwider beziehungsweise dient es diesen im Falle einer materiellrechtlich durchsetzbaren Rechtsposition des Gläubigers sogar, von einem sofortigen Erfüllungseintritt auszugehen, ist zur Abrundung des Bildes nun noch die Perspektive des Gläubigers in den Blick zu nehmen. Gibt es aus dessen Blickwinkel Interessen, die für oder gegen einen sofortigen Erfüllungseintritt sprechen? Zu unterscheiden ist erneut zwischen der Konstellation, in der keine materiellrechtlich durchsetzbare Rechtsposition für den Gläubiger besteht, und der Situation, in der das der Fall ist.

---

[238] *Kerwer*, Erfüllung, S. 168 f. und von *Krüger*, NJW 1990, 1208, 1212. Die dort jeweils gegebene Begründung, es könne dem Gläubiger nicht zugemutet werden, sich die ganze Zeit leistungsbereit zu halten, ist jedoch wenig überzeugend. Bei einer Zug-um-Zug Leistung ist die Vollstreckung durch den Gläubiger nach Maßgabe der §§ 726, 756 ZPO nur möglich, wenn der Gläubiger bereits seine Gegenleistung erbracht hat oder sich der Schuldner im Annahmeverzug befindet. Der Gläubiger muss also gerade nicht mehr auch nach der Vollstreckung noch leistungsbereit sein; ohne Begründung bejahen Gaul/Schilken/Becker-Eberhard/*Becker-Eberhard*, Zwangsvollstreckungsrecht, § 14 Rn. 71 und MüKo/*Fetzer*, BGB, § 362 Rn. 42 das Bestehen etwaiger Kündigungs- und Rücktrittsrechte.

I. Bestehen einer materiellrechtlich durchsetzbaren Rechtsposition

Besteht für den Gläubiger eine materiellrechtlich durchsetzbare Rechtsposition gegenüber dem Schuldner, können aus Sicht des Gläubigers vor allem zwei Punkte relevant werden:

1. Insolvenz des Schuldners

In Betracht kommt ein Interesse des Gläubigers, nach einer Abwendungsleistung vor einer möglichen Insolvenz des Schuldners gesichert zu sein. Insoweit tauchte in zwei vom Reichsgericht zu entscheidenden Fällen die Frage auf, ob ein Gläubiger eine Abwendungsleistung des Schuldners auch dann behalten darf, wenn über das Vermögen des Schuldners während des Rechtsmittelverfahrens ein Insolvenzverfahren eröffnet wurde:

Im ersten Fall[239] wurde der Schuldner erstinstanzlich zur Zahlung an den Gläubiger verurteilt, legte Berufung ein und zahlte zur Abwendung der Zwangsvollstreckung den ausgeurteilten Betrag an den Gläubiger. Im Laufe des Berufungsverfahrens fiel der Schuldner in Konkurs, woraufhin der Gläubiger seine Forderung zur Tabelle anmeldete. Der Konkursverwalter bestritt die Forderung und nahm den Rechtsstreit auf. Der Konkurs des Schuldners wurde sodann durch einen Zwangsvergleich beendet, der jedem Konkursgläubiger eine Quote von 5% zusprach. Der Schuldner führte den Rechtsstreit gegen den Gläubiger nach Abschluss des Zwangsvergleichs wieder selbst und stellte sich auf den Standpunkt, die Klage sei unbegründet, weil der Gläubiger allenfalls die Vergleichsquote beanspruchen könne; die Zahlung zur Abwendung der Zwangsvollstreckung sei lediglich vorläufig gewesen und habe den Gläubiger nicht befriedigt, sodass dieser weiterhin Konkursgläubiger sei und an dem Zwangsvergleich teilnehme. Das Reichsgericht folgte dieser Auffassung nicht, sondern nahm eine Befriedigung des Gläubigers bereits infolge der Abwendungsleistung an; es sei gerade der Zweck der vorläufigen Vollstreckbarkeit, den Gläubiger vor der Gefahr einer späteren Vermögensverschlechterung beim Schuldner zu schützen.[240]

Im zweiten Fall[241] verlangte der Gläubiger vom Schuldner die Abtretung von Anteilen an einer bergrechtlichen Gewerkschaft (sog. Kuxe) gegen Zahlung eines Kaufpreises. Erstinstanzlich wurde der Schuldner verurteilt und übertrug die Kuxe zur Abwendung der Zwangsvollstreckung auf den Gläubiger, der den Kaufpreis zu großen Teilen zahlte und im Übrigen die Aufrechnung erklärte. Der Schuldner legte Berufung ein und fiel anschließend in Konkurs. Der Konkursverwalter des Schuldners lehnte nun unter Verweis auf § 17 Abs. 1 KO die Erfüllung des Vertrags ab und beantragte, die Klage deshalb abzuweisen. In der Berufungsinstanz drang der Konkursverwalter damit durch, das Reichsgericht

[239] RGZ 39, 105.
[240] RGZ 39, 105, 107 f.
[241] RGZ 85, 214.

folgte ihm jedoch nicht. Erneut argumentierte es mit dem Zweck der vorläufigen Vollstreckbarkeit, den Gläubiger vor einer späteren Vermögensverschlechterung des Schuldners zu schützen. Deshalb sei § 17 Abs. 1 KO vorliegend nicht einschlägig, obwohl materiellrechtlich der Erfüllungseintritt erst mit der formellen Rechtskraft des stattgebenden Urteils eintrete.[242]

In der Literatur wurden diese Entscheidungen nur wenig rezipiert. Einzig *Kerwer* setzt sich ernsthaft mit der zweiten Entscheidung auseinander und stimmt dieser im Ergebnis zu; der Gläubiger stehe nach der Abwendungsleistung des Schuldners wie ein Vorbehaltskäufer, dem die Kaufsache unter der aufschiebenden Bedingung der vollständigen Kaufpreiszahlung übereignet wurde. Bei diesem könne der Insolvenzverwalter des Verkäufers die Erfüllung des Kaufvertrags aber ebenfalls nicht unter Berufung auf § 103 InsO beziehungsweise § 17 KO ablehnen.[243]

Richtigerweise ist für die Lösung dieser Problematik jedoch keine Auseinandersetzung mit dem Erfüllungsbegriff des § 103 InsO erforderlich. Dieser gibt dem Insolvenzverwalter die Möglichkeit der *Erfüllungswahl* und die damit verbundene Aufwertung der Forderung des Gläubigers zur Masseverbindlichkeit nach § 55 Abs. 1 Nr. 2 Alt. 1 InsO, weil der Gläubiger andernfalls seine Gegenleistung unter Berufung auf die insolvenzfeste Einrede des § 320 BGB zurückhalten könnte; seine eigene Leistung hat der Gläubiger nur gegen Erhalt der vollständigen Gegenleistung und nicht nur der Insolvenzquote versprochen. Nur die Möglichkeit der Aufwertung zur Masseverbindlichkeit versetzt den Insolvenzverwalter damit in die Lage, für die Masse günstige Verträge durchzuführen.[244] Dagegen folgt die Möglichkeit der Erfüllungsablehnung nicht aus § 103 InsO, sondern ist die Konsequenz daraus, dass der Gläubiger mangels „Insolvenzprivileg" nur als regulärer Insolvenzgläubiger nach § 38 InsO am Verfahren teilnimmt und deswegen nur die Insolvenzquote beanspruchen kann.[245] Vorliegend geht es aber gerade um die Frage, welche Konsequenzen es hat, wenn der Insolvenzverwalter des Schuldners *nicht* die Erfüllung des Vertrags wählt, sodass § 103 InsO nicht weiterhilft.

Man könnte deshalb versuchen, für die Lösung des hiesigen Problems darauf abzustellen, ob der Gläubiger auch nach Erhalt der Abwendungsleistung noch Insolvenzgläubiger im Sinne des § 38 InsO ist.[246] Aber selbst wenn der Gläubiger

---

[242] RGZ 85, 214, 218 ff. unter ausdrücklicher Billigung, des von RGZ 63, 330 angenommenen Erfüllungseintritts erst mit Eintritt der formellen Rechtskraft.

[243] *Kerwer*, Erfüllung, S. 177 f.; ohne Positionierung *A. Blomeyer*, JR 17979, 490, 491; *Braun*, AcP 184, 156, 160 Fn. 25.

[244] Zur Teleologie des § 103 Abs. 1 InsO siehe *J.F. Hoffmann*, Prioritätsgrundsatz, S. 314; *derselbe*, KTS 2018, 343, 348 f. mwN; eingehend *Marotzke*, Gegenseitige Verträge, Rn. 2.12 ff.

[245] Eingehend *Marotzke*, Gegenseitige Verträge, Rn. 3 ff., vor allem Rn. 3.50 ff.; HK/*derselbe*, InsO, § 103 Rn. 92 ff.; *Häsemeyer*, Insolvenzrecht, Rn. 20.07.

[246] Dies verneinen OLG Celle, KTS 1969, 107 f.; Jaeger/*Eichel*, InsO, § 38 Rn. 100, die daraus folgern, der Gläubiger dürfe die Leistung behalten; zu einem differenzierten Ergebnis

noch als Insolvenzgläubiger anzusehen wäre, folgte daraus nicht, dass dieser die erhaltene Abwendungsleistung wieder herausgeben müsste. Im Gegenteil wird bei gegenseitigen Verträgen insoweit zu Recht betont, dass der Gläubiger eine vom Schuldner erhaltene Teilleistung auch dann nicht zurückgewähren muss, wenn der Insolvenzverwalter sich später gegen die Erfüllung des Vertrags entscheidet.[247] Zivilrechtlich ließe sich ein Rückforderungsanspruch nur begründen, wenn ein wirksamer Rücktritt erklärt wird oder der Vertrag zivilrechtlich unwirksam ist. Insolvenzrechtlich kommt eine Rückforderung infrage, wenn ein Tatbestand der Insolvenzanfechtung nach den §§ 129 ff. InsO erfüllt ist.[248] Diese Erwägungen müssen auch außerhalb gegenseitiger Verträge gelten. Erbringt der Schuldner eine Leistung an den Gläubiger, die dieser materiellrechtlich beanspruchen konnte, ist dieser auch nach Eröffnung des Insolvenzverfahrens berechtigt, diese Leistung zu behalten. Zurückfordern kann der Insolvenzverwalter die Leistung nur unter den Voraussetzungen der §§ 129 ff. InsO. Sähe man das anders, umginge man letztlich die Voraussetzungen des Insolvenzanfechtungsrechts.[249]

Der Gläubiger darf die Abwendungsleistung des Schuldners vorbehaltlich der §§ 129 ff. InsO damit auch dann behalten, wenn über das Vermögen des Schuldners nach der Abwendungsleistung das Insolvenzverfahren eröffnet wird. Die Frage des Erfüllungseintritts spielt insoweit keine Rolle. Dieses Ergebnis folgt aber nicht aus dem Zweck der vorläufigen Vollstreckbarkeit, den Gläubiger vor einer später eingetretenen Insolvenz des Schuldners zu schützen.[250] Entscheidend ist vielmehr einzig, dass materiellrechtlich aufgrund der durchsetzbaren Rechtsposition des Gläubigers ein Rechtsgrund für diesen besteht, die Abwendungsleistung zu behalten. Hieran ändert auch die Insolvenz des Schuldners nichts.

Daneben erscheint es zwar im Ausgangspunkt denkbar, dass der für die Insolvenzanfechtung maßgebliche Zeitpunkt bei der Annahme eines bis zur formellen Rechtskraft aufgeschobenen Erfüllungseintritts auf diesen Zeitpunkt hinausgeschoben wird. Der Gläubiger könnte dann aus diesem Grund ein veritables Interesse an einem sofortigen Erfüllungseintritt haben. Letztlich trägt diese Überlegung jedoch nicht. Hinausgeschoben wird nur der Erfüllungseintritt, nicht jedoch die sonstigen materiellrechtlichen Rechtsfolgen der Abwendungsleistung wie beispielsweise der Eigentumserwerb des Gläubigers. In Betracht käme des-

gelangt *Kuhn*, KTS 1963, 63, 68 ff. Der Gläubiger sei auch nach Erhalt der Abwendungsleistung noch Insolvenzgläubiger und müsse seine Forderung deshalb zur Tabelle anmelden. Widerspreche der Anmeldung niemand, dürfe er die Leistung behalten. Nehme der Insolvenzverwalter den Rechtsstreit jedoch auf und fordere die Leistung über § 717 Abs. 2 S. 1, Abs. 3 S. 2 ZPO zurück und obsiege damit zunächst, erhalte der Gläubiger im Falle eines späteren Obsiegens als Insolvenzgläubiger nur die Quote auf seinen Anspruch.

[247] *Von Wilmowsky*, KTS 2012, 285, 286 f., 304 ff. unter ausführlicher Auseinandersetzung mit der Gegenansicht; dem folgend *J. F. Hoffmann*, KTS 2018, 343, 375 f.

[248] *J. F. Hoffmann*, KTS 2018, 343, 375 f.; *von Wilmowsky*, KTS 2012, 285, 304 ff.

[249] *Von Wilmowsky*, KTS 2012, 285, 307.

[250] Siehe zu diesem Argument bereits oben S. 121 f.

halb alleine eine Anfechtung des Erfüllungseintritts selbst. Dieser ist jedoch für die übrigen Insolvenzgläubiger nicht nachteilig, verliert der Gläubiger damit doch seinen Anspruch gegen den Schuldner und konkurriert damit nicht mehr um die Masse. Daneben bestimmt auch § 140 Abs. 3 InsO, dass der Eintritt einer Bedingung für den Zeitpunkt der Insolvenzanfechtung außer Betracht bleibt, sofern der Gläubiger bereits eine gesicherte Rechtsstellung erlangt hat.[251] Aufgrund des wirksamen dinglichen Vollzugsgeschäfts können an einer solchen gesicherten Rechtsstellung des Gläubigers keine Zweifel bestehen. Maßgeblicher Zeitpunkt für die Insolvenzanfechtung bleibt damit die Vornahme der Abwendungsleistung unabhängig von der Frage, zu welchem Zeitpunkt diese Erfüllung herbeiführt.

2. *Schuldnerverzug*

Daneben wäre es aus Sicht des Gläubigers ein weiteres denkbares Interesse, dass sich der Schuldner möglichst lange im Schuldnerverzug befindet, um so in den Genuss der §§ 286 ff. BGB zu kommen und insbesondere Verzugszinsen nach § 288 Abs. 1 BGB zu erhalten. Allerdings ist es selbst bei Annahme eines bis zur Rechtskraft des Urteils aufgeschobenen Erfüllungseintritts umstritten, ob sich der Schuldner nach einer Abwendungsleistung noch im Schuldnerverzug befindet und inwieweit der Gläubiger in diesem Fall tatsächlich Ansprüche aus den §§ 286 ff. BGB herleiten könnte.[252] Außerdem ist das primäre Interesse des Gläubigers auf den Erhalt der Leistung gerichtet. Nimmt man dem Schuldner Anreize zur Erbringung einer Abwendungsleistung, indem man ein Andauern des Schuldnerverzugs bejaht, bestünde die Gefahr, dass der Schuldner schlicht keine Abwendungsleistung mehr erbringt.[253] Den Leistungsgegenstand erhält der Gläubiger dann nur, wenn er selbst aktiv die Zwangsvollstreckung betreibt, was häufig mit erheblichen Mühen und Kosten[254] verbunden ist.

3. *Ergebnis*

Besteht für den Gläubiger eine materiellrechtlich durchsetzbare Rechtsposition, spielt aus seiner Sicht die Frage des Erfüllungseintritts allenfalls eine untergeordnete Rolle. Entscheidend ist für ihn der Erhalt der Leistung, durch den er vorbehaltlich der §§ 129 ff. InsO vor einer späteren Insolvenz des Schuldners gesichert ist. Ob dies rechtlich zu einem sofortigen Erfüllungseintritt führt oder erst

---

[251] Siehe zu dieser einschränkenden Voraussetzung des § 140 Abs. 3 InsO eingehend *Christiansen*, KTS 2003, 353, 357 ff.

[252] Siehe dazu oben S. 196 ff.

[253] Freilich wird der Schuldner mit seiner Abwendungsleistung häufig vor allem die Zwangsvollstreckung vermeiden wollen, weil diese ggf. rufschädigend sein kann oder seine Kreditwürdigkeit beeinträchtigen kann.

[254] Die der Gläubiger gemäß § 788 Abs. 1 ZPO freilich vom Schuldner später erstattet bekommt, sofern dieser solvent ist.

dann, wenn das stattgebende Urteil formell rechtskräftig geworden ist, ist aus Sicht des Gläubigers zweitrangig.

II. Keine materiellrechtlich durchsetzbare Rechtsposition

Besteht keine durchsetzbare Rechtsposition des Gläubigers, weil materiellrechtlich infolge rechtshindernder oder rechtsvernichtender Einwendungen überhaupt keine Rechtsposition besteht, stellt sich die Frage des Erfüllungseintritts erneut nicht. Besteht jedoch eine Rechtsposition des Gläubigers, deren rechtsverwirklichendem Anspruch aber durch ein Gegenrecht des Schuldners die Durchsetzbarkeit genommen werden kann, kann auch hier die Frage des Erfüllungseintritts auftauchen. Aus Sicht des Gläubigers werden dann wiederum vor allem zwei Gesichtspunkte relevant:

1. Annahmeverzug

Es stellt sich die Frage, ob der Gläubiger eine Abwendungsleistung des Schuldners zurückweisen kann, ohne dadurch in Annahmeverzug zu geraten. Naheliegend wäre diese Annahme, wenn man von einem bis zum Eintritt der formellen Rechtskraft aufgeschobenen Erfüllungseintritt ausgeht. Ein Interesse an einer solchen Zurückweisung kann der Gläubiger vor allem dann haben, wenn er sich selbst unsicher ist, ob das vorläufig vollstreckbare Urteil letztlich Bestand haben wird und er deshalb bei Annahme der Leistung befürchtet, später dem Schuldner nach § 717 Abs. 2 S. 1 ZPO oder § 717 Abs. 3 S. 2 ZPO zu haften.[255] Allerdings greift § 717 Abs. 2 S. 1 ZPO nur bei Leistungen des Schuldners „zur Abwendung der Zwangsvollstreckung". Dieses Kriterium ist nur gegeben, wenn der Gläubiger „Vollstreckungsdruck" auf den Schuldner ausgeübt hat; eine freiwillige Leistung nur aufgrund der Existenz des vorläufig vollstreckbaren Urteils begründet hingegen keine Haftung nach § 717 Abs. 2 S. 1 ZPO.[256] Andernfalls wäre bereits der Erhalt eines vorläufig vollstreckbaren Urteils mit einem erheblichen Haftungsrisiko für den Gläubiger verbunden, was dessen Rechtsschutz nicht hinnehmbar beeinträchtigen würde.[257] Eine Haftung aus § 717 Abs. 2 S. 1 ZPO kann der Gläubiger damit bereits dadurch vermeiden, dass er keinen „Vollstreckungs-

[255] Mit dieser Erwägung lehnte der BGH einen Annahmeverzug des Gläubigers ab BGH, NJW 2012, 1717, Rn. 12.

[256] Einhellige Meinung siehe nur BGHZ 131, 233, 234 f.; BGH, NJW-RR 2011, 338, Rn. 19 mwN; Gaul/Schilken/Becker-Eberhard/*Becker-Eberhard,* Zwangsvollstreckungsrecht, § 15 Rn. 13; Schuschke/Walker/Kessen/Thole/*Braun*, Vollstreckung, § 717 Rn. 10; Stein/Jonas/*Heinze*, § 717 Rn. 31 mit umfangreichen Nachweisen zu der im Einzelnen sehr umstrittenen Frage, was genau die Voraussetzungen für die Annahme eines „Vollstreckungsdrucks" sind. Auf den Gesichtspunkt des „Vollstreckungsdrucks" wurde auch bei Schaffung des § 717 Abs. 2 S. 1 ZPO bereits hingewiesen, Mugdan/Hahn, Materialien, Band 8, S. 393, 394.

[257] BGHZ 131, 233, 234.

druck“ auf den Schuldner ausübt; auf einen bis zur Rechtskraft des Urteils aufgeschobenen Erfüllungseintritt ist der Gläubiger insoweit nicht angewiesen.

Erbringt der Schuldner die Abwendungsleistung hingegen auf ein kontradiktorisches, vorläufig vollstreckbares Berufungsurteil, droht dem Gläubiger im Falle einer nachträglichen Aufhebung des Berufungsurteils eine Haftung nach § 717 Abs. 3 S. 2 ZPO. Nach herrschender Meinung soll diese auch dann greifen, wenn der Gläubiger keinen Vollstreckungsdruck auf den Gläubiger ausgeübt hat.[258] Dies folge aus der Entstehungsgeschichte des § 717 Abs. 3 S. 2 ZPO, dem im Vergleich zu § 717 Abs. 2 S. 1 ZPO weiteren Wortlaut und sei auch sachlich gerechtfertigt; die Haftung aus § 717 Abs. 3 S. 2 ZPO sei für den Gläubiger weniger riskant, hafte dieser in der Rechtsfolge nach § 717 Abs. 3 S. 2 ZPO doch nur auf eine ungerechtfertigte Bereicherung und nicht auf Schadensersatz.[259] Dieses Argumentation ist allerdings zweifelhaft, weil der Gläubiger gemäß § 717 Abs. 3 S. 3, 4 ZPO wie ein verschärft haftender Bereicherungsschuldner haftet. Versteht man den Verweis in § 818 Abs. 4 BGB auf die allgemeinen Vorschriften unter anderem als Verweis auf §§ 292, 989 BGB, kann es damit auch hier durchaus zu einer Haftung des Gläubigers auf Schadensersatz kommen.[260] Aber auch wenn man davon ausgeht, infolge der verschärften Bereicherungshaftung könne sich der Bereicherungsschuldner schlicht nicht mehr auf § 818 Abs. 3 BGB berufen,[261] bedeutet dies eine erhebliche Haftungsverschärfung. Rechtfertigen lässt sich der Verzicht auf das Erfordernis des Vollstreckungsdrucks aber mit der Erwägung, ein Gläubiger verhalte sich widersprüchlich, wenn er über zwei Instanzen hinweg um sein Recht streitet, dann aber die Abwendungsleistung des Schuldners nicht annehmen möchte.[262] Dies gilt umso mehr, als der Gläubiger eine Haftung nach § 717 Abs. 3 S. 2 ZPO nur fürchten muss, wenn der Schuldner sein Gegenrecht bereits vor der Abwendungsleistung, in aller Regel also bereits im Erkenntnisverfahren geltend gemacht hat.[263] Hat der Gläubiger den Rechtsstreit aber trotz des vom Schuldner geltend gemachten Gegenrechts weiter betrieben, kann er die Leistung nicht mit Verweis auf dieses Gegenrecht ablehnen; tut er es dennoch, gerät er in Annahmeverzug.

---

[258] BGHZ 189, 320, Rn. 18 f.; BGH, NJW 2012, 1717, Rn. 12; MüKo/*Götz*, ZPO, § 717 Rn. 29; Zöller/*Herget*, § 717 Rn. 16; Schuschke/Walker/Kessen/Thole/*Braun*, Vollstreckung, § 717 Rn. 22; aA. aber *Baur/Stürner/Bruns*, Zwangsvollstreckungsrecht, Rn. 15.45; Wieczorek/Schütze/*Hess*, § 717 Rn. 27, die Voraussetzungen eines Anspruchs aus § 717 Abs. 2 und Abs. 3 ZPO seien identisch.

[259] BGHZ 189, 320, Rn. 18 f.; MüKo/*Götz*, ZPO, § 717 Rn. 29.

[260] Hahn/Mugdan, Materialien, Band 8, S. 394 f.; *Hartmann*, commodum, S. 262; MüKo/*Schwab*, BGB, § 818 Rn. 321 f.

[261] So beispielsweise *Larenz/Canaris*, Schuldrecht BT, Band 2/2, S. 259 f.

[262] In diese Richtung *Schwab*, JuS 2012, 937, 940.

[263] Für diese Einschränkung die hM RGZ 145, 328, 332; *Baur/Stürner/Bruns*, Zwangsvollstreckungsrecht, Rn. 15.44; Gaul/Schilken/Becker-Eberhard/*Becker-Eberhard*, Zwangsvollstreckungsrecht, § 15 Rn. 10; *Henckel*, Prozessrecht, S. 268; *Pecher*, Schadensersatzansprüche, S. 177 zusammen mit S. 191; aA. aber *Bötticher*, ZZP 85, 1, 9; MüKo/*Götz*, ZPO, § 717 Rn. 17 zusammen mit Rn. 29.

2. Gegenrechte des Schuldners

Spiegelbildlich zum Interesse des Schuldners, etwaige Gegenrechte möglichst weitgehend geltend machen zu können, könnte es aus Sicht des Gläubigers gerade für einen sofortigen Erfüllungseintritt sprechen, sollten dem Schuldner dadurch bislang noch nicht ausgeübte Gegenrechte materiellrechtlich genommen werden. Aufgrund der aufgezeigten umfassenden Schutzmöglichkeiten des Schuldners vor einem solchen Verlust seiner Gegenrechte, wird dieses Interesse des Gläubigers aber kaum ausgeprägt sein. Aus diesem Grund kann an dieser Stelle offenbleiben, ob und wenn ja bezüglich welcher Gegenrechte des Schuldners ein solches Interesse des Gläubigers materiellrechtlich überhaupt anzuerkennen wäre.

C. Fazit

Die Auseinandersetzung mit der Interessenlage des Schuldners und des Gläubigers nach einer erbrachten Abwendungsleistung hat überraschende Erkenntnisse zutage gefördert. Entgegen der herrschenden Meinung wird es den schuldnerischen Interessen nicht grundsätzlich besser gerecht, von einem Aufschub des Erfüllungseintritts bis zum Rechtskrafteintritt auszugehen. Prozessuale Erwägungen erfordern dies nicht, weil der Schuldner auch bei Annahme eines sofortigen Erfüllungseintritts prozessual weiterhin um sein Recht streiten kann. Der Verlust etwaiger Gegenrechte im Falle eines sofortigen Erfüllungseintritts ist ebenfalls kein ausschlaggebender Faktor. Zum einen ist die Geltendmachung etwaiger Gegenrechte im Rechtsmittelverfahren bereits prozessual nur sehr eingeschränkt möglich. Insbesondere für die Aufrechnung wird sich das Problem seit der Berufungsreform aus dem Jahr 2002 aufgrund der restriktiven Voraussetzungen des § 533 ZPO sehr viel seltener stellen. Prozessual deutlich leichter geltend gemacht werden können Gegenrechte hingegen im Falle eines Einspruchs gegen ein Versäumnisurteil oder einen Vollstreckungsbescheid. Vornehmlich in diesen Fällen könnte ein sofortiger Erfüllungseintritt für den Schuldner damit tatsächlich nachteilig sein.

Die herrschende Meinung blendet jedoch etwaige Schutzmöglichkeiten des Schuldners nahezu vollständig aus. Dabei wird der Schuldner sich häufig bereits dadurch schützen können, dass er sein Gegenrecht später aktiv selbst geltend macht oder schlicht vor der Vollstreckung außerprozessual erklärt und sich später im Rechtsmittelverfahren darauf beruft. Daneben wird der Schuldner sich in den meisten Fällen aber auch dadurch helfen können, dass er nach Maßgabe der §§ 707, 719 ZPO eine einstweilige Einstellung der Zwangsvollstreckung erreicht. Orientiert man sich für die Frage der einstweiligen Einstellung lediglich an den voraussichtlichen Erfolgsaussichten des Rechtsmittels, wird der Schuldner damit durchdringen, wenn ihm tatsächlich Gegenrechte zustehen; für den von der herrschenden Meinung in der Sache betriebenen besonderen Vollstreckungsschutz durch einen aufgeschobenen Erfüllungseintritt besteht vor diesem Hintergrund kaum ein Bedürfnis.

Im Gegenteil wirkt sich die Annahme eines solch aufgeschobenen Erfüllungseintritts für den Schuldner sogar negativ aus, wenn tatsächlich eine materiellrechtlich durchsetzbare Rechtsposition des Gläubigers besteht. In Schwierigkeiten gerät die herrschende Meinung hier bereits bei der Suche nach einer Begründung, wieso der Schuldnerverzug nach der Abwendungsleistung enden soll. Nicht einmal der Versuch einer Begründung wird hingegen unternommen, wenn es um etwaige Kündigungs- oder Rücktrittsrechte des Gläubigers geht. Diese sollen nach einer Abwendungsleistung des Schuldners fortbestehen. Wie wenig interessengerecht diese Annahme ist, zeigt plastisch das Beispiel eines Mieters, der aufgrund des vorläufig vollstreckbaren Mietzahlungsurteils des Gläubigers die rückständige Miete zahlt, aber Berufung einlegt. Hier würde die herrschende Meinung dem Vermieter die Kündigung erlauben, obwohl er die Miete erhalten hat, weil trotz der Mietzahlung keine Erfüllung eingetreten sei. Die Annahme eines sofortigen Erfüllungseintritts wird damit den Interessen des Schuldners insgesamt besser gerecht.

Aus der Perspektive des Gläubigers ist die Frage des Erfüllungseintritts deutlich weniger entscheidend. Sein primäres Interesse ist auf den Erhalt der Leistung gerichtet, die Frage des Erfüllungseintritts hat für ihn nur sekundäre Bedeutung. Insbesondere ist der Gläubiger unabhängig von der Frage des Erfüllungseintritts vorbehaltlich der §§ 129 ff. InsO davor gefeit, die Leistung wieder herausgeben zu müssen, wenn während des Rechtsmittelverfahrens ein Insolvenzverfahren über das Vermögen des Schuldners eröffnet wird.

Insgesamt besteht damit auch unter Berücksichtigung der Interessenlage kein Anlass dafür, von dem durch die vorherigen Kapitel bereits nahegelegten Ergebnis abzuweichen. Der Schuldner enthält dem Gläubiger nichts vor, wenn er die Leistung erbringt, den Rechtsstreit aber fortsetzt. Die Abwendungsleistung des Schuldners führt deswegen einen sofortigen Erfüllungseintritt herbei, sofern materiellrechtlich eine Rechtsposition des Gläubigers mit einem erfüllbaren rechtsverwirklichenden Anspruch besteht.

Gesamtergebnis

Abschließend sollen die wichtigsten Ergebnisse der vorliegenden Arbeit hier noch einmal zusammengefasst werden:

1. Erfüllung tritt dann ein, wenn der Schuldner die Verletzung der dem Gläubiger zustehenden Rechtsposition durch sein Verhalten beendet. Bezugspunkt der Erfüllung ist der rechtsverwirklichende Anspruch des Gläubigers. Dessen Existenzberechtigung entfällt, sobald die Rechtsverletzung durch den Schuldner beendet wurde. Die Rechtsposition des Gläubigers hingegen bleibt bestehen und sichert dem Gläubiger den Rechtsgrund zum Behaltendürfen des Leistungsgegenstands. Dieser Erfüllungsbegriff ist weiter als der Erfüllungsbegriff des § 362 Abs. 1 BGB. Es kommt gerade nicht darauf an, ob der Schuldner eine Leistung im Sinne des § 362 Abs. 1 BGB erbringt. Aus diesem Grund sind auch negatorische Ansprüche des Gläubigers erfüllbar im Sinne des hiesigen Erfüllungsverständnisses.

2. Einen sofortigen Erfüllungseintritt kann der Schuldner nicht alleine durch die Abgabe einer negativen Tilgungsbestimmung verhindern. Die Vorstellung einer negativen Tilgungsbestimmung ist nur auf vertragliche Ansprüche zugeschnitten, versagt hingegen von vornherein bei negatorischen Ansprüchen, auf denen ein vorläufig vollstreckbares Urteil aber gleichermaßen beruhen kann. Daneben können negative Tilgungsbestimmungen des Schuldners insbesondere auch nicht mit dessen Privatautonomie gerechtfertigt werden. Denn viele Ansprüche des Gläubigers beruhen nicht auf einer privatautonomen Vereinbarung mit dem Schuldner, sondern auf einem unberechtigten Eingriff in den Rechtskreis des Gläubigers. In diesen Fällen überzeugt ein Rückgriff auf die Privatautonomie des Schuldners zur Beseitigung der Rechtsverletzung von vornherein nicht, spielte diese bei der Entstehung des Anspruchs doch ebenfalls keine Rolle. Aber auch bei Ansprüchen, die auf einer vertraglichen Vereinbarung beruhen, hat der Schuldner seine Privatautonomie bereits abschließend durch die Handlungen betätigt, die zum Entstehen der dem Gläubiger zustehenden Rechtsposition geführt haben. Ebenso wenig bestehen schützenswerte Interessen des Schuldners, aufgrund derer negative Tilgungsbestimmungen anzuerkennen wären. Letztlich ist eine negative Tilgungsbestimmung zudem aber auch nicht zum Schutz des Schuldners geeignet. Der Gläubiger kann einer Kondiktion des Schuldners zwangsläufig seine eigene Rechtsposition entgegenhalten, die ihn zum Behaltendürfen der Leistung berechtigt. Insgesamt sind negative Tilgungsbestimmungen deshalb allenfalls dann anzuerkennen, wenn sich der Gläubiger

mit diesen einverstanden erklärt. Welche Wirkungen einer negativen Tilgungsbestimmung dann zukommt, hängt von dem konkreten Anspruch an, der vom Gläubiger geltend gemacht wurde.

3. Vorprozessuale Vorbehaltsleistungen des Schuldners, mit denen dieser lediglich das Scheitern einer späteren Kondiktion an § 814 BGB verhindern möchte beziehungsweise einem Neubeginn der Verjährung nach § 212 Abs. 1 Nr. 1 BGB vorbeugen möchte, hindern einen Erfüllungseintritt nicht. Der Schuldner enthält dem Gläubiger durch einen solchen Vorbehalt nichts vor, was dieser beanspruchen könnte. Vielmehr bringt der Schuldner lediglich zum Ausdruck, nicht bereit zu sein, dem Gläubiger einen neuen Rechtsgrund zum Behaltendürfen der Leistung zuzuwenden beziehungsweise zunächst auf die Verjährungseinrede zu verzichten. Beides hätte der Gläubiger aber auch vom Schuldner nicht verlangen können.

4. Keine Voraussetzung für einen Erfüllungseintritt bei vorprozessualen Leistungen des Schuldners ist eine zugunsten des Gläubigers eintretende Beweislastumkehr infolge der schuldnerischen Leistung. Die grundsätzliche Verteilung der objektiven Beweislast beruht auf zwei miteinander verbundenen Gedanken: Zum einen ist die Rechtsordnung auf Rechtsfrieden und damit Beständigkeit der gegenwärtigen Lage ausgerichtet. Aus diesem Grund trägt derjenige, der eine Änderung der tatsächlichen Lage herbeiführen möchte, die objektive Beweislast für die anspruchsbegründenden Tatsachen (sog. „Angreiferprinzip"). Um einem Gläubiger aber die Durchsetzung seiner Rechte im Prozess nicht in unzumutbarem Maße zu erschweren, trägt umgekehrt der Schuldner die objektive Beweislast für die anspruchsvernichtenden oder anspruchshemmenden Tatsachen. Die im Rahmen der Erfüllungsdiskussion vielfach als Kriterium herangezogene Beweislastumkehr zugunsten des Gläubigers nach einer schuldnerischen Leistung beruht lediglich auf dem ersten dieser beiden Gedanken zur Verteilung der objektiven Beweislast. Es ist lediglich eine typische, keinesfalls aber zwingende Konsequenz einer schuldnerischen Leistung, dass der Schuldner im Rahmen der Kondiktion die objektive Beweislast für die anspruchsbegründenden Tatsachen trägt; er ist es, der nun eine Änderung der tatsächlichen Lage begehrt. Die Beweislastverteilung ist damit sowohl bezüglich der Grundregel als auch bei etwaigen Ausnahmen in ihrer Teleologie unabhängig von der Frage der Erfüllung. Es erschließt sich deshalb nicht, warum die Beweislastumkehr umgekehrt Voraussetzung für die Erfüllung sein sollte. Einen Beleg hierfür bleibt die herrschende Meinung schuldig. Vielmehr zeigt sich die Ungeeignetheit der Beweislastverteilung als Erfüllungskriterium auch daran, dass sich bereits im vorprozessualen Stadium Konstellationen finden lassen, in denen herrschend ein Erfüllungseintritt zu Recht auch ohne Beweislastumkehr angenommen wird. Insbesondere Schutzinteressen des Gläubigers können die erforderliche Konnexität zwischen Beweislastumkehr und Erfüllung nicht begründen, hätte dieser die objektive Beweislast für die anspruchsbegründenden Tatsachen doch getragen, wenn der Schuldner nicht freiwillig geleistet hätte.

5. Den regelmäßigen Eintritt der Beweislastumkehr infolge seiner Leistung kann der Schuldner im Falle einer freiwilligen Leistung nicht durch einen einseitigen Vorbehalt verhindern. Möglich ist dies nur, soweit der Schuldner mit dem Gläubiger einen Beweislastvertrag schließt, aus dem sich ergibt, dass der Gläubiger die objektive Beweislast für die anspruchsbegründenden Umstände im Falle einer Kondiktion tragen solle. Alleine aus der Annahme der vom Schuldner nur unter Vorbehalt erbrachten Leistung kann der Abschluss eines solchen Beweislastvertrags aber ebenso wenig wie in den parallel liegenden Fällen der „Erlassfalle" hergeleitet werden. Nimmt der Gläubiger die Leistung an, sperrt sich jedoch gegen den Vorbehalt, führt die Leistung des Schuldners Erfüllung herbei. Möchte der Schuldner die Leistung später kondizieren, trägt er die objektive Beweislast für das Nichtbestehen eines Behaltensgrunds auf Seiten des Gläubigers.

6. Auch bezüglich der vorprozessualen Erfüllung eines Verletzungsunterlassungsanspruchs ist keine abweichende Sonderdogmatik anzuerkennen. Maßgeblich für die Erfüllung ist insoweit der ernsthafte Unterlassungswille des Schuldners. Erforderlich für die nach außen sichtbare Kundgabe seines ernsthaften Unterlassungswillens ist die Abgabe einer strafbewehrten Unterlassungserklärung durch den Schuldner. Denn diese lässt die Prognose zu, der Schuldner werde aufgrund der zu erwartenden Vertragsstrafe das inkriminierte Verhalten künftig nicht mehr vornehmen. Dadurch zieht sich der Schuldner in seinen eigenen Rechtskreis zurück. Entgegen der herrschenden Meinung kommen einer strafbewehrten Unterlassungserklärung aber keine mit einem rechtskräftigen Urteil vergleichbaren Feststellungswirkungen zu. Der Schuldner ist auch bei Unterlassungsansprüchen lediglich dazu verpflichtet, sich in seinen eigenen Rechtskreis zurückziehen. Eine Verpflichtung, die Rechtsposition des Gläubigers anzuerkennen, umfasst dies jedoch ebenso wenig wie bei Handlungspflichten. Die strafbewehrte Unterlassungserklärung ist deshalb als Vereinbarung einer unselbstständigen Vertragsstrafe zu deuten, die als Schutzinstrument für die zugrundeliegende Rechtsposition des Gläubigers fungiert; besteht diese nicht, ist der Schuldner auch an die Vereinbarung der Vertragsstrafe nicht gebunden. Der Schuldner kann sich deshalb auch nach Abgabe der strafbewehrten Unterlassungserklärung weiterhin darauf berufen, es bestehe keine Rechtsposition des Gläubigers, aufgrund derer dieser Unterlassung verlangen könne.

7. Auch bei Leistungen des Schuldners während des laufenden Prozesses ist die Beweislastumkehr keine Erfüllungsvoraussetzung. Im Gegenteil ist sie hier nicht einmal typische Konsequenz einer schuldnerischen Leistung, weil die Rollen des Angreifers und des Verteidigers durch den begonnenen Prozess bereits festgelegt sind. Dass die Beweislastumkehr hier keine Rolle spielt, zeigt auch der Fall einer vorbehaltslosen Leistung des Schuldners, sofern der Schuldner der daraufhin abgegebenen Erledigungserklärung des Gläubigers widerspricht. Im dann anhängigen Feststellungsstreit bleibt der Gläubiger nach wie vor dafür objektiv beweisbelastet, dass seine ursprüngliche Leistungsklage begründet war. Die Leistung des Schuldners hat hier damit keine Beweislastumkehr herbeige-

führt; gleichwohl wird die Erfüllungswirkung einer vorbehaltslosen Leistung zu Recht nicht in Frage gestellt. Letztlich ist aber auch die Vorstellung unzutreffend, der Gläubiger bleibe aufgrund der ihn weiterhin treffenden objektiven Beweislast für die anspruchsbegründenden Tatsachen in der Rolle des Angreifers. Dies zeigt sich in den Fällen, in denen der Schuldner Rechtsmittel eingelegt hat, die Beweislastverteilung im Rahmen des Rechtsmittelverfahrens aber mangels streitiger Tatsachen keine Rolle spielt. Hier lässt sich kaum behaupten, der Gläubiger habe die Rolle des Fordernden weiterhin aufgrund der Beweislastverteilung inne. Entscheidend ist vielmehr, dass der Schuldner durch das eingelegte Rechtsmittel die Rechtsposition des Gläubigers unabhängig von der Beweislastverteilung weiterhin in Abrede stellt.

8. Der Schuldner verletzt durch die Einlegung eines Rechtsmittels die Rechtsposition des Gläubigers nicht. Ebenso wie bei einer vorprozessualen Vorbehaltsleistung möchte sich der Schuldner durch das Rechtsmittel davor schützen, auch dann die Leistung erbringen zu müssen, wenn der Gläubiger diese nach materiellem Recht nicht fordern kann. Da der Streit zwischen dem Gläubiger und dem Schuldner aufgrund des laufenden Verfahrens jedoch bereits konkrete Formen angenommen hat, genügt dem Schuldner hierfür eine einfache Vorbehaltsleistung nicht mehr. Er muss Rechtsmittel einlegen, soll seine Leistungsverpflichtung nicht in Rechtskraft erwachsen. Fasste man die Rechtsmitteleinlegung hingegen als Verletzung der dem Gläubiger zustehenden Rechtsposition auf, liefe das darüber hinaus dem Zweck der Rechtsmittel zuwider, der verurteilten Partei eine rechtliche Kontrolle zu ermöglichen. Denn man knüpfte gerade an die angestrebte Rechtskontrolle trotz erbrachter Leistung negative Konsequenzen für den Schuldner.

9. Aus dem Zweck der vorläufigen Vollstreckbarkeit kann nichts gegen einen sofortigen Erfüllungseintritt hergeleitet werden. Die vorläufige Vollstreckbarkeit ist nicht als „Ausnahmerecht" des Gläubigers aufzufassen, aus dem sich keine Nachteile für den Schuldner ergeben dürften. Vielmehr beruht die vorläufige Vollstreckbarkeit auf dem Gedanken, dem Gläubiger eine effektive Durchsetzung seiner materiellrechtlichen Rechtsposition zu ermöglichen. Legitimiert wird diese Rechtsdurchsetzung vor formeller Rechtskraft des Urteils durch die einem Urteil zukommende Richtigkeitsvermutung. Die vorläufige Vollstreckbarkeit ist deshalb auch nicht auf eine lediglich „vorläufige Leistung" des Schuldners gerichtet, die wieder rückgängig gemacht werden soll. Vielmehr soll gerade die vorläufige Vollstreckbarkeit bereits für eine dauerhafte Vermögensverschiebung zugunsten des Gläubigers sorgen.

10. Auch §717 Abs. 2 S. 1 ZPO steht diesem Verständnis der vorläufigen Vollstreckbarkeit nicht entgegen und spricht deshalb nicht gegen einen sofortigen Erfüllungseintritt infolge einer Abwendungsleistung. Äußerlich reagiert §717 Abs. 2 S. 1 ZPO zwar alleine auf die Aufhebung oder Abänderung des vorläufig vollstreckbaren Urteils. Der innere Grund dieses Anspruchs ist jedoch der Fall, in dem sich die Richtigkeitsvermutung des vorläufig vollstreckbaren Urteils als unzutreffend herausgestellt hat und der Gläubiger deshalb ohne materiellrecht-

liche Legitimation vollstreckt hat. Für diesen Fall soll dem Schuldner mittels eines verschuldensunabhängigen Schadensersatzanspruchs eine unkomplizierte Restitution für den ungerechtfertigten Zugriff auf sein Vermögen gestattet werden. Abzulehnen ist hingegen die Deutung des § 717 Abs. 2 S. 1 ZPO als rein prozessualer Erstattungsanspruch, für den die materielle Rechtslage keine Bedeutung habe. Dem Gläubiger ist es deshalb, vorbehaltlich einer prozessualen Unzulässigkeit, möglich, sich gegen den Schadensersatzanspruch des Schuldners aus § 717 Abs. 2 S. 1 ZPO unter Verweis auf seine materiellrechtlich bestehende, den Schuldner zur Leistung verpflichtende Rechtsposition zu verteidigen.

11. Das Interesse des Schuldners ist primär darauf gerichtet, durch die Abwendungsleistung an den Gläubiger eine Vollstreckung zu verhindern, um die mit einer Vollstreckung verbundenen Nachteile wie eine Schädigung des eigenen Rufs oder die Versteigerung von Vermögensgegenständen unter Wert zu verhindern. Dieses Ziel kann der Schuldner bei Ansprüchen, die auf eine positive Leistung des Schuldners gerichtet sind, nach allen Ansichten jedenfalls im Ergebnis über § 767 ZPO erreichen. Auch die Annahme eines erst mit Rechtskraft des stattgebenden Urteils eintretenden Erfüllungseintritts steht der Begründetheit einer Vollstreckungsabwehrklage insoweit nicht entgegen. Anderes gilt jedoch bei Unterlassungsansprüchen. Hier droht dem Schuldner vor der ersten Zuwiderhandlung gegen die im Urteil ausgesprochene Unterlassungsverpflichtung noch keine Vollstreckung. Nach einer solchen Vollstreckung kann der Schuldner die Festsetzung von Ordnungsmitteln infolge der Zuwiderhandlung aber auch durch eine nachträgliche Abwendungsleistung nicht mehr verhindern. Auch dies gilt jedoch unabhängig von der Frage des Erfüllungseintritts.

12. Die Annahme eines sofortigen Erfüllungseintritts führte entgegen verbreiteter Befürchtungen nicht dazu, dass dem Schuldner eine sachliche Fortsetzung des Rechtsstreits unmöglich würde. In der Abwendungsleistung wäre dann aufgrund der eingetretenen Erfüllung ein erledigendes Ereignis zu sehen. Erklärte der Gläubiger daraufhin den Rechtsstreit für erledigt, könnte der Schuldner dem widersprechen. Im Rahmen der nach der „Klageänderungstheorie" dann anhängigen Feststellungsklage wäre sodann gerade die Zulässigkeit und Begründetheit der ursprünglichen Leistungsklage zu klären. Auch ein Wegfall der für ein vom Schuldner eingelegtes Rechtsmittel notwendigen Beschwer wäre infolge eines sofortigen Erfüllungseintritts nicht zu befürchten. Die insoweit scheinbar entgegenstehende Rechtsprechung des BGH beruhte auf der Sonderkonstellation einer übereinstimmenden Erledigungserklärung; zur Ableitung genereller Regeln ist dieses Urteil deshalb ungeeignet.

13. Die Annahme eines aufschiebend bedingten Erfüllungseintritts ist nicht geboten, um den Schuldner vor dem Verlust seiner Gegenrechte im Rechtsmittelverfahren zu schützen. Die herrschende Meinung betreibt hier in der Sache durch die Konstruktion eines aufschiebend bedingten Erfüllungseintritts eine Art besonderen Vollstreckungsschutz, für den keine Notwendigkeit besteht.

a) Bei Gegenrechten, die dem Schuldner nach materiellem Recht noch nicht im Zeitpunkt der letzten mündlichen Verhandlung der das vorläufig vollstreckbare Urteil erlassenen Instanz zustanden, ist der Schuldner bereits nicht vor dem Verlust seiner Gegenrechte zu schützen; wäre der Schuldner seiner materiellrechtlichen Verpflichtung aus freien Stücken nachgekommen, hätte er die Gegenrechte ebenfalls nicht ausüben können. Bei Gegenrechten, deren Ausübung dem Schuldner damals bereits möglich gewesen wäre, lässt sich die Schutzwürdigkeit des Schuldners weder pauschal verneinen noch bejahen. Vielmehr hängt diese vom jeweiligen Gegenrecht und dabei insbesondere von der Funktion des Erklärungserfordernisses ab.

b) Unabhängig von der Schutzwürdigkeit des Schuldners wird diesem aber die Geltendmachung seiner Gegenrechte im Rechtsmittelverfahren häufig bereits aus prozessualen Gründen nicht möglich sein. Insbesondere die §§ 531, 533 ZPO stellen insoweit hohe Hürden auf. In diesen Fällen wirkt es sich auf die Erfolgsaussichten des Schuldners im Rechtsmittelverfahren nicht aus, sollte er seine Gegenrechte aufgrund eines sofortigen Erfüllungseintritts auch aus materiellrechtlichen Gründen verloren haben. Anders ist die Lage jedoch, wenn die Gegenrechte auf unstreitigen Tatsachen beruhen oder ein vorläufig vollstreckbares Versäumnisurteil vorliegt, gegen das der Schuldner Einspruch eingelegt hat. In diesem Fall ist der Schuldner nicht durch besondere prozessuale Präklusionsvorschriften an der Geltendmachung seiner Gegenrechte gehindert. Ein etwaiger Verlust der Gegenrechte nach materiellem Recht würde sich für ihn deshalb negativ auswirken.

c) Weitgehend ignoriert in der bisherigen Debatte werden die Möglichkeiten des Schuldners, einem Verlust seiner Gegenrechte durch eigenes Tätigwerden vorzubeugen. Zum einen kann der Schuldner auch nach Erlass eines vorläufig vollstreckbaren Urteils seine Gegenrechte noch vor einer Vollstreckung durch den Gläubiger außerprozessual ausüben und sich dadurch, vorbehaltlich einer prozessualen Unzulässigkeit, eine Berücksichtigung im Rechtsmittelverfahren sichern. Daneben kann der Schuldner aber auch über die §§ 707, 719 ZPO eine einstweilige Einstellung der Zwangsvollstreckung erreichen, bis das Rechtsmittelverfahren abgeschlossen ist. Entscheidend für die Erfolgsaussichten eines Antrags nach §§ 707, 719 ZPO ist dabei, inwieweit der Schuldner im Rechtsmittelverfahren Aussicht auf Erfolg hat. Bejaht das Rechtsmittelgericht diese Erfolgsaussicht, hat es die Vollstreckung im Regelfall einstweilen einzustellen, ohne dass dem Gericht bei dieser Entscheidung ein Ermessensspielraum zukäme oder eine zusätzliche Interessenabwägung zwischen den Interessen des Schuldners und denen des Gläubigers vorzunehmen wäre.

d) Nach einer Abwendungsleistung kann der Schuldner mit § 813 Abs. 1 S. 1 BGB die erbrachte Leistung kondizieren, sofern der Anspruch des Gläubigers bereits im Zeitpunkt der Abwendungsleistung einredebehaftet war. Insbesondere, wenn das vorläufig vollstreckbare Urteil in einem Versäumnisurteil besteht, wird der Schuldner seinen Anspruch aus § 813 Abs. 1 S. 1 BGB nach einem zulässigen Einspruch im Wege der Widerklage erfolgreich geltend machen können. Für den Schuldner besteht damit gerade in dem Fall, in dem ihm am ehesten ein

Verlust seiner Einreden aufgrund eines sofortigen Erfüllungseintritts droht, ein starker nachträglicher Schutzmechanismus.

14. Stehen dem Schuldner keine Gegenrechte gegen den Anspruch des Gläubigers zu, kann dieser seine Rechtsposition also nach materiellem Recht durchsetzen, widerspricht die Annahme eines lediglich aufschiebend bedingten Erfüllungseintritts den Interessen des Schuldners. Es ließe sich dann nämlich kaum begründen, wieso der Schuldnerverzug enden sollte und wieso der Gläubiger nicht weiterhin von ihm zustehenden Rücktritts- oder Kündigungsrechten Gebrauch machen können sollte, wenn der Schuldner durch die Abwendungsleistung noch nicht das getan hat, wozu er nach materiellem Recht verpflichtet war. Vermieden werden diese Probleme hingegen zwanglos durch die Annahme eines sofortigen Erfüllungseintritts.

15. Aus Sicht des Gläubigers spielt die Frage des Erfüllungseintritts nur eine untergeordnete Rolle. Für ihn ist entscheidend, dass er die Leistung des Schuldners erhält und diese auch im Falle einer späteren Insolvenz des Schuldners nicht zurückgewähren muss. Entscheidend für eine etwaige Rückgewährpflicht ist aber nicht die Frage des materiellrechtlichen Erfüllungseintritts, sondern ob dem Schuldner zivilrechtliche Rückgewähransprüche zustehen oder die Leistung der Insolvenzanfechtung nach §§ 129 ff. InsO unterliegt.

16. Letztendlich führt die vorliegende Arbeit damit zu dem Ergebnis, dass auch eine Abwendungsleistung des Schuldners beziehungsweise die Vollstreckung aus einem vorläufig vollstreckbaren Urteil einen sofortigen Erfüllungseintritt herbeiführt. Die gegenteilige herrschende Ansicht in Literatur und Rechtsprechung ist weder unter systematischen Gesichtspunkten geboten noch wird sie ihrem sachlichen Anliegen gerecht, den Schuldner vor nachteiligen materiellrechtlichen Konsequenzen zu schützen.

Literaturverzeichnis

Althammer, *Christoph*, Streitgegenstand und Interesse, Tübingen 2012 (Streitgegenstand)

Ahrens, *Hans-Jürgen*, Rechtspolitisch vorbildliche Instrumente der Anspruchsdurchsetzung im Wettbewerbsprozeß, in: Hau, Wolfgang/Schmidt, Hubert (Hrsg.), Facetten des Verfahrensrechts – liber amicorum Walter F. Lindacher, Köln/Berlin/München 2007, S. 1 ff. (liber amicorum Lindacher)

Arens, *Peter*, Prozeßrecht und materielles Recht, in: AcP 173 (1973), 250 ff.

Bacher, Klaus (Hrsg.)/Teplitzky, Otto (Begr.), Wettbewerbsrechtliche Ansprüche und Verfahren, 12. Auflage, Köln 2019 (Bacher/Teplitzky/*Bearbeiter*, Wettbewerbsrechtliche Ansprüche)

Bähr, *Otto*, Die Anerkennung als Verpflichtungsgrund, Kassel 1855 (Anerkennung)

Baumann, *Andreas*, Prüfungsumfang und Prüfungsprogramm im Berufungsverfahren nach der Zivilprozessreform 2002, Frankfurt 2006 (Berufungsverfahren)

Baumgärtel, *Gottfried*, Wesen und Begriff der Prozeßhandlung einer Partei im Zivilprozeß, Berlin/Frankfurt 1957 (Prozeßhandlung)

–, Die Auswirkungen von Parteivereinbarungen auf die Beweislast, in: Holzhammer, Richard/Böhm, Peter/Jellinek, Wolfgang (Hrsg.), Festschrift für Hans W. Fasching zum 65. Geburtstag, Wien 1988, S. 67 ff. (FS Fasching)

–, Beweislastpraxis im Privatrecht, Köln/Berlin/Bonn/München 1996 (Beweislastpraxis)

–, Das Verhältnis von Beweislastumkehr und Umkehr der konkreten Beweisführungslast im deutschen Zivilprozeß, in: Heldrich, Andreas/Uchida, Takeyoshi (Hrsg.), Festschrift für Hideo Nakamura, Tokyo 1996, S. 41 ff. (FS Nakamura)

Baumgärtel, Gottfried (Begr.)/Laumen Hans-Willi/Prütting, Hanns (Hrsg.), Handbuch der Beweislast, Band 1, 5. Auflage, Köln 2023 (Baumgärtel/Laumen/Prütting/*Bearbeiter*, Handbuch der Beweislast, Band 1)

– Band 3, 5. Auflage, Köln 2023 (Baumgärtel/Laumen/Prütting/*Bearbeiter*, Handbuch der Beweislast, Band 3)

Baur, *Fritz*, Studien zum einstweiligen Rechtsschutz, Tübingen 1967 (Studien)

–, Zur „Beschwer" im Rechtsmittelverfahren des Zivilprozesses, in: Rosenberg, Leo/Schwab, Karl-Heinz (Hrsg.), Festschrift für Friedrich Lent, München 1957, S. 1 ff. (FS Lent)

Baur, *Fritz*/*Stürner*, *Rolf*/*Bruns*, *Alexander*, Zwangsvollstreckungsrecht, 14. Auflage, Heidelberg 2022 (Zwangsvollstreckungsrecht)

Bälz, *Ulrich*, Leistung – Rückgriff – Durchgriff, in: Lange, Hermann/Nörr, Knut Wolfgang/Westermann, Harm Peter (Hrsg.), Festschrift für Joachim Gernhuber zum 70. Geburtstag, Tübingen 1993, S. 3 ff. (FS Gernhuber)

Beck, *Sascha*, Die Zuordnungsbestimmung im Rahmen der Leistung, Berlin, 2008 (Zuordnungsbestimmung)

Becker-Eberhard, *Ekkehard*, Die erledigende Vollstreckung aus vorläufig vollstreckbarem Titel – OLG Saarbrücken, NJW-RR 1998, 1068, in: JuS 1998, 884 f.

–, Die Entwicklung der höchstrichterlichen Rechtsprechung zur Erledigung der Hauptsache im Zivilprozeß, in: Canaris, Claus-Wilhelm/Heldrich, Andreas/Hopt, Klaus J./Roxin, Claus/Schmidt, Karsten/Widmaier(Hrsg.), Gunter, 50 Jahre Bundesgerichtshof – Festgabe aus der Wissenschaft, Band III, München 2000, S. 273 ff. (Festgabe BGH, Band 3)

Beckh, Hermann, Die Beweislast nach dem Bürgerlichen Gesetzbuch, München 1899 (Beweislast)

Beckhaus, Kim-Gesa, Die Rechtsnatur der Erfüllung, Tübingen 2013 (Erfüllung)

Beck-online.GROSSKOMMENTAR zum Zivilrecht, Gsell, Beate/Krüger, Wolfgang/Lorenz, Stephan/Reymann, Christoph (Gesamthrsg.), Stand: 01.09.2024 (BeckOGK/*Bearbeiter*, BGB)

BeckOK BGB, Hau, Roman/Poseck, Wolfgang (Hrsg.), 71. Edition, Stand: 01.05.2024 (BeckOK/*Bearbeiter*, BGB)

BeckOK ZPO, Vorwerk, Volker/Wolf, Christian (Hrsg.), 53. Edition, Stand: 01.07.2024 (BeckOK/*Bearbeiter*, ZPO)

BeckOK UWG, Fritzsche, Jörg/Münker, Reiner/Stollwerck, Christoph (Hrsg.), 25. Edition, Stand: 01.07.2024 (BeckOK/*Bearbeiter*, UWG)

Bettermann, Karl August, Die Beschwer als Rechtsmittelvoraussetzung im deutschen Zivilprozeß, in: ZZP 82 (1969), 24 ff.

Bergerfurth, Bruno, Die Erledigung der Hauptsache im Zivilprozeß, in: NJW 1992, 1655 ff.

Blomeyer, Arwed, Grundprobleme der Erledigung der Hauptsache – Korreferat, in: JuS 1962, 212 ff.

–, Außerprozessuale Aufrechnung und Prozeßaufrechnung, in: ZZP 88 (1975), 439 ff.

–, Wird der Klageanspruch durch die Vollstreckung oder ihre Abwendung erfüllt?, in: JR 1979, 490 ff.

Blomeyer, Jürgen, Der Anwendungsbereich der Vollstreckungserinnerung – Zu den Voraussetzungen der Zwangsvollstreckung, insbesondere dem Verhältnis zwischen Vollstreckungsrecht und materiellem Recht, in: RPfleger 1969, 279 ff.

Böckmann, Julius/Kluth, Peter, Die Behandlung des Zurückbehaltungsrechts im Falle vorläufiger Zwangsvollstreckung, in: MDR 2002, 1042 ff.

Borck, Hans-Günther, Wieso erledigt die Unterwerfungserklärung den Unterlassungsanspruch?, in: WRP 1974, 372 ff.

–, Ordnungsgeld auch nach „Titelfortfall“ und trotz Sicherheitsleistung?, in: WRP 1980, 670 ff.

–, Über Schwierigkeiten im Gefolge von Mehrfachabmahnungen, in: WRP 1985, 311 ff.

–, Der Streit um den Titelfortfall und immer noch kein Ende?, in: WRP 1994, 656 ff.

Bornkamm, Joachim, Unterlassungstitel und Wiederholungsgefahr, in: Keller, Erhard/Plassmann, Clemens/von Falck, Andreas (Hrsg.), Festschrift für Winfried Tilmann, Köln/Berlin/Bonn/München 2003, S. 769 ff. (FS Tilmann)

–, Das Schicksal des Unterlassungsanspruchs nach modifizierter Unterwerfung – Die vom Gläubiger nicht angenommene Unterwerfungserklärung, in: Ahrens, Hans-Jürgen/Bornkamm, Joachim/Fezer, Karl-Heinz/Koch, Thomas/McGuire, Mary-Rose/Würtenberger, Gert (Hrsg.), Festschrift für Wolfgang Büscher, Köln 2018, S. 441 ff. (FS Büscher)

Bötticher, Eduard, Prozeßrecht und Materielles Recht – Rezensionsabhandlung über *Wolfram Henckel*, Prozeßrecht und Materielles Recht, 1970, in: ZZP 85 (1972), 1 ff.

Braun, Johann, Lehrbuch des Zivilprozeßrechts, Tübingen 2014 (Zivilprozeßrecht)

–, Erfüllung, Verzugsbeendigung und Verzugszinsen bei Abwehrleistung und vorläufiger Vollstreckbarkeit, in: AcP 184 (1984), 152 ff.

–, Leistung und Sorgfalt – Gedanken anlässlich des gleichnamigen Buchs von Wolfgang Schur, in: AcP 205 (2005), 127 ff.

Brehm, Wolfgang, Vollstreckungsgegenklage nach Beendigung der Zwangsvollstreckung, in: ZIP 1983, 1420 ff.

Bruns, Alexander, Die zivilprozessuale Dimension der Justizgewährleistung, in: Bruns, Alexander/Kern, Christoph/Münch, Joachim/Piekenbrock, Andreas/Stadler, Astrid/Tsikrikas, Dimitros (Hrsg.), Festschrift für Rolf Stürner zum 70. Geburtstag, Band 1, Tübingen 2013, S. 257 ff. (FS Stürner)

Büch, Dirk, Die Erstbegehungsgefahr und ihre Ausräumung im gewerblichen Rechtsschutz, in: Büscher, Wolfgan/Ermann, Willi/Haedicke, Maximilian/Köhler, Helmut/Loschelder, Michael (Hrsg.), Festschrift für Joachim Bornkamm zum 65. Geburtstag, München 2014, S. 15 ff. (FS Bornkamm)

Bülow, Peter, Grundfragen der Erfüllung und ihrer Surrogate, in: JuS 1991, 529 ff.

von Caemmerer, Ernst, Irrtümliche Zahlung fremder Schulden, Sonderdruck aus: Vom deutschen zum europäischen Recht, Festschrift für Hans Dölle, Band 1, Tübingen 1963, S. 135 ff. (Irrtümliche Zahlung)

Canaris, Claus-Wilhelm, Der Schutz obligatorischer Forderungen nach § 823 I BGB, in: Deutsch, Erwin/Klingmüller, Ernst/Kullmann, Hans Josef (Hrsg.), Festschrift für Erich Steffen zum 65. Geburtstag am 28. Mai 1995, Berlin/New York 1995, S. 85 ff. (FS Steffen)

Casper, Matthias, Der Optionsvertrag, Tübingen 2005 (Optionsvertrag)

Christiansen, Julian, Bedingungen und Befristungen im Recht der Insolvenzanfechtung, in: KTS 2003, 353 ff.

Costede, Jürgen, Studien zum Gerichtsschutz – Grundlagen des Rechtsschutzes in der streitigen und freiwilligen deutschen Zivilgerichtsbarkeit, Bern 1977 (Gerichtsschutz)

–, Unorthodoxe Gedanken zur Streitgegenstandslehre, in: Ahrens, Hans-Jürgen/von Bar, Christian/Fischer, Gerfried/Spickhoff, Andreas/Taupitz, Jürgen (Hrsg.), Festschrift für Erwin Deutsch zum 70. Geburtstag, Köln/Berlin/Bonn/München 1999, S. 907 ff. (FS Deutsch)

Czub, Hans-Joachim, Die schuldtilgende Wirkung der Beitreibung aus einem vorläufig vollstreckbaren Urteil, in: ZZP 102 (1989), 273 ff.

Dreier, Thomas/Schulze, Gernot (Hrsg.), Urheberrechtsgesetz, 7. Auflage, München 2022 (Dreier/Schulze/*Bearbeiter*, UrhG)

El-Gayar, Michael, Die einseitige Erledigungserklärung des Klägers im Zivil-, Arbeits- und Verwaltungsgerichtsprozess, Köln/Berlin/Bonn/München 1998 (Erledigungserklärung)

Erdmann, Gertrtud, Wann findet § 814 Halbsatz 1 BGB. Anwendung, und welches ist sein rechtspolitischer Grundgedanke?, Quakenbrück 1935 (§ 814 BGB)

Ernst, Wolfgang, Gestaltungsrechte im Vollstreckungsverfahren, in: NJW 1986, 401 ff.

Fasching, Hans W., Lehrbuch des österreichischen Zivilprozeßrechts, 2. Auflage, Wien 1990 (Österreichisches Zivilprozessrecht)

Feil, Erich/Marent, Karl-Heinz, Exekutionsordnung, Wien 2008 (*Feil/Marent*, EO)

Fervers, Matthias, Prozessuale Kostenverteilung und materielles Recht, in: Christandl, Gregor/Laimer, Simon/Nemeth, Kristin/Skarics, Florian/Tamerl, Daniel/Trenker, Martin/Voithofer, Caroline/Walch, Mathias (Hrsg.), Jahrbuch Junger Zivilrechtswissenschaftler 2017, Intra- und Interdisziplinarität im Zivilrecht, Baden-Baden 2018, S. 89 ff. (Jahrbuch 2017)

Filges, Sven, Die Zahlung der Krankenhausvergütung unter Vorbehalt – eine rechtliche Einordnung, in: NZS 2021, 584 ff.

Finkenauer, Thomas, Ergänzende Auslegung bei Individualabreden, in: AcP 213 (2013), 619 ff.

Fischer, Detlev, Rechtsnatur und Funktion der Vertragsstrafe im Wettbewerbsrecht unter besonderer Berücksichtigung der höchstrichterlichen Rechtsprechung, in: Erdmann, Willi/Gloy, Wolfgang/Herber, Rolf (Hrsg.), Festschrift für Henning Piper, München 1996, S. 205 ff. (FS Piper)

Foerste, Ulrich, Zivilrechtlicher Ausgleich bei Verurteilung mangels Vortrags, in: ZZP 133 (2020), 319

–, Zur Notwendigkeit einer reziproken Anwendung des § 93 ZPO, in: Bruns, Alexander/Kern, Christoph/Münch, Joachim/Piekenbrock, Andreas/Stadler, Astrid/Tsikrikas, Dimitrios (Hrsg.), Festschrift für Rolf Stürner zum 70. Geburtstag, Band I, Tübingen 2013, S. 273 ff. (FS Stürner)

Frings, Michael, Annahme des Erlaßangebots durch Scheckeinlösung?, in: BB 1996, 809

Fritzsche, Jörg, Unterlassungsanspruch und Unterlassungsklage, Berlin/Heidelberg/New York 2000 (Unterlassungsanspruch)

–, Kommentar zu BGH, Urteil vom 12.01.2023 – I ZR 49/22, in: WRP 2023, 713 ff.

Furtner, Georg, Anmerkung zu OLG Oldenburg, Beschluss vom 28.08.1957 – 2 U 156/57, in: NJW 1958, 426

Gaschler, Andreas, Kostenentscheidung bei Erledigung durch Einreden und Gestaltungsrechte – ein Beitrag zum „Unterliegensprinzip“ und zur „Veranlasserhaftung“, in: ZZP 134 (2021), 93 ff.

Gaul, Hans Friedhelm, Zur Frage nach dem Zweck des Zivilprozesses, in: AcP 168 (1968), 27 ff.

–, Die Haftung aus dem Vollstreckungszugriff, in: ZZP 110 (1997), 1 ff.

–, Die Ausübung privater Gestaltungsrechte nach rechtskräftigem Verfahrensabschluß – ein altes und beim „verbraucherschützenden“ Widerrufsrecht erneut aktuell gewordenes Thema, in: Schön, Wolfgang (Hrsg.), Gedächtnisschrift für Brigitte Knobbe-Keuk, Köln 1997, S. 135 ff. (GS Knobbe-Keuk)

–, Vollstreckbare Urkunde und vollstreckbarer Anspruch, in: Prütting, Hanns/Rüssmann, Helmut (Hrsg.), Verfahrensrecht am Ausgang des 20. Jahrhunderts, Festschrift für Gerhard Lüke zum 70. Geburtstag, München 1997, S. 81 ff. (FS Lüke)

–, Rechtsverwirklichung durch Zwangsvollstreckung aus rechtsgrundsätzlicher und rechtsdogmatischer Sicht, in: ZZP 112 (1999), 135 ff.

–, Rechtskraft und ungerechtfertigte Bereicherung, in: Meller-Hannich, Caroline/Haertlein, Lutz/Gaul, Hans Friedhelm/Becker-Eberhard, Ekkehard (Hrsg.), Rechtslage – Rechtserkenntnis – Rechtsdurchsetzung, Festschrift für Eberhard Schilken zum 70. Geburtstag, München 2015, S. 275 ff. (FS Schilken)

Gaul, Hans Friedhelm/Schilken, Eberhard/Becker-Eberhard, Ekkehard, Zwangsvollstreckungsrecht, 12. Auflage, München 2010 (Zwangsvollstreckungsrecht)

Gehrlein, Markus, Erfüllung der Stammeinlage durch reale Leistungsbewirkung, in: NZG 2006, 374 ff.

Gernhuber, Joachim, Die Erfüllung und ihre Surrogate – sowie das Erlöschen der Schuldverhältnisse aus anderen Gründen, 2. Auflage, Tübingen 1994 (Erfüllung)

Gilles, Peter, Verfahrensfunktionen und Legitimationsprobleme richterlicher Entscheidungen im Zivilprozess, in: Lüke, Gerhard/Jauernig, Othmar (Hrsg.), Festschrift für Gerhard Schiedermair, München 1976, S. 183 ff. (FS Schiedermair)

Gottwald, Peter, Grundprobleme der Beweislastverteilung, in: Jura 1980, 225 ff.

Götz, Klaus-Jürgen, Zivilrechtliche Ersatzansprüche bei schädigender Rechtsverfolgung, Berlin 1989 (Ersatzansprüche)

Grigoleit, Hans Christoph, Die Leistungszweckbestimmung zwischen Erfüllung und Bereicherungsausgleich, in: Beuthien, Volker/Fuchs, Maximilian/Roth, Herbert/Schiemann, Gottfried/Wacke, Andreas (Hrsg.), Perspektiven des Privatrechts am Anfang des 21. Jahrhunderts – Festschrift für Dieter Medicus zum 80. Geburtstag am 9. Mai 2009, Köln 2009, S. 125 ff. (FS Medicus)

Gröschler, Peter, Zur Wirkungsweise und zur Frage der Geltendmachung von Einrede und Einwendung im materiellen Zivilrecht, in: AcP 201 (2001), 48 ff.

Gruber, Michael, Grundsatz des Wegfalls der Wiederholungsgefahr durch Unterwerfung, in: WRP 1992, 71 ff.

Grunsky, Wolfgang, Die Auswirkungen des „urteilsvertretenden Anerkenntnisses" auf die Verjährung, in: NJW 2013, 1336 ff.

Gsell, Beate/Haag Elli-Luise, Ungeschmälerte Mietzahlung trotz Minderung und teleologische Reduktion des § 814 Alt. 1 BGB, in: Artz, Markus/Eisenschmid, Norbert/Schmidt, Hubert/Streyl, Elmar (Hrsg.), Festschrift für Ulf P. Börtstinghaus zum 65. Geburtstag, München 2020, S. 153 ff. (FS Börstinghaus)

Hager, Johannes, Das Erlöschen des possessorischen Anspruchs aufgrund eines petitorischen Titels, in: KTS 1989, 515 ff.

Hahn, Carl (Hrsg.), Die gesammten Materialien zu den Reichs-Justizgesetzen, Zweiter Band, Materialien zur Civilprozeßordnung, Berlin 1880 (Materialien, Band 2)

Hahn, Carl/Mugdan, Benno (Hrsg.), Die gesammten Materialien zu den Reichs-Justizgesetzen, Achter Band, Materialien zum Gesetz betr. Aenderungen der Civilprozeßordnung, Gerichtsverfassungsgesetz und Strafprozeßordnung, Berlin 1898 (Materialien, Band 8)

Halfmeier, Axel, Zur Beweislast für den Mangel des Rechtsgrunds, in: Brüggemeier, Gert (Hrsg.), Liber Amicorum Eike Schmidt zum 65, Geburtstag am 26.11.2004, Heidelberg, 2005, S. 109 ff. (liber amicorum Eike Schmidt)

Hanau, Hans, Der Grundsatz der Verhältnismäßigkeit als Schranke privater Gestaltungsmacht – Zur Herleitung und Kontrolle einer Angemessenheitskontrolle von Verfassungs wegen, Tübingen 2004 (Gestaltungsmacht)

Hartmann, Felix, Der Anspruch auf das stellvertretende commodum, Tübingen 2007 (commodum)

Häsemeyer, Ludwig, Schadenshaftung im Zivilrechtsstreit, Heidelberg/Hamburg 1979 (Schadenshaftung)

–, Insolvenzrecht, 4. Auflage, Köln/München 2007 (Insolvenzrecht)

–, Die sogenannte „Prozeßaufrechnung" – eine dogmatische Fehlakzentuierung, in: Bökelmann, Erhard/Henckel, Wolfram/Jahr, Günther (Hrsg.), Festschrift für Friedrich Weber zum 70. Geburtstag, Berlin/New York, 1975, S. 215 ff. (FS Weber)

–, Beteiligtenverhalten im Zivilrechtsstreit, in: ZZP 118 (2005), 265 ff.

Heidelberger Kommentar zur Insolvenzordnung, Kayser, Godehard/Thole, Christoph (Hrsg.), 11. Auflage, Heidelberg 2023 (HK/*Bearbeiter*)

Heiderhoff, Bettina, Die Tatsachenbindung des Berufungsgerichts nach der ZPO-Reform, in: JZ 2003, 490 ff.

Heinrich, Christian, Die Beweislast bei Rechtsgeschäften, Köln 1996 (Beweislast)

Hellhake, Bettina, Einstweilige Einstellung der Zwangsvollstreckung nach §§ 707, 719 Abs. 1 ZPO in direkter und analoger Anwendung, St. Augustin 1998 (Einstellung)

Hellwig, Konrad, System des deutschen Zivilprozeßrechts, Band 1, 2. Neudruck der Ausgabe 1912, Aalen 1980 (Zivilprozeßrecht)

–, Anspruch und Klagrecht, Neudruck der Ausgabe 1924, Aalen 1967 (Anspruch)

Henckel, Wolfram, Prozessrecht und materielles Recht, Göttingen 1970 (Prozessrecht)
–, Materiellrechtliche Folgen der unzulässigen Prozeßaufrechnung, in: ZZP 74 (1961), 165 ff.
–, Vorbeugender Rechtsschutz im Zivilrecht, in: AcP 174 (1974), 97 ff.
Hertel, Christian, Der Urkundenprozeß – unter besonderer Berücksichtigung von Verfassung (rechtliches Gehör) und Vollstreckungsschutz, Berlin 1992 (Urkundenprozeß)
Hirte, Heribert/Vallender, Heinz (Hrsg.), Uhlenbruck, Insolvenzordnung, Band 1, 15. Auflage, München 2019 (Uhlenbruck/*Bearbeiter*)
Hirtsiefer, Franz, Die Zahlung bei Zweifeln über die Schuld, insbesondere die Zahlung unter Vorbehalt, Köln 1936 (Zahlung unter Vorbehalt)
Hoffmann, Jan Felix, Zession und Rechtszuweisung, Tübingen 2012 (Zession)
–, Prioritätsgrundsatz und Gläubigergleichbehandlung, Tübingen 2016 (Prioritätsgrundsatz)
–, Defizite im Recht der Prozesskostenerstattung – Erledigung und „materiell-rechtliche" Kostenerstattungspflichten, in: ZZP 125 (2012), 345 ff.
–, Dogmatik und Rechtsfortbildung am Beispiel der Domain – „gewinn.de" zwischen Prätendentenstreit und Forderungskollision, in: Effer-Uhe, Daniel/Sagan, Adam/Deckenbrock, Christian/Höpfner, Clemens/Kilian, Matthias/Morell, Alexander/Schneider, Angie/Scholl, Bernd/Ulber, Daniel (Hrsg.), Jahrbuch Junger Zivilrechtswissenschaftler 2014, Richterliche Rechtsfortbildung und kodifiziertes Richterrecht, Stuttgart/München 2014, S. 163 ff. (Jahrbuch 2014)
–, Der immaterialgüterrechtliche Vernichtungsanspruch – Versuch einer Zivilisierung, in: ZGE 2014, 335 ff.
–, Vertragsbindung kraft Insolvenz? – Lösungsklauseln und Vertragsspaltungen im Kontext der §§ 103 ff. InsO, in: KTS 2018, 343 ff.
–, Die Bindungswirkung einer strafbewehrten Unterlassungserklärung, in: GRUR 2021, 1029 ff.
–, Die einseitige Erledigungserklärung und die Schwächen der Klageänderungstheorie, in: Berger, Christian/Boemke, Burkhard/Gaul, Hans Friedhelm/Haertlein, Lutz/Heiderhoff, Bettina/Schilken, Eberhard (Hrsg.), Prozessrecht, Zwangsvollstreckungsrecht Insolvenzrecht, Festschrift Becker-Eberhard, München 2022, S. 213 ff. (FS Becker-Eberhard)
Hofmann, Franz, Der Unterlassungsanspruch als Rechtsbehelf, Tübingen 2017 (Unterlassungsanspruch)
Holzhammer, Richard, Österreichisches Zwangsvollstreckungsrecht, 4. Auflage, Wien 1993 (Österreichisches Zwangsvollstreckungsrecht)
Huber, Melanie, Die Vollstreckung von Urteilen nach der Schweizerischen ZPO, Zürich/St. Gallen 2016 (Vollstreckbarkeit)
Huber, Ulrich, Schadensersatz der Leistung, in: AcP 210 (2010), 319 ff.
Jacobs, Matthias, Der Gegenstand des Feststellungsverfahrens, Tübingen 2005 (Feststellungsverfahren)
Jäckel, Holger, Beweisvereinbarungen im Zivilrecht, Duisburg/Köln 2007 (Beweisvereinbarungen)
Jaeger, Ernst (Begr.), Insolvenzordnung, Band 2, §§ 35–55, 2. Auflage, Berlin/Boston 2023 (Jaeger/*Bearbeiter*)
Jahr, Günther, Die Einrede des bürgerlichen Rechts, in: JuS 1964, 293 ff.
Jakobs, Horst Heinrich/Schubert, Werner (Hrsg.), Die Beratung des Bürgerlichen Gesetzbuches in systematischer Zusammenstellung der unveröffentlichten Quellen, Recht der Schuldverhältnisse III, §§ 652–853, Berlin/New York 1983 (Schuldverhältnisse III)

Jestaedt, Bernhard, Die Vollstreckung von Unterlassungstiteln nach § 890 ZPO bei Titelfortfall, in: WRP 1981, 433 ff.

Jung, Ingo/Hilger, Katharina, Wegfall der Wiederholungsgefahr III Kurskorrektur des BGH zu Annahmeerfordernis und nicht bezifferter Vertragsstrafe bei Unterlassungsverpflichtungserklärungen, in: IPRB, 2023, 71 ff.

juris PraxisKommentar BGB, Band 2 – Schuldrecht, Herberger, Maximilian/Martinek, Michael/Rüßmann, Helmut/Weth, Stephan/Würdinger, Markus (Gesamthrsg.), 10. Auflage Saarbrücken, 2023 (jurisPK/*Bearbeiter*)

Kahl, Thomas, Regelanwendung und Einzelfallgerechtigkeit bei den sogenannten rein prozessualen Rechtsbehelfen, in: Krebs, Peter/Baldus, Christian (Hrsg.), Summum ius, summa inuria: Zivilrecht zwischen Rechtssicherheit und Einzelfallgerechtigkeit, Jahrbuch Junger Zivilrechtswissenschaftler 1994, Stuttgart/München 1995, S. 205 ff. (Jahrbuch 1994)

Kainz, Martin, Funktion und dogmatische Einordnung der Vollstreckungsabwehrklage in das System der Zivilprozeßordnung, Berlin 1984 (Vollstreckungsabwehrklage)

Kallweit, Uwe, Die Prozeßförderungspflicht der Parteien und die Präklusion verspäteten Vorbringens im Zivilprozeß nach der Vereinfachungsnovelle vom 3.12.1976, Frankfurt a.M./Bern/New York 1983 (Prozeßförderungspflicht)

Katzenstein, Matthias, Übergang vom vindikatorischen Herausgabeanspruch auf Schadensersatz nach § 281 BGB?, in: AcP 206 (2006), 96 ff.

Kern, Christoph, Richterliche Hinweise als Mittel zur Herstellung von Waffengleichheit, in: ZZP 136 (2023), 201 ff.

Kerwer, Christof, Die Erfüllung in der Zwangsvollstreckung, Köln 1996 (Erfüllung)

Kindl, Johann/Meller-Hannich, Caroline (Hrsg.), Gesamtes Recht der Zwangsvollstreckung: ZPO, ZVG, Nebengesetze, Europäische Regelungen, Kosten, 4. Auflage, Baden-Baden 2021 (Zwangsvollstreckung)

Knöringer, Dieter, Die Erledigung der Hauptsache im Zivilprozess, in: JuS 2010, 569 ff.

Kohler, Josef, Lehrbuch des Bürgerlichen Rechts, Band 1: Allgemeiner Teil, Berlin, 1906 (Bürgerliches Recht, Band 1)

Köhler, Helmut, Der wettbewerbsrechtliche Unterlassungsvertrag: Rechtsnatur und Grenzen der Wirksamkeit, in: Erdmann, Willi/Mees, Hans-Kurt/Piper, Hening/Teplitzky, Otto/Hefermehl, Wolfgang/Ulmer, Peter (Hrsg.), Festschrift für Otto-Friedrich Frh. v. Gamm, Köln/Berlin/Bonn/München 1990, S. 57 ff. (FS v. Gamm)

–, Vertragliche Unterlassungspflichten, in: AcP 190 (1990), 496 ff.

–, „Abmahnverhältnis" und „Unterwerfungsverhältnis", in: Erdmann, Willi/Gloy, Wolfgang/Herber, Rolf (Hrsg.), Festschrift für Henning Piper, München 1996, S. 309 ff. (FS Piper)

–, Zur Geltendmachung und Verjährung von Unterlassungsansprüchen, in: JZ 2005, 489 ff.

–, Wegfall der Erstbegehungsgefahr durch „entgegengesetztes Verhalten"?, in: GRUR 2011, 879 ff.

Köhler, Helmut/Bornkamm, Joachim/Feddersen, Jörn (Hrsg.), Gesetz gegen den unlauteren Wettbewerb, 42. Auflage, München 2024 (Köhler/Bornkamm/Feddersen/*Bearbeiter*, UWG)

Koller, Alfred, Schweizerisches Obligationenrecht, Allgemeiner Teil, 4. Auflage, Bern 2017 (Obligationenrecht AT)

Koller, Christian/Lovrek, Elisabeth/Spitzer, Martin, Insolvenzordnung, 2. Auflage, Wien 2023 (Koller/Lovrek/Spitzer/*Bearbeiter*, IO)

König, Bernhard/Trenker, Martin, Die Anfechtung nach der Insolvenzordnung, 6. Auflage, Wien 2020 (Anfechtung)
Köpf, Laura Marlen, Zwangsvollstreckungsmoratorien, Tübingen 2020 (Zwangsvollstreckungsmoratorien)
Kötschau, Otto, Die Zwangszahlung aus einem vorläufig vollstreckbaren Urteil, Flensburg 1928 (Zwangszahlung)
Kramer, Wolfgang, Die Berufung in Zivilsachen, 9. Auflage, München 2022 (Berufung)
Kren Kostkiewicz, Jolanta, Schuldbetreibungs- & Konkursrecht, 3. Auflage, Zürich/Basel/Genf 2018 (Schuldbetreibungs- & Konkursrecht)
Kreutz, Klaus, Die Leistung zur Abwendung der Zwangsvollstreckung nach einem vorläufig vollstreckbaren Urteil, Bochum 1995 (Abwendung)
Krüger, Wolfgang, Die Leistung zur Abwendung der Zwangsvollstreckung im Spannungsfeld zwischen formellem und materiellem Recht, in: NJW 1990, 1208 ff.
Kuchinke, Kurt, Die Risiken der Beweisführung bei Haftungsklagen gegen den Produzenten, in: Juristische Fakultät der Bayerischen Julius-Maximilans-Universität (Hrsg.), Ius et commercium, Festschrift für Franz Laufke, Würzburg 1971, S. 113 ff. (FS Laufke)
Kuhn, Georg, Über die Rechtsprechung des Bundesgerichtshofes auf dem Gebiete des Konkursrechts, in: KTS 1963, 63 ff.
Lange, Knut Werner, Die Erlaß- bzw. Vergleichsfalle, in: WM 1999, 1301 ff.
Lange, Thomas, Prozessstoff und Prüfungsumfang in der Berufungsinstanz nach der ZPO-Reform 2002, Hamburg 2007 (Prüfungsumfang)
Larenz, Karl, Lehrbuch des Schuldrechts, Band I, Allgemeiner Teil, 14. Auflage, München 1987 (Schuldrecht AT)
Larenz, Karl/Canaris, Claus-Wilhelm, Lehrbuch des Schuldrechts, Band 2, Schuldrecht BT, Teilband 2, München 1994 (Schuldrecht BT, Band 2/2)
Laumen, Hans-Willi, Das Rechtsgespräch im Zivilprozeß, Köln/Berlin/München/Bonn 1984 (Rechtsgespräch)
–, Die „Beweiserleichterung bis zur Beweislastumkehr“ – ein beweisrechtliches Phänomen, in: NJW 2002, 3739 ff.
Lechner, Herbert, Die Ausübung von Gestaltungsrechten im Berufungsverfahren – eine „Einwendung der dritten Art“? – Zugleich Besprechung von BGH WM 2018, 2196, in: WM 2019, 765 ff.
Lehmann, Heinrich, Die Unterlassungspflicht im Bürgerlichen Recht, München 1906 (Unterlassungspflicht)
Lehr, Friedrich W., Das Erlöschen der Vollstreckbarkeit, Frankfurt 1969 (Vollstreckbarkeit)
Leichsenring, Heike, Die Rücknahme der Prozessaufrechnung, in: NJW 2013, 2155 ff.
Leipold, Dieter, Beweislastregeln und gesetzliche Vermutungen, Berlin 1966 (Beweislastregeln)
–, Beweismaß und Beweislast, Berlin/New York 1985 (Beweismaß)
Lepa, Manfred, Die Verteilung der Beweislast im Privatrecht und ihre rationelle Begründung, Köln 1963 (Beweislast)
Liebs, Detlef, Bereicherungsanspruch wegen Mißerfolgs und Wegfall der Geschäftsgrundlage, in: JZ 1978, 697 ff.
Lindacher, Walter F., Phänomenologie der Vertragsstrafe, Frankfurt a.M. 1972 (Phänomenologie)
–, Gesicherte Unterlassungserklärung, Wiederholungsgefahr und Rechtsschutzbedürfnis, in: GRUR 1975, 413 ff.

–, Zur „Natur“ der Strafe nach § 890 ZPO, in: ZZP 85 (1972), 239 ff.
–, Dogmatik der wettbewerbsrechtlichen Unterwerfungserklärung, in: Heldrich, Andreas/Prölls, Jürgen/Koller, Ingo (Hrsg.), Festschrift für Claus-Wilhelm Canaris zum 70. Geburtstag, München 2007, S. 1393 ff. (FS Canaris)
Lobinger, Thomas, Rechtsgeschäftliche Verpflichtung und autonome Bindung, Tübingen 1999 (Rechtsgeschäftliche Verpflichtung)
–, Die Grenzen rechtsgeschäftlicher Leistungspflichten, Tübingen 2004 (Grenzen)
–, Mietminderung und § 814 BGB, in: JZ 2022, 599 ff.
Lüke, Gerhard, Zur Erledigung der Hauptsache, in: Bökelmann, Erhard/Henckel, Wolfram/Jahr, Günther (Hrsg.), Festschrift für Friedrich Weber zum 70. Geburtstag, Berlin/New York 1975, S. 323 ff. (FS Weber)
Maier, Georg H., Irrtümliche Zahlung fremder Schulden, in: AcP 152 (1952/53), 97 ff.
Marotzke, Wolfgang, Gegenseitige Verträge im neuen Insolvenzrecht, 3. Auflage, Tübingen 2001 (Gegenseitige Verträge)
Maurer, Hans-Ulrich, Einstweilige Anordnungen in der Zwangsvollstreckung nach Einlegung zivilprozessualer Rechtsbehelfe, Tübingen 1981 (Anordnungen)
Meinhardt, Lars, Die Wiederholungsgefahr ist entfallen – oder doch nicht?, in: WRP 2023, 406 ff.
Meller-Hannich, Caroline, Die Einrede der Verjährung, in: JZ 2005, 656 ff.
–, Zur Präklusion der Verjährungseinrede in der Berufungsinstanz, in: NJW 2006, 3385 ff.
Messer, Herbert, Die freiwillige Leistung des Schuldners in der Zwangsvollstreckung, Bielefeld 1966 (Freiwillige Leistung)
Michaels, Ralf, Sachzuordnung durch Kaufvertrag – Traditionsprinzip, Konsensprinzip, ius ad rem in Geschichte, Theorie und geltendem Recht, Berlin 2002 (Sachzuordnung)
Mini, Harald, Exekutionsverfahren – Einführung in das österreichische Exekutionsverfahren nach der EO-Novelle 2008, 2. Auflage, Wien 2008 (Exekutionsverfahren)
Mugdan, Benno (Hrsg.), Die gesammten Materialien zum Bürgerlichen Gesetzbuch für das Deutsche Reich, Band 1: Einführungsgesetze und Allgemeiner Theil, Berlin 1899 (Mugdan, Materialien, Band 1)
–, Band 2: Recht der Schuldverhältnisse, Berlin 1899 (Mugdan, Materialien, Band 2)
Muscheler, Karlheinz/*Bloch, Wolfgang*, Erfüllung und Erfüllungssurrogate, in: JuS 2000, 729 ff.
Musielak, Hans-Joachim, Die Grundlagen der Beweislast im Zivilprozeß, Berlin 1975 (Grundlagen)
–, Die Aufrechnung des Beklagten im Zivilprozess, in: JuS 1994, 817 ff.
–, Gegenwartsprobleme der Beweislast, in: ZZP 100 (1987), 385 ff.
–, Zu einigen Fragen der Prozessaufrechnung, in: Stürner, Rolf/Matsumoto, Hiroyuki/Lüke, Wolfgang/Deguchi, Masahisa, Festschrift für Dieter Leipold zum 70. Geburtstag, Tübingen 2009, S. 85 ff. (FS Leipold)
Musielak, Hans-Joachim/Voit, Wolfgang, Zivilprozessordnung, 21. Auflage, München 2024 (Musielak/Voit/*Bearbeiter*)
Münch, Joachim, Vollstreckbare Urkunde und prozessualer Anspruch, Köln/Berlin/Bonn/München 1989 (Vollstreckbare Urkunde)
–, Die Beweislastverteilung bei der Vollstreckungsgegenklage, in: NJW 1991, 795 ff.
Münchener Kommentar zum Bürgerlichen Gesetzbuch, Säcker, Franz Jürgen/Rixecker Roland/Oetker, Hartmut/Limperg, Bettina (Gesamthrsg.), Band 1, §§ 1–240, 9. Auflage, München 2021 (MüKo/*Bearbeiter*, BGB)
– Band 3, §§ 311–432, 9. Auflage, München 2022 (MüKo/*Bearbeiter*, BGB)

– Band 7, §§ 705–832, 9. Auflage, München 2024 (MüKo/*Bearbeiter*, BGB)
– Band 8, §§ 854 – 1296, 9. Auflage, München 2023 (MüKo/*Bearbeiter*, BGB)
Münchener Kommentar zur Insolvenzordnung, Stürner, Rolf/Eidenmüller, Horst/Schoppmeyer, Heinrich (Hrsg.), Band 1, 4. Auflage, München 2019 (MüKo/*Bearbeiter*, InsO)
Münchener Kommentar zur Zivilprozessordnung, Rauscher, Thomas/Krüger, Wolfgang (Hrsg.), Band 1, §§ 1–354 6. Auflage, München 2020 (MüKo/*Bearbeiter*, ZPO)
– Band 2, §§ 355–945b, 6. Auflage, München 2020 (MüKo/*Bearbeiter*, ZPO)
Münchener Kommentar zum Lauterkeitsrecht, Heermann, Peter W./Schlingloff, Jochen (Hrsg.), Band 2, §§ 7a–20 UWG, GeschGehG, 3. Auflage, München 2022 (MüKo/*Bearbeiter*, UWG)
Münzberg, *Wolfgang*, Der vollstreckbare Anspruch in unstreitig erwirkten Vollstreckungstiteln, in: JZ 1998, 379 ff.
–, Anmerkung zu OLG Hamm, Beschluss vom 18.04.1989, 4 W 117/89, in: WRP 1990, 425
Noethen, *Mark*, Zulässigkeit einer erstmals in der Berufungsinstanz erhobenen Verjährungseinrede, in: MDR 2006, 1024 ff.
Oberhammer, Paul/Domej, Tanja/Haas, Ulrich (Hrsg.), Schweizerische Zivilprozessordnung 3. Auflage, Basel 2021 (Oberhammer/Domej/Hass/*Bearbeiter*, sZPO)
Odemer, *Hilmar*, Schadensersatz statt der Leistung im Anspruchssystem des Eigentümer-Besitzer-Verhältnisses, Tübingen 2019 (Schadensersatz)
Ohly, Ansgar/Sosnitza, Olaf (Hrsg.), Gesetz gegen den unlauteren Wettbewerb, 8. Auflage, München 2023 (Ohly/Sosnitza/*Bearbeiter*, UWG)
Ohndorf, *Wolfgang*, Die Beschwer und die Geltendmachung der Beschwer als Rechtsmittelvoraussetzungen im deutschen Zivilprozeßrecht, Berlin 1972 (Beschwer)
Ost, *Wolfgang*, Die Zuordnung als Kriterium des subjektiven Rechts – Dargestellt am subjektiven Vermögensrecht, Tübingen 1965 (Zuordnung)
Ostermeier, *Peter*, Alte und neue Probleme des Präklusionsrechts nach der ZPO-Reform, in: ZZP 120 (2007), 219 ff.
Pastor, *Wilhelm L.*, Die Unterlassungsvollstreckung nach § 890 ZPO, 3. Auflage, Köln/Berlin/Bonn/München 1982 (Unterlassungsvollstreckung)
Pecher, *Hans Peter*, Die Schadensersatzansprüche aus ungerechtfertigter Vollstreckung, Berlin 1967 (Schadensersatzansprüche)
–, Anmerkung zu BGH, Urteil vom 21.04.1980 – II ZR 107/79, in: ZZP 94 (1981), 446 ff.
Peters, *Egbert*, Richterliche Hinweispflichten und Beweisinitiativen im Zivilprozeß, Tübingen 1983 (Hinweispflicht)
Picker, *Eduard*, Der negatorische Beseitigungsanspruch, Bonn 1972 (Beseitigungsanspruch)
–, Die Drittwiderspruchsklage in ihrer geschichtlichen Entwicklung als Beispiel für das Zusammenwirken von materiellem Recht und Prozeßrecht, Köln/Berlin/Bonn/München 1981 (Drittwiderspruchsklage)
–, Positive Forderungsverletzung und culpa in contrahendo – Zur Problematik der Haftungen „zwischen" Vertrag und Delikt, in: AcP 183 (1983), 369 ff.
–, Negatorische Haftung und Geldabfindung – ein Beitrag zur Differenzierung der bürgerlichrechtlichen Haftungssysteme, in: Medicus, Dieter (Hrsg.), Festschrift für Hermann Lange, Stuttgart/Berlin/Köln 1992, S. 625 ff. (FS Lange)
–, Der vindikatorische Herausgabeanspruch, in: Canaris, Claus-Wilhelm/Heldrich, Andreas/Hopt, Klaus/Roxin, Klaus/Schmidt, Karsten/Widmaier, Gunter (Hrsg.), 50 Jahre Bundesgerichtshof – Festgabe aus der Wissenschaft, Band 1: Bürgerliches Recht, München 2000, S. 693 ff. (Festgabe BGH, Band 1)

–, Der „dingliche" Anspruch, in: Koziol, Helmut/Rummel, Peter (Hrsg.), Im Dienste der Gerechtigkeit, Festschrift für Franz Bydlinski, Wien 2002, S. 269 ff. (FS Bydlinski)
–, Der deliktische Schutz der Forderung als Beispiel für das Zusammenspiel von Rechtszuweisung und Rechtsschutz, in: Heldrich, Andreas/Prölls, Jürgen/Koller, Ingo (Hrsg.), Festschrift für Claus-Wilhelm Canaris zum 70. Geburtstag, Band 1, München 2007, S. 1001 ff. (FS Canaris)
–, Privatrechtsdogmatik und Eigentumsschutz oder Zur Systematik von Rechts- und Rechtsschutzgestaltung, in: Grigoleit, Hans Christoph/Petersen, Jens/Auer, Marietta (Hrsg.), Privatrechtsdogmatik im 21. Jahrhundert, Festschrift für Claus-Wilhelm Canaris zum 80. Geburtstag, Berlin/Boston 2017, S. 579 ff. (2. FS Canaris)
–, Privatrechtssystem und negatorischer Rechtsschutz, Tübingen 2019 (Privatrechtssystem)
Piekenbrock, Andreas, Zur Rechtfertigung des Haftungsprivilegs nach § 717 Abs. 3 ZPO, in: JR 2005, 446 ff.
Piekenbrock, Andreas/Siegmann, Matthias, Anmerkung zu BGH, Urteil vom 02.03.2000 – IX ZR 285/99, in: ZZP 114 (2001), 214 ff.
Pokrant, Günther, Zur vorprozessualen Erfüllung wettbewerbsrechtlicher Unterlassungsansprüche, in: Ahrens, Hans-Jürgen/Bornkamm, Joachim/Gloy, Wolfgang/Starck, Joachim/v.Ungern-Sternberg, Joachim (Hrsg.), Festschrift für Willi Erdmann zum 65. Geburtstag, Köln/Berlin/Bonn/München 2002, S. 863 ff. (FS Erdmann)
Pohle, Rudolf, Zur Beweislast im internationalen Recht, in: Von Caemmerer, Ernst/Nickisch, Arthur/Zweigert, Konrad (Hrsg.), Vom deutschen zum europäischen Recht, Festschrift für Hans Dölle, Band 2, Tübingen 1963, S. 317 ff. (FS Dölle)
Prütting, Hanns, Gegenwartsprobleme der Beweislast, München 1983 (Beweislast)
von Randow, Philipp, Die Erlaßfalle, in: ZIP 1995, 445 ff.
Rechberger, Walter H./Klicka, Thomas (Hrsg.), Zivilprozessordnung, Wien 2019 (Rechberger/Klicka/*Bearbeiter*, öZPO)
Regenfus, Thomas, Kongruenz und Äquivalenz zum Unterlassungstitel als Vorgaben für das Verständnis und Auslegung strafbewehrter Unterlassungserklärungen, in: GRUR 2021, 1029 ff.
Reuter, Dieter/Martinek, Michael, Handbuch des Schuldrechts, Band 4, Ungerechtfertigte Bereicherung, Tübingen 1983 (Ungerechtfertigte Bereicherung)
Rieble, Volker, Wegfall wettbewerbsrechtlicher Vertragsstrafen durch das UWG-Änderungsgesetz?, in: GRUR 1995, 252 ff.
Riehm, Thomas, Rechtsgrund – Pflicht – Anspruch – Zur Dogmatik des Schuldverhältnisses, in: Grigoleit, Hans Christoph/Petersen, Jens/Auer, Marietta (Hrsg.), Privatrechtsdogmatik im 21. Jahrhundert, Festschrift für Claus-Wilhelm Canaris zum 80. Geburtstag, Berlin/Boston 2017, S. 345 ff. (2. FS Canaris)
Rimmelspacher, Bruno, Materiellrechtlicher Anspruch und Streitgegenstandsprobleme im Zivilprozess, Göttingen 1970 (Anspruch)
–, Zivilprozessreform 2002, München 2002 (Zivilprozessreform)
Rixecker, Roland, Fehlerquellen am Weg der Fehlerkontrolle – Rechtsprobleme des reformierten Berufungsrechts in Verkehrs- und Versicherungssachen, in: NJW 2004, 705 ff.
Rosenberg, Leo, Die Beweislast, 5. Auflage, München 1965 (Beweislast)
Rosenberg, Leo (Begr.)/*Schwab, Karl-Heinz/Gottwald, Peter*, Zivilprozessrecht, 18. Auflage, München 2018 (Zivilprozessrecht)
Roth, Herbert, Die Einrede des Bürgerlichen Rechts, München 1988 (Einrede)

–, Neues Rechtsmittelrecht im Zivilprozeß – Berufungsinstanz und Einzelfallgerechtigkeit, in: JZ 2005, 174 ff.

–, Materielle und prozessuale Rechtskrafttheorien, in: Fankhauser, Roland/Widmer Lüchinger, Corinne/Klingler, Rafael/Seiler, Benedikt (Hrsg.), Das Zivilrecht und seine Durchsetzung, Festschrift für Professor Thomas Sutter-Somm, Zürich/Basel/Genf 2016, S. 505 ff. (FS Sutter-Somm)

Ruess, Peter, Vollstreckung aus Unterlassungstiteln bei Erledigung des Verfahrens – das Ende einer endlosen Diskussion, in: NJW 2004, 485 ff.

Rüßmann, Helmut, Grundregel der Beweislast, in: Brinkmann, Moritz/Effer-Uhe Daniel Oliver/Völzmann-Stickelbrock, Barbara/Wesser, Sabine/Weth, Stephan (Hrsg.), Dogmatik im Dienst von Gerechtigkeit, Rechtssicherheit und Rechtsentwicklung, Festschrift für Hanns Prütting zum 70. Geburtstag, Köln 2018, S. 507 ff. (FS Prütting)

Sachse, Vorname unbekannt, Beweisverträge, in: ZZP 54 (1929), 409 ff.

Saenger, Ingo, Zur Schadensersatzpflicht bei vorzeitigen Vollstreckungsmaßnahmen des materiell berechtigten Gläubigers, in: JZ 1997, 222 ff.

Scherpe, Julia Caroline, Vermögensrechtliche Abwicklung beendeter nichtehelicher Lebensgemeinschaften, in: JZ 2014, 659 ff.

Schilken, Eberhard, Die Befriedigungsverfügung, Berlin 1976 (Befriedigungsverfügung)

Schimik, Klaus, Die Exekution zur Sicherstellung, Wien 1994 (Exekution)

Schlüter, Philipp, Rückabwicklung und Selbstbestimmung, Tübingen 2021 (Selbstbestimmung)

Schmidt, Damian, Vollstreckungsabwehrklage und Vermögensschutz nach § 241 Abs. 2 BGB, in: ZZP 132 (2019), 463 ff.

Schmidt, Joachim, Probleme der Beweislastumkehr, in: JuS 1975, 430 ff.

Schmidt, Jürgen, „Actio". „Anspruch". „Forderung", in: Martinek, Michael/Schmidt, Jürgen/Wadle, Elmar (Hrsg.), Festschrift für Günther Jahr zum siebzigsten Geburtstag, Tübingen 1993, S. 401 ff. (FS Jahr)

Schmidt, Karsten, Vollstreckungsgegenklage – Prozeßrecht und materielles Recht in der Bewährung, in: Canaris, Claus-Wilhelm/Heldrich, Andreas/Hopt, Klaus J./Roxin, Claus/Schmidt, Karsten/Widmaier, Gunter (Hrsg.), 50 Jahre Bundesgerichtshof – Festgabe aus der Wissenschaft, Band 3, München 2000, S. 491 ff. (Festgabe BGH, Band 3)

Schmidt, Walter, Erfüllung – Erfüllungswille und Erfüllungsvertrag, Würzburg 1974 (Erfüllungswille)

Schmoeckel, Mathias/Rückert, Joachim/Zimmermann, Reinhard (Hrsg.), Historisch-kritischer Kommentar zum BGB, Band 2, 2. Teilband, Tübingen 2007 (HKK/*Bearbeiter*)

Schneider, Angie, Beweislastumkehr als Instrument der Machtverteilung im Zivilprozess, in: Hauer, Matti/Rudkowski, Lena/Gooren, Paul/Jahr, Melanie/Oestreich, Jana/Renner, Moritz/Schmidt, Sabine/Schreiber, Alexander (Hrsg.), Macht im Zivilrecht: Berliner Tagung, 5.–8. September 2012 / für die Gesellschaft Junger Zivilrechtswissenschaftler, Stuttgart/München/Hannover/Berlin/Weimar/Dresden 2013, S. 91 ff. (Jahrbuch 2012)

Schneider, Egon, Einstweilige Einstellung der Zwangsvollstreckung nach §§ 707, 719 ZPO, in: MDR 1973, 356 ff.

–, Richterlicher Hinweis auf Verjährungsablauf, in: NJW 1986, 1316 ff.

Schoch, Friedrich, Vorläufiger Rechtsschutz und Risikoverteilung im Verwaltungsrecht, Heidelberg 1988 (Vorläufiger Rechtsschutz)

Schoch, Friedrich/Schneider, Jens-Peter (Hrsg.), Verwaltungsrecht, VwGO, München, 45. Ergänzungslieferung, Januar 2024 (Schoch/Schneider/*Bearbeiter*, VwGO)

Schöler, Hendrik, Verzugs- und Prozesszinsen trotz Zahlung zur Abwendung der Zwangsvollstreckung?, in: MDR 2009, 360 ff.
Schönfelder, Matthias, Die Erlassfalle – ein unmoralisches Angebot?, in: NJW 2001, 492 ff.
Schuschke, Winfried/Walker, Wolf-Dietrich/Kessen, Martin/Thole, Christoph (Hrsg.), Kölner Kommentar Vollstreckung und vorläufiger Rechtsschutz: nach dem achten und elften Buch der ZPO einschließlich der europarechtlichen Regelungen, 8. Auflage, Köln 2024 (Schuschke/Walker/Kessen/Thole/*Bearbeiter*, Vollstreckung)
Schünemann, Wolfgang, Befriedigung durch Zwangsvollstreckung, in: JZ 1985, 49 ff.
Schwab, Karl Heinz, Zur Abkehr moderner Beweislastlehren von der Normentheorie, in: Frisch, Wolfgang/Schmid, Werner (Hrsg.), Festschrift für Hans-Jürgen Bruns zum 70. Geburtstag, Köln 1978, S. 505 ff. (FS H.-J. Bruns)
Schwab, Martin, Ende des Verzuges bei Zahlung unter Vorbehalt?, in: JuS 2012, 937 ff.
Schwarze, Roland, Die Annahmehandlung in § 151 BGB als Problem der prozessualen Feststellbarkeit des Annahmewillens, in: AcP 202, 607 ff.
Seibert, Ulrich, Erfüllung durch finale Leistungsbewirkung, Hamburg 1982 (Erfüllung)
–, Erfüllung und Konvaleszenz – Eine Untersuchung über den Zusammenhang zwischen dem Erfüllungstatbestand des § 362 und den Heilungsvorschriften des BGB, in: JZ 1981, 380 ff.
–, Leistung unter Vorbehalt, in: JR 1983, 492 ff.
Singer, Reinhard, Das Verbot widersprüchlichen Verhaltens, München 1993 (Widersprüchliches Verhalten)
Soergel, Hans Theodor (Begr.)/Siebert, Wolfgang (Hrsg.), Bürgerliches Gesetzbuch, Band 5/3, Schuldrecht 3/3, §§ 328–432, 13. Auflage, Stuttgart 2010 (Soergel/*Bearbeiter*)
Sorge, Christoph, Gemeinschaftsbezogene Zuwendungen in nichtehelichen Lebensgemeinschaften, in: JZ 2011, 659 ff.
Sosnitza, Olaf, Besitz und Besitzschutz – Sachherrschaft zwischen faktischem Verhältnis, schuldrechtlicher Befugnis und dinglichem Recht, Tübingen 2003 (Besitz)
Stackmann, Nikolaus, Eilentscheidungen zur Vollstreckungsabwehr, in: JuS 2006, 980 ff.
Stamm, Jürgen, Die Prinzipien und Grundstrukturen des Zwangsvollstreckungsrechts, Tübingen 2007 (Prinzipien)
von Staudinger, Julius (Begr.), Staudingers Kommentar zum Bürgerlichen Gesetzbuch mit Einführungsgesetzen und Nebengesetzen, §§ 139–163, Berlin Neubearbeitung 2020 (Staudinger/Bearbeiter)
– §§ 164–240, Berlin Neubearbeitung 2019 (Staudinger/Bearbeiter)
– §§ 328–345, Berlin Neubearbeitung 2020, (Staudinger/*Bearbeiter*)
– §§ 362–396, Berlin Neubearbeitung 2022, (Staudinger/*Bearbeiter*)
– §§ 362–396, Berlin Neubearbeitung 2016 (Staudinger/*Olzen*, Neubearb. 2016)
– §§ 397–432, Berlin Neubearbeitung 2022 (Staudinger/*Bearbeiter*)
– §§ 812–822, Berlin Neubearbeitung 2007 (Staudinger/*Bearbeiter*)
– §§ 854–882, Berlin Neubearbeitung 2018 (Staudinger/*Bearbeiter*)
– §§ 985–1011, Berlin Neubearbeitung 2019 (Staudinger/*Bearbeiter*)
Stein, Friedrich, Grundfragen der Zwangsvollstreckung, Tübingen 1913 (Grundfragen)
Stein, Friedrich/Jonas, Martin (Begr.), Zivilprozessordnung, Band 2, §§ 78–147, 23. Auflage, Tübingen 2016 (Stein/Jonas/*Bearbeiter*)
– Band 3, §§ 148–270, 23. Auflage, Tübingen 2018 (Stein/Jonas/*Bearbeiter*)
– Band 4, §§ 271–327, 23. Auflage, Tübingen 2018 (Stein/Jonas/*Bearbeiter*)
– Band 6, §§ 511–703, 23. Auflage, Tübingen 2018 (Stein/Jonas/*Bearbeiter*)
– Band 7, §§ 704–802, 23. Auflage, Tübingen 2024 (Stein/Jonas/*Bearbeiter*)

– Band 7, §§ 704–802, 22. Auflage, Tübingen 2002 (Stein/Jonas/*Bearbeiter*, 22. Aufl.)
Steines, Werner, Die strafbewehrte Unterlassungserklärung: Einziges Mittel zur Beseitigung der Wiederholungsgefahr?, in: NJW 1988, 1359 ff.
Stolz, Thomas, Einstweiliger Rechtsschutz und Schadensersatzpflicht, Köln/Berlin/Bonn/München 1989 (Schadensersatzpflicht)
Stölzel, Vorname unbekannt, Zur Anwendung der Feststellungsklage, in: ZZP 26 (1899), 322 ff.
Stürner, Michael, Die Anfechtung von Zivilurteilen – eine funktionale Untersuchung der Rechtsmittel im deutschen und englischen Recht, München 2002 (Anfechtung)
Stürner, Rolf, Die richterliche Aufklärung im Zivilprozeß, Tübingen 1982 (Aufklärung)
Sutter-Somm, Thomas, Schweizerisches Zivilprozessrecht, 3. Auflage, Zürich/Basel/Genf 2017 (Schweizerisches Zivilprozessrecht)
Sutter-Somm, Thomas/Hasenböhler, Franz/Leuenberger, Christoph (Hrsg.), Kommentar zur Schweizerischen Zivilprozessordnung, 3. Auflage, Zürich/Basel/Genf 2016 (Sutter-Somm/Hasenböhler/Leuenberger/*Bearbeiter*, sZPO)
Teplitzky, Otto, Die Rechtsfolgen der unbegründeten Ablehnung einer strafbewehrten Unterlassungserklärung, in: GRUR 1983, 609 ff.
–, Zur Frage des aus der Verletzerperspektive „richtigen" Streiterledigungsmittels, in: WRP 1996, 171 ff.
Thole, Christoph, Die Präklusionswirkung der Rechtskraft bei Gestaltungsrechten und ihr Verhältnis zu § 767 Abs. 2 ZPO, in: ZZP 124 (2011), 45 ff.
Thomale, Chris, Leistung als Freiheit – Erfüllungsautonomie im Bereicherungsrecht, Tübingen 2012 (Freiheit)
–, Die Einrede als materielles Gestaltungsrecht, in: AcP 212, 920 ff.
–, § 767 Abs. 2 ZPO als rechtskraftunabhängiger Ausdruck materiellen Zivilrechts, in: ZZP 132, 139 ff.
–, Materielles Zivilprozessrecht, in: ZZP 135 (2022), 29 ff.
Timme, Michael, Erlass und Verzicht im Zivil- und Wirtschaftsrecht, Hamburg 2011 (Erlass)
Ullmann, Eike, Erstbegehungsgefahr durch Vorbringen im Prozeß?, in: WRP 1996, 1007 ff.
Ulrich, Gustav-Adolf, Der Streit um den Titelfortfall – und ein Ende?, in: WRP 1992, 147
Unberath, Hannes, Der Zweck der Rechtsmittel nach der ZPO-Reform – Theorie und Praxis, in: ZZP 120 (2007), 323 ff.
Vockenberg, Friedrich Wilhelm, Die Schadensersatzpflicht des Vollstreckungsgläubigers, Göttingen 1966 (Schadensersatzpflicht)
Vogg, Stefan, Einstweiliger Rechtsschutz und vorläufige Vollstreckbarkeit, Berlin 1991 (Einstweiliger Rechtsschutz)
Vollkommer, Max, Der Bundesgerichtshof und die Lehre von den alternativen Abweisungsgründen – Rechtskraft und Rechtskraftdurchbrechung bei Entscheidung über einzelne oder mehrere Klageabweisungsgründe im klageabweisenden Urteil, in: Berger, Christian/Boemke, Burkhard/Gaul, Hans Friedhelm/Haertlein, Lutz/Heiderhoff, Bettina/Schilken, Eberhard (Hrsg.), Prozessrecht, Zwangsvollstreckungsrecht Insolvenzrecht, Festschrift Becker-Eberhard, München 2022, S. 625 ff. (FS Becker-Eberhard)
Wacke, Andreas, Donation non praesumitur – Ein sprichwörtliches Naturrechtsprinzip gegen ein versteinertes Beweislast-Dogma, in: AcP 191 (1991), 1 ff.
–, Zur Behauptungs- und Beweislast des Beklagten für den Einwand der Schenkung, in: ZZP 114 (2001), 77 ff.
Wagner, Gerhard, Prozeßverträge, Tübingen, 1998 (Prozeßverträge)

Wahrendorf, Volker, Die Prinzipien der Beweislast im Haftungsrecht, Köln/Berlin/Bonn München 1976 (Prinzipien)

Walesch, Benedikt, Wiederaufleben des Unterlassungsanspruchs trotz Abgabe einer strafbewehrten Unterlassungserklärung, in: GRUR-Prax, 2023, 90 ff.

Walker, Wolf-Dietrich, Der einstweilige Rechtsschutz im Zivilprozeßrecht und im arbeitsgerichtlichen Verfahren, Tübingen 1993 (Einstweiliger Rechtsschutz)

Wächter, Gerhard, Die Tatsacheninstanzen in großen bürgerlichen Rechtsstreitigkeiten nach der ZPO-Reform, in: ZZP 119 (2006), 393 ff.

Weinzierl, Claudia, Die Präklusion von Gestaltungsrechten durch § 767 Abs. 2 ZPO unter besonderer Berücksichtigung der materiellen Rechtskraft, Heidelberg 1997 (Präklusion)

Welker, Gerhard, Bereicherungsausgleich wegen Zweckverfehlung?, Berlin 1974 (Bereicherungsausgleich)

Westermeier, Georg, Die Erledigung der Hauptsache im deutschen Verfahrensrecht in der Hauptsache, Berlin 2005 (Erledigung)

Wieczorek, Bernhard (Begr.)/Schütze Rolf A. (Hrsg.), Zivilprozeßordnung und Nebengesetze, Band 2, §§ 50–127a, 5. Auflage, Berlin 2022 (Wieczorek/Schütze/*Bearbeiter*)

– Band 7, §§ 511–591, 5. Auflage, Berlin 2021 (Wieczorek/Schütze/*Bearbeiter*)

– Band 8, §§ 592–723, 4. Auflage, Berlin 2013 (Wieczorek/Schütze/*Bearbeiter*)

Wieling, Hans Josef/Finkenauer, Thomas, Bereicherungsrecht, 5. Auflage, Berlin/Heidelberg 2020 (Bereicherungsrecht)

Wilhelm, Jan, Sachenrecht, 7. Auflage, Berlin 2021 (Sachenrecht)

von Wilmowsky, Peter, Insolvenzvertragsrecht: Teilleistung des Schuldners vor dem Insolvenzverfahren, in: KTS 2012, 285 ff.

Winkelmann, Thomas, Der Anspruch, Tübingen 2020 (Anspruch)

Wolf, Christian/Lange, Sonja, Anmerkung zu BGH, Urteil vom 17.07.2003 – IX ZR 268/02, in: JZ 2004, 416 ff.

Wolfsteiner, Hans, Die vollstreckbare Urkunde, 4. Auflage, München 2019 (Vollstreckbare Urkunde)

Zechner, Alfons, Sicherungsexekution und Einstweilige Verfügung, Wien/New York 2000 (Sicherungsexekution)

Zeuner, Albrecht, Die objektiven Grenzen der Rechtskraft im Rahmen rechtlicher Sinnzusammenhänge, Tübingen 1959 (Grenzen)

Zoller, Anne Sabine, Vorläufige Vollstreckbarkeit im Schweizer Zivilprozessrecht, Zürich/Basel/Genf 2008 (Vorläufige Vollstreckbarkeit)

Zöller, Richard (Begr.), Zivilprozessordnung, 35. Auflage, Köln 2024 (Zöller/*Bearbeiter*)

Register